广东改革开放40年研究丛书

海外华侨华人与广东改革开放40年

Haiwai Huaqiao Huaren
Yu Guangdong Gaige Kaifang 40 Nian

张小欣 主编

·广州·

版权所有　翻印必究

图书在版编目（CIP）数据

海外华侨华人与广东改革开放40年/张小欣主编．—广州：中山大学出版社，2018.12

（广东改革开放40年研究丛书）

ISBN 978-7-306-06512-4

Ⅰ．①海… Ⅱ．①张… Ⅲ．①华侨—作用—改革开放—研究—广东 ②华人—作用—改革开放—研究—广东 Ⅳ．①D634.3 ②D676.5

中国版本图书馆CIP数据核字（2018）第278028号

出 版 人：	王天琪
责任编辑：	高　润
封面设计：	林绵华
版式设计：	林绵华
责任校对：	周明恩
责任技编：	何雅涛
出版发行：	中山大学出版社
电　　话：	编辑部 020-84110283，84111997，84110779，84113349
	发行部 020-84111998，84111981，84111160
地　　址：	广州市新港西路135号
邮　　编：	510275　　传　真：020-84036565
网　　址：	http://www.zsup.com.cn　　E-mail：zdcbs@mail.sysu.edu.cn
印 刷 者：	广州家联印刷有限公司
规　　格：	787mm×1092mm　1/16　20.25印张　344千字
版次印次：	2018年12月第1版　2018年12月第1次印刷
定　　价：	92.00元

如发现本书因印装质量影响阅读，请与出版社发行部联系调换

广东改革开放40年研究丛书

编委会

主　任　傅　华

副主任　蒋　斌　宋珊萍

委　员　（按姓氏笔画排序）

丁晋清　王天琪　王　珺　石佑启

卢晓中　刘小敏　李宗桂　张小欣

陈天祥　陈金龙　周林生　陶一桃

隋广军　彭壁玉　曾云敏　曾祥效

创造让世界刮目相看的新的更大奇迹

——"广东改革开放40年研究丛书"总序

中国的改革开放走过了40年的伟大历程。在改革开放40周年的关键时刻，习近平总书记亲临广东视察并发表重要讲话，这是广东改革发展史上具有里程碑意义的大事、喜事。总书记充分肯定广东改革开放40年来所取得的巨大成就，并提出了深化改革开放、推动高质量发展、提高发展平衡性和协调性、加强党的领导和党的建设等方面的工作要求，为广东新时代改革开放再出发进一步指明了前进方向，提供了根本遵循。深入学习宣传贯彻习近平总书记视察广东重要讲话精神，系统总结、科学概括广东改革开放40年的成就、经验和启示，对于激励全省人民高举新时代改革开放旗帜，弘扬敢闯敢试、敢为人先的改革精神，以更坚定的信心、更有力的举措把改革开放不断推向深入，创造让世界刮目相看的新的更大奇迹，具有重要意义。

第一，研究广东改革开放，要系统总结广东改革开放40年的伟大成就，增强改革不停顿、开放不止步的信心和决心。

广东是中国改革开放的排头兵、先行地、实验区，在改革开放和现代化建设中始终走在全国前列，取得了举世瞩目的辉煌成就，展现了改革开放的磅礴伟力。

实现了从一个经济比较落后的农业省份向全国第一经济大省的历史性跨越。改革开放40年，是广东经济发展最具活力的40年，是广东经济总量连上新台阶、实现历史性跨越的40年。40年来，广东坚持以经济建设为中心，锐意推进改革，全力扩大开放，适应、把握、引领经济发展新常态，坚定不移地推进经济结构战略性调整、经济持续快速健康发展。1978—2017年，广东GDP从185.85亿元增加到89879.23亿元，增长约482.6倍，占全国的10.9%。1989年以来，广东GDP总量连续29年稳居全国首位，成为中国第一经济大省。经济总量先后超越新加坡、中国香港和台湾地区，

2017年超过全球第13大经济体澳大利亚,进一步逼近"亚洲四小龙"中经济总量最大的韩国,处于世界中上等收入国家水平。

实现了从计划经济体制向社会主义市场经济体制的历史性变革。改革开放40年,是广东始终坚持社会主义市场经济改革方向、深入推进经济体制改革的40年,是广东社会主义市场经济体制逐步建立和完善的40年。40年来,广东从率先创办经济特区,率先引进"三来一补"、创办"三资"企业,率先进行价格改革,率先进行金融体制改革,率先实行产权制度改革,到率先探索行政审批制度改革,率先实施政府部门权责清单、市场准入负面清单和企业投资项目清单管理,率先推进供给侧结构性改革,等等,在建立和完善社会主义市场经济体制方面走在全国前列,极大地解放和发展了社会生产力,同时在经济、政治、文化、社会和生态文明建设领域的改革也取得了重大进展。

实现了从封闭半封闭到全方位开放的历史性转折。改革开放40年,是广东积极把握全球化机遇、纵深推进对外开放的40年,是广东充分利用国际国内两个市场、两种资源加快发展的40年。开放已经成为广东的鲜明标识。40年来,广东始终坚持对内、对外开放,以开放促改革、促发展。从创办经济特区、开放沿海港口城市、实施外引内联策略、推进与港澳地区和内地省市区的区域经济合作,到大力实施"走出去"战略、深度参与"一带一路"建设、以欧美发达国家为重点提升利用外资水平、举全省之力建设粤港澳大湾区,广东开放的大门越开越大,逐步形成了全方位、多层次、宽领域、高水平的对外开放新格局。

实现了由要素驱动向创新驱动的历史性变化。改革开放40年,是广东发展动力由依靠资源和低成本劳动力等要素投入转向创新驱动的40年,是广东经济发展向更高级阶段迈进的40年。改革开放以来,广东人民以坚强的志气与骨气不断增强自主创新能力和实力,把创新发展主动权牢牢掌握在自己手中。从改革开放初期,广东以科技成果交流会、技术交易会等方式培育技术市场,成立中国第一个国家级高科技产业集聚的工业园区——深圳科技工业园,到实施科教兴粤战略、建设科技强省、构建创新型广东和珠江三角洲国家自主创新示范区,广东不断聚集创新驱动"软实力",区域创新综合能力排名跃居全国第一。2017年,全省研发经费支出超过2 300亿元,居全国第一,占地区生产总值比重达2.65%;国家级高新技术企业3万家,跃居全国第一;高新技术产品产值达6.7万亿元。有效发明专利量及专利综合实力连续多年居全国首位。

实现了从温饱向全面小康迈进的历史性飞跃。改革开放40年，是全省居民共享改革发展成果、生活水平显著提高的40年，是全省人民生活从温饱不足向全面小康迈进的40年。1978—2017年，全省城镇居民、农村居民人均可支配收入分别增长了98倍和81倍，从根本上改变了改革开放前物资短缺的经济状况，民众的衣食住行得到极大改善，居民收入水平和消费能力快速提升。此外，推进基本公共服务均等化，惠及全民的公共服务体系进一步建立；加大底线民生保障资金投入力度，社会保障事业持续推进；加快脱贫攻坚步伐，努力把贫困地区短板变成"潜力板"，不断提高人民生活水平，满足人民对美好生活的新期盼。

实现了生态环境由问题不少向逐步改善的历史性转变。改革开放40年，是广东对生态环境认识发生深刻变化的40年，是广东生态环境治理力度不断加大的40年，是广东环境质量由问题不少转向逐步改善的40年。广东牢固树立"绿水青山就是金山银山"的理念，坚决守住生态环境保护底线，全力打好污染防治攻坚战，生态环境持续改善。全省空气质量近3年连续稳定达标，大江大河水质明显改善，土壤污染防治扎实推进。新一轮绿化广东大行动不断深入，绿道、古驿道、美丽海湾建设等重点生态工程顺利推进，森林公园达1 373个、湿地公园达203个、国家森林城市达7个，全省森林覆盖率提高到59.08%。

40年来，广东充分利用毗邻港澳的地理优势，大力推进粤港澳合作，率先基本实现粤港澳服务贸易自由化，全面启动粤港澳大湾区建设，对香港、澳门顺利回归祖国并保持长期繁荣稳定、更好地融入国家发展大局发挥了重要作用，为彰显"一国两制"伟大构想的成功实践做出了积极贡献。作为中国先发展起来的区域之一，广东十分注重推动国家区域协调发展战略的实施，加大力度支持革命老区、民族地区、边疆地区、贫困地区加快发展，对口支援新疆、西藏、四川等地取得显著成效，为促进全国各地区共同发展、共享改革成果做出了积极贡献。

第二，研究广东改革开放，要深入总结广东改革开放40年的经验和启示，厚植改革再出发的底气和锐气。

改革开放40年来，广东在坚持和发展中国特色社会主义事业中积极探索、大胆实践，不仅取得了辉煌成就，而且积累了宝贵经验。总结好改革开放的经验和启示，不仅是对40年艰辛探索和实践的最好庆祝，而且能为新时代推进中国特色社会主义伟大事业提供强大动力。40年来，广东经济社会发展之所以能取得历史性成就、发生历史性变革，最根本的原因就在于党中央的正确领导和对广东工作的高度重视、亲切关怀。改革开放以来，党中央始终鼓励广东大胆探索、大胆实践。特别是进入新时代以来，每到重要节点和关键时期，习近平总书记都及时为广东把舵定向，为广东发展注入强大动力。2012年12月，总书记在党的十八大后首次离京视察就到了广东，做出"三个定位、两个率先"的重要指示。2014年3月，总书记参加第十二届全国人大第二次会议广东代表团审议，要求广东在全面深化改革中走在前列，努力交出物质文明和精神文明两份好答卷。2017年4月，总书记对广东工作做出重要批示，对广东提出了"四个坚持、三个支撑、两个走在前列"要求。2018年3月7日，总书记参加第十三届全国人大第一次会议广东代表团审议并发表重要讲话，嘱咐广东要做到"四个走在全国前列"、当好"两个重要窗口"。2018年10月，在改革开放40周年之际，习近平总书记再次亲临广东视察指导并发表重要讲话，要求广东高举新时代改革开放旗帜，以更坚定的信心、更有力的措施把改革开放不断推向深入，提出了深化改革开放、推动高质量发展、提高发展平衡性和协调性、加强党的领导和党的建设四项重要要求，为新时代广东改革发展指明了前进方向，提供了根本遵循。广东时刻牢记习近平总书记和党中央的嘱托，结合广东实际创造性地贯彻落实党的路线、方针、政策，自觉做习近平新时代中国特色社会主义思想的坚定信仰者、忠实践行者，努力为全国的改革开放探索道路、积累经验、做出贡献。

坚持中国特色社会主义方向，使改革开放始终沿着正确方向前进。我们的改革开放是有方向、有立场、有原则的，不论怎么改革、怎么开放，都始终要坚持中国特色社会主义方向不动摇。在改革开放实践中，广东始终保持"不畏浮云遮望眼"的清醒和"任凭风浪起，稳坐钓鱼船"的定力，牢牢把握改革正确方向，在涉及道路、理论、制度等根本性问题上，在大是大非面前，立场坚定、旗帜鲜明，确保广东改革开放既不走封闭僵化的老路，也不走改旗易帜的邪路，在根本性问题上不犯颠覆性错误，使改革开放始终沿着正确方向前进。

坚持解放思想、实事求是，以思想大解放引领改革大突破。解放思想是正确行动的先导。改革开放的过程就是思想解放的过程，没有思想大解放，就不会有改革大突破。广东坚持一切从实际出发，求真务实，求新思变，不断破除思想观念上的障碍，积极将解放思想形成的共识转化为政策、措施、制度和法规。坚持解放思想和实事求是的有机统一，一切从国情省情出发、从实际出发，既总结国内成功做法又借鉴国外有益经验，既大胆探索又脚踏实地,敢闯敢干,大胆实践,多出可复制、可推广的新鲜经验,为全国改革提供有益借鉴。

坚持聚焦以推动高质量发展为重点的体制机制创新,不断解放和发展社会生产力。改革开放就是要破除制约生产力发展的制度藩篱,建立充满生机和活力的体制机制。改革每到一个新的历史关头,必须在破除体制机制弊端、调整深层次利益格局上不断啃下"硬骨头"。近年来,广东坚决贯彻新发展理念,着眼于推动经济高质量发展,不断推进体制机制创新。例如,坚持以深化科技创新改革为重点,加快构建推动经济高质量发展的体制机制;坚持以深化营商环境综合改革为重点,加快转变政府职能;坚持以粤港澳大湾区建设合作体制机制创新为重点,加快形成全面开放新格局;坚持以构建"一核一带一区"区域发展格局为重点,完善城乡区域协调发展体制机制;坚持以城乡社区治理体系为重点,加快营造共建共治共享社会治理格局,奋力开创广东深化改革发展新局面。

坚持"两手抓、两手都要硬",更好地满足人民精神文化生活新期待。只有物质文明建设和精神文明建设都搞好、国家物质力量和精神力量都增强、人民物质生活和精神生活都改善、综合国力和国民素质都提高,中国特色社会主义事业才能顺利推向前进。广东高度重视精神文明建设,坚持"两手抓、两手都要硬",坚定文化自信、增强文化自觉,守护好精神家园、丰富人民精神生活;深入宣传贯彻习近平新时代中国特色社会主义思想,大力培育和践行社会主义核心价值观,深化中国特色社会主义和中国梦宣传教育,教育引导广大干部群众特别是青少年坚定理想信念,培养担当民族复兴大任的时代新人;积极选树模范典型,大力弘扬以爱国主义为核心的民族精神和以改革创新为核心的时代精神;深入开展全域精神文明创建活动,不断提升人民文明素养和社会文明程度;大力补齐文化事业短板,高质量发展文化产业,不断增强文化软实力,更好地满足人民精神文化生活新期待。

坚持以人民为中心的根本立场,把为人民谋幸福作为检验改革成效的根本标准。改革开放是亿万人民自己的事业,人民是推动改革开放的主体力量。没有人民的支持和参与,任何改革都不可能取得成功。广东始终坚持以人民为中心的发展思想,坚持把人民对美好生活的向往作为奋斗目标,坚持人民主体地位,发挥群众首创精神,紧紧依靠人民推动改革开放,依靠人民创造历史伟业;始终坚持发展为了人民、发展依靠人民、发展成果由人民共享,让改革发展成果更好地惠及广大人民群众,让群众切身感受到改革开放的红利;始终坚持从人民群众普遍关注、反映强烈、反复出现的民生问题入手,紧紧盯住群众反映的难点、痛点、堵点,集中发力,着力解决人民群众关心的现实利益问题,不断增强人民群众获得感、幸福感、安全感。

坚持科学的改革方法论,注重改革的系统性、整体性、协同性。只有坚持科学方法论,才能确保改革开放蹄疾步稳、平稳有序地推进。广东坚持以改革开放的眼光看待改革开放,充分认识改革开放的时代性、体系性、全局性问题,注重改革开放的系统性、整体性、协同性。注重整体推进和重点突破相促进相结合,既全面推进经济、政治、文化、社会、生态文明、党的建设等诸多领域改革,确保各项改革举措相互促进、良性互动、协同配合,又突出抓改革的重点领域和关键环节,发挥重点领域"牵一发而动全身"、关键环节"一子落而满盘活"的作用;注重加强顶层设计,和"摸着石头过河"的改革方法相结合,既发挥"摸着石头过河"的基础性和探索性作用,又发挥加强顶层设计的全面性和决定性作用;注重改革与开放的融合推进,使各项举措协同配套、同向前进,推动改革与开放相互融合、相互促进、相得益彰;注重处理好改革发展与稳定之间的关系,自觉把握好改革的力度、发展的速度和社会可承受的程度,把不断改善人民生活作为处理改革发展与稳定关系的重要结合点,在保持社会稳定中推进改革发展,在推进改革发展中促进社会稳定,进而实现推动经济社会持续健康发展。

坚持和加强党的领导,不断提高党把方向、谋大局、定政策、促改革的能力。中国特色社会主义最本质的特征是中国共产党的领导,中国特色社会主义制度的最大优势是中国共产党的领导。坚持党的领导,是改革开放的"定盘星"和"压舱石"。40年来,广东改革开放之所以能够战胜各种风险和挑战,取得举世瞩目的成就,最根本的原因就在于坚持党的领导。什么时候重视党的领导、加强党的建设,什么时候就能战胜困难、夺取胜利;什么时候轻视党的领导、漠视党的领导,什么时候就会经历曲折、遭受挫折。广东坚持用习近平新时代中国特色社会主义思想武装头脑,增强"四个意识",坚定"四个自信",做到"两个坚决维护",始终在思想上、政治上、行动上同以习近平同志为核心的党中央保持高度一致;注重加强党的政治建设,坚持党对一切工作的领导,不断增强党的政治领导力、思想引领力、群众组织力、社会号召力,提高党把方向、谋大局、定政策、促改革的能力和定力,确保党总揽全局、协调各方。

第三,研究广东改革开放,要积极开展战略性、前瞻性研究,为改革开放再出发提供理论支撑和学术支持。

改革开放是广东的根和魂。在改革开放40周年的重要历史节点,习近平总书记再次来到广东，向世界宣示中国改革不停顿、开放不止步的坚定决心。习近平总书记视察广东重要讲话，是习近平新时代中国特色社会主义思想的理论逻辑和实践逻辑在广东的展开和具体化，是我们高举新时代改革开放旗帜、以新担当新作为把广东改革开放不断推向深入的行动纲领，是我们走好新时代改革开放之路的强大思想武器。学习贯彻落实习近平总书记视察广东重要讲话精神，是当前和今后一个时期全省社会科学理论界的头等大事和首要政治任务。社会科学工作者应发挥优势，充分认识总书记重要讲话精神的重大政治意义、现实意义和深远历史意义，以高度的政治责任感和历史使命感，深入开展研究阐释，引领和推动全省学习宣传贯彻工作往深里走、往实里走、往心里走。

加强对重大理论和现实问题的研究，为改革开放再出发提供理论支撑。要弘扬广东社会科学工作者"务实、前沿、创新"的优良传统，增强脚力、眼力、脑力、笔力，围绕如何坚决贯彻总书记关于深化改革开放的重要指示要求，坚定不移地用好改革开放"关键一招"，书写好粤港澳大湾区建设这篇大文章，引领带动改革开放不断实现新突破；如何坚决贯彻总书记关于推动高质量发展的重要指示要求，坚定不移地推动经济发展质量变革、效率变革、动力变革；如何坚决贯彻总书记关于提高发展平衡性和协调性的重要指示要求，坚定不移地推进城乡、区域、物质文明和精神文明协调发展与法治建设；如何坚决贯彻总书记关于加强党的领导和党的建设的重要指示要求，坚定不移地把全省各级党组织锻造得更加坚强有力、推动各级党组织全面进步全面过硬；等等，开展前瞻性、战略性、储备性研究，推出一批高质量研究成果，为省委、省政府推进全面深化改革开放出谋划策，当好思想库、智囊团。

加强改革精神研究，为改革开放再出发提供精神动力。广东改革开放40年波澜壮阔的伟大实践，不仅打下了坚实的物质基础，也留下了弥足珍贵的精神财富，这就是敢闯敢试、敢为人先的改革精神。这种精神是在广东改革开放创造性实践中激发出来的，它是一种解放思想、大胆探索、勇于创造的思想观念，是一种不甘落后、奋勇争先、追求进步的责任感和使命感，是一种坚韧不拔、自强不息、锐意进取的精神状态。当前，改革已经进入攻坚期和深水区，剩下的都是难啃的硬骨头，更需要弘扬改革精神才能攻坚克难，必须把这种精神发扬光大。社会科学工作者要继续研究、宣传、阐释好改革精神，激励全省广大党员干部把改革开放的旗帜举得更高更稳，续写广东改革开放再出发的新篇章。

加强对广东优秀传统文化和革命精神的研究，为改革开放再出发提振精气神。总书记在视察广东重要讲话中引用广东的历史典故激励我们担当作为，讲到虎门销烟等重大历史事件，讲到洪秀全、文天祥等历史名人，讲到广东的光荣革命传统，讲到毛泽东、周恩来等一大批曾在广东工作生活的我们党老一辈领导人，以此鞭策我们学习革命先辈、古圣先贤。广大社会科学工作者要加强对广东优秀传统文化和革命精神的研究，激励全省人民将其传承好弘扬好，并化作新时代敢于担当的勇气、奋发图强的志气、再创新局的锐气，创造无愧于时代、无愧于人民的新业绩。

广东有辉煌的过去、美好的现在，一定有灿烂的未来。这次出版的"广东改革开放40年研究丛书"（14本），对广东改革开放40年巨大成就、实践经验和未来前进方向等问题进行了系统总结和深入研究，内容涵盖总论、经济、政治、文化、社会、生态文明、教育、科技、依法治省、区域协调、对外开放、经济特区、海外华侨华人、从严治党14个方面，为全面深入研究广东改革开放做了大量有益工作，迈出了重要一步。在隆重庆祝改革开放40周年之际，希望全社会高度重视广东改革开放问题的研究，希望有更多的专家学者和实际工作者积极投身到广东改革开放问题的研究中去，自觉承担起"举旗帜、聚民心、育新人、兴文化、展形象"的使命任务，推出更多有思想见筋骨的精品力作，为推动广东实现"四个走在全国前列"、当好"两个重要窗口"，推动习近平新时代中国特色社会主义思想在广东大地落地生根、结出丰硕成果提供理论支撑和学术支持。

"广东改革开放40年研究丛书"编委会
2018年11月22日

总　论 /1

第一章 党的侨务工作理论发展与广东侨务工作实践 /36
　　第一节　党的十一届三中全会以来中央领导同志对侨务工作的重要论述 /36
　　第二节　广东侨务工作实践与侨胞权益的保护 /56

第二章 海外华侨华人与广东经济科技发展 /80
　　第一节　广东经济特区的设立与海外华侨华人投资 /80
　　第二节　侨资企业的成长发展与广东科技创新 /92
　　第三节　海外中国新移民与广东国际移民汇款收入的增长 /108

第三章 海外华侨华人与广东文教体卫事业 /122
　　第一节　海外华侨华人对广东文教体卫事业的支持与贡献 /122
　　第二节　海外华侨华人与广东华侨高等教育的快速发展：以暨南大学为例 /144
　　第三节　粤侨精神与广东社会文明建设 /150

第四章 改革开放以来广东侨乡的发展与变迁 /159
　　第一节　华侨农场的改革与转型 /159
　　第二节　广东侨乡社会经济发展 /175
　　第三节　侨乡文化与特色城镇建设 /188

第五章 海外华侨华人与广东对外交流与合作 /202
    第一节　海外华侨华人与广东企业"走出去" /203
    第二节　海外华侨华人与广东对外文化交流 /218
    第三节　海外华侨华人与广东对外国际合作 /247

第六章 海外华侨华人与广东"21世纪海上丝绸之路"建设 /263
    第一节　侨务引智引资与广东在"海丝路"沿线经济新布局中的作用 /263
    第二节　海外华侨华人及港澳同胞与粤港澳大湾区建设 /281
    第三节　侨务公共外交：助力广东与"21世纪海上丝绸之路"沿线国家间的友好交往 /292

后　记 /309

总　论

　　2018年10月22～25日习近平总书记在广东考察时强调，广东是改革开放的排头兵、先行地、实验区，改革开放以来党中央始终鼓励广东大胆探索、大胆实践。广东40年发展历程充分证明，改革开放是党和人民大踏步赶上时代的重要法宝，是坚持和发展中国特色社会主义的必由之路，是决定当代中国命运的关键一招，也是决定实现"两个一百年"奋斗目标、实现中华民族伟大复兴的关键一招。总结好改革开放经验和启示，不仅是对40年艰辛探索和实践的最好庆祝，而且能为新时代推进中国特色社会主义伟大事业提供强大动力。要掌握辩证唯物主义和历史唯物主义的方法论，以改革开放的眼光看待改革开放，充分认识新形势下改革开放的时代性、体系性、全局性问题，在更高起点、更高层次、更高目标上推进改革开放。10月24日习近平总书记在暨南大学考察时曾专门指出，数千万海外侨胞是我国发展的独特优势。改革开放有海外侨胞的一份功劳。[①] 而同年3月7日上午习近平总书记在参加十三届全国人大一次会议广东代表团审议时也曾指出，广东是改革开放的排头兵、先行地、实验区，在我国改革开放和社会主义现代化建设大局中具有十分重要的地位和作用。习近平总书记充分肯定党的十八大以来广东工作，要求广东的同志们进一步解放思想、改革创新，真抓实干、奋发进取，以新的更大作为开创广东工作新局面，在构建推动经济高质量发展体制机制、建设现代化经济体系、形成全面开放新格局、营造共建共治共享社会治理格局上走在全

[①] 参见《习近平在广东考察时强调：高举新时代改革开放旗帜　把改革开放不断推向深入》，见人民网（http://cpc.people.com.cn/n1/2018/1026/c64094-30363600.html）。

海外华侨华人与广东改革开放40年

国前列。①

习近平总书记对广东的视察，以及关于广东工作以新的更大作为实现"四个走在全国前列"②的要求，是对广东改革开放40年来所取得辉煌成就的充分肯定，同时也是对广东在中国特色社会主义新时代条件下继续拓展改革开放事业并继续奋发有为、大步前行的真切期望。认真梳理40年来广东在改革开放过程中能够发挥"排头兵、先行地、实验区"作用的原因，其中重要一点就是广东始终立足自身的省情特点和优势，充分发挥海外侨务资源积极性，深入开展多方位侨务工作，形成"侨力助粤，粤力助侨"的相互支持格局，打开了华南对外开放③的新局面。

据统计，改革开放40年来，在全球6000多万海外华侨华人中，粤籍华侨华人数量为3000万～4000万，占全球海外华侨华人总数的一半以上，分布在全球160个以上的国家和地区，其中主要包括东南亚地区的印度尼西亚、泰国、马来西亚、新加坡、越南和柬埔寨，欧洲的法国、英国、德国、荷兰，北美洲的美国和加拿大，中南美洲的巴拿马、秘鲁、巴西、委内瑞拉和阿根廷，大洋洲的澳大利亚与新西兰，以及非洲的毛里求斯、马达加斯加和南非等国家。而广东省内归侨侨眷人数为3000余万，主要集中在珠江三角洲、潮汕平原和梅州、湛江等地区以及23个华侨农场。④

广东是侨务资源大省，侨务资源优势在助力广东改革开放发展过程中发挥着独特且重大的作用。在长期的历史发展过程中，大量粤籍先民沿着海上丝绸之路向外播迁、发展，由此形成人数庞大、年龄结构多样的海外

---

① 参见《习近平李克强栗战书汪洋王沪宁赵乐际韩正分别参加全国人大会议一些代表团审议》，载《人民日报》2018年3月8日第4版。

② 即在构建推动经济高质量发展的体制机制上走在全国前列，在建设现代化经济体系上走在全国前列，在形成全面开放新格局上走在全国前列，在营造共建共治共享社会治理格局上走在全国前列。

③ 根据中华人民共和国商务部令2018年第6号《外商投资企业设立及变更备案管理暂行办法》第三十三条："香港特别行政区、澳门特别行政区、台湾地区投资者投资不涉及国家规定实施准入特别管理措施的，参照本办法办理。"香港、澳门、台湾地区投资企业不属于外商投资企业，但参照外商投资企业管理。因此，本书中有关对外开放的阐述例如"外商""外资"等，涉及香港、澳门、台湾地区投资的内容，是基于参照外商投资企业的角度来进行表述的。

④ 参见广东省侨办《广东是著名侨乡》，见广东省情网（http://www.gd-info.gov.cn/shtml/guangdong/gdgl/gdgk/qxqq/2017/09/21/231812.shtml）。

粤籍华侨华人社群，在数量上远远超过全国其他省份。中华人民共和国成立后，广东对外人口迁移的步伐仍旧没有停止，尤其在改革开放后，广东省对外新移民人数一直呈现上升态势。可以看出，作为全国最大侨乡和海外华侨华人人口的主要移出地，广东拥有极为丰富的海外侨务资源，这一资源不断推动着广东改革开放事业的深入发展。举例而言，在经济科技领域，改革开放以来，中国吸收的外国直接投资（FDI）60%以上来自包括粤籍华侨华商在内的广大华侨华人及港澳同胞，其中在广东投资兴业的侨商企业超过6.18万家，占全省外资企业总数的六成以上，累计投资2600多亿美元，占全省实际利用外资总额的70%。目前，包括粤籍华侨华人在内的广大海外华侨华人专业人才数量已有400余万人，而近年来广东全省回国（来华）的华侨华人专业人士约有5.8万人，并主要分布在珠三角地区，其中广州3万人、深圳2.5万人，创办企业3000余家，主要集中在电子信息、生物制药和新材料等领域。在引资引智领域，海外华侨华人是广东引进高层次人才的主要来源。截至2015年，广东引进的11277名国家"千人计划"人才中，华侨华人人数占90%以上；全省引进的5117个省级创新科研团队中，华侨华人团队占80%以上；全省引进的5批89名省级领军人才中，华侨华人约占80%。[1]在慈善捐赠领域，改革开放以来，包括粤籍华侨华商在内的广大华侨华人及港澳同胞累计捐赠内地公益事业款物总额超过900亿元人民币。其中，广东全省接收的海外华侨华人及港澳同胞捐赠款物总额在520亿元人民币以上，绝大部分用于文教、基础设施建设、救灾等领域，而近5年来全省接受侨捐款物折合人民币为63亿余元。[2]在华侨文化资源领域，华侨文化和侨乡文化作为岭南文化的重要组成部分，不断推动着广东本土文化"走出去"并形成世界品牌。2007年，"开平碉楼与村落"被联合国教科文组织第31届世界遗产委员会大会列入《世界遗产名录》，成为全国首个华侨文化世界遗产项目和广东省第一个世界文化遗产项目。2013年，以广东侨批为主构成的"侨批档案"入选《世界记忆遗产名录》，成为广东首项世界记忆遗产。

---

[1] 参见广东省侨办《广东是著名侨乡》，见广东省情网（http://www.gd-info.gov.cn/shtml/guangdong/gdgl/gdgk/qxqq/2017/09/21/231812.shtml）。

[2] 参见广东省侨办《广东是著名侨乡》，见广东省情网（http://www.gd-info.gov.cn/shtml/guangdong/gdgl/gdgk/qxqq/2017/09/21/231812.shtml）。

在构成侨批档案的约17万份侨批中，来自广东的侨批档案就达16万份之多。广东的留学文化、商业文化、慈善文化等也都与海外华侨华人群体和华裔族群文化有着密切关系。①此外，在区域经济合作领域，"21世纪海上丝绸之路"沿线地区聚居着包括粤籍华侨华人在内的大约4000万海外华侨华人，这一地区与中国东盟自贸区相交汇，是许多东南亚华商产业布局的重点区域。"21世纪海上丝绸之路"通过海上互联互通、港口城市合作机制、海洋经济合作等途径，把广东和东南亚国家临海港口城市串联起来，形成经济互补性强的利益共同体，海外华商群体在其中发挥着不可取代的重要作用。在海外中华文化传承方面，目前有两万多所海外华文学校，其中又有数十万名华文教师以及数百万在校学生。这些海外华文学校再加上数十万个海外华侨华人社团、上千家华文媒体以及众多的唐人街、中国城、中餐馆和中医诊所等，联合成为中华文化海外推广基础最牢、覆盖最广、效果最好的平台和载体。②

广东作为全国侨民数量最多的省份，再加上其具有"面向海洋、面向港澳台、面向东南亚"的地理区位格局，决定了广东在落实国家改革开放重大举措、加快社会经济文化事业快速发展、促进广东对外交流合作、推动改革开放向纵深挺进等方面与自身独特的侨情优势和特点相互关联。事实上，40年来，广东不仅接受了大量华侨华人和港澳同胞的投资、捐赠、汇款、创新创业项目等，使得华南地区的政治、经济、文化、海洋事业和粤港澳合作获得空前发展，吹响了广东作为我国改革开放最前沿省份的时代强音，而且作为岭南文化的集萃之地以及国家"21世纪海上丝绸之路"建设的重要门户，正凭借侨情优势不断拓展中外交流合作领域，特别是极力提升了华南地区与海外侨胞住在国之间的关系交往程度，将中华文化、岭南文化推广出去，将广东的对外经贸和文化合作推向更高水平。

值此中国改革开放40周年之际，我们认为十分有必要从历史的角度认真梳理海外华侨华人与广东改革开放发展之间的脉络关系。深入了解海

---

① 参见广东省侨办《广东是著名侨乡》，见广东省情网（http://www.gd-info.gov.cn/shtml/guangdong/gdgl/gdgk/qxqq/2017/09/21/231812.shtml）。

② 参见海南省外侨办《裘援平谈"大侨务"与"大格局"：顺应国情侨情变化》（http://dfoca.hainan.gov.cn/wsqbzw/toutiao/201403/t20140322_1175779.htm）。

外华侨华人在广东改革开放过程中的历史作用，深入了解广东侨情的历史与现实意义，展示侨务工作的重要性，这对于新时代继续坚定不移地推动广东改革开放大业，无疑具有重要的促进作用。

一、1978—1992 年：改革开放从起步到发展时期海外华侨华人与广东

"文革"结束后，党中央和国务院高度重视侨务工作。1977 年 9 月 29 日，邓小平在接见来北京参加国庆活动的华侨、外籍人士、台湾同胞和港澳同胞旅行团正副团长和部分知名人士时就指出，侨务工作，要提到日程上来。① 经中央批准，全国侨务会议预备会议于 1977 年 11 月 28 日至 12 月 20 日在北京召开。参加会议的有广东、福建、广西、云南、北京、上海、天津 7 个省、市、自治区及中共中央、国务院 16 个部委的代表共 61 人。李先念副主席和耿飚同志到会并做重要讲话。会议认为，侨务工作是党的一项重要工作。中华人民共和国成立以来，中共中央和国务院制定了有关侨务工作的一系列方针和政策，而广大侨务干部在各级党委领导下，积极努力，做了大量工作；广大华侨心向祖国，热爱祖国，对支援祖国社会主义建设，扩大爱国统一战线和国际反霸统一战线做出了应有的贡献；广大侨眷、归侨在社会主义革命和建设中发挥了积极的作用。会议对以上方面均予以充分肯定。同时，会议在组织机构问题上也提出，根据形势发展的需要，建议设立侨务办公室，作为国务院直属机构。侨眷、归侨较多的省、市、自治区和地、县，也应该相应建立和健全侨务机构，统称侨务办公室。侨务工作较少的省、市、自治区可考虑根据实际情况，设立侨务处，也可由外事或有关部门负责。重点侨乡公社，要有专职干部管理侨务工作。干部编制由各级党委根据任务情况确定。归国华侨联合会的组织，也应予以恢复，此外还要加强对中国新闻社和海外华侨宣传工作的领导。②

针对中央和国务院恢复侨务工作的一系列讲话和会议精神，1978 年 1

---

① 参见中国新闻社编著《桥：中国新闻社侨务报道选》，新华出版社 2014 年版，第 13 页。
② 参见《中共中央转发外交部党组〈关于全国侨务会议预备会议的情况报告〉》（1978 年 1 月 11 日），见中山大学法律系编《经济法规汇编（二）》1981 年版，第 198～204 页。

月4日《人民日报》刊发社论《必须重视侨务工作》①，其中鲜明提出：

> 华侨人数众多，大部分在第三世界国家。他们是中华民族的组成部分，是我国发展同各国人民友谊的重要纽带。广大侨眷、归侨是我国社会主义革命和社会主义建设的一支重要力量。加强侨务工作，团结广大华侨，充分调动侨眷、归侨的社会主义积极性，对我们实现四个现代化的宏伟目标，促进中外文化科学技术交流，扩大爱国统一战线，增进同华侨所在国的友好关系，有着重大的意义。

> 华侨在国内的眷属和归国华侨，同其他中国公民享有同样的权利，尽同样的义务，但又有着同其他人民不同的特点，这主要是他们同国外的亲人有着密切的联系。我们应当继续贯彻毛主席关于"保护华侨利益，扶助回国的华侨"的指示，按照"统筹兼顾，全面安排"的方针，对侨眷、归侨实行一视同仁，不能歧视，根据特点，适当照顾的政策。

> 当前侨务工作上问题很多，要加强调查研究，抓住一些主要问题，采取有力措施，切实加以解决。在侨眷、归侨较集中的地方，要经常召集侨眷、归侨代表开会座谈，听取意见，改进工作。经过全党的努力，我国侨务工作一定能迅速改变面貌，充分调动广大华侨、侨眷和归侨的积极性，为扩大爱国统一战线，为早日建成伟大的社会主义的现代化强国而斗争。

在中共中央和国务院对侨务工作的高度重视之下，1978年1月下旬广东全省侨务工作会议召开。1月24日《南方日报》头版发表了题为《一定要把侨务工作做好》的社论，其中提到"侨务工作涉及面广，同许多部门的工作都有密切关系，必须全党重视，多方协作，才能搞好"②。广东在落实党和国家侨务政策方面可以说走在了全国前列，其中落实侨胞和归侨侨眷政策、加快侨乡生产建设、恢复侨汇物资供给、大力选拔使用

---

① 《必须重视侨务工作》，载《人民日报》1978年1月4日第1版。
② 《一定要把侨务工作做好》，载《南方日报》1978年1月24日第1版。

总　论

侨务干部等方面，都给予广大侨胞以热切鼓舞。在党的十一届三中全会召开前夕，1978年11月8日中共广东省委第二书记习仲勋同志在中央工作会议上做了关于广东情况的汇报，其中在经济方面重点提出华侨参与家乡建设的重要性，"调动华侨建设侨乡的积极性，也是一件很重要的工作。今年以来，除华侨商人要求搞加工装配业以外，有些人还提出在广州、汕头、肇庆等地搞高级宾馆，协助开展旅游和华侨回国观光业务；有些人要捐款在侨乡县修建华侨学校，兴办社会福利事业；有些人打算投资盖住宅，在广州提出申请的已有八百多户；还有的提出要从香港、澳门修建高速公路直达广州、佛山等地。为了适应华侨建设祖国的需要，我们研究应采取以下措施：一是恢复华侨投资公司，资金统一筹措，单独核算，计划安排，合理使用。二是请国家优先安排，帮助广州的建筑行业尽快实现现代化。现在看来，建筑业落后是实现四个现代化的一大障碍，我们在这方面要下点本钱，下点功夫。三是对一些重点侨乡县，要帮助他们分别作出建设规划，以便利用华侨资金，有计划、有领导地开展工作"[①]。

1978年12月22日，党的十一届三中全会公报正式公布，确立了全党工作的着重点应该从1979年开始转移到社会主义现代化建设上来，同时，公报提出，欢迎海外侨胞本着爱国一家的精神，共同为祖国统一和祖国建设的事业继续做出积极贡献。[②]可以说，从党的十一届三中全会之后，中国改革开放的大幕就逐渐拉开，海外华侨华人回国参与建设的热情可谓一波高过一波。1979年12月，广东省第五届人民代表大会第二次会议召开，来自各民族、各地区包括港澳地区在内的代表共1500多人，热烈讨论了如何进一步解放思想，加强团结，利用广东省的有利条件，闯出一条符合中央方针、具有广东特点的加快经济建设的路子来，尽快改变广东面貌，为国家多做贡献。大会最后决定在深圳市、珠海市、汕头市划出一定区域设置经济特区，并原则上通过了经济特区条例以报国务院。[③] 1980年8月第五届全国人民代表大会常务委员会第15次会议决定，批准国务院

---

① 习仲勋：《广东的建设如何大干快上》（1978年11月8日），见《习仲勋文选》，中央文献出版社1995年版，第285页。

② 参见《中国共产党第十一届中央委员会第三次全体会议公报（一九七八年十二月二十二日通过）》，载《人民日报》1978年12月24日第1版。

③ 参见《广东举行人代会和政协会》，载《人民日报》1979年12月30日第1版。

提出的《广东省经济特区条例》。① 经济特区的设立是中国改革开放历史上的重大标志性事件。这一事件不仅向全世界宣布了社会主义也可以搞市场经济，同时也向全世界宣布中国经济发展的宝贵机遇。②

特区政策一经推出就受到国际社会的广泛关注和积极响应，特别是海外华侨华人率先投身特区建设。祖籍广东澄海的谢国民先生经营的泰国正大集团在深圳取得了"001号"中外合资企业营业执照——正大康地有限公司（正大集团与美国大陆谷物公司合资1500万美元建立年产8万吨的饲料企业）。这不仅是深圳特区也是全国最早的侨商和外商投资项目。1982年，正大集团又相继在珠海、汕头领取了"001号"外商营业执照。正大集团也因此成为中国改革开放后第一个在华投资的侨商集团。③截至1981年5月底，仅深圳特区就已达成675个项目协议，吸引侨资22亿多港币。其中，蛇口工业区已办起了13家合资、独资经营的企业，有两家已正式投产。除港澳商人外，日本、美国、联邦德国、英国、菲律宾、新加坡、新西兰等国的客商也纷纷到特区参观、洽谈，各类公用设施和商业建筑物均加紧建设。④

1985年8月，国家决定在深圳经济特区正式建设"华侨城"。全国人大常委会原副委员长、全国人大华侨委员会原主任委员叶飞同志专门指出，为了打开华侨回国投资的新局面，国家计划在深圳市区和蛇口工业区中间的沙河工业区建立一个"深圳特区华侨城"，在那里接受华侨投资，以更优惠的条件，办工商企业，办旅游业，办学校，发展第三产业。他说："华侨城是吸引侨资、引进技术、引进人才的窗口，也是政策的窗口。通过这个窗口，创造一个华侨投资环境，逐步把华侨投资从沙河引到内地来。这个'华侨城'搞得好，五年左右就可以见成效。"他还指出，现在的华侨构成和20世纪50年代的情况有很大不同。过去以为华侨只是广东、福建等沿海的几个省有，今天全国各省、市、自治区，包括西藏在内都有华侨。过去华侨多数是经商，做小生意，大企业家很少，现在华侨

---

① 参见《人大常委会关于批准广东省经济特区条例的决议》，载《人民日报》1980年8月27日第1版。

② 参见蔡兵主编《改革开放先行区》，广东人民出版社2016年版，第45页。

③ 参见蔡兵主编《改革开放先行区》，广东人民出版社2016年版，第45页。

④ 参见计泓赓、李肇芬《在"特"字上做好文章——评述我国四个经济特区一年来的实践和前景》，载《人民日报》1981年7月15日第2版。

中出现了一些大企业家、大财团。华侨华人中科学技术人才多，尤其是北美和欧洲，科学家和高级技术人员相当多。他说："广大海外侨胞对祖国的感情很深，爱国心强。他们有知识，有资金技术，是建设伟大祖国的一支不可忽视的力量。我们应当充分理解他们的爱国热情。为他们创造报效祖国的良好环境和条件。"叶飞强调说："各地可以采取各种不同方式，吸收侨资，引进技术，同时做好智力引进的工作。要大力发展侨区乡镇企业，引导归侨、侨眷走劳动致富的道路。"①

深圳特区华侨城由香港中旅集团负责开发，经过多年建设，到20世纪90年代初已有大小企业80家，并涌现出像康佳电子有限公司、新华纺织有限公司等一批技术先进、经济效益好的骨干企业。华侨城已初步形成以电子和轻纺为重点，技术管理先进、面向国际市场的工业体系，产品远销五大洲。华侨城在建设中注意引进起点高、档次高、技术先进的大型项目，并狠抓企业的经营管理。因此，经济效益大幅提高，企业的技术水平也相应提高。1986年，华侨城的工业总产值只有3.6亿元，1990年达到9.2亿元，到1991年11月底已达到13.9亿元，5年间增长了10亿元。各项经济技术指标连年来均有较大幅度提高。②

从深圳全市引进外资的情况来看，1985年深圳市外资职能部门制定《投资项目导向》，鼓励侨资外资投资工业项目，特别是先进工业项目，有选择、有重点地引进具有国际先进水平的技术设备和有外销能力的技术项目。年内新批准"三资企业"项目282项，其中，协议合资经营192项，合作经营73项，独资经营17项。到1985年年底，全市累计建立"三资企业"1726家，协议引进外资33.52亿美元，工业项目引进外资所占比重达65%。1990年，深圳市"三资企业"产值占全市工业总产值的51.13%，出口额占全国"三资企业"出口总额的近三分之一。1991年，深圳全市登记注册的"三资企业"有944家。其中，工业企业848家，占全年注册登记"三资企业"总数的89.8%；注册外资金额5.28亿美元，占注册外资总额的78.4%。全年批准高新技术项目83项，占批准总数的9.5%。同年，深圳市出口100万美元以上的"三资企业"有220

---

① 邢凤炳、于国厚：《打开华侨回国投资新局面 深圳特区将建华侨城》，载《人民日报》1985年8月25日第1版。

② 参见谢荣镇《深圳华侨城取得良好经济效益》，载《人民日报》1992年1月27日第2版。

家。截至1990年年底，全市"三资企业"累计已达4053家，协议引进外资73.36亿美元；"三资企业"的平均投资规模达到1190万美元以上。而到深圳投资的国家和地区也由1984年的19个增加到1991年的27个。"三资"项目行业分布更广，投资结构不断优化，除重点发展先进工业外，还有农林牧渔业、地质勘探业、建筑业、交通运输业、邮电通信业、商业及饮食业、金融保险业、文教卫生事业、科学研究事业、综合服务业、旅游宾馆业、房地产业和其他行业等。①

除深圳市以外，广东省其他拥有丰富侨务资源的地区也积极响应，在国家改革开放战略的指导下，商讨制定符合本地区经济发展的政策。1984年5月，广东省汕头市召开了经济发展战略问题讨论会，参加讨论会的有来自北京、上海、东北、广州等地的领导同志、专家、学者以及汕头市党政领导和科技人员共240多人。讨论会上，代表们认真总结了汕头市的历史经验，分析和研究了全市的经济发展战略。会议明确提出，要把汕头建设成为具有侨乡特色的开放型经济区。汕头市管辖二市八县共895万人，其在海外的潮汕华侨华人有600万人，还有港澳同胞100万人。会议认为，要实行进一步开放的政策，充分发挥华侨众多的优势，大量引进侨资、外资和技术，开发具有自身特色和发展前途的优势产业，把汕头建设成为我国重要的加工工业基地、果菜基地和水产基地；要认真落实侨务政策，给予华侨投资以更多的优惠和方便。同时发挥优势，在经济特区建设中走出新路子，要坚持对外开放政策，适当调整汕头经济特区的发展方向和规模，通过海内外潮汕侨胞和关心潮汕建设的人士的共同努力，把汕头经济特区办成具有侨乡特色的经济区。②

改革开放政策实施后，广东不仅在经济建设方面取得较明显的成就，在其他领域同样也取得了长足发展。诸如在文化建设方面，广东重新恢复华侨高等教育事业，其中最有代表性的举措就是复办暨南大学和创办汕头大学。暨南大学是创立于1906年的华侨高等学府，中华人民共和国成立后，中共广东省委书记陶铸曾担任过暨南大学校长，"文革"期间一度停

---

① 参见深圳市地方志编纂委员会编《深圳市志·改革开放卷》，方志出版社2014年版，第167页。
② 参见杜松年、陈国荣、张戈平《广东省汕头市召开经济发展战略问题讨论会》，载《人民日报》1984年7月6日第5版。

办。"文革"结束后,根据党中央和国务院有关指示精神,争取各方力量支持在广州复办暨南大学并加速复办工作进程。1978年6月暨南大学董事会得到恢复成立,全国人大常委会副委员长、国务院侨办主任廖承志担任暨南大学董事会董事长,荣毅仁、林修德、王匡、李嘉人、杨康华、郭棣活、何贤、王宽诚、费彝民、蚁美厚、柯麟、汤秉达和罗叔章任副董事长,并由国务院侨办和广东省人民政府聘请华侨、港澳同胞、归侨、台湾同胞知名人士和国内外热心华侨教育事业的人士担任董事会董事,共计75人。[1] 1978年10月,暨南大学正式恢复上课,全校共招收中文、历史、新闻、经济、外语、数学、物理、化学等专业和医学院的学生730多人,其中包括来自朝鲜、柬埔寨、日本、加拿大等11个国家和地区的华侨青年和港澳青年,以及来自全国18个省、市的归侨青年和侨眷子女。10月16日,复办后的暨南大学举行开学典礼。广东省和广州市的党政负责人以及驻军负责人习仲勋、吴南生、邓逸凡、詹才芳、庄田、李嘉人、杨康华,暨南大学副董事长何贤、王宽诚、费彝民、蚁美厚、柯麟和汤秉达等参加了开学典礼。中共广东省委第二书记习仲勋对支持和赞助办好暨南大学的各位董事及各方人士表示感谢。他说,恢复暨南大学,表现了党中央对华侨和港澳同胞的关怀。办好暨南大学是党中央交给广东省的一项光荣的政治任务。广东一定要努力工作,把暨南大学办成一所具有先进水平的文、理、医各科综合大学。复办暨南大学领导小组组长杨康华和教师、学生代表在大会上表示了办好这所大学的强烈愿望和决心。[2]

与暨南大学复办相前后,1980年春,广东省委、省政府决定在广东著名侨乡汕头创办一所综合性大学。1981年,汕头大学筹备委员会成立。香港同胞李嘉诚获悉家乡筹办大学后,率先捐资3000万(不久即增为4500万)港币作为筹建汕头大学的经费,此后不断增资,到20世纪90年代初期已达到5亿港币的捐资规模。1981年8月,国务院正式批准成立汕头大学。1983年9月,汕头大学开始招生。1985年,开始招收泰国、新加坡等国家和港澳地区学生。此后,汕头大学逐渐发展成为一所办学实

---

[1] 参见张晓辉、夏泉主编《暨南大学史(1906—2016)》,暨南大学出版社2016年版,第243页。

[2] 参见《暨南大学开学》,载《人民日报》1978年10月26日第3版。

力较强并拥有文、理、工、商、法、医、艺术和成人教育的综合类高校。①

在侨乡恢复建设发展方面,广东也取得积极进展。侨刊是联系海内外乡亲情谊的一条重要纽带。广东著名侨乡新会从1979年起先后恢复或新办了《新会侨刊》等15份侨乡刊物,通过侨刊大力宣传党的政策,介绍家乡改革开放和两个文明建设的新成就,刊登有关"三资企业"和"三来一补"企业的成绩和经验,使之成为海外乡亲所喜爱的"集体家书"。各侨刊先后收到海外读者不少来信,普遍表示"侨刊成了沟通海内外情谊的桥梁,又是增进人际关系的动力","它细诉了乡情,使我们得到了想知又未能——细问的家乡事和亲人事。令游子梦魂萦绕。使我们产生对祖国、对故乡的凝聚力"等。与此同时,为加强与海外华裔青年的沟通与交流,从1982年起,在新会连续举办了13期美加华裔青年夏令营活动。参加活动的青年祖籍多在珠江三角洲各市、县,年龄从十六七岁至二十八九岁不等,多数是在校的高中生和大学生,少数已经大学毕业参加了工作。他们的家长有医生、学者、法官、工商业者和工人等。美国旧金山市中华文化中心创办人之一、新会华人谭道兴临终前曾嘱咐:"凡我子孙,不能忘宗,要回故乡看一看。"1987年,他的男孙谭志刚建筑师来粤寻根,在故乡看了祖父出生的地方,参观祖父早年捐款办起的医院,喝过先辈饮过的井水,舍不得离开。他深情地说:"我虽然没有钱像祖父那样为家乡办公益事业,但有点专业知识,愿有一天能把它献给祖国。"② 蕉岭县位于著名侨乡梅州,1983年印度尼西亚侨胞及港澳台同胞汤锡霖、邓思迎、赖来朋、吴炳连、李善余、徐添新等捐资12.8万余元人民币用于建造占地1200平方米的蕉岭华侨中学学生宿舍。为纪念"三胞"爱乡热忱,当地老百姓将此楼命名为"怀乡楼"。1983年5月,蕉岭华侨中学董事长徐添新先生出自对桑梓教育的热爱,又捐赠小汽车一部,之后又捐资7.5万余元人民币兴建办公楼以及校门、膳厅等,建筑面积达800平方

---

① 参见《广东省志》编纂委员会编《广东省志:1979—2000·18·教育卷》,方志出版社2014年版,第292页。

② 欧济霖、陈汉忠编著:《新会华侨华人史话》,中国县镇年鉴社2004年版,第291页。

米,缓解了蕉岭华侨中学校舍不足的困难。①

在改革开放的起步阶段,海外华侨华人以满腔热情投身到广东改革开放事业之中,无论是经商兴业还是捐赠公益,无论是助乡助学还是沟通中外交流,海外华侨华人无疑是广东经济社会文化事业发展起步的最主要推动者之一,他们的广泛参与使得广东各项事业发展呈现出崭新的面貌,华南作为改革开放的热土,特区作为改革开放的试验田,成为吸引全国关注的新亮点。

二、1992—2002年:改革开放全面推进时期海外华侨华人与广东

经过了改革开放初期各项政策的出台和落实,1992年之后,广东在中共中央和省委、省政府所制定的科学合理政策的指导下,改革开放局面全面拓展。在经济发展方面,1992年邓小平南方谈话发表,其中提到广东要力争用20年的时间赶上"亚洲四小龙","不仅经济要上去,社会秩序、社会风气也要搞好,两个文明建设都要超过他们,这才是有中国特色的社会主义"。邓小平在视察深圳时充分肯定了深圳在改革开放和建设中所取得的成绩。他提出,"要坚持党的十一届三中全会以来的路线方针政策,关键是坚持'一个中心、两个基本点'。不坚持社会主义,不改革开放,不发展经济,不改善人民生活,只能是死路一条。基本路线要管一百年,动摇不得"②。从1992年起,以深圳经济发展为标志的中国改革开放事业出现了新一轮提速。

深圳市坚持"积极、合理、有效"的引进外资方针,重点加强对世界著名大公司、大企业的引进,引导外资向高新技术产业和城市基础设施投入,提升全市经济发展的水平。当年深圳市"三资企业"合同协议比上年增长58.3%,协议投资增长118.6%,实际引进外资增长23.4%。外商投资的水平和档次不断提高,投资结构继续优化。第三产业的投资比例

---

① 参见政协广东省蕉岭县委员会文史编辑委员会编《蕉岭文史(第9辑)——华人、"三胞"在蕉岭捐办公益事业项目专辑》,政协广东省蕉岭县委员会文史编辑委员会1992年版,第67页。

② 陈锡添:《东方风来满眼春——邓小平同志在深圳纪实》,载《人民日报》1992年3月31日第1版。

明显上升，由1991年的40.1%上升到1992年的48.2%。全市新注册的"三资企业"投资额在500万美元以上的项目为全市大中型企业的三分之一以上。1997年，深圳市拓宽招商引资渠道，引进外资方式趋于多元化，对外借贷、对外发行股票以及来料加工等方式比重均有较大幅度上升，全年全市批准外商投资项目1786项，协议引进外资17.69亿美元，实际引进外资28.72亿美元，分别比1996年增长78%、5.3%和18.5%，投资势头开始回升。同时，外商投资企业看好深圳的投资环境，不断增资。全年全市共有210个"三资企业"增资扩股，占全年协议引进外资的21.4%。①

在外资投向中，深圳资金技术密集型项目和高新技术项目占较大比重，当年外商投资500万美元以上项目50项，1000万美元以上项目28项，高新技术项目70项。1998年全年共批准外商和港澳台商投资项目1915项，比上年增长7.2%；合同引进外资27.5亿美元，比上年增长55.2%；实际引进外资25.2亿美元，比上年下降11.1%。当年有399个外商投资企业经批准增资，增加合同外资金10.62亿美元，占全年合同引进外资27.5亿元的38.62%。"三资企业"在高新技术产业中所占的比重越来越大，截至年底，在全市已认定的130个高新技术企业中，60%是外商投资企业。② 在高新技术产品研究开发生产的资金总额中，外资占55.7%；在高新技术产品出口中，外资企业占70%。一部分"三资企业"技术密集型项目已达到国际先进水平，如长城国际信息公司生产的微机、康诺公司生产的计算机硬盘、深圳天骏微电子公司生产的液晶显示器、中华自行车公司生产的碳纤维自行年和飞亚达公司生产的手表等。③

截至1998年年底，深圳全市已有65个国家和地区的外商来深投资，累计投资项目达2.21万项，合同引进外资276.1亿美元，实际引进外资172.9亿美元；外商投资企业1.37万个，外商投资金融机构55

---

① 参见深圳市地方志编纂委员会编《深圳市志·改革开放卷》，方志出版社2014年版，第167～168页。

② 参见深圳市地方志编纂委员会编《深圳市志·改革开放卷》，方志出版社2014年版，第167～168页。

③ 参见深圳市地方志编纂委员会编《深圳市志·改革开放卷》，方志出版社2014年版，第167～168页。

个。1999年全年共批准355个外商投资企业增资,合同外方增资6.31亿美元,占全年外商合同外资22.3亿美元的28.29%;全市外资企业增资500万美元以上的项目有30个,合同外方增资4.72亿美元,增资1000万美元以上的项目有17个,合同外方增资3.79亿美元。① 截至该年年底,深圳市共有66个国家和地区的客商到深投资,累计批准"三资企业"项目2.36万项,合同外资298.39亿美元,实际引进外资200.45亿美元。2000年,全年批准增资项目424个,合同外方增资8.14亿美元,分别占全年批准外商投资项目1835项的23.1%和全年外商合同外资26.39亿元的30.84%。其中,37家企业外方增资超过500万美元,包括IBM、杜邦、三洋、爱普生、三井、日商岩井、日铁商事、友利电、范梅勒等知名跨国公司。截至2000年年底,已有68个国家和地区在深圳市投资,全市累计引进外资项目25443项,"三资企业"1.3万余家,协议引进外资324.78亿美元,实际引进外资230.14亿美元。②

1998年以来,正大集团每年都有20家以上的大型下属企业进入"中国最大500家外商投资企业"排行,其中包括两家全国外资企业前10强。2009年8月,"首届海外华商中国市场(大陆)500强"排行榜揭晓,正大集团位居榜首。目前,正大集团在中国累计投资近60亿美元,已发展成为一个年销售额超过500亿人民币,雇员超过8万人,拥有200多家子公司,以及遍及除西藏、青海以外所有中国省区市的大型集团;形成了包括正大饲料、正大食品、正大肉鸡、正大鸭业、正大种子、卜蜂莲花、大阳摩托、正大摩托、正大广场和正大制药等一批具有广泛知名度的企业、品牌和产品。农牧食品业是正大集团在中国的投资重点。③ 如今,正大集团已在此领域投资了超过百家企业和公司。由其在中国开创的"公司+农户"的经营方式,不仅提供优质产品,负责回收成品,还提供饲养技术、指导农户进行生产管理,积极促进了中国农牧业的发展。正大集

---

① 参见深圳市地方志编纂委员会编《深圳市志·改革开放卷》,方志出版社2014年版,第168页。
② 参见深圳市地方志编纂委员会编《深圳市志·改革开放卷》,方志出版社2014年版,第168页。
③ 参见华商韬略(北京)国际文化传媒中心编著《华商功勋璀璨中国梦》,经济日报出版社2015年版,第843页。

团率先在中国投资开发饲料工业,是中国饲料工业的引领者。他们引进美国、丹麦等国的先进技术和设备,以成熟的管理经验以及饲料养殖方面的新观念,按照不同养殖对象的不同生长周期和营养需求合理配方,生产了一系列品质优良的畜禽和水产饲料,让畜禽育成率、饲料报酬率大大提高,并借此推动中国形成了颇具规模的饲料工业体系。据有关资料统计,1994年全国年产5吨以上的大中型饲料厂只有196家,到2000年已上升到1764家,而在2002年全国246家"三资"饲料企业中,正大集团就占有100多个席位。①

在推动侨资企业发展方面,1992年5月11日,广东省人民政府颁布了《广东省侨属企业管理规定》,对侨资企业给予了许多明确的优惠政策,进一步调动了广大归侨侨眷的积极性,促进了侨资企业向更高档次、更大规模发展。在1993年5月6日结束的广东全省侨务会议上,省委、省政府对侨务工作提出了新的要求。时任省长朱森林强调要"三个更多注意",即:把广大华侨、侨胞捐赠工作转向投资实业;把外资中"三来一补"企业转向合资合作和发展高新技术产业;把一般的学术交流转向吸引海外侨胞、华人较高层次人才参与我们的市场经济建设。②在侨务工作中,在继续积极为资金、设备、技术"三引进"穿针引线的同时,力争多为"三引介"铺路搭桥,即:引介海外信息和人才,支持全省高新技术产业的开发;引介海外市场网络和关系,促进全省市场国际化、多元化;引介海外大集团和先进的管理经验、市场运作方式,推动现代企业制度的建立和大企业的发展。今后,广东的侨务工作必将继续发挥其为侨服务、为经济建设服务的重要作用,并步入一个新的台阶。③

这一时期广东省改革开放的一个鲜明特点是,经济的快速发展已经从深圳、珠海和汕头等经济特区扩展到更为广泛的县市地区,侨资企业对侨乡的投资力度逐渐增大,大批侨资企业的兴办成为侨乡乡镇企业的重要补充。从理论上来看,侨资企业的首要作用在于其不仅促使农村的经济结构

---

① 参见华商韬略(北京)国际文化传媒中心编著《华商功勋璀璨中国梦》,经济日报出版社2015年版,第843页。
② 参见良军、黄雨三主编《最新统战工作实务全书》,安徽文化音像出版社2004年版,第502页。
③ 参见良军、黄雨三主编《最新统战工作实务全书》,安徽文化音像出版社2004年版,第502页。

从纯农业转向农工贸并举的多种经济结构共同发展，而且打破了过去自给自足的小农经济形态，从而为侨乡经济的发展注入巨大活力。①

以潮州市为例，在当地归侨、侨眷和港澳台属亲友的支持下，通过集资或引进小型的先进生产设备在乡镇举办集体、个体企业取得迅速发展，促使潮州市的社会经济结构发生了巨大变化。根据广东潮州市外事侨务局2001年的一项调查结果显示，潮州时有侨资企业4761家，总资产将近10亿元，在这些企业的就业人数有4.7万多人。这些侨资企业广泛分布在食品、五金、服装、陶瓷、运输、商贸等领域。2000年，潮州市的侨资企业总产值近9亿元，上缴利税4000多万元。而在过去，通过侨汇赡养家庭是旅外侨胞支持家乡亲人的普遍方式。改革开放以来，随着国内侨务政策逐渐得到落实，华侨支持国内眷属的方式也由"输血"逐步转型为"造血"，以侨资支持亲属创办企业的形式趋于多样化：或购买机器设备、建造厂房办厂，或购置房产、铺面出租由侨属自营，或参股投资、合作兴办项目，或引进技术、提供经营渠道和信息，侨属兴办实业因此成为侨乡经济发展的一大热点。在发展过程中，潮州不少侨资企业从弱小型、粗放型逐步转变为规模化、集约化的生产经营，成为潮州市工商界的佼佼者。②其中，潮安县东凤镇侨属陈涣然利用海外亲属支持的3万元办起塑胶厂，专门从事原料加工。发展至今，该塑胶厂已成为具有自营进出口权的规模企业，产品也已打入国际市场，年产值上亿元，每年上缴利税超过200万元。③

同样，汕头市也存在类似的情况。峡山镇之所以发展成为粤东工农业总产值超过20亿元的著名工业卫星镇，实际上是从20世纪80年代中期以后，因海外乡亲和港澳同胞大批捐赠生产技术设备，大力支持集体企业和个体侨资企业的兴办而起步的。仅在80年代中期以后的几年中，峡山镇先后接受捐赠生产设备而兴办起来的镇办、村办集体企业有30多家，侨、港属个体或联户合办企业有300余家，加上其他乡民自办企业共500余家，就业人数为3万多人。20世纪90年代以来，峡山镇的工业企业进

---

① 参见张春旺、张秀明主编《中国侨乡研究》，中国华侨出版社2014年版，第49页。
② 参见杨群熙辑编《潮汕历史资料丛编第13辑·海外潮人对潮汕经济建设贡献资料》，潮汕历史文化研究中心2004年版，第370～371页。
③ 参见刘权《广东华侨华人史》，广东人民出版社2002年版，第431～432页。

一步发展。截止到 1995 年,全镇拥有各类企业共 840 家,其中,"三资企业"142 家,"三来一补"企业 26 家,乡镇集体企业 200 多家,侨资企业和其他自办企业 500 多家,企业固定资产达 3 亿多元,从业人员有 5.1 万人,招收就业人员也从过去的劳动力过剩变为劳动力不足,企业向外招工 4000 余人。全镇形成了针织服装、电子电器、皮塑制品、音像磁带、灯饰工艺、拉链线带、化妆用品和建筑材料八大骨干行业,拥有商场 9 座,各类商业铺档近万间。闻名遐迩的"峡山国际商场"拥有店铺达 1150 间,每天接待来自全国各地的顾客逾 3 万人次,营业额为 250 万元以上,并发展成为一个轻工业发达、商贸繁荣、以外向型经济为主和具有侨乡特色的重镇。工业企业和商贸的迅速发展促进了峡山镇经济的大幅度增长。1994 年,全镇工农业总产值 12 亿元,人均总值 1760 元,人均收入 1748 元,分别比 1987 年增长 12 倍、14.3 倍和 23.1 倍。1996 年,全镇工农业总产值突破 20 亿元,成为潮汕地区第一个工农业总产值超过 20 亿元的著名乡镇,也是粤东著名的工业卫星镇。可以说,这一切都要归功于侨资企业的兴办和发展,归功于海外华侨华人和港澳同胞对侨乡经济建设的大力支持。①

侨资企业的作用还体现在,改变了过去侨乡"坐食"侨汇的状况,使传统侨乡从主要依赖侨汇的消费性社会逐渐转变为自食其力的生产性社会,从而促进了侨乡社会经济的稳步发展和社会风貌的巨大变化。如揭阳市的著名侨乡仙桥镇,在海外乡亲和港澳同胞的支持下,由侨、港属开办起一批侨(港)属企业,形成了一个又一个"新兴侨乡工业村",闻名全国的"罗马铁街"就是由大量侨资企业构成。1994 年至 1996 年,仙桥镇每年增办企业 150 家左右,"三高"农业走上新台阶,工农业生产每年以 35% 左右的速度增长。过去流传着"难行淇美路,难搭圩埔渡"的淇美村从 1994 年开始先后投资 2000 多万元,全面进行道路建设,有效改善了能源和通信设施,使淇美村的工业生产出现了前所未有的兴盛局面。此外,素有"文化之乡"美誉的仙桥镇槎桥村于 1991 年年底揭阳建市之后,确立了"工业立村、农业稳村、全面发展槎桥经济"的方针,促进了全村经济建设和社会各项事业的蓬勃发展。在短短几年中,全村侨资企

---

① 参见杨群熙辑编《潮汕历史资料丛编第 13 辑·海外潮人对潮汕经济建设贡献资料》,潮汕历史文化研究中心 2004 年版,第 373~374 页。

业和其他乡镇企业已发展到200多家,形成了一个异军突起的新兴工业区。①

侨资企业的作用同时体现在使许多纯粹依附在土地上的劳动力解放出来,并使许多空闲的劳动力找到就业出路,使侨乡充满生机,使农户走上富裕之路。如潮阳重点侨乡谷饶镇,全镇共有10.39万人,其中,海外华侨华人和港澳同胞为10万余人,相当于全镇现有人口的70%以上。过去由于人多地少,劳动力过剩,经济十分落后,人民生活艰难。直至1984年,全镇仅有10多家家庭手工作坊,全镇的工业产值也只有92万元,绝大多数劳动力没有出路,只好选择外出做工。但从1985年开始,谷饶镇政府确立了引导群众走具有侨乡特色的农村工业化发展道路的指导思想,在海外侨胞和港澳亲属的大力支持下,仅用几年时间,就形成了镇办、村办、联办、私营"四个轮子"一起转的大办侨资企业和其他乡镇企业的可喜局面。进入20世纪90年代以来,谷饶镇农工贸一起发力,经济迅速发展。1993年全镇工农业总产值达2.36亿元,其中工业产值1.66亿元,农村人均纯收入1485元,分别比1988年增长4.8倍、8.9倍和2倍,当年的工业出口额达到1380万美元。近年来,该镇的工业基础越来越雄厚,已形成包括文胸针织、牛仔服装系列,以及各式音像磁带、电脑、绣花、皮塑制品、玩具、电器、五金工艺、建造材料等在内的门类齐全的产业结构。许多在过去生活艰难的归侨侨眷和港澳同胞亲属家庭自改革开放以来,在海外侨胞和港澳同胞亲属支持下,办起侨港澳属企业,找到了生活出路,并逐步成为富裕户。②

可以看出,自改革开放全面推进以来,海外华侨华人对广东的经济发展,尤其是对侨乡经济的结构性变革做出了卓越的贡献。1999年9月29日,广东省副省长卢钟鹤在广东省侨办等单位举办的庆祝中华人民共和国成立50周年会议上说:"广东能有今天改革开放和现代化建设的巨大成就,广大华侨华人和港澳台同胞的贡献功不可没。"卢钟鹤说,50年来,作为全国重点侨乡的广东省,经济建设和社会发展取得了举世瞩目的成

---

① 参见杨群熙辑编《潮汕历史资料丛编第13辑·海外潮人对潮汕经济建设贡献资料》,潮汕历史文化研究中心2004年版,第374页。

② 参见王本尊《侨资企业是促进侨乡经济发展的生力军》,见《华侨与华人》1998年第1期,第63~80页。

就,地区生产总值、财政收入、外贸进出口总额和利用外资等许多方面都居于内地各省市首位。即将跨入21世纪,广东人民正为在全国率先实现现代化而努力奋斗,希望华侨华人和港澳台同胞能继续关心、支持广东的建设,互惠互利,共创繁荣。①据不完全统计,目前全省由归侨侨眷集资和独资兴办的各类企业共有4.2万家,投资金额17亿元人民币,引进各种生产设备3.6万台,从业人员55万多人,侨资企业已成为乡镇经济的重要组成部分。截止到1998年年底,全省实际利用外资962亿美元,其中近八成与侨港澳台资金有关。此外,海外侨胞、港澳台同胞还积极捐款参与广东省的公益事业。据不完全统计,从1978年至1998年,广东省接受华侨、港澳台同胞自愿捐赠用于兴办教育文化医疗等公益事业的款物总额达人民币289亿元。②

在加快经济发展的同时,广东省各级侨务部门也致力于为侨办事,为侨服务,加强了依法行政、依法维侨工作的力度,切实保护了华侨华人、归侨侨眷的合法权益,为促进海外侨胞事业的发展和广东的现代化建设发挥了积极作用。具体来说,广东各地注意运用多种形式宣传侨法,增强全社会知侨法、守侨法的观念;重视落实各项侨务政策,切实维护华侨华人和归侨侨眷的合法权益。仅在落实侨房政策方面,全省各级财政拨款就达到6.3亿元人民币,落实退回农村侨房1702万平方米,落实处理好城镇侨房1213万平方米。为做好侨务信访工作,全省已受理华侨华人、归侨侨眷来信102万件,接待来访195万人,并组织侨务信访团到美国和东南亚国家侨社开展接访工作。此外,广东还积极推进华侨农场的改革与发展,做好全省23个华侨农场8万归侨的安置工作,使华侨农场加快了经济发展的步伐。在对外交往方面,改革开放以来广东与华侨华人、港澳同胞的传统联系得到了加强和发展。省内侨务部门与40多个国家和地区的842个华侨华人社团建立了联系,邀请来观光考察的华侨华人为6000多人次,推动和协助世界性华侨华人社团组织在广东举办联谊恳亲活动。20世纪90年代以来,先后在广东举行了13次世界性华侨华人社团恳亲联谊

---

① 参见《广东侨办举行国庆招待酒会》,见中国新闻网 [http://www.chinanews.com/china2000/pttq/pttq/990930/0_copy(3).htm]。

② 参见广东省地方史志编委会编《广东省志·政治纪要》,广东人民出版社2004年版,第311页。

活动，参加活动的侨胞为 3 万多人。其中粤、潮、客家三大语系的华侨华人世界性社团均在广东举办了恳亲联谊活动。1997 年，广东省侨务部门对第九届国际潮团联谊年会、首届世界江门五邑相亲思亲大会等提供了积极支持和协助。广东省各级侨办在做好为侨服务的同时，还为归侨侨眷的再就业、出国留学和探亲等问题提供了服务。简言之，广东省侨务部门在为侨办事、为侨服务的交往中，不断发挥自身对外联系多的优势，积极引进资金、技术、人才以服务经济建设。仅在 1991 年至 1998 年间，全省各级侨办参与引进的项目有 1827 个，总投资额达到 101 亿美元；引进华侨华人科技人才 109 批，803 人次。此外，为了有效地保护华侨捐赠兴办公益事业的热情，广东省人大常委会专门制定了管理条例，为华侨捐赠工作提供了法律依据，以使公益事业的发展走上规范化的道路。①

三、2002—2012 年：改革开放不断深入时期海外华侨华人与广东

2002 年，党的十六大顺利召开。党的十六大提出全面建设小康社会，加快推进社会主义现代化，力争国民生产总值到 2020 年比 2000 年翻两番。在党的十六大报告精神的指引下，中国不断转变其经济发展方式，从资源依赖转向创新驱动，从招商引资转向引资引智并行的发展道路。在此背景下，我国从中央到地方的各级相关部门都非常重视针对海外华侨华人的引智工作。早在 2005 年年初，为贯彻落实《中共中央国务院关于进一步加强人才工作的决定》和全国侨务工作会议精神，国务院侨务办公室下发了《关于在全国侨办系统实施"海外人才为国服务计划"的通知》，号召各级侨办根据"海外人才为国服务计划"，从国家对高层次人才、紧缺人才的需求和华侨华人实现抱负、成就事业的需要出发，围绕国家和地方科技经济发展战略，发挥侨务优势，积极引进海外高层次人才，多形式推动华侨华人专业人才为国服务。此外，国务院于 2011 年制定并颁布了《国家侨务工作发展纲要（2011—2015 年）》，强调按照国家中长期科技、人才发展规划纲要部署，做好海外侨胞高层次人才的联谊、服务和引进

---

① 参见史美泗《追梦的足迹：史美泗新闻作品选》，新华出版社 2015 年版，第 418 页。

工作。①

广东省作为侨务大省，在针对海外华侨华人的引智工作上有更大的开展空间和更充实的侨务引智资源储备。改革开放以来，广东经济社会发展所取得的成就也的确得益于广大海外侨胞中的专业人才的积极参与。2009年，广东省对海外华侨华人的招才引智工作取得了新突破，美国华人生物医药科技协会（CBA）在广州举办第十四届年会暨"珠江国际生物医药产业发展论坛"，包括两名诺贝尔奖获得者在内的800多名海内外嘉宾与会；此外，广东省承办了国务院侨办主办的第三届"海外华侨华人专业协会会长联席会"，来自14个国家和地区的87名华侨华人专业社团负责人与会；同年，广东省侨办组团到美国、加拿大开展华侨华人专业社团调研。而在国务院侨办2009年举办的"第二届华侨华人专业人士杰出创业奖"及"重点华侨华人创业团队"颁奖活动中，广东省有12名海归创业者和6个创业团队入选，数量居全国之冠。②2010年1月，广东省侨办主任吴锐成表示，海外华侨华人蕴藏着十分丰富的人才智力，是广东引进人才智力的重要资源宝库，广东将加大对华侨华人的招才引智力度。同时，广东侨务部门将着力开展对美国、加拿大、日本及欧盟地区的工作，引进一批广东急需的紧缺人才和技术，特别是在生物医药、电子信息、清洁能源、新型材料等重点领域的人才技术。此外，广东省侨办将进一步密切与海外华侨华人专业社团的联系，逐步与他们建立长期合作关系，形成招才引智的工作平台。③为加强引进侨智侨资，促进广东经济发展的转型升级，广东省委、省政府于2012年3月与国务院侨办签订了《关于发挥侨务优势促进广东加快转型省际合作备忘录》，广东省侨办还实施了"海外人才为粤服务计划"，并成功举办了"智汇广东"海外人才为国服务博士团广东行活动。④

---

① 参见《世界侨情报告》编委会编《世界侨情报告2012—2013》，暨南大学出版社2013年版，第65页。

② 参见李其荣、谭天星、邵元洲主编《华侨华人与湖北经济发展：华创会研究集成》，崇文书局2012年版，第59～60页。

③ 参见《粤加紧向华侨华人招才引智　四类重点人才受青睐》见中国新闻网（http://www.chinanews.com/zgqj/news/2010/01-14/2071833.shtml）。

④ 参见《世界侨情报告》编委会编《世界侨情报告2012—2013》，暨南大学出版社2013年版，第65页。

实际上，海外华侨华人专业人士多年来一直关心和支持广东科技、经济和社会的发展，表现出对科学的执着和对祖（籍）国与家乡的热爱。他们运用在海外学到的先进技术和管理经验，以多种形式参与到广东现代化建设的各项事业中来，在促进广东改革开放和现代化建设，扩大广东同其他国家在科技、教育、文化、经贸等领域的交流和合作，增进广东人民同各国人民的了解和友谊等方面，发挥了不可替代的桥梁作用。而华侨华人专业社团在协调、动员和组织其成员在各自的专业领域与广东相关部门开展交流和合作上则具有独特优势，也发挥了重要作用。如2004年回国创业的黄镰博士在广东海外交流协会举办的"留学人员创业与民营企业共同发展论坛"中做了大量工作；①2011年，广东海外交流协会理事范群博士率领美国硅谷科技经济考察团对广东进行商务考察，带来了合作项目；②美国理事李大西博士促成了纽约科技大学张钟浚校长访问广东，他们还专门就如何充分发挥海外科技界华侨华人人才的桥梁作用，加强广东与世界尖端领域的科技交流与合作等问题向广东省领导提出了建设性意见。③

从资金方面来看，以归国华侨及海外华资为主力的投资企业出口创汇增长迅速，1987年至2005年年增长率达到36.45%，远高于全国平均水平15.21%，占全国年出口创汇总额的比重不断上升，由1987年的3.09%增至2005年的55.1%。2005年全国财政收入为31628亿元人民币，以海外华资为主的外商投资企业上缴税收约3163亿元人民币。④《2009年世界华商发展报告》指出，2007年全球华商总资产约3.7万亿美元。2008年受全球金融危机和经济衰退的影响，世界华商企业资产比2007年缩水了三分之一，比2007年减少了1.2万亿美元，约为2.5万亿美元。在2009年，受全球新兴市场地区资产泡沫再起、美元贬值、中国

---

① 参见《钱袋+脑袋 广东：民企"海归"欲结良缘》，见人民网（http://www.people.com.cn/GB/jingji/1037/2538000.html）。

② 参见《美硅谷科协专家智汇广东 赞创业环境适于海归发展》，见央视网（http://news.cntv.cn/20111116/117063.shtml）。

③ 参见《世界侨情报告》编委会编《世界侨情报告2012—2013》，暨南大学出版社2013年版，第70页。

④ 参见任贵祥主编《海外华侨华人与中国改革开放》，中共党史出版社2009年版，第228~229页。

经济率先复苏等因素的拉动,全球华商企业总资产恢复增长到3.9万亿美元,比2008年增长了大约56%。①从技术革新与管理理念来看,由于归侨来源国中的部分国家教育科技发展较为先进,归侨有可能接受到良好的职业教育,个人综合素质较好。他们回国后可以充分利用其所学知识服务于我国经济建设,无疑能推动社会经济的进一步发展。有报道称,自1980年以来,大约有8万名在西方留学的华侨华人科学家相继回国(来华),在学术机构或科研企业中任职;而随着政策的变化以及企业投资的加大,中国科研环境不断进步,近年来归国热潮有加速趋势,将帮助中国在2020年前成为生命科学研究的领导者。②另外,中国改革开放的历史证明,是华侨华人帮助中国打开国门并扩大了与世界的联系。他们以侨引侨、以侨引外,带来了市场经济的新理念、先进的管理经验,并以自己的方式积极参与和推动了社会主义市场经济的制度创新和以公有制为主体、多种所有制经济共同发展的良好态势。2008年1月16日中国侨商投资企业协会成立当天,温家宝总理在接见中国侨商投资企业协会代表时说:"改革开放特别是特区的成立,都是从侨乡开始的,当时,我们海外侨胞的企业投资,包括香港、澳门和台湾同胞的投资,几乎占到投资总额的70%。在中国改革开放初期,华侨企业是有功劳的,功不可没。你们可以算得上是开拓者、参与者和贡献者。"③

在引进先进技术方面,海外华侨华人也发挥了举足轻重的作用。由具有高科技专业背景的华侨华人专业社团成员创建的企业,其突出贡献体现在填补广东的空白行业,完善广东经济结构,推动广东在新经济、新技术、新能源、互联网、IT、通信和传媒等诸多领域的迅速发展。2009年,广东省政府开始实施三批创新科研团队和领军人才引进计划,共56个创新团队和50名领军人才入选。其中创新团队的负责人有47人为海外华人,领军人才有39人为海外华人,分别占84%和78%。广东引进的创新科研团队适应了广东省战略性新兴产业发展格局,以第二批引进的团队为例,20个团队涵盖了高端新型电子信息、LED、生物医药、新材料、先

---

① 参见程京武主编《中国社会发展导论》,暨南大学出版社2011年版,第229页。
② 参见《政策利好促回归 中国海外留学生归国热浪席卷而来》,载《人民日报》(海外版)2010年11月23日。
③ 参见《温家宝寄语侨商:预祝取得"两个成功"》,见中国新闻网(http://news.sohu.com/20080116/n254702330.shtml)。

进制造业、新能源、节能环保等多个关键技术领域。这些科研团队的创新效应助推了广东省的产业转型升级,实现了广东经济发展的大跨越。20个团队中的11个团队在核心技术上都实现了突破。[1]实际上,广东省众多高新区、留学生创业园、科技园区内华侨华人专业人士和留学人员创办或者管理的企业,目前已经成为广东新经济和高科技的主流力量。

在促进侨乡教育等社会公益事业发展方面,广大粤籍华侨华人同样发挥了至关重要的作用。热爱家乡、情系桑梓向来是广大华侨华人的优良传统。许多归侨关心支持中国各方面的发展建设,并以各种形式表达自己对侨乡社会公益事业的支持,主要体现在捐资办学、捐助医疗卫生事业、支持文化体育事业、捐献善款救济灾民等。据不完全统计,1978年至2010年间,海外侨胞、港澳同胞对我国公益事业的捐赠为800多亿人民币。[2]而同时期海外侨胞和港澳同胞向广东捐建社会公益事业项目资金累计超过450亿元,捐建道路、桥梁、学校、医院、图书馆和体育馆等逾3.3万宗。[3]以教育事业的发展为例,改革开放后,广东海外华侨华人捐款家乡教育事业蔚然成风,捐资办学的义举盛况空前。据不完全统计,从1978年到2005年,华侨华人、港澳同胞在广东省捐款赠物,总额折合人民币达360亿元,占全国侨捐总数的70%。其中,捐资办学就有50亿元,兴建扩建了大、中、小学校近两万间,占全省中小学校总数的60%。[4]2007年,华侨华人、港澳同胞通过侨务部门协助和办理的捐赠为8亿多元人民币,比2006年同期增长了2亿元。其中捐建学校、教学楼、实验室和助学、培训教师的资本超过3亿元人民币,占总捐赠额的三分之一以上。[5]截止到2005年,广东华侨华人捐建的中小学校为18000多所,比"希望

---

[1] 参见《广东"团队式"引才助推产业转型升级实现大跨越》,见中国新闻网(http://www.chinanews.com/lxsh/2012/03-12/3737279.shtml)。

[2] 参见《全国侨办系统"五五"普法:多措并举营造护侨氛围》,见中国新闻网(http://www.chinanews.com/zgqj/2010/10-26/2611963.shtml)。

[3] 参见郑德涛、林应武主编《经济发展与公共治理:广东与意大利的实践与反思》,中山大学出版社2015年版,第21页。

[4] 参见《华侨、港澳同胞广东家乡捐办公益高潮迭起》,见新华网(http://news.xinhuanet.com/newscenter/2006-04/09/content_4401695.htm)。

[5] 参见《侨胞港澳同胞热心公益 一年捐赠广东8亿》,见网易新闻网(http://news.163.com/08/0106/16/41HPDV07000120GU.html)。

工程"在全国捐建的学校数量还多三分之一。①

总体来说,这一时期广东海外华侨华人不论在经济建设、社会发展还是国家软实力的提高等方面都发挥着重要的作用。2005 年,胡锦涛对华侨华人给予了高度褒扬和深情寄语:"我国有数千万海外侨胞,居住在 100 多个国家和地区,他们对中国怀有特殊感情,拥有比较雄厚的经济实力和大量高层次人才。我们国内还有 3000 多万归侨侨眷,他们活跃在各条战线,与海外侨胞有着千丝万缕的联系。在中国革命、建设、改革的各个历史时期,广大海外侨胞和归侨侨眷为中华民族的独立和解放、为国家的繁荣和发展做出了重要贡献,在中华民族史册上写下了光辉的篇章。历史已经证明并将继续证明,广大海外侨胞和归侨侨眷是推进我国现代化建设、实现祖国完全统一和中华民族伟大复兴的重要力量。"② 2007 年 10 月,党的十七大召开。在中国不断融入经济全球化的背景下,党的十七大阐述了海外侨胞与中国改革开放历史进程的紧密相连,并高度肯定了改革开放 30 年来我国侨务工作所取得的成就。党的十七大报告指出:"认真贯彻党的侨务政策,支持海外侨胞、归侨侨眷关心和参与祖国现代化建设与和平统一大业。"

这一阶段我国侨情发展和侨务工作的一个重要转变是,广大华侨华人不仅是国家经济科技发展和社会各方面建设的重要推动力,同时也是传播中华优秀传统文化的使者和桥梁。2012 年 4 月 9 日,第六届世界华侨华人社团联谊大会在北京人民大会堂开幕,时任国务院侨办主任李海峰在开幕式上做了题为"弘扬中华文化 展示侨胞形象"的主题报告。他表示,中国有数千万海外侨胞分布在世界 170 多个国家和地区。海外华侨华人社会发展迅速,凝聚力增强,在住在国的地位和影响日益提升。因此,广大华侨华人要继续发挥了解中华文化的独特优势,努力成为弘扬中华优秀文化和促进中外文化交流的典范。③而此次世界华侨华人社团联谊大会的召开实际上是着眼于国际环境、国家发展进程和我国侨情的新变化,不仅凸

---

① 参见《300 亿"侨捐"助推中国教育》,见潮州市人民政府网(http://wscz.chaozhou.gov.cn/yjcz/detail/39125)。

② 乔培华、袁炎清主编:《21 世纪海上丝绸之路与广东航运文化》,中山大学出版社 2016 年版,第 98 页。

③ 参见《充分发挥海外侨胞在弘扬中华文化中的独特作用》,载《人民日报》(海外版) 2012 年 4 月 23 日第 6 版。

显了"弘扬中华优秀文化，展示侨胞良好形象"的重要意义，更是为广大海外侨胞对中华优秀文化的了解、对中国政府致力于推动文化大发展大繁荣战略的认识、对鼓励侨胞积极传承和弘扬中华优秀文化做出更大贡献，提出了新任务、赋予了新使命、寄予了新希望。基于此，广东省侨务部门同步组织开展了相关活动，发挥广大粤籍侨胞在推动传播中华优秀文化中的重要作用。2012年4月，来自美国、加拿大、日本、马来西亚等20多个国家的30多名侨团负责人来到广东省惠州市参观考察。这些侨团负责人同时也是广东省同年开办的广东华侨华人社团负责人研习班的学员。根据研习班的行程安排，30多名学员在广东省侨办相关负责人的陪同下抵达惠州，在惠州仲恺高新区举行座谈，参观TCL液晶模组和亿纬锂能等企业。研习班和参访活动的举办不仅让粤籍华侨华人进一步了解独具特色的岭南侨乡文化，而且让海外侨领了解广东未来的发展规划，从而能够进一步拓宽粤籍侨胞参与广东省经济社会发展的渠道和相关的合作领域。①

此外，2012年10月31日，广东省宣布启动华侨史编修工程，计划用较长时间，修撰一部大型《广东华侨史》。这一编修工程不仅将从世界历史和国际移民的角度，厘清广东华侨移民发展的脉络，总结广东华侨的发展规律，而且将系统梳理广东华侨对住在国历史发展的作用和影响，凸显广东华侨所具备的岭南文化精神，有助于中华传统优秀文化在世界各地的传播。②

四、2012—2018年：改革开放新时代海外华侨华人与广东

2012年，党的十八大胜利召开，大会提出了一系列全面深化改革的战略决策。而"一带一路"倡议正是党的十八大以来党和国家在推进深层次体制改革和扩大对外开放过程中做出的重大工作部署，为丝绸之路沿线地区、国家和广大民众带来了互联互通、交流共融的重大机遇。"一带一路"建设是惠及数十个国家和地区、涵盖几十亿人口、空前提升经贸

---

① 参见《广东华侨华人社团负责人研习班赴惠州参观考察》，见央视网（http://news.cntv.cn/20120403/107380.shtml）。

② 参见《2012年全球华侨华人十大新闻揭晓》，见中国新闻网（http://www.chinanews.com/hr/2012/12-31/4451028.shtml）。

往来和文化交流水平的世纪性大工程，需要动员相关国家和地区的各种有利因素共同努力，才可能顺利建成并发挥作用，而海外华侨华人正是其中不可替代的重要因素。2015年3月，国家发改委、外交部、商务部联合发布的《推动共建丝绸之路经济带和21世纪海上丝绸之路的愿景与行动》强调，要发挥海外侨胞独特优势作用，积极参与和助力"一带一路"建设。[①] 首先，广东是海上丝绸之路始发地之一，广东作为全国侨务资源大省，再加上其具有独特的"面向海洋、面向港澳台、面向东南亚"的地理区位格局，决定了广东势必要在参与建设"一带一路"重大合作方面做出更为突出的贡献，而这就需要进一步发挥广大海外粤籍华侨华商的积极作用，特别是"一带一路"沿线的东盟国家，是海外粤籍侨胞侨商人数最集中的地区，大量当地粤籍华侨华商既有能力也有愿望成为促进广东与东盟国家多方位合作的桥梁和纽带。其次，广东是改革开放的先行地，"敢为天下先"是对近40年来广东改革开放所具有的勇气与毅力的褒奖。但随着"一带一路"倡议的提出，国际竞争格局和对外开放的内外环境都已发生深刻变化，改革开放初期"前店后厂"的经济发展格局已不能适应发展需求，产业转型升级的压力要求广东必须在国际秩序变革中寻找新的机遇。而构建高水平对外开放新格局，首先要着眼于对外开放的深度与广度。这既是资源和要素引进来、走出去的过程，更是体制机制变革与创新的过程。[②] 自贸区是广东提高开放层次、对接更高水平开放的新窗口。因此，在大力发挥海外粤籍侨胞参与建设"一带一路"方面，广东省具有重大而特殊的作用。广东自身需要以自贸区建设为突破口，打造全面法治化、国际化、便利化的营商环境，让制度成为广东构建高水平对外开放新格局的保证。因为高水平对外开放，必定是全方位、多层次和宽领域的对外开放。提高开放水平，要善于统筹国际国内两个大局，利用好国际国内两个市场、两种资源。目前，广东约有1600家大型企业实现"走出去"的目标，"漂洋过海"寻求更广阔的国际合作与发展。为此，广东率先出台参与建设"一带一路"实施方案，提出将广东打造成为"一带一路"的重要枢纽、经贸合作中心和重要引擎的定位，"一带一路"建设也将引领广东高水平对外开放新格局。

---

① 参见凌浩《改革走前头　开放立潮头（点睛）》，载《人民日报》2017年8月30日第12版。
② 参见凌浩《改革走前头　开放立潮头（点睛）》，载《人民日报》2017年8月30日第12版。

从发展方式来说，高水平的对外开放，要从过去重视数量向重视质量转变。提高开放水平，提升对全球资源配置的能力，通过开放切实培育以创新驱动、质量效益为核心的开放型经济新优势。一方面，广东需要加快培育以技术、标准、品牌、质量、服务为核心的外贸竞争新优势，努力由外贸大省向外贸强省转变；另一方面，广东要制定更具开放性的海外高层次人才引进激励政策，引入国外高水平的研发机构和创新型企业，致力于将粤港澳大湾区建成全球创新高地。站在新的起点，广东将一如既往以"敢为天下先"的勇气大胆探索，锐意进取，开启高水平对外开放新格局，为全国构建开放型经济新体制提供有力的支撑。[1]可以说，上述论述为广东省在新时代如何将加强与广大海外华侨华人之间的联系与深化改革开放结合起来，为广东省未来侨务工作的开展提供了具体的指引方向。

从具体的发展进程来看，在全国范围内海外华侨华人和港澳台同胞投入的资金几乎占了实际利用外资总额的70%左右，而在广州的外商投资中，侨商投资比例则占了80%。[2] 2013年12月，广州市的侨资企业（含港澳地区企业）已有15000多家，约占全市外资企业总数的70%。[3]广州侨资企业有效弥补了国内建设资金的不足，并且通过先导和示范作用带动了更多的外商到广州投资，推动了广州经济的增长；同时，侨资企业带来了先进的管理经验和市场理念，引进了先进的技术和设备，培养了一批国际化人才，促进了广州的产业转型和升级，推动了广州开放型经济的形成；带动了中国产品走向国际视野，进入国际市场化的进程中；为广州地区提供了大量的就业岗位，缓解了华南地区的就业压力，提高了人民的就业水平。侨资企业在广州安家落户为广州的发展提供了重要的动力。

从华商网络来看，不少华侨华人经过几代人的艰苦打拼，已经在移居地（比如东南亚）打下了牢固的事业基础，很多华商的产业布局集中在"海丝路"沿线地区。随着建设海上丝路工作的细化和明朗化，华商可以在经济贸易中寻找切入点，调整产业布局，配合和顺应这一合作倡议的实

---

[1] 参见凌浩《改革走前头　开放立潮头（点睛）》，载《人民日报》2017年8月30日第12版。

[2] 参见《侨商占广州外商投资80%》，见新浪网（http://news.sina.com.cn/o/2004-08-28/09203517411s.shtml）。

[3] 参见翁淑贤《广州外企七成是侨资》，载《广州日报》2013年12月24日第A6版。

施。广东与东盟十国在农业、能源、制造、加工业等领域传统上就一直保持着较好的合作,特别从 2010 年中国—东盟自贸区建立以来,双方的合作更是不断加强,双边经贸关系不断深化。仅 2013 年,广东对东盟的进出口贸易额便达到 1022.1 亿美元,占中国对东盟进出口额的 23%,东盟更是成为广东第一大进口来源地、第三大贸易伙伴和第四大出口市场。①再就广州而言,其历来都是中国与东盟经贸合作的重要门户城市,东盟十国也已成为广州市除美国、欧盟之外的第三大贸易伙伴和"走出去"的重要基地。2013 年广州市与东盟的贸易总额达到 132.06 亿美元,占广州市进出口总额的 11.27%。2013 年,广州从东南亚国家引进和利用的合同外资有 1.48 亿美元,实际利用外资 4.05 亿美元。2013 年广州地区生产总值 15420 亿元,商品进出口总值 1189 亿美元,服务贸易总额 567 亿美元,234 家世界 500 强企业落户广州。②

可以说,随着改革开放的持续深化,无论是市场经济体制的建设,还是加入世界贸易组织(WTO)参与世界市场的竞争,华侨华人侨商带给中国的都不仅仅是先进的资金、技术和管理经验,更重要的是现代商业文化的价值理念以及全球化的视野。从这个意义上讲,广大华侨华人不仅是中国改革开放的参与者和受益者,也是中国经济发展的开拓者和推动者。而海外华侨华人除了对广东经济发展发挥明显的促进作用外,还与广东侨乡之间开展了积极的社会互动。大量的海外华人侨胞和港澳同胞在侨乡投资成立企业的同时,不断反哺社会,以回乡探亲、寻根、旅游及公益捐赠等方式积极参与祖(籍)国和侨乡的社会公益事业。广大华侨华人总计向广东捐赠了慈善公益项目超过 3 万个,捐款总额折合人民币超过 500 亿元,占全国侨捐总额的六成左右。近 40 年来,来自上百个国家和地区的海外乡亲参与了捐赠。个人捐赠总额最高的达到 28 亿元,捐赠累计 1000 万元以上的有 200 多人,在捐赠过程中涌现出一大批侨捐慈善家。2014 年广州市侨捐项目的数据显示,改革开放 30 多年来,海外华侨华人在广

---

① 参见郭凡、蔡国萱主编《21 世纪海上丝绸之路与广州》,中山大学出版社 2015 年版,第 158 页。

② 参见黄小晶《广州建设 21 世纪海上丝绸之路的战略思考》,见新浪博客(http://blog.sina.com.cn/s/blog_539526230102v441.html)。

州地区捐赠超过38亿元，侨捐项目为3500多项。①

此外，为发挥侨务优势以更好地服务国家创新发展战略，国务院侨办近年来着力打造升级版的侨商产业聚集区和华侨华人创新创业聚集区品牌——"侨梦苑"，旨在将其打造成实施"万侨创新行动"的重要平台和载体。国务院侨办已在天津、福建、广东、江苏等地设立了"侨梦苑"。②而丰富的侨胞资源为广东借助"侨梦苑"这一平台推动经济发展赢得了得天独厚的优势。据广东省侨办数据，截至2017年，全省有61800家侨资企业，累计投资占全省外资企业近七成，累计接受侨胞公益捐赠530亿元人民币，设立的各类公益基金近3000个。目前，广东省的经济发展进入转型升级期，开始更加积极主动地吸引海外尖端人才归国创业。在广州增城经济技术开发区有一处空间，由国务院侨办和广州市政府共同打造的侨商创业园区——"侨梦苑"便设立于此。在此，留学回国的方方和她的广东金鉴检测科技有限公司从几年前的小团队成长为如今国内材料高端表征及分析检测领域的领头羊。从剑桥大学获得材料学博士学位后，方方一直在国内寻求合适的创业地点。一个偶然的机会让她了解到增城"侨梦苑"的创业环境和扶持政策：最高8年免租、员工购房优惠、人才绿卡、落户便利以及科研扶持。增城"侨梦苑"为海外华侨华人创业者提供的政策支持让方方感受到了充分的诚意。③

另外值得一提的是，经国务院侨办批复，规划面积480平方千米的广东汕头"侨梦苑"也于2017年12月中旬在汕头华侨经济技术开发区揭牌，为占全球华侨总数四分之一的潮汕籍华侨提供了优良的双创平台。广东省也致力于将其打造成汇聚全球侨商、专业精英人士的侨商产业聚集区和华侨华人创新创业基地。与此同时，汕头也发挥特区立法权和华侨试验区先行先试的双重优势，在华侨华人出入境服务、投资创业等方面加快政策创新。④其实，不只是"侨梦苑"，汕头在华侨经济文化合作领域也不断取得明显的进展：2017年12月28日，华侨未来城、万侨智汇城、潮商

---

① 参见郑兴、张红《广州，处处"侨"味飘香》，载《人民日报》（海外版）2014年4月30日第6版。

② 参见《万侨创新行动启动》，载《人民日报》2016年1月18日第10版。

③ 参见冯学知《昔日游子地　今朝凤还巢（侨连四海）——中央媒体"走基层·侨乡行"广东采风纪实》，载《人民日报》2017年11月16日第19版。

④ 参见李刚《汕头建华侨创业基地》，载《人民日报》2017年12月17日第4版。

产业创意园、中国梦谷双创孵化和总部基地等 8 个侨资重点项目落户汕头华侨经济文化合作试验区，总投资额达到 1500 亿元。其中，对于回乡投资的 77 岁泰国中华总商会主席陈振治来说，2017 年已是第四次踏上家乡汕头的土地，他表示："作为侨商，看到'华侨试验区'和'侨梦苑'落地家乡，看到家乡的发展，感觉特别振奋。"①

  汕头是我国著名的侨乡。汕头华侨经济文化合作试验区党工委书记、管委会主任吴先宏说，华侨经济文化合作试验区于 2014 年 12 月正式挂牌成立，它承担着"推动海外华侨华人与祖国经济深度融合发展"的重要使命，为新时期全面深化改革、扩大对外开放探索新路。沿汕头东海岸大道驱车前行，规划中的城市轻轨将海滨观光大道向海的尽头延伸，面积约 26 平方千米的试验区起步区建设初见成效；总投资约 100 亿元、占地 251 亩（约 16.7 万平方米）的泰盛科创园重点建设科创产业服务综合体，计划引进各类创新企业 300 至 500 家，年培育中小板和创业板上市企业 3 至 5 家。试验区启动之初，80 多位来自美国、英国、马来西亚、泰国等 8 个国家和地区的海外华商、侨领纷纷回到汕头。泰国正大集团董事长谢国民提出，希望汕头能借助华侨试验区这个载体，在华侨金融服务、国际采购和物流服务等方面不断探索改革。这个提议与试验区的设想不谋而合，从洽谈到上线不到两个月，2015 年 9 月全国首个以"华侨"为核心概念的区域股权市场板块正式落户汕头华侨试验区。截止到 2017 年 10 月，"华侨板"累计挂牌企业为 486 家，其中 8 家成功转板到"新三板"，改制转板功能和融资通道功能日益显现；广东华侨金融资产交易中心、基金公司等华侨特色金融产业如雨后春笋，建设中的东海岸新城金融总部经济园区成为试验区一个亮点。2018 年 1 月 16 日，华润集团的工作人员来到汕头华侨试验区工商分局，办理汕头市华润创新股权投资基金合伙企业（有限合伙）登记注册手续。随后，职能部门分别出具知悉函，工作人员现场完成受理、审查、核准工作。从资格审查到工商登记核准，仅用 3 个小时。可以说，华侨经济文化合作试验区是秉着"提高效率、为侨服务、推动经济发展"的宗旨展开运营，汕头华侨试验区管委会在首批 60 项行政管理事项下放后，对手续完备审批办理的，即来即办，一律实行一天审

---

① 李刚：《以侨为"桥"引才筑巢（新时代 新气象 新作为）》，载《人民日报》2018 年 1 月 16 日第 2 版。

批制;需要第二天审批的,相关负责人必须亲自解释说明情况。不难看出,试验区管委会正在通过自己的努力,将汕头华侨试验区建设成为经济文化综合平台,并试图在建设跨境金融服务中心、国际采购商贸物流中心和旅游休闲中心上做出探索,在创新"为侨服务"政策和服务体系方面做出实践。泰国中华总商会陈振治主席此次回乡,计划投资100亿元建设中泰(汕头)华侨中心,用以打造一个集文化交流、风情旅游和华侨华人回国创业创新于一体的产业基地,希望以此带领泰国的下一代回乡创业,助力家乡经济社会的振兴发展。①

而在新时代海外华侨华人全方位促进侨乡经济发展的同时,我国各级侨务部门也不断加大对华侨华人、归侨侨眷和港澳同胞合法权益的保护。党的十八大以来,以习近平同志为核心的党中央对侨务工作做出一系列重大决策部署,各级侨务部门认真贯彻落实,为国服务和为侨服务更加务实有效。作为侨务大省,广东一直是侨务工作的先行者,2015年率先出台全国首部省级综合性地方法规《广东省华侨权益保护条例》。时任广东省侨办副主任黎静介绍了广东侨务工作法治化的经验和做法。"我们积极争取中央和国家有关部委支持,推动有关便侨惠侨护侨政策在广东落地或先行先试,扩大华侨权益保护的层面和范围。"2016年,公安部正式批复同意广东省实施支持自贸区建设和创新驱动发展的16项出入境政策;2017年年底,出台广东省公安机关服务粤港澳大湾区建设18项政策,为符合条件的外籍华人和外籍高层次人才提供入出境和停居留便利。②

2017年10月18日至24日,党的十九大在北京召开。党的十九大报告明确指出,要广泛团结联系海外侨胞和归侨侨眷,共同致力于中华民族伟大复兴。这给予侨界巨大鼓舞,也充分体现了以习近平同志为核心的党中央对侨务工作的高度重视和殷切期盼,为各省份的侨务部门更好发挥侨务工作的独特优势指明了努力方向,但同时也对新时代如何做好侨务工作提出了新要求。③党的十九大召开之后,在2018年3月召开的全国两会

---

① 参见李刚《以侨为"桥" 引才筑巢(新时代 新气象 新作为)》,载《人民日报》2018年1月16日第2版。
② 参见王尧、巩彦博《凝聚侨心侨力 同圆共享中国梦(侨连四海)》,载《人民日报》2018年2月1日第20版。
③ 参见《专家称,十九大报告对新时代侨务工作提出新要求》,见中国新闻网(http://www.chinanews.com/hr/2017/10-19/8356089.shtml)。

上，国务院总理李克强在做政府工作报告时指出，要认真落实侨务政策，维护海外侨胞和归侨侨眷合法权益，为他们在国家现代化建设中发挥独特优势和重要作用创造更好条件，激励海内外中华儿女同心奋斗、共创辉煌。①

此外，国务院侨办专门举办党的十九大精神与侨务工作专题报告会，向来自70多个国家的171名海外中青年侨领全面宣介党的十九大精神。②时任国务院侨办主任裘援平指出，党的十八大以来，在以习近平同志为核心的党中央坚强领导下，各级政府侨务部门顺应世情、国情、侨情变化，以"凝聚侨心侨力、同圆共享中国梦"为主题，积极推动侨务工作改革创新发展，努力把海外侨胞和归侨侨眷中蕴藏的丰富资源，转化为实现民族复兴的巨大能量。党的十九大的召开也使得侨务工作迎来新的更大的历史机遇。国务院侨办将按照党的十九大精神，本着一切为了侨、一切依靠侨的方针，扩大侨务工作的覆盖面，拓展工作领域，丰富工作内容，让现有的平台机制网络发挥最大功能，让侨界为实现中华民族伟大复兴做出更大的贡献。③

此后，广东省相关部门及时响应，组织开展对党的十九大精神的学习，在新形势下更好地部署省内侨务工作。2017年12月18日，广东省政协外事侨务委员会在广州召开全体会议。会议以习近平新时代中国特色社会主义思想为指引，深入学习贯彻党的十九大精神和中共广东省委十二届二次全会精神，总结5年来省政协外事侨务工作，研究部署未来5年工作。省政协副主席林雄出席并讲话，林雄充分肯定了十一届省政协外事侨务委员会的工作，强调要深入学习贯彻党的十九大精神，把学习贯彻习近平新时代中国特色社会主义思想和习近平总书记关于加强人民政协工作的重要论述、对广东工作的重要指示批示精神结合起来；同时，他表示要准确把握党的十九大关于外事和侨务的重要论述和部署，紧紧围绕我省构建开放型经济新体制、推动粤港澳大湾区建设和"一带一路"建设等问题

---

① 参见《李克强谈民族、宗教、侨务工作》，见新华网（http://www.xinhuanet.com/politics/2015lh/2015-03/05/c_1114530618.htm）。

② 参见《国侨办向海外侨办宣讲十九大精神》，见央视网（http://news.cctv.com/2017/11/11/ARTIDb94VsFUFUIS4V8US7sv171111.shtml）。

③ 参见《访十九大代表裘援平：着眼"大侨务" 发挥"大作为"》，见中国新闻网（http://www.chinanews.com/hr/2017/09-30/8344419.shtml）。

开展协商、监督和参政议政；要在促进民心相通、增进广东人民同世界各国人民的相互了解和交流合作方面发挥积极作用；要进一步做好邀请海外侨胞列席省政协全体会议和参加活动工作，汇聚推动广东改革发展的强大正能量。[①]可以说，此次会议的召开为广东省未来5年侨务工作的顺利开展指明了正确的发展方向，有利于广东省结合自身侨务优势进一步深化改革开放。

广东改革开放的实践证明，广东经济和各项事业的发展是全省人民立足自身省情，执行中央政策，坚定改革举措并保持团结奋斗的结果，同时也与广大华侨华人和港澳同胞为家乡建设的热情关心和支持分不开，华侨华人及港澳同胞为广东的改革开放做出了重大贡献。而随着经济全球化的不断深化及我国"一带一路"建设、粤港澳大湾区建设的不断推进，未来将有更多合作的领域、方式和途径有待进一步拓展。因此，广东要继续发挥其"面向海洋、面向港澳台、面向东南亚"以及华侨众多的优势，广泛团结全省归侨侨眷、海外粤籍华侨华人和港澳台同胞，充分调动各方面的积极性，加快广东经济建设和各项事业大发展，以"排头兵、先行地、实验区"的姿态全面践行习近平新时代中国特色社会主义思想，并在中国特色社会主义新征程中做出更为卓越的贡献。

[①] 参见《省政协外事侨务委员会召开全体会议》，见人民网（http://gd.people.com.cn/n2/2017/1219/c123932-31046640.html）。

第一章 党的侨务工作理论发展与广东侨务工作实践

党的十一届三中全会以来，党的侨务工作理论历经了几个阶段的发展，在继承和发展以毛泽东侨务思想基础上，又逐步形成了邓小平、江泽民、胡锦涛、习近平关于侨务工作的重要论述。党的侨务工作理论不断发展、丰富和创新，对推动改革开放有着极为重要的作用。广东作为侨务大省，改革开放以来，抓住时代机遇，坚持为侨服务与大局服务相结合，全面落实党中央的侨务政策，不断促进侨务立法工作向前发展，并紧抓涵养侨务资源的有利时机，推动改革开放进程。

第一节 党的十一届三中全会以来中央领导同志对侨务工作的重要论述

1978年党的十一届三中全会后，我国进入改革开放时期，党和国家领导人邓小平、江泽民、胡锦涛、习近平先后对国家侨务工作提出了一系列重要论述，不断开创我国侨务工作的新局面。

一、邓小平同志有关侨务工作的论述

邓小平同志是中国改革开放和社会主义现代化建设的总设计师，他在思考中国从结束"文革"到全面改革开放过程中如何实现国家综合国力大发展时，高度重视海外侨胞的巨大力量，并提出"海外关系是个好东西"的著名论断，由此调动国内外一切积极因素加快国家发展。从20世

第一章 党的侨务工作理论发展与广东侨务工作实践

纪70年代末到90年代初,邓小平先后发表了一系列有关侨务工作的重要论述并逐渐丰富和完善相关思想,其中首先强调中华人民共和国成立以来国家主要侨务政策的延续性、正确性和合理性,并应予以继承和发展。

邓小平强调要坚持毛泽东、周恩来等党和国家领导人制定的侨务工作原则。他指出:"过去毛主席、周总理制定的方针政策,不管是对国内的或对国外的,包括侨务政策,应该恢复的正在恢复起来。"[①] 与此同时,他针对过去的"海外关系复杂论"提出了"海外关系是个好东西"的新论断,他说:"我们现在不是海外关系太多,而是太少。海外关系是个好东西,可以打开各方面的关系。"[②] 关于邓小平提出的"海外关系是个好东西"的论断,时任中国致公党中央主席罗豪才曾评论说:"邓小平同志对于'海外关系'的重新定论为扫除极左思想的观念障碍奠定了思想基础,是他重新确立的'解放思想,实事求是'的思想路线在侨务战线的最光辉的运用,对于打破我国长期同世界隔绝的状况起到了重要作用,极大地调动了广大归侨侨眷和海外侨胞参与振兴中华伟业的积极性。"[③]在此基础上,邓小平进一步提出海外华侨华人是中国发展的"独特机遇"。

1993年,邓小平指出:"对于中国来说,大发展的机遇并不多。中国与世界各国不同,有着自己独特的机遇。比如,我们有几千万爱国同胞在海外,他们对祖国作出了很多贡献。"[④] 他还专门提出,"中国人要振作起来。大陆已经有相当的基础。我们还有几千万爱国同胞在海外,他们希望中国兴旺发达,这在世界上是独一无二的。我们要利用机遇,把中国发展起来"[⑤]。事实上,海外华侨华人在参与中国改革开放事业方面投入了极大的热忱,通过多种方式支持和参与祖(籍)国的现代化建设。据相关统计,改革开放后到20世纪90年代初期,华侨华人和港澳同胞所创办的企业占我国"三资企业"总数的70%,投入资金约占实际利用外资的

[①] 国务院侨务办公室、中共中央文献研究室编:《邓小平论侨务》,中央文献出版社2001年版,第2～3页。
[②] 王尧:《"海外关系是个好东西"(观沧海)》,载《人民日报》2004年9月2日第10版。
[③] 王尧:《"海外关系是个好东西"(观沧海)》,载《人民日报》2004年9月2日第10版。
[④] 王尧:《"海外关系是个好东西"(观沧海)》,载《人民日报》2004年9月2日第10版。
[⑤] 国务院侨务办公室、中共中央文献研究室编:《邓小平论侨务》,中央文献出版社2001年版,第12页。

60%。① 鉴于海外侨胞和归侨侨眷群体的特殊性和重要性，1990年全国人大常务委员会正式通过《中华人民共和国归侨侨眷权益保护法》，通过立法方式保护海外侨胞和归侨侨眷的合法权益。通过一系列较详细的规定，确定了归侨侨眷的合法权益，如其中提到：归侨、侨眷享有宪法和法律规定的公民的权利，并履行宪法和法律规定的公民的义务，任何组织或者个人不得歧视；全国人民代表大会和归侨人数较多地区的地方人民代表大会应当有适当名额的归侨代表；归侨、侨眷有权依法组织社会团体，维护归侨、侨眷的合法权益，进行适合归侨、侨眷需要的合法的社会活动；国家对安置归侨的农场、林场等企业给予扶持，任何组织或者个人不得侵占其合法使用的土地，不得侵犯其合法权益；安置归侨的农场、林场等企业可以根据需要，合理设置学校和医疗保健机构，国家在人员、设备、经费等方面给予扶助；归侨、侨眷投资兴办工商企业，投资开发荒山、荒地、滩涂，或者从事农业、林业、牧业、副业、渔业生产，地方各级人民政府应当给予支持，其合法权益受法律保护；归侨、侨眷在国内兴办公益事业，各级人民政府应当给予支持，其合法权益受法律保护；归侨、侨眷接受境外亲友自愿捐赠的物资用于公益事业的，按照国家有关规定办理并享受减征或者免征关税的优惠待遇；等等。②《中华人民共和国归侨侨眷权益保护法》将归侨侨眷权益的保护正式纳入了法制化管理范畴，这也鲜明地体现出国家法律制定对侨务工作重要性的认可和支持。

除实施归侨侨眷权益保护外，邓小平还反复强调在国外侨务工作中要始终贯彻中国不承认双重国籍政策，而且华侨华人要尊重住在国的法律和风俗习惯。1978年，邓小平在访问马来西亚时提出："在访问期间，朋友们向我们谈到，居住在马来西亚的中国血统的人，同马来西亚各族人民和睦相处。他们当中的绝大多数已经加入马来西亚国籍，成为马来西亚公民，和当地人民如同手足结为一体。这是可喜的现象。""中国政府一向赞成和鼓励华侨按照自愿原则选择居住国国籍，自愿选择了马来西亚国籍的中国血统的人，即成为马来西亚公民，他们应当遵守马来西亚政府的法令和法律，他们应当同其他民族的马来西亚公民一样，对马来西亚国家尽同样的义务，同时也享受平等的权利。取得了马来西亚公民权的中国血统

---

① 参见王尧《"海外关系是个好东西"（观沧海）》，载《人民日报》2004年9月2日第10版。
② 参见《中华人民共和国归侨侨眷权益保护法》，载《人民日报》1990年9月9日第4版。

第一章　党的侨务工作理论发展与广东侨务工作实践

的人,即自动丧失其中国国籍。对于保留中国国籍的华侨,希望他们遵守居住国法令,尊重当地风俗习惯,同当地人民友好相处,为发展居住国的经济、为促进中马两国的友谊而努力,当然他们的正当权益应该得到保护和保障。"①

此外,邓小平还强调,重申华侨、华人政策"无非是三条。一、我们赞成和鼓励华侨加入居住国的国籍。入籍后,他们就自动失去中国国籍。他们就要完全遵守居住国的法律法令,享受和履行同其他公民同等的权利和义务;没有入籍的,我们继续鼓励他们自愿地加入居住国国籍。二、总有一些人不愿加入居住国国籍,要保留中国国籍。对这部分人,我们要求他们遵守居住国的法律,同当地的人民和睦相处,尊重当地的风俗习惯。当然,他们的合法权益应受到保护,这是个国际惯例。三、我们不承认双重国籍"②。通过贯彻这些侨务政策,消除华侨华人住在国的疑虑,把侨务工作推到正常的发展轨道。

就海外侨胞作为国家统一战线的组成部分以及作为沟通中国与住在国的桥梁和纽带作用而论,邓小平在参加中华人民共和国成立二十八周年庆祝活动的华侨华人、港澳台同胞招待会上,曾较系统地指出:"我们一定要加强全国各族人民的大团结,进一步发展工人阶级领导的,以工农联盟为基础的,包括爱国民主党派、爱国人士和台湾同胞、港澳同胞、海外侨胞的统一战线,调动一切积极因素,为社会主义革命和社会主义建设事业服务。"他还指出:"广大海外侨胞长期以来同侨居国人民一道,对发展当地的经济和文化事业做出了贡献,对祖国的革命和建设事业给予了热情的支持,我们希望他们继续同侨居国人民友好相处,遵守侨居国的法律。我国政府保护他们的正当权力和利益。我们赞成华侨自愿选择居住国的国籍,已经自愿加入和取得了所在国国籍的朋友,他们是中国人民的亲戚,我们希望他们为所在国家的发展做出贡献,为促进中国人民和各国人民的友谊而努力。近几年来,有不少侨胞和朋友来华参观访问,对增进我国人民和世界各国人民的友谊和相互了解,起了积极的作用。我们欢迎更多的

---

① 《邓副总理说中马会谈富有成效　希望华侨同当地人民友好相处》,载《人民日报》1978年11月12日第1版。
② 国务院侨办办公室、中共中央文献研究室编:《邓小平论侨务》,中央文献出版社2001年版,第10页。

侨胞、朋友回来看一看，为增进各国人民之间的友谊做出更大的贡献。"①华侨华人是沟通中国与住在国关系的桥梁和纽带，而且这一桥梁和纽带不仅意味着在住在国拼搏多年的海外侨胞在积极支持祖（籍）国建设，并将住在国国家民众的情感、文化、生活方式等传播到中国，同时也意味着海外侨胞也将中国大众的情感、文化、生活方式传播到住在国，并将自己的辛勤和智慧贡献于住在国当地，由此建立起良好的不同族群间的交往和交流，深化华侨华人桥梁和纽带作用的内涵。

邓小平同志有关侨务工作的论述继承和发展了毛泽东关于侨务工作的思想，并在改革开放新时期创新了侨务工作理念，使之成为邓小平理论的重要组成部分。邓小平同志的侨务工作论述抓住了侨情是中国重要国情之一的特点，使海外几千万华侨华人和国内大量归侨侨眷支持和参与祖（籍）国现代化建设的赤子之心与中国改革开放的时代需求相结合，与中国建立最广泛统一战线的工作需求相结合，与中国发展和住在国关系的需求相结合，从而丰富了邓小平理论。

二、江泽民同志有关侨务工作的论述

江泽民同志有关党和国家侨务工作的一系列重要论述构成了"三个代表"重要思想的组成部分，是"三个代表"重要思想的重要内容。如1989年在第四次全国归侨代表大会上，江泽民同志至少从4个方面对侨务工作做出了较为系统的论断，从而奠定了其侨务思想的基本内容。

其一是广大华侨华人与归侨侨眷的贡献不会被忘记。江泽民指出，党的十一届三中全会以来，在党的基本路线和方针政策的指引下，广大归侨、侨眷活跃在各条战线，为祖国贡献聪明才智；海外侨胞或捐资赠物，兴办公益事业，或投资合作，促进经济繁荣，或穿针引线，致力于中外交流，或推动海峡两岸同胞的接触和交往，起了积极作用。在振兴中华、统一祖国的伟大事业中，广大归侨、侨眷和海外侨胞所做出的贡献，党、政府和人民是永远不会忘记的。②

---

① 中共中央文献研究室编：《邓小平思想年编：1975—1997》，中国文献出版社2011年版，第80页。

② 参见《在第四次全国归侨代表大会上江泽民同志的讲话（一九八九年十二月十八日）》，载《人民日报》1989年12月19日第1版。

第一章　党的侨务工作理论发展与广东侨务工作实践

其二是党和政府历来高度重视侨务政策。江泽民强调党和政府历来非常重视华侨和归侨、侨眷在中国革命和建设中的作用。改革开放初期邓小平同志说，海外关系是个好东西，可以打开各方面的关系。这就对侨务工作进行了拨乱反正，给侨务工作赋予了新的意义，也为归侨侨眷和海外侨胞在祖国现代化事业中充分发挥作用提供了新的用武之地。20世纪80年代国家取得的成就已经充分证明，党的十一届三中全会以来党的基本路线是正确的，对外开放的基本国策是正确的，我们的侨务工作各项方针、政策也是正确的。而今后10年是实现国家社会主义现代化总体战略目标的关键阶段，是决定中华民族未来世纪兴衰荣辱的紧要关头。我们必须继续实行过去10年中那些行之有效的路线、方针、政策。正如邓小平同志指出的，"我们原来制定的基本路线、方针、政策，照样干下去，坚定不移地干下去"；"基本路线和基本方针、政策都不变"。这里也包括了对外开放的基本国策不变，侨务工作的各项方针、政策也不变。可以相信，随着改革开放的深入发展，我们的侨务工作必将出现一个崭新的局面。①

其三是要继续保护海外侨胞和归侨侨眷合法权益。江泽民提出侨务工作历来是党和国家的一项长期、重要的工作。随着国家国际地位的提高，社会主义现代化事业的向前推进，中国需要更加了解世界，世界也需要更加了解中国。广大侨胞遍布世界五大洲，他们对于帮助世界人民了解中国，树立社会主义中国的形象，可以起到积极的作用。应当说，在新的历史时期，侨务工作显得越来越重要。各级侨务部门要继续坚决贯彻党的十一届三中全会以来制定的一系列侨务工作方针和政策，努力保护华侨和归侨、侨眷的正当合法权益，广泛团结海外侨胞和归侨、侨眷，增进同外籍华人的情谊，为振兴中华、统一祖国、发展同各国人民的友好合作而努力。②

其四是涉侨群团组织是党和政府联系归侨侨眷和海外侨胞的重要机构。江泽民强调各级侨联是党和政府联系归侨、侨眷和海外侨胞的桥梁和纽带。各级侨联要进一步密切联系和广泛团结归侨、侨眷和海外侨胞，维

---

① 参见《在第四次全国归侨代表大会上江泽民同志的讲话（一九八九年十二月十八日）》，载《人民日报》1989年12月19日第1版。
② 参见《在第四次全国归侨代表大会上江泽民同志的讲话（一九八九年十二月十八日）》，载《人民日报》1989年12月19日第1版。

护他们的合法权益，及时反映他们的意见和要求，更好地为他们服务。要配合各级党委和政府，根据归侨和侨眷的特点，运用生动活泼的形式，加强思想政治工作，鼓励他们在各自的岗位上努力工作，多做贡献。要继续协同有关部门抓好侨乡的精神文明建设。各级侨联要积极组织和引导归侨、侨眷参加社会主义民主和法制建设，发挥民主参与、民主监督作用，促进廉政建设。各级侨联都要认真搞好自身的建设，面向基层，面向群众，发扬民主，克服行政化的倾向，使侨联成为充满生机与活力的组织，真正成为归侨、侨眷之家。①

江泽民同志在第四次全国归侨代表大会上的讲话，既体现出对邓小平侨务工作论述的继承，也体现出新的发展。其中，如海外侨胞可以"帮助世界人民了解中国，树立社会主义中国的形象，可以起到积极的作用"，就表明中央高度重视华侨华人在中国国家海外形象建构方面的重大作用；而对侨务工作和侨务机构重要性的强调，表明中央认为侨务工作的机制化、规范化、机构化在团结新时期海外侨胞，建立和扩大海外统一战线方面发挥着极为重要的作用，是党和国家重要工作的有机组成部分。

时隔10年，1999年，江泽民同志在全国侨务工作会议上又提出了海外华侨华人与科教兴国的关系，由此还进一步提升为中国侨务资源的"独特优势"论。他指出，广大海外同胞是我国同世界各国、各地区进行友好交往与合作交流的重要桥梁，是我们扩大对外开放、推进经济建设的重要有利因素。我们要坚持贯彻邓小平同志关于侨务工作的重要思想和中央有关方针政策，不断提高侨务工作的水平。在21世纪，中国人民将基本实现现代化和中华民族的伟大复兴。要完成这个宏伟任务，必须把各方面的积极性充分调动起来。分布于世界各地的广大海外同胞中，既有享誉世界的科学家，也有成绩显著的中青年科技人才，他们在当今一些重要的高科技领域取得了卓越的成就。广大海外同胞热情支持我们的改革开放和现代化建设，也是我们了解外部世界的重要渠道和开展国际民间友好事业的重要促进力量。充分发挥他们的积极作用，对加快我们的经济建设和促进祖国和平统一大业是十分有益的。江泽民同志还指出，侨务部门要加强对海外同胞的工作，努力增进同他们的交流和情谊，争取他们为中国的发

---

① 参见《在第四次全国归侨代表大会上江泽民同志的讲话（一九八九年十二月十八日）》，载《人民日报》1989年12月19日第1版。

第一章 党的侨务工作理论发展与广东侨务工作实践

展做出更多的贡献。近20年出去的一大批留学人员，其中许多人学成后已取得所在国居留权或加入所在国国籍。侨务部门应会同有关部门，加强同他们的联系，引导他们通过各种方式为祖国建设贡献力量。侨务部门还要继续做好为海外同胞和归侨、侨眷服务的各项工作。①2000年，江泽民同志在全国统战工作会议上做了《进一步开创统一战线工作的新局面》的讲话，其中谈到，"海外侨胞作为促进我国改革开放和现代化建设、促进祖国统一的积极力量，有着独特优势，在振兴中华的伟大事业中发挥着重要作用，要加强同他们的联系，尽力做好工作"②。

侨务资源"独特优势"论将华侨华人参与科教兴国的重要性提到了一个新的高度，同时也使得侨务工作逐步从重视引资向更为重视引智发展，海外华侨华人专业人士在国家发展中的重要作用得到进一步强调，由此也具化了华侨华人在祖（籍）国发展进程中重要性的内涵构成。

江泽民同志有关华侨华人是中国现代化建设和统一大业推动力量的论述充满了时代特色，不仅具有重要的历史意义，而且对侨务工作实践具有重要的指导作用。

三、胡锦涛同志有关侨务工作的论述

党的十六大以后，国家侨务工作在以胡锦涛同志为总书记的党中央领导下不断创新，而胡锦涛同志也针对侨务工作的开展提出了一系列新论断、新思想，为侨务工作开创新局面奠定了认识论和方法论基础。具体如下。

其一，关于海外侨胞在现代化建设中的重要作用。改革开放以来，华侨华人对中国的现代化建设事业做出了巨大贡献，对此胡锦涛同志给予了高度评价。2005年2月28日，他在会见全国侨务工作会议代表时指出："在中国革命、建设和改革的各个历史时期，广大海外侨胞和归侨侨眷为中华民族的独立和解放、为国家的繁荣和发展做出了重要贡献，在中华民族史册上写下了光辉的篇章。历史已经证明并将继续证明，广大海外侨胞

---

① 参见《全国侨务工作会议在京举行　江泽民亲切会见代表并发表重要讲话　朱镕基给会议发来贺信》，载《人民日报》1999年1月19日第1版。
② 政协全国委员会办公厅、中共中央文献研究室编：《人民政协重要文献选编》（下），中国文史出版社2009年版，第643页。

和归侨侨眷是推进我国现代化建设、实现祖国完全统一和中华民族伟大复兴的重要力量。"①在2007年中国共产党第十七次全国代表大会上，胡锦涛总结了过去5年侨务工作所取得的成就，并肯定了广大侨胞在过去5年为我国现代化建设事业和祖国统一大业所做出的贡献。②实际上，21世纪以来，胡锦涛多次阐述华侨华人在推动现代化建设和实现国家统一方面的重要作用。如2000年胡锦涛在世界华人论坛上表示："改革开放以来国内改革和发展所取得的发展成就，与广大海外同胞的关心、支持是分不开的。关心中华民族的前途和命运，关心中国的进步和发展是海外同胞的优良传统。希望广大海外同胞一如既往地支持中国的现代化建设和统一大业，为中华民族的伟大复兴作出更大的贡献。"③此外，他还鼓励海外华侨华人继续为增进所在国人民与中国人民的友谊、发展所在国与中国的友好合作关系发挥建设性作用。由此看来，胡锦涛同志肯定了广大海外侨胞和归侨、侨眷是推进我国现代化建设、实现祖国完全统一和中华民族伟大复兴的重要力量。

其二，关于侨务工作"三个大有作为"的论述。在肯定海外侨胞重要贡献的基础上，胡锦涛同志创造性地提出了侨务工作具有"三个大有作为"的论述，这一思想是在中国走和平发展道路、建设和谐社会和全面提出科学发展观的大背景下提出的，赋予了侨务工作更加鲜明的政治意义和战略内涵，对侨务工作的科学发展具有重要指导意义。如2005年，他在会见全国侨务工作会议代表时指出："在凝聚侨心、发挥侨力，为实现全面建设小康社会的宏伟目标作贡献方面，侨务工作大有作为；在反对和遏制'台独'分裂势力，推动祖国和平统一进程方面，侨务工作大有作为；在开展民间外交、传播中华优秀文化、扩大中国人民与世界各国人民友好交往方面，侨务工作大有作为。"④他还指出："侨务工作是党和国

---

① 吴兢：《把海内外中华儿女的力量凝聚起来，为实现中华民族伟大复兴共同奋斗》，载《人民日报》2005年3月1日第1版。
② 参见《高举中国特色社会主义伟大旗帜　为夺取全面建设小康社会新胜利而奋斗——在中国共产党第十七次全国代表大会上的报告》，载《人民日报》2007年10月25日第1版。
③ 赵新兵、赵川东：《胡锦涛会见出席"2000年世界华人论坛"部分代表》，载《人民日报》2000年9月23日第1版。
④ 吴兢：《把海内外中华儿女的力量凝聚起来，为实现中华民族伟大复兴共同奋斗》，载《人民日报》2005年3月1日第1版。

第一章 党的侨务工作理论发展与广东侨务工作实践

家一项长期重要的工作。实现国家的现代化,实现祖国的完全统一,实现中华民族的伟大复兴,是海内外中华儿女的共同心愿,也是侨务工作的中心工作。"①"三个大有作为"的侨务工作论述从政治和战略高度指明了侨务工作在党和国家发展建设中的独特作用和肩负的历史使命,同时为新时代的侨务工作指明了方向。

其三,大力发展海外华文教育。中华文化是连接海外华侨华人与祖(籍)国的桥梁和纽带,开展海外华文教育是做好侨务工作和涵养侨务资源的重要内容。随着我国综合国力的增强和汉语国际热的发展,海外社会对华文教育的需求愈加迫切。与此同时,"华文教育不仅是一种语言教育,还承载着中华文化薪火相传的使命。正因为如此,华文教育也被称作海外华侨华人社会的'留根工程'。多年来,在(国家)有关各方的共同努力下,海外华文教育工作取得了很大的成绩,对弘扬中华文化,促进中外交流,推动海外华侨华人社会团结与发展起到了不可替代的作用"②。对于华文教育的开展,胡锦涛同志指出:"开展华文教育,弘扬中华文化,是一项具有重要战略意义的基础性工作,要大力拓展海外华文教育工作,不断完善各类华文教材,努力提高海外华文师资水平,充分发挥中国海外华文基金会的作用。各级党委、政府和有关部门要高度重视并给予积极支持。"③而 2004 年 3 月,胡锦涛同志在参加全国政协联组会议时就进一步做好新时期海外华文教育工作又做了重要指示。根据指示精神,国务院侨办将加大华文教育工作力度列为今后一段时期的工作重点,积极探索和改进华文教育的方式方法。其中重点是加强海外华裔青少年的夏令营工作,通过举办夏令营活动把寻根、学习中华语言文化与了解中国历史、地理、风土人情等内容有机结合起来。④ 2012 年,胡锦涛同志进一步指出:"博大精深的中华文化,是海外侨胞联系祖国的情感纽带,无论是从我们民族优秀文化的传承考虑,还是从我们骨肉同胞的亲情考虑,支持海外华人社会开展华文教育都是我们义不容辞的责任。"⑤

其四,加强海外侨社自身建设。2007 年 6 月,胡锦涛同志在人民大

---

① 毛起雄:《当代国内外侨情与中国侨务工作》,中国民主法制出版社 2013 年版,第 135 页。
② 吴亚明:《以侨为桥,中华文化走向世界》,载《人民日报》2012 年 10 月 25 日第 6 版。
③ 国务院侨办侨务干部学校编著:《侨务工作概论》,中国致公出版社 2006 年版,第 19 页。
④ 参见《根在中华(观沧海)》,载《人民日报》2004 年 8 月 4 日第 10 版。
⑤ 吴亚明:《以侨为桥,中华文化走向世界》,载《人民日报》2012 年 10 月 25 日第 6 版。

会堂亲切会见第四届世界华侨华人社团联谊大会全体代表时做了重要讲话。他指出，长期以来，一代又一代华侨华人身居海外、情系桑梓，自强不息、艰苦创业，在各个领域取得了杰出成就，为实现中华民族的独立和复兴、为推动中国的改革开放和现代化建设、为增进中国人民同世界各国人民的相互了解和友谊，做出了不可磨灭的重要贡献。他强调，实现中国的完全统一、实现中华民族的伟大复兴，是海内外中华儿女的共同心愿，也需要海内外中华儿女共同奋斗。他希望广大华侨华人在推动住在国发展和进步的同时，发扬中华民族的优良传统，努力做中国现代化建设的积极参与者，做中国统一大业的积极促进者，做中华文明的积极传播者，做中国人民和世界各国人民友好交往的积极推动者，为中国的繁荣与进步、为世界的和平与发展做出更大的贡献。胡锦涛同志还希望华侨华人社团充分发挥桥梁纽带作用，进一步强化服务功能，切实维护华侨华人的合法权益，不断增强社团组织的吸引力和凝聚力，使社团真正成为广大华侨华人之家。① "促进者、传播者、推动者"是胡锦涛同志对海外华侨华人与祖（籍）国关系的新概括和新提升，而要进一步做好"促进者、传播者、推动者"，在内在逻辑上则还需加强海外侨社和侨团的自身建设，增加凝聚力和向心力，增强服务意识和服务水平，推出更多有公心、有能力并愿意为广大侨胞做事的侨领，由此使海外广大侨胞愿意聚集于海外侨社和侨团周围，使侨团真正成为服务侨胞的贴心机构，为海外和谐侨社建设奠定重要基础。

胡锦涛同志的侨务工作论述科学地反映了在我国全面建设小康社会、加快推进社会主义现代化建设时期，我国侨务工作的使命与必然要求，以及国家和广大侨众对海外侨社和侨团发展的基本要求，体现了以胡锦涛同志为总书记的党中央对侨务工作的系统思考，也是科学发展观的重要组成部分。可以说，"胡锦涛同志关于科学发展观的论述，具有鲜明的指导性和实践性，特别是其关于可持续发展的思想，不但为我们在新形势下，全面认识和把握华侨华人资源提供了重要的理论依据，也为我们促进华侨华

---

① 参见吴亚明、石国胜《胡锦涛会见第四届世界华侨华人社团联谊大会代表》，载《人民日报》2007年6月21日第1版。

第一章 党的侨务工作理论发展与广东侨务工作实践

人资源的可持续发展指明了方向"①。

四、习近平同志有关侨务工作的论述

党的十八大以来,以习近平同志为核心的党中央对侨务工作高度重视,而习近平同志曾在福建和浙江两个重要的侨乡大省担任过主要领导职务,又在新侨人数众多的上海担任过主要领导职务,十分熟悉侨情以及侨情的变化和发展。调入中央工作后,习近平同志多次出席涉侨活动并发表重要讲话,高度赞扬了华侨华人在国家现代化建设中的重要作用,并重点就华侨华人是中华民族的宝贵资源和实现中国梦的重要力量,华侨华人与祖(籍)国关系的文化心理本质在于"根""魂"和"梦",广大留学生是传播中国文化的重要力量,华侨华人在中外文化交流、"一带一路"建设等方面扮演着连接中国与世界的桥梁作用,广大侨务干部要做好"贴心人"和"实干家"等诸多方面提出了新的论述。

(一)华侨华人是中华民族的宝贵资源和实现中国梦的重要力量

在2011年6月会见出席中国侨商投资企业协会第二届会员代表大会的代表时,习近平同志就指出:"海外侨胞和归侨侨眷是历史过程中形成的中华民族的宝贵资源,也是我国改革开放和现代化建设得以顺利进行的独特优势。广大侨胞和归侨侨眷为中国社会主义革命、建设和改革开放做出了不可磨灭的历史贡献。特别是改革开放以来,广大海外华侨华人不仅到祖国内地投资兴业、积极捐赠、兴办公益事业并扶贫济困,惠及教育、医疗卫生、文化体育和社会福利等众多领域;而且他们在支持办好北京奥运会、上海世博会、广州亚运会和参与抗击四川汶川大地震等严重自然灾害和灾后重建等活动中都做出了巨大贡献。"②再者,习近平同志同样强调海外侨胞在促进民族团结和推动祖国统一方面的重要作用,2014年6月6日,习近平同志在北京会见第七届世界华侨华人社团联谊大会代表时指出:"在世界各地有几千万海外侨胞,大家都是中华大家庭的成员。长期

---

① 赵红英:《以科学发展观为指导 促进华侨华人资源的可持续发展》,见人民网理论频道 (http://theory.people.com.cn/GB/10959779.html)。

② 林琳编著:《习近平侨务论述和侨务法治建设研究》,广东省侨办2015年版,第23~24页。

以来，一代又一代海外侨胞，秉承中华民族优秀传统，不忘祖国，不忘祖籍，不忘身上流淌的中华民族血液，热情支持中国革命、建设、改革事业，为中华民族发展壮大、促进祖国和平统一大业、增进中国人民同各国人民的友好合作作出了重要贡献。祖国人民将永远铭记广大海外侨胞的功绩。""中国人民正在为实现'两个一百年'奋斗目标、实现中华民族伟大复兴的中国梦而奋斗。在这个伟大进程中，广大海外侨胞一定能够发挥不可替代的重要作用。中国梦是国家梦、民族梦，也是每个中华儿女的梦。广大海外侨胞有着赤忱的爱国情怀、雄厚的经济实力、丰富的智力资源、广泛的商业人脉，是实现中国梦的重要力量。只要海内外中华儿女紧密团结起来，有力出力，有智出智，团结一心奋斗，就一定能够汇聚起实现梦想的强大力量。"①同时，习近平同志多次评价华侨华人是促进中国与华侨华人住在国之间友好关系的桥梁。如2011年12月，习近平同志在出访泰国时指出："中国能够繁荣发展，海外华侨华人功不可没，中国与世界各国能够不断深化友好合作，海外华侨华人同样贡献很大。"②

（二）华侨华人与祖（籍）国关系的文化心理本质在于"根""魂"和"梦"

在阐释海外侨胞与祖（籍）国的关系方面，习近平同志于2010年提出了"根""魂""梦"的全新提法和思想。2010年7月，来自世界51个国家和港澳台地区的6000余名华裔青少年欢聚北京，参加在人民大会堂隆重举行的2010年海外华裔及港澳台地区青少年"中国寻根之旅"夏令营开营式。时任中共中央政治局常委、国家副主席习近平出席并讲话，全篇从"根""魂""梦"的角度深入阐释了海外侨胞与祖（籍）国的关系，鲜明地点出了中华血脉与民族文化之间的长久和紧密联系。他说，中华民族历来有着浓厚的故乡故土观念，认祖归宗是中华儿女重要的文化品格。同世界其他国家的寻根热相比，生活在全球各地的中华儿女的寻根热情更高、寻根历史更早。海外中华儿女到中国寻根，说明大家对祖（籍）国有强烈的亲近感，都认识到自己血管中涌动的是中华血脉，都愿意传承

---

① 刘维涛、王尧：《共同的根共同的魂共同的梦　共同书写中华民族发展新篇章》，载《人民日报》2014年6月7日第1版。

② 林琳编著：《习近平侨务论述和侨务法治建设研究》，广东省侨办2015年版，第24页。

第一章 党的侨务工作理论发展与广东侨务工作实践

和发扬历经数千年形成的中华文化。①

团结统一的中华民族是海内外中华儿女共同的"根"。多元一体的中华民族的形成不仅仅是共同的地缘和生活环境,更重要的是共同的历史命运把我们密不可分地联结在一起。认清了这一点,就能加深理解华夏大地自开创幅员广阔的统一国家以来,民族团结、国家统一始终成为中华民族发展主流的原因,就会更加自觉地珍惜中华民族的团结统一。②

博大精深的中华文化是海内外中华儿女共同的"魂"。中华文明是世界古代文明中唯一始终没有中断、连续5000多年发展至今的文明,中华民族在漫长历史发展中形成的独具特色的文化传统,是海内外中华儿女共同的宝贵财富。特别是中华民族在漫长的历史进程中锻造的伟大民族精神,是海内外中华儿女世世代代自强不息、团结奋斗的强大精神支撑。认清了这一点,就能牢牢把握中华民族得以薪火相传、绵延不绝的民族之魂。③

实现中华民族伟大复兴是海内外中华儿女共同的"梦"。鸦片战争以后,西方列强的侵略蹂躏、封建统治的腐败给中国人民带来了深重苦难,无数仁人志士奋起寻求救国救民、振兴中华的道路。孙中山先生领导的辛亥革命结束了在中国延续几千年的君主专制制度,为中国的进步打开了闸门。中华人民共和国的成立开启了中华民族伟大复兴的历史新纪元。中华人民共和国成立以来特别是改革开放以来,中国取得了举世瞩目的发展成就,中国国际地位和国际影响力显著上升,极大振奋了海内外中华儿女的民族自信心和自豪感,中华民族伟大复兴已经展现出灿烂的前景。习近平强调,在实现中华民族伟大复兴的光辉历程中,中国将始终高举和平、发展、合作旗帜,同各国人民一道推动建设持久和平、共同繁荣的和谐世界,中华民族将为人类文明进步做出更大贡献。④

---

① 参见《2010年海外华裔及港澳台地区青少年"中国寻根之旅"夏令营开营》,载《人民日报》2010年7月26日第1、第4版。
② 参见《2010年海外华裔及港澳台地区青少年"中国寻根之旅"夏令营开营》,载《人民日报》2010年7月26日第1、第4版。
③ 参见《2010年海外华裔及港澳台地区青少年"中国寻根之旅"夏令营开营》,载《人民日报》2010年7月26日第1、第4版。
④ 参见《2010年海外华裔及港澳台地区青少年"中国寻根之旅"夏令营开营》,载《人民日报》2010年7月26日第1、第4版。

习近平同志在讲话中最后强调，海外华裔青少年是海外华侨华人社会的希望和未来，衷心希望海外华裔青少年继承和弘扬祖辈的光荣传统，从中华民族的历史和文化宝库中汲取精神营养，成为中华文化的热情传播者；广泛学习借鉴世界各国优秀文明成果，博采各种文化之长，成为中华民族文化同世界各国文化交流互鉴的积极促进者；积极参与各种形式的文化交流活动，让更多国家和人民了解丰富多彩的中华文化，成为住在国人民同中国人民友好交往的民间使者，为中华文化发扬光大和世界文明共同进步发挥积极作用。他相信，港澳台地区广大青少年也会在这些方面努力做出自己的贡献。①

可以说，从"根""魂""梦"3个方面系统地阐述华侨华人与中国发展之间的文化和心理关系，这在党和国家领导人有关侨务的论述和思想中还是第一次。此后，在会见第七届世界华侨华人社团联谊大会代表时，习近平同志再次重申了他关于"根""魂""梦"的论述，并进一步具体阐述了海内外中华儿女所拥有共同的"根""魂""梦"。他指出："团结统一的中华民族是海内外中华儿女共同的根，博大精深的中华文化是海内外中华儿女共同的魂，实现中华民族伟大复兴是海内外中华儿女共同的梦。共同的根让我们情深意长，共同的魂让我们心心相印，共同的梦让我们同心同德。"②这一论述准确定位了海外华侨华人与中国的关系，极大地振奋了海内外中华儿女的自信心和自豪感，也为在新形势下如何做好我国的侨务工作指明了方向。

（三）广大留学生是传播中国文化的重要力量

习近平同志高度重视海外留学人员。2013年，在欧美同学会成立100周年庆祝大会上，习近平发表重要讲话，特别强调广大留学生是传播中国文化的重要力量。其中谈到，改革开放以来，党中央和邓小平同志做出扩大派遣留学生的战略决策，推动形成了我国历史上规模最大、领域最多、范围最广的留学潮和归国热。截至2012年年底，中国出国留学人员达到

---

① 参见《2010年海外华裔及港澳台地区青少年"中国寻根之旅"夏令营开营》，载《人民日报》2010年7月26日第1、第4版。
② 《实现中华民族伟大复兴是海内外中华儿女共同的梦》，见中国共产党新闻网（http://cpc.people.com.cn/xuexi/n/2015/0717/c397563-27322408.html）。

第一章　党的侨务工作理论发展与广东侨务工作实践

264万人,留学回国人员达到109万人。广大留学人员积极投身改革开放和社会主义现代化建设,积极推动我国同其他国家各领域交流合作,为推动我国经济社会发展做出了重要贡献。① 党和国家将按照支持留学、鼓励回国、来去自由、发挥作用的方针,把做好留学人员工作作为实施科教兴国战略和人才强国战略的重要任务,以更大力度推进"千人计划""万人计划",千方百计创造条件,使留学人员回到祖国有用武之地,留在国外有报国之门。我们热诚欢迎更多留学人员回国工作、为国服务。在会议上,习近平同志对广大留学人员提出4点希望,其中包括:

希望广大留学人员继承和发扬留学报国的光荣传统,做爱国主义的坚守者和传播者,秉持"先天下之忧而忧,后天下之乐而乐"的人生理想,始终把国家富强、民族振兴、人民幸福作为努力志向,自觉使个人成功的果实结在爱国主义这棵常青树上。党和国家尊重广大留学人员的选择,回国工作,我们张开双臂热烈欢迎;留在海外,我们支持通过多种形式为国服务。大家都要牢记,无论身在何处,你们都是中华儿女的一分子,祖国和人民始终惦记着你们,祖国永远是你们温暖的精神家园。

希望广大留学人员坚持面向现代化、面向世界、面向未来,瞄准国际先进知识、技术、管理经验,以韦编三绝、悬梁刺股的毅力,以凿壁借光、囊萤映雪的劲头,努力扩大知识半径,既读有字之书,也读无字之书,砥砺道德品质,掌握真才实学,练就过硬本领。已经完成学业的留学人员也要拓宽眼界和视野,加快知识更新,优化知识结构,努力成为堪当大任、能做大事的优秀人才。

希望广大留学人员积极投身创新创造实践,有敢为人先的锐气,有上下求索的执着,得风气之先、开风气之先,力争有所突破、有所发展、有所建树。在中国的大地上,要想有建树、有成就,关键是要脚踏着祖国大地,胸怀着人民期盼,找准专业优势和社会发展的结合点,找准先进知识和我国实际的结合点,真正使创新创造落地生根、开花结果。

希望广大留学人员充分发挥自身优势,加强内引外联、牵线搭桥,当好促进中外友好交流的民间大使,多用外国民众听得到、听得懂、听得进的途径和方式,讲述好中国故事,传播好中国声音,让世界对中国多一分

---

① 参见《在欧美同学会成立100周年庆祝大会上的讲话》,载《人民日报》2013年10月22日第2版。

理解、多一分支持。①

习近平同志强调，中国的发展离不开世界，世界的繁荣也需要中国。中国要以更加开放的姿态，加强同世界的联系和互动，加深同各国人民的了解和相互间的友谊。"广大留学人员既有国内成长经历又有海外生活体验，既有广泛的国内外人际关系又有丰富的不同文化交流经验，许多外国人通过你们了解中国、认识中国，许多中国人通过你们了解世界、认识世界。"②

（四）华侨华人在中外文化交流、参与"一带一路"建设等方面扮演着连接中国与世界的桥梁作用

习近平同志高度重视华侨华人在中国与住在国之间所发挥的文化交流作用。2014年在第七届世界华侨华人社团联谊大会上，习近平谈到，"中华文明有着5000多年的悠久历史，是中华民族自强不息、发展壮大的强大精神力量。我们的同胞无论生活在哪里，身上都有鲜明的中华文化烙印，中华文化是中华儿女共同的精神基因。希望大家继续弘扬中华文化，不仅自己要从中汲取精神力量，而且要积极推动中外文明交流互鉴，讲述好中国故事、传播好中国声音，促进中外民众相互了解和理解，为实现中国梦营造良好环境"③。

习近平同志近年来提出的"一带一路"建设离不开华侨华人的参与和支持。"一带一路"不仅是一个涵盖几十亿人口、惠及数十个国家和地区的世纪性重大决策，也是需要动员沿线国家及地区诸多有利因素共同建设的国际合作工程，而海外华侨华人就是其中不容忽视的重大因素之一。东南亚地区是"21世纪海上丝绸之路"核心区，有华侨华人约4000万人。其中，马来西亚、印度尼西亚等国都是侨胞众多的东南亚国家，华侨华人在住在国与祖（籍）国关系的发展方面发挥了重要作用。2013年，习近平同志在访问马来西亚发表重要讲话时提出："马来西亚是海外华侨

---

① 参见《在欧美同学会成立100周年庆祝大会上的讲话》，载《人民日报》2013年10月22日第2版。

② 《在欧美同学会成立100周年庆祝大会上的讲话》，载《人民日报》2013年10月22日第2版。

③ 刘维涛、王尧：《共同的根共同的魂共同的梦　共同书写中华民族发展新篇章》，载《人民日报》2014年6月7日第1版。

第一章　党的侨务工作理论发展与广东侨务工作实践

华人聚居最多的国家之一。几百年来，一批又一批中国人漂洋过海，在这片土地上落地生根，艰苦创业，繁衍发展，为马来西亚经济繁荣、社会进步、社会和谐、种族和睦作出了重要贡献。""马来西亚华侨华人是中马友谊和合作的亲历者、见证者、推动者。你们到中国投资兴业，捐资助学，推动两国文化交流，为中马关系发展牵线搭桥。没有华侨华人的努力，就没有中马关系今天的大好局面。""中国和马来西亚是隔海相望的邻居、真心相待的朋友、互利合作的伙伴。我同纳吉布总理一致决定，将中马关系提升为全面战略伙伴关系，并就深化一系列务实合作达成广泛共识，为两国关系发展和两国人民友谊打开了更加广阔的前景。"习近平同志最后还强调："中国的发展将惠及世界，首先将惠及邻国。希望马来西亚广大华侨华人朋友抓住机遇，继续发挥优势，促进中马合作，实现自身事业更大发展，为中马共同发展多作贡献，为中马友好大业再立新功。"①马来西亚是侨胞聚居的"一带一路"沿线国家的代表，欢迎广大华侨华人华商参与"一带一路"建设和中国对外交流合作，是习近平同志对海外侨胞的殷切期望。

（五）广大侨务干部要做好"贴心人"和"实干家"

习近平同志还高度重视侨务工作和侨务干部队伍建设。2017年2月17日，在全国侨务工作会议召开之际，习近平同志对侨务工作做出重要指示。他指出："党的十八大以来，各级党委、政府和侨务部门全面贯彻落实党的侨务政策，依法维护海外侨胞和归侨侨眷权益，在促进国家现代化建设、促进祖国和平统一、促进中外友好合作等方面发挥了重要作用。希望侨务战线的同志们坚持胸怀全局、坚持为侨服务、坚持改革创新，以凝聚侨心侨力同圆共享中国梦为主题，当好海外侨胞和归侨侨眷的贴心人，成为侨务工作的实干家，最大限度把海外侨胞和归侨侨眷中蕴藏的巨大能量凝聚起来、发挥出来，为实现'两个一百年'的奋斗目标、实现中华民族伟大复兴不断作出新的更大的贡献。"②从实际情况来看，目前我们正处于社会主义新时代、改革开放的深水区，实现"两个一百年"计

---

① 《习近平出席马来西亚各界华侨华人欢迎午宴　希望华侨华人为促进中马友好合作再立新功》，载《人民日报》2013年10月5日第2版。
② 《凝聚侨心侨力同圆共享中国梦》，载《人民日报》2017年2月18日第1版。

划和中华民族伟大复兴的关键时期,我们要团结一切可以团结的力量,特别是海外华侨华人,将他们作为我国现代化建设和改革开放的带头力量,发挥不可替代的作用。不难看出,习近平总书记的侨务工作论述不仅总结和概括了广大海外华侨华人的历史贡献,并据此创造性提出了"根""魂""梦"的提法;同时对广大海外侨胞提出了殷切的期盼,对侨务工作提出了战略性的指导和新的要求,对海外侨胞与祖(籍)国关系做出了高度概括。总体上来说,有利于在新时代充分发挥侨力,并以此推动社会主义现代化建设。习近平总书记关于侨务工作论述构成了习近平新时代中国特色社会主义思想的重要组成部分,与当前中国深度融入全球化和参与全球治理的现实要求相一致。

2017年10月,党的十九大召开。党的十九大是党在全面建成小康社会决胜阶段、中国特色社会主义进入新时代的关键时期召开的一次十分重要的会议。这次会议最大的亮点和最重要的贡献是把习近平新时代中国特色社会主义思想写入党章,确立为我们党的行动指南,实现了党指导思想的又一次与时俱进。① 根据习近平同志的指示以及学习贯彻党的十九大精神,2017年10月26日召开的国务院侨办"学习贯彻党的十九大精神专题会议"就具体阐发并细化了习近平总书记的涉侨工作论述和思想。国务院侨办在此次会议上强调,要把党的十九大精神落实到为国家大局服务和为侨服务上来,重点体现在为创新型国家建设服务、为"一带一路"建设服务、为推进中外人文交流服务、为加强公共外交服务、为海外侨胞和归侨侨眷服务这5个方面。②

具体来说,在为创新型国家建设服务方面,要全面对接党的十九大部署,发挥海外智力优势,深入开展"万侨创新行动",大力实施海外人才为国服务计划,主动配合有关部门,推出更积极、更开放、更有效的人才政策,不断完善激励华侨华人回国(来华)创新创业综合服务体系;从思想、工作、生活等各方面关心帮助新归侨知识分子,努力营造创造活力竞相迸发、聪明才智充分涌动的生动局面。这应成为新时代侨务工作的重

---

① 参见《许又声:学习贯彻十九大精神 坚持"三个加强,五个服务"》,见中国新闻网(http://www.chinanews.com/gn/2017/10-26/8361416.shtml)。

② 参见《许又声:学习贯彻十九大精神 坚持"三个加强,五个服务"》,见中国新闻网(http://www.chinanews.com/gn/2017/10-26/8361416.shtml)。

第一章 党的侨务工作理论发展与广东侨务工作实践

中之重。在为"一带一路"建设服务方面,要坚持引进来和走出去并重,遵循共商共建共享原则,围绕促进政策沟通,引导华侨华人政经高层向当地政府、政党、智库宣传"一带一路"倡议的"三共"原则和互利共赢理念,促进"一带一路"与当地发展规划融合对接,促进国际合作;围绕促进民心相通,引导华侨华人讲好中国故事,传播好中国声音,增进与沿线国家民众的人文交流,展示中国的良好形象。在为推进中外人文交流服务方面,要坚持内涵发展、注重提升的原则,加强与有关部门和地方协作,以满足海外侨胞和归侨侨眷对优秀文化的需求为出发点和落脚点,做优做强品牌活动,充分展示中华文化的强大魅力,加深海外侨胞住在国民众对中华文化的了解和认同。在为加强公共外交服务方面,要围绕和服务国家外交总体战略,坚持以侨为桥,鼓励海外侨胞以多种方式向当地社会和民众宣传中国走和平发展道路、推动构建人类命运共同体的坚定信念,增进世界对中国基本国情、价值观念、发展道路、内外政策的了解和认识,促进当地主流社会客观认识中国的发展和进步,营造对中国友好的外部环境。在为海外侨胞和归侨侨眷服务方面,要把落实为侨服务各项工作作为践行党的初心和使命的具体体现,更加注重质量并举、以质为先,扩大为侨服务有效供给;更加注重统筹规划、指导协调,推动地方侨办、直属院校和基地院校在做好各类服务性工作中发挥更大作用;更加注重依靠当地侨社力量,创新为侨服务机制和手段,推出更接地气的为侨服务项目;更加注重帮扶侨界困难群体,确保如期实现贫困归侨侨眷全部脱贫。①

改革开放40年来,中国的侨务工作不断取得巨大进展和成就,这与党和国家领导人所提出的正确侨务工作指导思想密切相连,不可分割。当前,中国已进入民族复兴发展的新阶段,到21世纪中叶整体国力将有更大提升。基于此,海外华侨华人不仅要对中国的现代化建设和中华民族的伟大复兴充满信心,而且要将个人事业发展与祖(籍)国的发展建设紧密结合起来,在世界各地为住在国做贡献的同时,还要为促进中外友好合作、推进民族团结和国家统一、同圆共享中国梦做出更大的贡献。

---

① 参见《许又声:学习贯彻十九大精神 坚持"三个加强,五个服务"》,见中国新闻网(http://www.chinanews.com/gn/2017/10-26/8361416.shtml)。

第二节　广东侨务工作实践与侨胞权益的保护

改革开放以来，随着全党工作重心的转移，党的侨务工作理论日趋完善和丰富，从邓小平的"海外关系是个好东西"到江泽民的"独特优势论"，从胡锦涛的"三个大有作为"再到习近平的"根""魂""梦"，党和国家领导人对侨务工作在不同时期、不同方面的重要性的认识可谓十分深入，侨务工作也面临着前所未有的大好机遇。作为中国改革开放的实验区，以及中国的重点侨乡和侨务资源大省，广东有旅居海外 160 多个国家和地区的 3000 万～4000 万粤籍侨胞和 3000 多万归侨侨眷。他们是深化广东改革开放的重要力量，是广东落实"四个走在全国前列"要求的独特优势。[①] 40 年来，广东的发展离不开党中央和国务院的正确领导以及全省人民的团结奋斗，也离不开海外侨胞和港澳同胞的大力支持和无私奉献。从现实情况来看，广东的侨务资源尽管十分丰富，但侨情也相对复杂，维护粤籍侨胞、归侨和侨眷的权益任务繁重。在未来促进广东省全方位发展的过程中，只有继续完善侨务立法、促进侨胞参政议政以及涵养发展侨务资源，才能更好地将广东省的侨务资源和深化广东改革开放有机地结合起来，凝聚侨心侨力，共同为社会主义现代化建设贡献力量，最终实现中国梦。

2018 年 3 月 7 日，习近平总书记在参加十三届全国人大一次会议广东代表团审议时发表重要讲话。首先，习近平充分肯定了党的十八大以来广东工作的开展，要求广东的同志们要进一步解放思想、改革创新、真抓实干、奋发进取，以更大作为开创广东工作新局面，在构建推动经济高质量发展体制机制、建设现代化经济体系、形成全面开放新格局、营造共建共治共享社会治理格局上走在全国前列；其次，他强调广东是改革开放的排头兵、先行地和实验区，在我国改革开放和社会主义现代化建设大局中具有十分重要的地位和作用，同时也是国际社会观察我国改革开放的重要窗口。因此，开创广东工作新局面，最根本的还要靠改革开放。广东要带

---

① 参见《习近平李克强栗战书汪洋王沪宁赵乐际韩正分别参加全国人大会议一些代表团审议》，载《人民日报》2018 年 3 月 8 日第 4 版。

第一章 党的侨务工作理论发展与广东侨务工作实践

头贯彻党中央关于改革开放的重大部署,紧密联系广东实际,勇于先行先试,大胆实践探索,继续深化改革、扩大开放,为全国提供新鲜经验。①可以说,习近平总书记的重要讲话阐明了新时代广东发展的重大战略问题,为未来广东进一步深化改革开放和促进现代化建设提供了强大的思想武器和科学的行动指南。

在此次审议大会上,广东代表团部分参会代表就侨务工作向习近平总书记做了简短汇报。全国人大代表、江门市委副书记、江门市长刘毅向习近平总书记汇报工作时,表达了江门海外广大华侨华人积极参与"一带一路"倡议、实现中华民族伟大复兴中国梦的热情和强烈意愿。作为归侨代表的冯玉宝表示,将深入华侨农场等基层,做好调查研究,紧密联系归侨群众,求真务实,真正做到民有所呼,我有所应,让归侨安居乐业、实现脱贫致富奔小康,紧密融入主流社会,增强他们对祖国的认同感、获得感、幸福感和安全感,激发广大归侨的建设热情和创业激情,发挥独特的作用。另外一位归侨代表吴玉莲提出建议,加强对海外华侨华人利益的保护。她指出,在日益复杂的国际形势下,单纯依靠外交部来保护海外华侨华人安全显然不够,应该多部门紧密合作。通过运用外交、经济手段,鉴别、预防和阻止海外不稳定和冲突因素,确保海外华侨华人的安全。②

此次讲话之后,广东省各地侨务部门及时响应,学习习近平总书记在参加十三届全国人大一次会议广东代表团审议时的重要讲话精神,部署贯彻落实侨务工作。广州市、汕头市、东莞市、江门市、中山市、惠州市和肇庆市等其他市、县一级的侨务与外事部门及时召开会议,将各地本身侨务工作的实际情况与习近平总书记的重要讲话精神相结合,制定并完善具体的侨务政策,以服务于地方经济的进一步发展和广东改革开放的全面深化。而在诸多需要重视的具体工作中,首要一条就离不开侨务立法。

一、广东侨务立法工作实践

作为中国最大的侨省,自改革开放以来广东便不断完善侨务立法工

---

① 参见《习近平等分别参加全国人大会议一些代表团审议》,见新华网(http://www.npc.gov.cn/npc/dbdhhy/13_1/2018-03/08/content_2043411.htm)。
② 参见《以优异成绩回报总书记的嘱托与关怀》,见江门新闻网(http://www.jiangmen.gov.cn/zwgk/tpxw/201803/t20180312_1170312.html)。

57

作,以使侨务工作有法可依,为侨胞打造法治"保护伞"。涉侨热点和难点问题早发多发使得依法维护保障侨胞权益和加强侨务法制建设的责任多、任务重。1978年,根据国务院通知,广东省成立侨务办公室,省内各级侨务机构也统称侨务办公室。党的十一届三中全会前后,广东省认真贯彻中央指示精神,落实各项侨务政策,清理历史遗留问题。1978年1月,广东召开全省侨务工作会议,传达1977年年底召开的全国侨务会议预备会议和中共中央〔1978〕3号文件精神,重申"一视同仁,不得歧视,根据特点,适当照顾"的基本方针,从根本上否定了错误的侨务工作观点。1979年3月,广东省召开全省侨务会议及第二届归侨代表大会,传达贯彻1978年12月17日在北京召开的全国侨务会议、第二次全国归侨代表大会和中共中央〔1979〕7号文件精神。同年9月7日,中共广东省委批转省侨办党组《关于加紧落实侨务政策的若干问题的意见》,指出了广东省要全面落实侨务政策,正确对待"海外关系""侨改房"和处理华侨房屋等问题。习仲勋同志在担任中共广东省委第二书记后,十分注重侨务工作。不仅主持开展了一系列的拨乱反正和平定冤假错案的工作,而且多次强调侨务干部要避免犯"左"倾思想的错误,保障好华侨和归侨的权益。此后,在正确的侨务思想指导下,广东省结合省内侨情实际情况和侨情特点,制定、修订和出台了一系列涉侨政策法规。①

广东省的侨务立法不仅包含侨务工作宏观方面的法律法规,也涉及华侨住宅、子女教育、投资建设、生产生活和兴办公益等具体问题。广东省侨务部门开展侨务立法工作时,不仅坚持贯彻中央的法律法规,同时结合广东省的实际,不断完善侨务立法,做好侨务工作,保障侨胞权益。

在宏观方面,广东省的综合性保障华侨侨眷权益的法律法规经历了如下发展:1990年9月7日,第七届全国人民代表大会常务委员会第十五次会议通过《中华人民共和国归侨侨眷权益保护法》并于1991年1月1日开始实施;1992年9月26日,广东省第七届人民代表大会常务委员会第二十八次会议通过《广东省归侨侨眷权益保护实施办法》;1993年7月19日,国务院又出台《中华人民共和国归侨侨眷权益保护法实施办法》。上述法规的出台标志着我国以及广东省的侨务工作正在逐步走上法制建设

---

① 参见中共中央统战部、中共中央文献研究室编《习仲勋论统一战线》,中央文献出版社2013年版,第290页。

的轨道。①2002年1月25日，为进一步保护归侨侨眷的合法权益，根据《中华人民共和国归侨侨眷权益保护法》和广东省的侨情实际，广东省第九届人民代表大会常务委员会第三十次会议通过了《广东省归侨侨眷权益保护实施办法》，规定此办法自2002年3月1日起实施，同时废止1992年9月26日广东省第七届人民代表大会常务委员会通过的《广东省归侨侨眷权益保护实施办法》。②至此，广东省有关保护华侨、归侨和侨眷权益的法律法规已取得明显进步和完善。2015年之前，这一法规在保护粤籍侨胞和归侨侨眷的合法权益方面发挥了至关重要的作用，使华侨在广东省内应享有的权益和待遇有了更加完善的法律支撑。在广东省侨办的积极推动下，2015年7月31日，广东省十二届人大常委会第十九次会议表决通过了《广东省华侨权益保护条例》（以下简称《条例》），并于同年10月1日起正式实施，由此，这一条例开始代替2002年通过的《广东省归侨侨眷权益保护实施办法》，继续在保护华侨和归侨侨眷权益问题上发挥作用，同时它也是国内第一部保护华侨权益的省级综合性地方法规，意义重大。③

在微观方面，20世纪80年代中期，国务院侨办在相关部门协同下相继制定了一系列适当照顾华侨和归侨侨眷的政策，如出入境政策、出境探友及工资福利待遇政策、"三侨生"（归侨学生、归侨子女、华侨在国内的子女）入学优惠政策、归难侨安置政策，以及投资和捐赠优惠政策等，这些不同的政策从各个方面对华侨和归侨侨眷给予照顾。广东省侨务部门在贯彻落实这些政策的同时，结合自身的实际侨情发展完善了这些政策。在生产生活方面，1984年9月，广东省人民政府规定归侨侨眷接受海外亲人赠送生产设备不超过人民币2万元的，经报侨务部门审批后，可予以免税进口。1985年，海关总署在《海关对城乡个体工商业者进口小型生产工具的管理规定》中，对上述规定予以认可。④1988年5月，海关进一

---

① 参见深圳市人民政府侨务办公室编著《深圳侨务史志》，海天出版社2012年版，第209页。
② 参见深圳市人民政府侨务办公室编著《深圳侨务史志》，海天出版社2012年版，第209～210页。
③ 参见《广东护侨条例实施两月 助力依法护侨再上新台阶》，见中国侨网（http://www.chinaqw.com/gqqj/2015/12-04/72700.shtml）。
④ 参见广东省人民政府社会经济发展研究中心编《广东社会经济发展战略研究资料选编》（下），广东省人民政府社会经济发展研究中心1988年版，第323页。

步公布，国营华侨农（林）场的归侨难侨接受国外、港澳地区亲友赠送进口用于农业生产、加工维修的生产资料，价值在2万元以内的，经审批后可免税进口（1988年5月后免税进口额扩大至10万元）。此外，接受优良种苗、种畜、种禽、种蛋，经动植物检疫亦可免税放行。上述规定出台后，据统计，从1984年至1987年，广东全省归侨、侨眷接受境外亲友赠送小型生产工具，经审批免税进口共403.1万元人民币。①

在教育方面，1989年4月广东省高校招生办和广东省侨办根据1983年国务院侨办、教育部等有关部门关于适当照顾解决归侨侨眷住房困难及其子女升学就业等问题的有关条款，联合制定照顾办法。办法规定"三侨生"报考大专院校和中专学校，同等成绩优先录取；报考暨南大学和华侨大学可低于最低控制分数线10分以内照顾录取。此外，为方便华侨和港澳台青年学生报考内地（大陆）高等院校，广东省在香港和澳门开设统一考试的考场；对华侨子女回国进中、小学，归侨侨眷子女报考中学、职业学校和自费出国留学等，都制定了适当的照顾措施。②2009年4月1日，为弘扬中华文化、满足华侨子女回国接受义务教育的需要，根据《中华人民共和国义务教育法》《中华人民共和国归侨侨眷权益保护法》及其实施办法，以及国务院侨务办公室和教育部出台的《关于华侨子女回国接受义务教育相关问题的规定》（侨文发〔2009〕5号），广东省侨务部门结合省内侨情实际，制定了《关于华侨子女回国在我省接受义务教育的实施办法》；③2014年6月10日，为涵养侨务资源、保障华侨学生在国内接受高中阶段教育的权益，保持与华侨子女回国接受义务教育相关政策的延续性和一致性，国务院侨办与教育部联合印发了《国务院侨务办公室 教育部关于华侨学生在国内接受高中阶段教育有关问题的通知》（国侨发〔2014〕14号）。该通知从根本上解决了华侨学生在国内接受高中阶段教育的问题，为华侨学生在国内接受高中阶段教育提供了政策保障

---

① 参见当代广东研究会编《岭南纪事》，广东人民出版社2004年版，第647页。
② 参见广东省地方史志编纂委员会编《广东省志·华侨志》，广东人民出版社1996年版，第230页。
③ 参见《关于华侨子女回国在我省接受义务教育的实施办法》，见广东侨网（http://www.qb.gd.gov.cn/xxgk2010/zcwj/201005/t20100506_91510.htm）。

第一章　党的侨务工作理论发展与广东侨务工作实践

和学习便利。①

在生产生活方面，广东省侨务部门也制定完善了一系列法律法规以维护华侨和归侨侨眷的相关权益。以侨房为例，华侨房屋是华侨在祖国的根基，也是维系华侨与祖国联系的重要纽带。基于此，中共中央、国务院和广东省委、省政府制定了一系列落实退还华侨私房的政策：首先，国务院侨办和城乡建设环境保护部于1982年6月8日发布《关于落实"文革"期间被挤占的华侨私房政策的若干规定》，中共中央办公厅、国务院办公厅于1984年发布44号文件《中共中央办公厅、国务院办公厅转发〈关于加快落实华侨私房政策的意见〉的通知》，广东省于同年发布24号文件《中共广东省委、广东省人民政府〈关于进一步全面落实侨房政策〉的通知》等。②其次，为加强城镇华侨房屋的租赁管理，维护租赁双方的合法权益，广东省根据国家法律法规的有关规定，并结合广东省的实际情况，于1994年11月17日召开的广东省第八届人民代表大会常务委员会第十一次会议上通过了《广东省城镇华侨房屋租赁规定》，并于1994年11月27日公布规定，1995年3月1日起开始实施。③再次，为保证城镇建设的顺利进行，妥善处理拆迁城镇的华侨房屋，保护华侨业主的合法权益，广东省于1995年第八届广东省人民代表大会常务委员会第十五次会议上通过了《广东省拆迁城镇华侨房屋规定》；④2011年1月14日，为切实维护好华侨在农村的宅基地合法权益，广东省国土资源厅联合广东省侨办发布了《关于切实维护华侨在农村的宅基地权益的若干意见》。⑤上述法律法规的出台不仅有力维护了粤籍侨胞和归侨侨眷在房屋问题上的合法权益，而且起到了凝聚侨心、汇集侨智和发挥侨力的作用，极大促进了海内外同胞关系的和谐，促进了广东经济社会的发展。

---

①　参见《国务院侨办与教育部联合印发国务院侨务办公室教育部关于华侨学生在国内接受高中阶段教育有关问题的通知》，见广东侨网（http://www.qb.gd.gov.cn/xxgk2010/zcwj/201407/t20140708_497202.htm）。

②　参见台山市地方志编纂委员会编《台山市志：1979—2000》，方志出版社2011年版，第174页。

③　参见深圳市人民政府侨务办公室编著《深圳侨务史志》，海天出版社2012年版，第327页。

④　参见中华人民共和国建设部房地产业司编《中国房地产法规政策汇编》（下），中华人民共和国建设部房地产业司1993年版，第1193页。

⑤　参见《关于切实维护华侨在农村的宅基地权益的若干意见》，见广东侨网（http://www.qb.gd.gov.cn/xxgk2010/zcwj/201101/t20110113_137246.htm）。

在公益事业方面，为激发华侨兴办公益事业的热情，广东省出台了一系列关于管理侨捐问题的法律法规。1984年2月，广东省政府颁布了《广东省华侨、港澳同胞捐办公益事业支持家乡建设优待办法》，对华侨捐赠的外汇给予各种优惠待遇，进口物资准予免税，征用土地可以优先，对捐赠项目进行题名，贡献卓著者给予表彰等。为了进一步管理好侨捐项目，在贯彻执行《中华人民共和国公益事业捐赠法》的基础上，2005年广东省政府颁发了《广东省华侨捐赠兴办公益事业项目监督管理办法》，对受赠单位的责任与义务、捐赠人权利、管理与监督等问题做出明确规定，要求通过强化侨务部门的监督职能、受赠单位履行职责，以促进侨捐项目真正管好用好。[1]此外，为了落实侨捐监管，广东省侨办印发了《关于侨捐项目监管中有关问题的处理意见》；2015年11月18日，为保护华侨在捐赠和兴办公益事业过程中的正当权益，加强受赠管理，根据宪法和国家有关法律法规，广东省第十二届人民代表大会常务委员会第十二次会议通过了《广东省华侨捐赠兴办公益事业管理条例》。[2]上述法律法规的颁布标志着广东省的侨务工作开始注重对侨捐项目进行监管与监督。

在出入境管理方面，1985年11月，第六届全国人大常委会通过了《中华人民共和国公民出境入境管理法》，把保障公民出入中国国境的正当权益以法律的形式固定下来。在此基础上，广东省根据国务院的精神和相关法律规定，在放宽和简化华侨出入境审批手续方面有了较大改进。[3] 2015年7月1日，根据《中华人民共和国出境入境管理法》第十三条和《国务院侨办、公安部、外交部华侨回国定居办理工作规定》，广东省侨办结合省内的侨情实际，制定并实施了《关于华侨回国定居办理工作的实施办法》。[4]

自改革开放以来，广东省侨务部门在坚持贯彻党和国家的侨务工作总

---

① 参见《广东管理450亿侨捐难度大，捐建学校多闲置》，见凤凰网（http://gongyi.ifeng.com/news/detail_2010_11/05/3012514_0.shtml）。

② 参见《广东省华侨捐赠兴办公益事业管理条例》，见广东侨网（http://www.qb.gd.gov.cn/xxgk2010/zcwj/201511/t20151118_700547.htm）。

③ 参见中共广东省委党史研究室编《梁灵光与广东改革开放》，南方日报出版社2016年版，第143页。

④ 参见《广东省人民政府侨务办公室广东省公安厅关于华侨回国定居办理的实施办法》，见广东省人民政府网（http://www.gd.gov.cn/govpub/bmguifan/201506/t20150624_214851.htm）。

方针政策的基础之上，结合省内的具体侨情，从华侨投资、子女教育、华侨住宅、公益事业以及出入境管理等方面对粤籍侨胞和归侨侨眷的各项正当权益进行保护，并取得了显著成效。而随着中国改革开放的不断推进、现代化建设的不断发展以及中国参与国际事务程度的不断深入，中国的侨务工作也面临着新的挑战，保护海外华侨华人也相应被赋予新的时代要求。为进一步拓展粤籍侨胞和归侨侨眷权益保护的深度和广度，2017年以来，广东省的侨务立法工作也进入一个新的阶段。广东省侨办对"三侨生"的教育权利以及与华侨引智工作有关的法规条例进行了完善和补充，以最大程度地保护华侨、归侨和侨眷的个人生存与发展利益。

二、海外华侨与归侨侨眷参政议政

改革开放以来，随着归侨、侨眷（包括大量海归人才）群体在城市经济社会发展中发挥着越来越重要的作用，他们参政议政的热情也不断增长。基于此，为提供更多参政议政、建言献策的平台，让归侨、侨眷人才充分发挥自身优势和创新精神，为广东省现代化建设凝聚智慧和贡献力量，广东省侨务部门制定了一系列措施拓宽华侨参政议政的渠道。自党的十一届三中全会恢复侨务工作以来，广东省华侨联合会（以下简称"广东省侨联"）不断发挥其纽带的作用，协助归侨和侨眷中担任人大代表的相关人士积极建言献策；此外，通过利用政治协商委员会这个平台，发挥致公党团结海外侨胞进行多党合作的作用，以多种渠道加强信息交流和政务公开，激发广大侨胞参政议政的热情。

广东省侨联成立于1958年12月12日，是广东省委直接领导的由全省归侨侨眷组成的一级人民团体，同时也是广东省政协的组成单位，是党和政府联系全省广大归侨侨眷和海外侨胞的桥梁和纽带。从组织架构来看，广东省侨联内设机构包括办公室（与机关党委、人事合署办公）、文化部、联络部、经济部等部门；此外，广东省侨联下辖广东省侨胞服务中心和《华夏》杂志社两个事业单位。随后，根据实际侨情需要，又另立广东省侨联青年委员会、广东省侨联法律顾问委员会、广东省侨界仁爱基金会、广东华侨历史学会和广东省侨胞活动中心等事业性和服务性机构。改革开放初期，由于海外侨胞、港澳同胞和归侨侨眷的来信来访较多，广东省侨联特设信访室，配备信访干部负责受理信访工作。1983年1月10日，经国家司法部同意，正式成立广东华侨事务法律顾问处。1985年2

月，经司法厅批准，组建广东华侨法律事务所。多年来，各级侨联积极参政议政，畅达侨界民意，参与有关涉侨法律法规和政策的制定、修改和实施，充分发挥侨联政治协商、民主监督和参政议政的作用，以当好侨界群众利益的代表者和维护者，维护归侨侨眷和海外侨胞在国内的合法权益。①

从切实保护华侨权益来看，广东省侨联充分将其自身职能与省内侨务工作的发展结合起来。广东省侨联依照《中国侨联章程》，积极履行"群众工作、参政议政、维护侨益、海外联谊"这四大职能。1990年的《中华人民共和国归侨侨眷权益保护法》作为我国第一部侨务法律，规定各级侨联组织可以依法推荐归侨侨眷作为人民代表大会代表候选人，明确了侨联在选举人民代表大会侨界代表工作中的重要作用；同时，该部法律规定全国人民代表大会和归侨人数较多的地区人民代表大会应当有适当名额的归侨代表，明确通过参加人民代表大会，实现归侨侨眷参政议政的合法权益。除了第四届人民代表大会处于"文革"期间，未能选举省人大代表以外，此后各届人民代表大会均有归侨名额。②基于此，广东省各地各级侨联积极推动粤籍侨胞、归侨和侨眷参加各级人民代表大会，切实维护华侨的各项正当权益。从第六届（1983年4月至1988年1月）起，省人民代表大会常务委员会设立华侨工作委员会。③2004年，清远市侨联充分发挥人大代表和政协委员参政议政的作用，就英红华侨农场2000多名归难侨解除劳资一事，积极向上反映情况，最终促使省政府为此立项做专门处理。④此外，各级侨联上下联动，使全省侨务工作形成合力，整体推进。如在弘扬中华文化，宣传爱国爱乡精神方面，开展了一系列丰富多彩、富有侨乡特色的文化活动，而且侨联成员积极参政议政，畅通言论渠道，反映侨界呼声，维护侨益，凝聚侨心，建立扶贫长效机制。在拓展海外联谊方面，目前广东省侨联已经和世界上100多个国家和地区的1200多个华

---

① 参见《广东省侨联简介》，见广东省侨联官网（http://www.gdql.org/qlgk/ShowArticle.asp?ArticleID=35554）。

② 参见区德强主编《广东侨联五十年：1958—2008》，广东省归国华侨联合会2008年版，第80页。

③ 参见区德强主编《广东侨联五十年：1958—2008》，广东省归国华侨联合会2008年版，第79页。

④ 参见广东年鉴编纂委员会编《广东年鉴2006》，广东年鉴社2006年版，第477页。

第一章 党的侨务工作理论发展与广东侨务工作实践

侨华人社团建立了联系，逐步形成了一支对我友好、反独促统的强大力量。①在2006年"两会"期间，全省各级侨联邀请人大代表和政协委员听取侨联汇报，集中反映了侨联基层组织"五有"建设的问题。2008年，全省各级侨联人大代表共有939名，其中大中企业1名，村级8名，乡镇（街道）461名，县（区）级346名，地（市）级123名；全省各级侨联政协代表共有1047名，其中大专院校2名，村级1名，乡镇（街道）44名，县（区）级806名，地（市）级194名。②

为保障归侨侨眷享有一定的政治权利，并能够及时反映他们的意见和要求，保障他们参政议政的权利，早在1978年，全省就有10名归侨和侨眷被选为全国第五届人大和党的十一大、十二大代表。③党的十一届三中全会之后，省致公党在政府部门担任副县级以上职务的有14人，其中副省长1人。在1981年全省各级政府选举中，有612名归侨侨眷被选为县以上的人大代表，有10名归侨侨眷当选为县人大常委会副主任和副县长职务。据统计，从1978年至1988年，全省共有9564名优秀归侨知识分子加入中国共产党，1649人担任县处级以上的党政领导职务，有274人当选为历届省或全国人民代表大会代表，16人在省人大侨委会任职，仅广州市就有15位归侨担任市级以上、53人担任区（县处）级以上党政领导职务，参与管理国家政务，归侨庄田和罗田等还担任过广东省级领导。④1984年，省致公党副主席黄清渠，在省人大六届二次会议上补选为广东省副省长，主管科技和侨务工作。泰国华侨、著名经济学家卓炯，1987年当选为党的十三大代表。⑤

中国人民政治协商会议广东省委员会为适应对外开放的形势，也曾设有华侨工作组，组织有关政协委员到各地了解贯彻华侨政策的实际情况，并提供给政府部门。从1981年开始，华侨工作组在协助党政部门落实知

---

① 参见《广东省侨联简介》，见广东省侨联官网（http://www.gdql.org/qlgk/ShowArticle.asp?ArticleID=35554）。
② 参见区德强主编《广东侨联五十年：1958—2008》，广东省归国华侨联合会2008年版，第82页。
③ 参见《广东省志·华侨志》编委会编《广东省志·华侨志》，广东人民出版社1996年版，第221页。
④ 参见区德强主编《广东侨联五十年：1958—2008》，广东省归国华侨联合会2008年版，第78页。
⑤ 参见广州市地方志编纂委员会编《广州市志·卷十九》，广州出版社1996年版，第317页。

识分子政策和侨务政策方面做了大量的工作。① 1983 年 7 月，省政协设立了"华侨港澳台胞联络委员会"，进一步开展"三胞"（侨胞、港澳同胞、台湾同胞）工作。1987 年之后，华侨工作组并入华侨港澳台胞联络委员会办公室，以更好地发挥政协"形成爱国统一战线和推动各民主党派人士参政议政"的作用，为华侨提供意见表达的途径。此外，广东省政协每年除了邀请 30 名华侨华人出席政协会议外，还邀请约 10 名海外侨胞作为特聘委员列席会议。海外侨胞通过列席政协会议，一方面对广东的改革开放和发展状况，以及对人民政协在中国民主政治建设过程中的重要作用有了更深入的了解；另一方面也对广东经济社会的发展提出了很多好的建议。在 1989 年后，广东省政协曾采取开座谈会等多种方式主动做好宣传，消除海外侨胞的顾虑，对"三胞"群体关心的"三资企业"、口岸体制改革等问题进行调研，并提出意见和建议。2006 年，省政协根据广东华侨众多的实际情况，调整增设了外事侨务委员会，以利于更好地开展广东省外事侨务工作。从"引进来"的视角来看，2007 年开始，广东坚持邀请海外侨胞列席政协全会，为海外华侨华人能够充分参政议政拓宽渠道。据统计，截止到 2011 年，共邀请了 30 多个国家的 72 位海外侨胞列席省政协全会，并组织他们回国考察，帮助他们深入了解祖国近年来发展的面貌。② 2008 年，省政协更是邀请来自世界五大洲 18 个国家的 20 名海外侨胞和 10 名海外侨胞特聘委员列席十届二次会议，组织海外列席政协全会人员回国考察，并就"广东—美国麻省理工创新联盟"、海洋微藻生物能源等高科技项目与我省有关部门洽谈合作，为他们回国创业牵线搭桥，充分将海外华侨华人与广东经济社会的发展结合起来。

通过这种"走出去"和"请进来"相结合的方式，宣传中国特色政党制度，宣传我省改革开放和现代化建设的成就，增进与各国人民的互信和友谊。③ 2009 年，省政协制定《省政协台胞特聘委员活动制度》，充分调动台湾同胞参政议政的积极性，同时继续邀请海外侨胞列席全体会议，

---

① 参见政协广东省委员会办公厅编《广东政协五十年（1955—2005）》，广东人民出版社 2005 年版，第 7 页。

② 参见《广东省政协拟于年底前成立公共外交协会》，见中国新闻网（http://www.chinanews.com/zgqj/2011/09-01/3298532.shtml）。

③ 参见《政协广东省委员会 2009 年年鉴》，2016 年 12 月 8 日，见广东政协网（http://www.gdzxb.gov.cn/zxwx/201612/t20161208_70995.htm）。

第一章 党的侨务工作理论发展与广东侨务工作实践

以此发挥侨务大省的优势,开展培育和发挥侨力,利用海外智库助推广东科学发展,并不断拓展人民政协的对外交往活动领域。2009年全年,广东省共组织7个代表团赴15个国家和地区进行访问,共接待国外来访团组16批70人次。① 2011年,在广东省政协十届四次会议上,海外侨胞特聘委员对广东省政协协商议政民主进程展开讨论,委员们在讨论过程中提出,希望能增设海外特聘委员的"建议权"。② 由此可以看出,广东省在不断拓宽海外侨胞参政议政渠道的同时,海外侨胞本身也积极发挥自身的主观能动性,并实现了侨务部门与海外侨胞之间在参政议政这一问题上的良性互动。

据统计,广东省政协自2008年邀请海外侨胞列席省政协会议,至2017年间共有58个国家的192位海外侨胞列席会议。2018年1月23日至27日,广东省政协第十二届广东省委员会第一次会议在广州召开,此次会议号召全省政协各参加单位、各级组织和广大委员要更加紧密团结在以习近平同志为核心的党中央周围,在广东省委坚强领导下,勠力同心、开拓进取、扎实工作,为把广东建设成为向世界展示习近平新时代中国特色社会主义思想的重要窗口和示范区做出更大贡献。值得一提的是,泰国中华总商会副主席、国际潮青联合会会长、泰国华人青年商会会长李桂雄出席此次会议,并受到中共广东省委书记李希、省长马兴瑞和省政协主席王荣等领导的亲切会见。此外,李桂雄会长同与会代表共同探讨了海外侨胞在广东深化改革开放和促进现代化建设过程中可发挥的重要作用。③ 可以看出,本质上来说,省政协的这一举措为最大程度发挥侨务资源优势,使广东走向世界、世界了解广东,并推动广东21世纪海上丝绸之路建设做出了重要贡献。④ 此外,截至2017年,省政协聘请了97个国家和地区的551名侨胞重点人士担任省海外交流协会理事,向104位粤籍资深侨领颁

---

① 参见《常委会工作报告(2010年1月20日)》,见广东政协网(http://www.gdzxb.gov.cn/zxwx/201612/t20161208_70986.htm)。
② 参见《广东省特邀委员热议增设华侨华人"建议权"》,见网易新闻网(http://news.163.com/11/0121/18/6QUNF9MN00014JB5.html)。
③ 参见泰国华人青年商会《泰国华侨李桂雄会长列席广东政协参政议政》,见潮青网(http://www.chaoqing.org/news/info-4156.html)。
④ 参见《9年间有58国192位海外侨胞列席广东省政协会议》,见南方网(http://www.chinaqw.com/gqqj/2016/01-25/77875.shtml)。

67

授"服务侨社·真情奉献"的荣誉称号。这些侨领曾连续4年配合省人大邀请60位（次）华侨代表列席省人大全会，连续10年配合省政协邀请了210位侨胞列席省政协全会，大大加深了侨胞重点人士对广东省的认识，推动他们为广东省的发展献策出力。①上述举措在海内外取得了良好的反响，有利于海外侨胞深化对中国特色民主政治制度的理解。

除了广东省侨联之外，中国致公党在推动海外侨胞参政议政方面也发挥了至关重要的作用。中国致公党由归侨、侨眷和与海外有联系的代表性人士和专家学者组成，具有政治联盟的特点。从本质上来说，致公党是一个为社会主义服务的政党，是与执政党中国共产党通力合作的一个参政党。②中国致公党广东省委员会是致公党中央在广州成立的致公党广州市支部，同时也是致公党在内地成立的第一个支部。③自1978年以来，在致公党中央和广东省委的领导下，中国致公党秉承着"致力为公、侨海报国"的立党宗旨，围绕"三个定位，两个率先"④的总体目标，进一步解放思想，创新作为，在促进广东区域协调发展、拓展对外联络工作平台、创建精准扶贫品牌和构建多元化工作机制等方面都取得了显著成绩，为广东省经济社会的发展做出了积极贡献。⑤党的十一届三中全会后，中国统一战线和民主党派工作进入了一个新的历史发展阶段。致公党广州市支部负责人应广东省委邀请，参加各种民主协商会和座谈会，就广东省将提出的重大方针、经济社会发展规划以及重要人事安排等提出意见和建议。而从1984年起，省致公党负责人就开始出席由广东省委统战部组织的每年一次的省各民主党派负责人暑期座谈会。会议期间，广东省委的领导还邀请省各民主党派主要领导人举行高层次、小范围的谈心活动，就共同关心的问题，特别是民主党派的工作问题，自由交谈，沟通情况，征求意见，

---

① 参见《涵养资源服务大局　广东侨务工作再上新台阶》，见国务院侨务办公室网（http://www.gqb.gov.cn/news/2017/0511/42498.shtml）。
② 参见中国致公党网（http://www.zg.org.cn/）。
③ 参见中国致公党广东省委员会网（http://www.gdzgd.cn/）。
④ 这是习近平总书记在2012年年末视察广东时提出的殷切期望：广东要努力成为发展中国特色社会主义的排头兵、深化改革开放的先行地、探索科学发展的试验区，为率先全面建成小康社会、率先基本实现社会主义现代化而奋斗。
⑤ 参见《致公党广东省第十二次代表大会开幕　万钢出席并讲话》，见中国政公党网（http://www.zg.org.cn/zthd/2017nzt/2017hjjxs/201706/t20170618_38971.htm）。

第一章　党的侨务工作理论发展与广东侨务工作实践

充分体现了各党派之间肝胆相照、真诚合作的精神。①此外，省致公党多次组织成员中的省人大代表和政协委员前往花县（今花都区）、英德、清远、江门等地的华侨农场考察调查，通过与农场领导座谈，到归难侨家中访问，了解我省华侨农场存在的问题。1989 年，省致公党第六届委员会成立了参政议政工作委员会。这一委员会是致公党省委常委会领导的工作机构，其旨在发挥全体成员参政议政的积极性和全党的群体作用，同时协调各级组织开展多层次、多渠道、多形式的参政议政工作。1993 年，省致公党在广东省七届二次政协会议上提出《关于扶助华侨农场脱贫致富的建议》的团体提案，拟从华侨农场转制、解决历史遗留包袱问题和帮助华侨农场解困发展生产等方面提出意见和建议。提案也因此得到政府和有关部门的重视，为广东省全面解决华侨农场问题献上一分力。② 1995 年，在广东省委书记谢非、省长朱森林等省委和省政府领导召开的各民主党派负责人协商会议上，省致公党主席唐国俊就广东省委制定的广东省"九五"计划框架设想发表意见，并谈到了广州五山铁路口交通经常阻塞问题对该地区高等院校和科研单位的工作所造成的负面影响。广东省委和省政府领导对此十分重视。会后不久，张高丽副省长率领有关部门负责人亲自到五山铁路口召开现场会议，并当场决定在近期内修建五山铁路口立交桥，以解决交通的频繁阻塞问题。1998 年，在中共广东省第八次代表大会召开前夕，广东省委邀请各民主党派负责人召开座谈会。在座谈会上，省致公党主席王珣章对中共广东省委即将提交给省党代会的工作报告提出了具体意见，表示应在报告中提及"知识经济"，并以此审视广东省近年来的经济发展思路，而这一建议也得到时任中共广东省委书记李长春的肯定。③此外，在 2012 年 1 月上旬召开的广州市政协十二届一次全体会议上，致公党广州市委员会提交了 6 份集体提案，积极地建言献策，关心社会文化生活。

除了借助相关机构或政治组织推动海外华侨华人参政议政之外，广东

---

① 参见中国致公党广东省委员会网（http://www.gdzgd.cn/?tbl=zgd_t2&cle=1201013245）。

② 参见中国致公党广东省委员会网（http://www.gdzgd.cn/?tbl=zgd_t2&cle=1201013245）。

③ 参见中国致公党广东省委员会网（http://www.gdzgd.cn/?tbl=zgd_t2&cle=1201013245）。

省侨务部门还以完善涉侨事务的公共服务为切入点,间接深化海外侨胞参政议政的程度。首先,广东省侨务部门通过大力开展涉侨法规政策宣传、扎实推动省内为侨公共服务体系建设、依托各级政府及其派出机构和网上办事平台,完善涉侨行政服务窗口受理和网上受理,以期推动涉侨事务的公共服务不断完善。2000年,广东省华侨华人投诉咨询服务中心成立。这一机构隶属于广东省侨办,旨在为广大华侨华人、港澳同胞以及归侨侨眷提供有关政策和侨务法律法规方面的咨询等相关服务,同时协助政府侨务部门调查处理华侨华人投诉事宜。其次,广东省侨务部门推动建立为侨法律服务工作站13家,建设"侨之家"活动平台14个,总体上提升了广东省的为侨公共服务水平。为了深入开展社区侨务工作,从2012年至2017年,广东全省创建"全国社区侨务工作明星社区"11个、"全国社区侨务工作示范单位"27个;同时在全省设立28个侨法宣传角,并举办侨法宣传月和侨务法规政策宣传咨询等活动,以此扩大了涉侨法规政策在海内外的影响。再次,近年来省侨办认真推动各项涉侨法规政策的落实,配合省人大、省政协做好《广东省华侨权益保护条例》执法检查和专题视察,认真开展侨务信访工作,依法维护落实侨界权益。5年来,省侨办受理办理的涉侨信访案件总量呈逐年下降的趋势,办结率则在90%以上;在教育方面,自2012年以来,广东省全省办理"三侨生"证明共2509份。2014年7月,华侨回国定居审批办理事务开始转由侨务部门负责,此后,全省所接到的受理申请达到1826人,其中批准1596人。[①]截止到2015年,全省共有20个社区被国务院侨办授予"全国社区侨务工作示范单位"称号,有8个社区被国务院侨办授予"全国社区侨务工作明星单位"称号。在全省基层社区还设立66个"侨法宣传角"。同时,涉侨事务的相关法律法规及其所取得的成效则通过广东侨网、"广东侨务"微博、海外华文媒体《侨乡广东》专版以及国内和省内各媒体平台进行公布,以便海外侨胞及时了解。[②]

党的十一届三中全会以来,广东省海外侨胞、归侨和侨眷参政议政的

---

① 参见《涵养资源服务大局 广东侨务工作再上新台阶》,见国务院侨务办公室网(http://www.gqb.gov.cn/news/2017/0511/42498.shtml)。

② 参见《李心主任:〈条例〉出台助力广东华侨权益保护》,见广东侨网(http://www.qb.gd.gov.cn/news2010/201509/t20150930_682078.htm)。

第一章　党的侨务工作理论发展与广东侨务工作实践

权益和权利不仅通过诸如广东省侨办、侨联和中国致公党等组织机构开展的一系列活动和提出的相关意见建议得到保障，而且也通过他们在生产生活、信访咨询和子女教育等日常生活中正当权益的保护而体现出来。

三、挖掘侨务资源，推动广东侨务工作发展

改革开放以来，在侨务工作中借助、保护和挖掘侨务资源这三者始终都处于同等重要的地位。广东作为侨务资源大省，历来强调侨务资源的借助、保护和侨务资源，推动发展之间的平衡。涵养侨务资源要从发展与海外侨胞联谊，加强海外华文教育，通过关心侨胞侨眷生产生活、子女教育和归国接待安置等方式优待侨胞侨眷。

发展与海外侨胞联谊。改革开放以来，广东利用侨乡的有利条件，更为广泛地开展对外联谊活动，组织"引进来"与"走出去"相结合，邀请旅外乡亲回乡参加民间活动，组织有关人员出访，多渠道、多形式开展对外联谊活动。从1980年开始，开平、新会、台山、恩平、花县、中山、深圳、汕头和海南等地的侨办和中旅社，曾先后多次联合举办华侨华裔青少年夏（冬）令营活动。他们利用寒暑假，组织华侨华裔青少年来中国寻根问祖，旅游参观，学习中华文化历史，加深对中国的了解认识。从1980年至1985年共举办22期。① 1982年至1987年，全省侨务系统以旅游、考察、经贸活动、科技文化艺术交流和缔结友好城市等官方、半官方和民间渠道多种形式，出访美、泰等17个国家共计287人次，出访港澳地区1691人次。广东自改革开放以来，全省侨务部门每年邀请推荐华侨华人专家学者进行学术交流，② 1985年，广东省侨办邀请34人，在穗、京、沪等地进行90次学术交流，参加交流的人数达3091人，并与国内科研界建立了联系。美国经济金融专家陈应廉应邀来华做了如何筹集资金培训高级管理人才的专题演讲，并被珠海市、南油服务总公司聘为经济顾问。1986年，台山县长出访美国，以宗亲身份公开登报并接受采访。③

---

①　参见广东省地方史志编纂委员会编《广东省志·华侨志》，广东人民出版社1996年版，第230页。

②　参见广东省地方史志编纂委员会编《广东省志·华侨志》，广东人民出版社1996年版，第233页。

③　参见广东省地方史志编纂委员会编《广东省志·华侨志》，广东人民出版社1996年版，第233页。

1987年，以张经苑为团长的泰国养殖专家一行8人，应邀到深圳、广州、汕头和北京等地参观并进行学术交流。他们在深圳、汕头和南海等地，与当地淡（咸）水养殖场和水产部门进行技术交流，推动了广东省水产养殖业的进一步发展。1992年7月，在广东省侨办的支持下，广东省海外交流协会成立，该协会以"增进友谊，促进交流，加强合作"为宗旨，致力为华侨华人、港澳台同胞与广东的互利合作搭建一个良好的沟通与对话平台，促进海内外经贸、科技、文化、教育等领域的交流与合作，为海外人士来华投资、贸易、兴办公益福利事业和国内企事业单位引进人才、资金、技术等提供信息、咨询等服务。①

2000年，由新加坡广东会馆主办的第一届世粤会得到了广东省侨办的支持和重视，时任广州市市长黎子流率领200多人出席，大会讨论并通过了《世界广东同乡联谊会简章》，确立了世粤会的宗旨是"联络世界各地同乡、敦睦乡谊、弘扬文化、促进商机、服务社会、加强团结、互惠互利"②。着力强化对经济上有实力、社会上有地位、政治上有影响、专业上有造诣的"四有"人士工作，邀请了来自加拿大、澳大利亚、巴拿马、多米尼加、洪都拉斯等国的多位粤籍华裔政要回乡寻根访问③，例如，2007年，在广东省侨办的帮助下，厄瓜多尔驻华大使华盛顿·阿戈找到了他父亲的故乡，而连续多年担任厄中商会会长和广东省海交会理事的这一背景也助于他成为厄瓜多尔驻华大使。2011年12月26日，广东公共外交协会成立。此后，通过举办"公共外交之夜"交响音乐会、广东公共外交实践与展望研讨会、公共外交专题报告、公共外交研修班等，并积极发动企业家会员参加中国企业"走出去"座谈会、"中国企业走进欧洲""中国企业走进拉美"论坛等方式展示了真实的广东形象，传播和弘扬了中国优秀传统文化，加强了与海外华侨华人的联系和友谊。目前，广东公共外交协会已连续3年举办"广交世界 共赢发展"交流活动。从2016年开始，在每年的"广东21世纪海上丝绸之路国际博览会"期间，举办"广东公共外交周"交流活动，深化与"一带一路"沿线国家和地

---

① 参见广东省海外交流协会网（http://www.qb.gd.gov.cn/ztzl2010/qwzl2010/hwjlxh/）。
② 参见《第一至七届"世粤联会"简介》，见广东侨网（http://www.qb.gd.gov.cn/zt-zl2010/qwzl2010/sylh/kk/201010/t20101020_122968.htm）。
③ 参见《涵养资源服务大局 广东侨务工作再上新台阶》，见国务院侨务办公室网（http://www.gqb.gov.cn/news/2017/0511/42498.shtml）。

区的人文交流与公共外交,传递中国声音,展现广东魅力,培育知华知粤友好力量。① 通过华侨华人、留学生、国外公职人员等重点人群影响国外民意导向和政府决策,发挥民心相通在"一带一路"建设中的作用,让在外的中国人了解祖国,常回"家"看看。

优待侨胞和归侨侨眷。华侨是中国改革开放事业的先行者,为中国的改革开放做出了巨大贡献。广东作为侨务大省,要保证侨务资源的可持续发展,就要调动侨胞的积极性,优待归侨侨眷,服务侨胞。广东省自恢复侨务工作以来,在各个方面都体现出服务侨胞的工作实效。在教育方面,为满足侨生回国深造的需要,1978年国务院决定复办暨南大学和广州华侨学生补习班,1982年又成立广州中国语言文化学校。到1987年为止,上述学校共接纳来自29个国家和地区的青年学生1.4万多名。1989年4月,广东省高校招生办和广东省侨办根据1983年国务院侨办、教育部等有关部门《关于适当照顾解决归侨侨眷住房困难及其子女升学就业等问题的通知》中的有关条款,联合制定照顾办法。此外,为方便华侨和港澳台青年学生报考内地(大陆)高等院校,在香港、澳门开设统一考试考场。对华侨子女回国进中、小学,归侨侨眷子女报考中学、职业学校和自费出国留学等,都制定适当的照顾措施。②

在接待安置归侨难侨方面,1978年,为安置大批被越南当局赶回国的印支难民难侨,广东省根据国务院指示,成立了广东省接待安置归国华侨华人委员会。同年,省政府决定成立华侨农场管理局。省难民办对难民难侨的安置做出了具体细致的安排。1978年以后接难侨印支难民10.7万人。全省归侨难侨安置在29个华侨农场约12万人,56个农垦系统农场3万多人,其余分散在农村及城镇中就业。1979年10月,改编后的广东省接待安置印支难民领导小组办公室,实际工作归省侨办领导。广东省将10万越南难民安置到29个华侨农场和56个国营农垦农场。自1984年以后,根据归侨的实际情况,省政府对安置在各个华侨农场的归侨进行一次普查,予以对口安置,对有困难的城乡归侨予以补助和救济;对20世纪

---

① 参见《2017广东公共外交周系列活动成功举办》,见广东省人民政府外事办公室网(http://zwgk.gd.gov.cn/006940204/201709/t20170927_724312.html)。
② 参见广东省地方史志编纂委员会编《广东省志·华侨志》,广东人民出版社1996年版,第230页。

60年代被压缩到农村的归侨侨眷职工进行复查，其中恢复工作的有4295人；对被动员下乡的归侨学生，凡要求出国投亲的，给予优办，其余由侨务部门举办的企事业单位进行安置，并从中挑选一批优秀分子充实各级侨务部门。政策还规定，凡归侨侨眷集资或者引进的企事业单位，都要优先安排归侨子女和侨眷就业等。①自1987年起，对于贫困归侨，拨给扶贫专款引导其走生产自救道路。从1984年到1986年共拨出救济扶贫专款187万元。广东省委、省政府把保障发展归侨侨眷民生作为一项重要民生工程，为贯彻《中华人民共和国归侨侨眷权益保护法》，落实广东省委、省政府扶持贫困归侨的指示精神，切实改善归侨民生，2007年，成立广东省侨心慈善基金会，此后依托该基金会不断开展扶贫慈善项目。从2010年起，设立扶持贫困归侨专项资金。为规范省扶持贫困归侨专项资金的管理，提高资金使用效益，省财政厅、省侨办又联合下发《关于印发〈广东省扶持贫困归侨专项资金管理暂行办法〉的通知》，并于元旦前下达专项资金，正式启动专项资金发放工作。②自2012年以来，累计安排6811万元，对5万余人次的贫困归侨及其子女进行了救助。此外，为贯彻落实国家和广东省委、省政府对华侨农场改革发展工作的部署，截止到2015年，全省23个华侨农场基本全部实现"三融入"目标，基本实现与当地市县同地同城同步可持续发展，全面完成新一轮35889户危房改造任务，侨场归难侨及其职工群众生产生活和民生保障水平得到显著提高。③

对于华侨热心家乡公益的华侨，人民政府一贯采取欢迎鼓励支持的态度，以推动侨务慈善工作的发展。1978年以后，随着各项侨务政策的历史积案逐步得到落实解决，华侨爱国爱乡的热情被进一步激发出来，一大批海外侨胞和港澳同胞在投资广东，积极参与广东省各项建设的同时，纷纷捐资支援广东兴办教育和各项公益事业。1984年12月，省政府又颁布了《广东省华侨、港澳同胞捐办公益事业支援家乡建设优待办法》，对华侨捐赠的外汇给予各种优惠待遇，进口物资准予免税，征用土地可以优

---

① 参见广东省地方史志编纂委员会编《广东省志·华侨志》，广东人民出版社1996年版，第221页。

② 参见《广东扶持贫困归侨专项资金改善归侨民生》，见中国新闻网（http://www.chinanews.com/zgqj/2012/01-19/3617209.shtml）。

③ 参见《涵养资源服务大局 广东侨务工作再上新台阶》，见国务院侨务办公室网（http://www.gqb.gov.cn/news/2017/0511/42498.shtml）。

第一章　党的侨务工作理论发展与广东侨务工作实践

先,对捐赠项目题名,对贡献卓著者给予表彰等。从1978年到1987年,全省旅外乡亲捐赠家乡兴办公益事业共计人民币23.85亿元。①依托省侨办慈善基金会等平台加强对华侨捐赠的引导和服务,深入挖掘和宣传华侨慈善贡献和慈善精神。1997年1月18日,为保护华侨捐赠兴办公益事业的正当权益,加强受赠管理,广东省第八届人民代表大会常务委员会第二十六次会议通过了《广东省华侨捐赠兴办公益事业管理条例》。2005年,为了管理好侨捐项目,省政府颁发了《广东省华侨捐赠兴办公益事业项目监督管理办法》。2008年以来,省内举办了7届"南方·华人慈善盛典",表彰对广东公益慈善做出突出贡献的95个海外侨胞慈善人物和集体,这一举措进一步激发了海外侨胞支持、参与我省慈善公益事业的热情。2012年至2017年,全省累计接受侨捐55亿元。这笔资金全部用于扶贫济困、教育医疗、灾后重建等民生项目。②可以看出,广东省政府关心归侨侨眷生产经营、子女教育、归难侨接待安置和慈善事业发展等一系列问题,通过结合侨务工作实践来制定并完善具体政策,以优待侨胞侨眷。

为帮助海外侨胞来粤发展营造良好环境,党的十一届三中全会以后,中央对广东实行特殊政策、灵活措施,要求广东充分发挥毗邻港澳、华侨众多的优势,以加快"四化建设",使广东的侨务工作进入一个新的发展阶段。1978年1月,中央重申保护侨汇的政策,广东省内各地积极响应,批判了侨汇物资为"复辟"资本主义的谬论;在落实归侨侨眷知识分子政策方面,到1984年为止,撤销错误历史结论的有200名;对学非所用进行合理调整的有1927名;按政策选拔到各级岗位就业的有1184名;晋升评定业务技术职称的有4795人;解决住房困难和夫妻两地分居问题的有6997人。③这一举动消除了高层知识分子回国回粤发展的顾虑。1979年4月,恢复广东省华侨投资公司。1980年年底,公司扩大业务范围,改为广东国际信托投资公司,兼营原华侨投资公司业务。1984年,全国人大

---

① 参见广东省地方史志编纂委员会编《广东省志·华侨志》,广东人民出版社1996年版,第228页。
② 参见《涵养资源服务大局　广东侨务工作再上新台阶》,见国务院侨务办公室网(http://www.gqb.gov.cn/news/2017/0511/42498.shtml)。
③ 参见广东省地方史志编纂委员会编《广东省志·华侨志》,广东人民出版社1996年版,第221页。

侨委、国务院侨办和全国侨联在东莞召开侨务工作座谈会，进一步贯彻侨务工作应为经济建设服务的精神，指出各地侨务部门要从侨乡实际出发，针对侨资以中、小资本为主的特点，采取多渠道引导华侨投资的办法。为了鼓励华侨投资，1985年4月，国务院颁布《关于华侨投资优惠的暂行规定》，广东省人民政府也相应做出了有关享受华侨投资优惠待遇企业认可和税收问题的规定。① 2008年国家开始实施"千人计划"。广东也相应推出"珠江人才计划"等相关奖励措施，引进创新创业团队、领军人才、"千人计划"入选者等高层次人才。2012年以来，在广东省评出的4批"珠江人才计划"131个创新创业团队中，85个团队的主要带头人是海外侨胞和港澳同胞；90位领军人才中，63位是海外侨胞和港澳同胞。② 此外，为加强引资引智引技平台建设，在国务院侨办支持下，广东省分别在广州增城和江门设立"侨梦苑"，打造侨商高端产业和侨胞高层次人才聚集区；组织举办海外华侨华人高层次人才"智汇广东"和第六届海外华侨华人专业协会会长联席会等高端人才活动；发动海外侨胞参加中国留学人员广州科技交流会（以下简称"留交会"）和中国国际高新技术成果交易会（以下简称"高交会"）；广泛宣传公安部支持广东自贸区建设和创新驱动发展的16项出入境政策措施和人才政策，引导推动海外侨胞高层次人才来粤创新创业。2012年以来，全省侨办系统共组织邀请近2000人次高层次人才来访交流，推动近500个科技和人才项目对接，促成50多个高科技项目合作。③ 自1998年12月第一次中国留学人员广州科技交流会召开以来，截止到2017年，这一活动已经开展了19届。最新资料显示，在2016年的第18届留交会上，累计对接13528对次，有意向签约项目有1306个。④ 通过举办人才招聘、招商推介等活动，配合有关部门和地方政府在沿线国家设立经贸联络机构，引导和促进海外侨胞支持和参与我省与

---

① 参见《专访广东省侨办主任李心：侨务大省的新时代新担当》，见广东侨网（http://www.qb.gd.gov.cn/news2010/201801/t20180115_919952.htm）。

② 参见《国侨办副主任郭军与在粤新归侨层次人才代表座谈》，见中国侨网（http://www.chinaqw.com/sqjg/2018/01-18/175674.shtml）。

③ 参见《涵养资源服务大局 广东侨务工作再上新台阶》，见国务院侨务办公室网（http://www.gqb.gov.cn/news/2017/0511/42498.shtml）。

④ 参见《2016中国海外人才交流大会落幕 实现"四个首次"》，见中国侨网（http://www.chinaqw.com/jjkj/2016/12-23/118716.shtml）。

第一章 党的侨务工作理论发展与广东侨务工作实践

沿线国家的经贸科技合作,最终助推广东企业"走出去"。

加强中华民族精神文化传播和海外华文教育,广泛发扬粤侨精神。广东人精神离不开粤侨精神,研究和发扬粤侨精神有利于增强海内外广东人的凝聚力。广大侨眷和归侨已成为广东"四化"建设的重要力量,1978年以来全省有28名归侨侨眷被评为全国劳动模范、"三八"红旗手和长征突击手。1982年9月,广东省召开全省归侨侨眷侨务工作者先进个人和先进集体表彰大会,有451名先进个人和60个先进集体受到表彰奖励。这些先进个人体现的就是粤侨精神。①有形的物质文化同样蕴含着丰富的粤侨精神,具有浓厚粤侨文化色彩的开平碉楼于2001年6月25日被国务院批准列入第五批全国重点文物保护单位名单,这是对粤侨文化的极大认可;2007年6月28日,"开平碉楼与村落"申请世界文化遗产项目获得通过,被正式列入《世界遗产名录》,中国由此诞生了首个华侨文化的世界遗产项目。②此外,广东省自2012年发起"粤侨精神全球大讨论"活动,总结提炼出"念祖爱乡、重信明义、团结包容、敢为人先"的粤侨精神并广泛宣传,构建起海内外粤籍乡亲共同的精神家园;2012年以来,广东共派出22批舞狮、武术、粤菜、中医等广东特色文化团赴五大洲22个国家演出交流,向53个国家和地区的217个(次)华人社团机构赠送舞狮、武术器械和民族服装等文化产品,为30多个国家和地区的侨社培训功夫、狮艺人才500多人,促进了海外侨社文化发展,进一步推动了广东文化"走出去"。在教育方面,广东省制定实施《广东省海外华文教育发展五年规划》,统筹整合侨务和教育等资源,以东南亚国家为重点,支持推动海外华文教育发展,大力做好"留根"工程;③共计培训海外华文师资和华校管理人才1000多人,向海外派出华文老师452人(次),促成海外华校与广东省学校结成姐妹学校100多对,坚持办好海外华裔青少年夏(冬)令营,5年来全省累计办营200多期,吸引了世界各地近万名

---

① 参见广东省地方史志编纂委员会编《广东省志·华侨志》,广东人民出版社1996年版,第223页。
② 参见开平碉楼官网(http://www.kptour.com/)。
③ 参见《涵养资源服务大局　广东侨务工作再上新台阶》,见国务院侨务办公室网(http://www.gqb.gov.cn/news/2017/0511/42498.shtml)。

华裔青少年参营学习;①加强对广东华侨历史的研究和总结,按照广东省委、省政府部署扎实推进《广东华侨史》编修工程;同时,加强侨乡华侨历史文化的保护和开发利用,以广东侨批为主构成的"侨批档案"也成功申报世界记忆遗产。②

加大对外宣传,讲好中国故事。广东通过发挥海外侨胞众多、海外联系紧密的优势,深挖潜力,邀请海外华侨华人回国参观,同时,积极主动"走出去",加强与广大侨胞的联系沟通,加强对祖国的宣传介绍,让侨胞更深入地了解中国,更积极地投身到祖国和家乡建设中来,努力推动侨务工作发展,为全国侨务事业做出巨大贡献。1978年以后,中国新闻社广东分社和《广东侨报》相继复业复刊。广东各地的侨刊乡讯,到1987年已发展到105种,发行至100多个国家和地区。从1984年开始,广东省侨办每年还出版《广东侨务便览》《广东侨务专辑》。1985年,广东华侨录像通讯服务公司成立,并向海外提供侨乡录像带、电视片等服务。广东省侨联创办的《华夏》杂志和广州《羊城晚报》所设的海外版等,均面向海外,以多种形式和渠道,担负宣传报道的重任。③此后,广东省不断深化与海外华文媒体的联系合作,逐步与五大洲40家重点华文媒体签订深化合作协议,深耕侨务外宣品牌,进一步为聚焦全省发展大局组织开展宣传,侨务外宣的覆盖面、影响力和实效性也在不断扩大。此外,广东省坚持办好《侨乡广东》专版,其通过40家华文报纸面向50多个国家和地区大力宣传推介广东的新发展和新商机,至2012年已累计编发专版130多期,版面3900多个。2005年以来,广东省侨办每周五向五大洲140多家海外华文传媒提供稿件,每次10条。许多华文报纸纷纷开辟专版专栏,《侨乡广东》深入侨心。自2006年,广东省侨办与广东省电视台以及海外47家主要华文传媒合作,坚持每年春节期间策划制作"广东向世界问好"的新春贺年特辑,通过覆盖全球50多个国家和地区的华文

---

① 参见《涵养资源服务大局 广东侨务工作再上新台阶》,见国务院侨务办公室网(http://www.gqb.gov.cn/news/2017/0511/42498.shtml)。

② 参见《涵养资源服务大局 广东侨务工作再上新台阶》,见国务院侨务办公室网(http://www.gqb.gov.cn/news/2017/0511/42498.shtml)。

③ 参见广东省地方史志编纂委员会编《广东省志·华侨志》,广东人民出版社1996年版,第234页。

第一章 党的侨务工作理论发展与广东侨务工作实践

报纸、电视、电台刊播广东省省长新春贺词，有力地宣传广东、凝聚侨心。^① 2007年，广东省侨办与中国国际广播电台华语台共同发起了春节特别节目《新春家书》，在海外引起了巨大反响，2008年该节目已扩展成以广播、网络和视频等平台为表现形式的多媒体家书。2008年1月，广东省侨办在印度尼西亚《国际日报》和《千岛日报》上开设《侨乡广东》专版，坚持办好"海外华媒看广东"活动。近年来，围绕广东省委、省政府推动经济转型升级、加快粤东振兴发展、实施创新驱动发展战略、参与"一带一路"建设等中心工作，广东省先后邀请了8批180多家（次）华文媒体来粤采风访问，相关报道受到海外侨胞的广泛欢迎。这一举措通过支持协助省内主要媒体与海外华文媒体联系合作，配合了全省外宣工作大局。此外，广东省指导办好各级侨刊乡讯和侨务网站工作，开通了广东侨务微信、微博，多形式多渠道开展侨务外宣工作。^② 2015年，结合纪念世界反法西斯战争胜利70周年、纪念中国人民抗日战争胜利70周年、辛亥革命100周年、华工建设美国太平洋铁路150周年和孙中山诞辰150周年等重大时间节点，省内举办了"华侨与抗战胜利"图片展、"粤侨与美国太平洋铁路"专题报道等一系列活动，面向海内外广泛宣传华侨历史，并引起了广泛的反响。

---

① 参见乔萱、李杰伦《广东侨务工作再上新台阶》，载《南方日报》2017年5月11日第A11版。

② 参见《涵养资源服务大局　广东侨务工作再上新台阶》，见国务院侨务办公室网（http://www.gqb.gov.cn/news/2017/0511/42498.shtml）。

79

第二章　海外华侨华人与广东经济科技发展

广东是全国最早设立经济特区并对外商开放的省份，这得益于改革开放的政策，使得全省经济社会实现了巨大发展。40年来，海外华侨华人通过在广东投资兴业的方式回报桑梓，侨资企业推动经济发展和贸易提升，侨汇维持侨乡社会稳定与和谐，华侨华人专业人士引领广东科技创新，越来越多的侨胞成为广东扩大对外开放的领头羊。实践证明，海外华侨华人无愧为广东经济发展的推动者、转型升级的智囊团，为广东社会经济发展做出了重要贡献。随着中国特色社会主义进入新时代，广东也开启了改革开放的新征程。我们有理由相信，海外华侨华人与广东的互利共赢局面还将不断发展，并结出更加丰硕的成果。

第一节　广东经济特区的设立与海外华侨华人投资

广东是全国最大侨乡，依托独特的侨务资源，中央率先将位于广东的深圳、珠海、汕头设立为经济特区，吸引国外资金和先进技术。海外华侨华人的经济实力在世界经济领域占有举足轻重的地位，随着广东经济社会的安定，投资环境的不断改善和投资效益的丰厚回报，海外华侨华人资本纷纷涌入南粤大地，为广东经济社会的发展注入了活力，为华侨华人投资史书写了一部壮丽篇章。

一、海外华侨华人与广东经济特区

经济特区是指一国为吸引外商、外资前来投资，创办工业和其他经济事业的特殊区域。兴办经济特区是党中央为推进社会主义现代化建设和改

第二章 海外华侨华人与广东经济科技发展

革开放而做出的重大决策，是社会主义发展史上的伟大创举。1979 年以来，根据邓小平建议，中共中央、国务院正式批准兴办深圳、珠海、汕头、厦门 4 个经济特区，其中 3 个位于广东省，广东由此成为改革开放的排头兵。①40 年来，广东的经济特区依托其地缘和人缘优势，解放思想、勇于实践，取得了骄人业绩。经济特区的建设，离不开广大海外华侨华人的支持。广东经济特区的发展，是改革开放以来华侨华人对祖（籍）国做出贡献的一个精彩缩影和生动反映，向世界展示了中国独特侨情下社会主义建设的勃勃生机。

广东经济特区的设立与发展，离不开海外华侨华人的支持与帮助。可以说，海外华侨华人是经济特区成长发展的重要动力。改革开放之初，经济特区的选址是摆在决策者面前的一个难题。政策稳定和各种待遇优惠是筹办经济特区的前提。但是，必须在对外资具有吸引力的地方，即拥有优越的自然条件和经济条件的地方办特区，才能大量吸引外资，并取得较大经济效益。除了考虑地理位置和交通运输条件等因素，侨乡因素成为经济特区选址的另一个重要考虑。改革开放初期，我国长期计划经济下的社会制度与海外资本主义经济有很大的不同，在经济特区建设初期，外国资本不敢轻易入区投资。比较有把握吸引的海外资金，也就是海外华侨、外籍华人及港澳同胞的"游资"。因为他们的根在国内，不少人的家眷、亲人还在乡中，所以在侨乡设置经济特区是正确决策。正如时任中共广东省委书记吴南生在北京向中央、国务院做汇报时所说："建设特区除了必要的开办费和少量基础工程费用之外，其他大量投资要尽量利用外资，尽力做到不用国家投资，而又能在较短时间内，在若干平方公里面积上建成一个新的工业区，并为国家创外汇。最近接触了许多从国外来的客人，其中有不少华侨、外籍华人是愿意到国内来投资办厂的。他们有爱国心，愿意为国家、为家乡作贡献。"②广东设立的 3 个经济特区都无一例外选在了侨眷较多的沿海侨乡，就是基于这一因素。（见表 2-1）

---

① 参见中共中央文献研究室编《邓小平思想年谱：1975—1997》，中央文献出版社 1998 年版，第 117 页。

② 《关于广东经济特区的几个问题——1979 年 12 月 16 日广东省委书记吴南生在北京向中央国务院的汇报提纲》，见陈夕、汪文庆等主编《中国共产党与经济特区》，中共党史出版社 2014 年版，第 337 页。

表 2-1　广东经济特区区位因素分析

项目	深圳特区	珠海特区	汕头龙湖特区
1981 年人口（万人）	3	市：2.5 特区：0.2	市：42 特区：0.2
面积（平方千米）	327.6	6.8	1.6
位置	位于珠江三角洲河口，东侧与香港相邻	位于珠江三角洲河口，西侧与澳门相邻	韩江三角洲河口
海外华侨与港澳同胞	原籍深圳的港胞 20 多万人，还有不少华侨在英、美、澳等	原籍珠海的澳门侨胞甚多，还有不少在香港、夏威夷定居	潮属港胞有百万之众，潮侨有 300 万人左右，主要在泰国、东南亚

"侨"的因素在广东经济特区的设立中占有重要地位。将广东作为中国对外开放的先行地区正是考虑到这里是中国著名侨乡，地处沿海，毗邻港澳，港澳台同胞和侨胞众多，具有地理、人文等方面的特殊优势。历史证明，将侨乡作为经济特区是完全正确的选择，广大华侨华人为经济特区的建设成长提供了强大动力。首先，丰厚的侨资成为实现特区构想的重要一环，许多在海外经济领域具有举足轻重地位的华侨华人纷纷回乡投资兴业，为成立初期的经济特区提供了第一桶建设资金。其次，华裔人才成为经济特区建设的重要智力资源。当时在世界科技领域华侨华人迅速崛起，尤其在美国科技界十分引人注目。针对华侨华人丰富的智力资源，邓小平曾形象地将华裔专家比作"活的宝贝"，并感叹"华人中有很多人才，如李政道、杨振宁，多几个这样的人才就好了"①。在当时，许多成绩显著的中青年科技人才纷纷来到经济特区，为特区的发展增光添色。再次，华侨华人是经济特区走向世界的重要媒介。最初，由于对中国政策的误解和偏见，许多外国企业对投资中国尚存谨慎。在目睹海外侨商的大胆尝试和取得丰厚利润后，越来越多的外资愿意流入中国。回顾历史，经济特区的选址重点突出了"侨"的因素，经济特区的成长得到了海外侨胞的支持

---

① 刘诚、陈云云：《论华侨华人在中国改革开放进程中的重要作用》，载《中国特色社会主义研究》2009 年第 4 期，第 35 页。

和帮助。广大华侨华人为广东经济特区建设事业做出了不可磨灭的巨大贡献。

二、改革开放后侨资的复兴与发展

侨资对广东经济发展的推动和促进，是华侨华人对祖（籍）国贡献的重要体现，尽管在资本投资和运营中对利润和利益的强调是重要因素，但仍不能忽略海外华侨华人对祖（籍）国所怀揣的报效乡里和桑梓的情感和动机。客观来讲，侨资自近代以来对中国侨乡社会发展等发挥着重要的作用，在推动国人对经济建设的关注和重视等方面均具有积极意义。1862年至1949年，华侨投资于中国的总金额约合人民币7亿元，相当于2.85亿银圆或1.28亿美元。其中，广东侨资企业21000家，投资金额3.86亿元人民币，占全国总投资的一半之多。与民族资本相比，广东的华侨资本相当于当地同期民族资本投资的40%，侨资对近代广东经济发展的推动意义应该得到承认和肯定。① 中华人民共和国成立初期4年间，华侨对内地（大陆）投资资金约为1162亿元人民币（旧币），其中广东侨资数额占比最大，达到800亿元人民币（旧币）。② 广东侨资在全国范围内所处的绝对地位，与省内侨情和经济发展状况有很大关联。许多居住在东南亚的粤籍华侨在当地具有较高经济地位，受战后国际局势影响，在爱国心的驱使下，东南亚华侨愿意将资金投向广东地区，参与家乡经济建设，借此推动家乡的发展壮大。此外，广东自近代以来形成的对外贸易经济地位和自身良好的地理位置与航道资源，也为侨资的发展和广泛进入提供了平台。侨资在一定程度上顺应了中华人民共和国成立初期广东经济发展过程中对资本的急迫需求，为南粤工商业的起步提供了动能。

自1978年中国实行改革开放，尤其是1992年邓小平南方谈话和党的十四大提出建立社会主义市场经济体制以后，中国为引入外来资本创造了有利条件。与1978年以前相比，改革开放后确立的以社会主义市场经济体制为主导、以混合所有制为特征的华侨投资政策取得了显著成效。"依

---

① 参见林金枝《海外华侨华人在中国大陆投资历史的回顾与展望》，载《南洋问题研究》1991年第1期，第50～51页。

② 参见《解放后华侨投资工作总结报告》（1955年11月26日），广东省档案馆藏247-1-150，第46页。

法设立的外商投资企业作为中国企业的一部分,是混合所有制经济和非公有制经济的形式之一。这种所有制经济是社会主义市场经济的重要组成部分。"① 这种定性与改革开放前的华侨投资政策有两点根本不同:一是外商投资(包括华侨华人和港澳投资)是"社会主义市场经济的重要组成部分",二是它们"是混合所有制经济和非公有制经济的形式之一"。广东率先在全国改善投资环境,吸收外资,利用外资进行地方经济建设。华侨华人再次成为投资南粤大地的先驱,其投资领域之广泛、投资规模之空前,写就了华侨华人投资史上的一部传奇。根据海外华侨华人在广东的投资领域、投资金额的变化等因素,可将其投资过程分为3个阶段。

第一阶段是1979年至1998年,这是改革开放后侨资的起步和发展阶段。由于这一时期中国国内经济发展水平相对较低,投资环境与条件尚不完善,缺乏引资经验,加之海外华商对我国的开放政策与相关法律制度了解不够,因此投资速度较慢,且规模也较小,投资项目多为中小型企业。广东能成为海外华资投向的关键地区,其主要原因,一是改革开放初期设立在广东的经济特区,它们毗邻港澳台地区和东南亚,交通方便,便于产品出口;二是广东是许多海外华商的故乡,他们对家乡各方面情况比较熟悉,可以更好地把社会资本转化为经济资本。此外,自1985年起,政府陆续出台了一系列鼓励外来投资的政策法规。1985年,政府颁布了《国务院关于华侨投资优惠的暂行规定》,到境内投资的侨、港、澳同胞除享受外商投资企业待遇外,更是在税收上享受免三减四的特别优惠;1986年,政府制定并颁布了《国务院关于鼓励外商投资的规定》;1990年颁布了《国务院关于鼓励华侨和港澳台同胞投资的规定》等。②

这一阶段华侨华人投资呈现几个方面的特点。第一个特点是投资结构的变化。尽管近代华侨投资广东企业的部门结构几乎遍及工业、农业、矿业、交通运输业、商业、金融业、服务业和房地产业等各方面,但投资比重以房地产居第一位,其次是商业及少量工业。改革开放后,华侨华人在粤投资以宾馆服务业为主,当时,广东的涉外宾馆在全国率先对外开放,

---

① 《中共中央、国务院关于进一步扩大对外开放,提高利用外资水平的若干意见》(1998年4月14日),见中共中央文献研究室编《十五大以来重要文献选编》(上),中央文献出版社2011年版,第259～269页。

② 参见林金枝《1979—1992年海外华人在中国大陆投资的现状及其今后发展趋势》,载《华侨华人历史研究》1993年第1期,第11页。

第二章　海外华侨华人与广东经济科技发展

如霍英东投资的白天鹅宾馆、胡应湘投资的中国大酒店、利铭泽等合作兴建的花园酒店等，其次是能源业，再次为工业（包括轻工、电子机械、原材料工业），农渔牧业投资最少。在1988年至1991年期间，由于国家调整产业政策和投资导向，鼓励外商投资生产型企业，而对宾馆服务业的投资则加以控制，因此这一时期，生产型项目的投资大幅度上升。据统计，广东在此期间引入各种技术设备90多万台（套），生产装配线2.4万条。引进的先进技术设备中有七成是当时国际实用的先进技术设备，从而使全省半数以上的技术设备得以"脱胎换骨"，轻纺、塑料、家电、食品、机械、陶瓷等行业基本实现全行业的技术改造。[①] 1992年，中国政府做出了加快发展第三产业的决定，利用外资的领域逐渐扩大到金融、贸易、商业、旅游等第三产业，使当时华侨华人在华投资领域呈现了新的趋势。侨资发展的第二个特点是华商构成的变化。中华人民共和国成立后，对粤投资的华商主力主要是中小企业，其特点是资本规模较小，技术水平落后。改革开放初期，资本雄厚的东南亚华人企业集团逐步成为对粤投资的主角，出现了不少大企业家、大财团经营者，且不乏高科技精英人士。如美国华人陈庆筠，1982年后经常来广东访问，1984年组建三艾公司，协助中国引进欧美食品、饲料、化工等设备和技术。他也被多个地方聘为经济技术或食品工业顾问。从地域范围看，侨资来源地在进一步扩大，除了传统的侨资来源地东南亚外，北美、日本、欧洲等地的侨商投资开始增加，来自北美、欧洲、拉美的侨资企业在大量增加。值得一提的是，除了海外侨胞投资，港澳投资及企业也是这一时期投资的主体。1979年至1999年，海外侨胞和港澳同胞在广东省投资兴办企业56570家，其中海外侨胞投资企业4147家，港澳投资企业52423家，分别占投资企业的7.33%和92.67%，总投资额为634.12亿美元，其中，海外侨胞投资资金60.25亿美元，港澳投资资金573.87亿美元，分别占总投资额的9.5%和90.5%。[②]

第二阶段是1999年至2008年，这一阶段是侨资的调整和成熟发展阶

---

① 参见林金枝《1979—1992年海外华人在中国大陆投资的现状及其今后发展趋势》，载《华侨华人历史研究》1993年第1期，第6页。

② 参见《广东省志·侨务卷（1979—2000）》，见广东省情数据库（http://www.gd-info.gov.cn/books/dtree/showbook.jsp?stype=v&paths=22671&siteid=guangdong&sitename=%E5%B9%BF%E4%B8%9C%E7%9C%81%E6%83%85%E7%BD%91）。

段。1999年以来，继承了改革开放前20年的成果，广东对外资全面开放的格局已形成，在继续改善投资环境的同时，中央逐渐将引资重点转向高新科技领域和引导外资投入国内薄弱产业部门，如基础产业建设。引进外资的重点也由开放之初的解决地方建设资金的不足向配合产业调整和升级，提高技术水平，形成有国际竞争力的产业门类方向转变。为此，中央在原有基础上又出台多部有关外商投资的政策法规、指导目录、管理办法，如1999年出台的《国务院关于扩大外商投资企业从事能源、交通、基础设施项目税收优惠的规定》等，为华侨华人投资中国创造了更加优越的条件。在东南亚各国经历了1997年的金融风暴之后，许多华人企业集团进行了大规模的企业重组，造成对华投资数量暂时减少，华侨华人尤其是东南亚华侨华人在中国的投资略有下降。但随着中国在2001年年末加入世界贸易组织，珠三角市场日益扩大和改革开放程度也越来越深化。21世纪，中国外资引进逆势而上，走出了世纪之交的低谷。

在这一阶段，广东的华侨华人投资进入稳定成长的新时期，并呈现出以下几个特点。第一是侨资规模趋于大型化，联手投资日益兴起，科技型华商企业大幅增加。为了扩大投资规模，不少华侨华人开始进行联合投资。据2004年统计，广东共有侨资企业33000多家，平均投资额达到263万美元，投资总额超过500万美元的侨资企业超过10%。2007年在广东的8万多家外资企业中，侨资约占70%，显示出侨资在广东经济社会中的突出重要地位。① 这为侨资产业形成具有国际竞争力的产业链和产业集聚创造了条件。第二是侨资投射领域发生转变，从低端劳动力密集型产业转向增加资本与技术含量，重塑竞争力。高技术产业、金融行业、现代服务业等高劳动附加值的行业，成为侨资企业新的增长点。广东省的侨资企业主要分布在轻工、日用化工、纺织服装、食品饮料、电子信息及建筑材料等行业。进入21世纪以来，侨商对电子、通信、信息产品为主的高新科技产业的投资大幅增加，表明侨资企业已经从初期的玩具、纺织、服装等劳动密集型企业发展到资本、技术密集型企业。此外，第三产业再次成为侨商投资的新热点。根据2005年的投资数据，服务领域吸收外资增幅名列前茅。全年服务业新批外商投资项目占全省合同外贸额的25%。许

---

① 参见《侨资企业数据库开发与应用研究》课题组编《侨资企业数据库开发与应用研究》，《侨资企业数据库开发与应用研究》课题组2009年版，第89页。

多侨资企业在内地创下多个"之最",如侨商投资创办的"华南工业原料城",成为华南地区最大的工业原料市场;由香港联合出版集团全资设立的"广东联合图书有限公司",成为内地第一家外资图书发行企业。第三,从地域分布来看,广东侨资更集中于珠三角地区。1995年,珠三角实际吸收外资金额为79.5亿美元,占全省的78.1%;到2006年,珠三角地区实际吸收外资金额增加到130.86亿美元,占全省的90.18%。广东侨资企业实际投资金额的四分之三以上集中在珠三角地区。其中,深圳、东莞、广州三市侨资企业数量居前三位。到2007年,珠三角地区侨资企业占全省的88%。①

第三阶段是2009年至今,这是侨资制造业转型,侨资服务业发展阶段。改革开放后的40年,侨资在广东经济社会中的地位举足轻重,广东经济社会发展侨资功不可没。然而,受到2008年全球性金融危机的影响,世界经济低迷、市场持续萎缩,加上国内各项生产要素成本的攀升,广东侨资企业面临着巨大挑战。转型升级已成为制造业侨商们走出困境的必然选择和一致共识。为此,广东省政府提出了一系列应对措施,各地方政府和相关部门也将推动和帮助侨资企业转型升级列入重要议事日程。首先是加强对侨资投向的产业和区域引导,注重利用侨资的质量和水平。通过鼓励侨资向科技含量高、产品附加值高、节能环保型项目集中,引导侨资向山区和东西两翼投资,举办"侨博会""中博会""世界客商大会"等活动,为海外华侨华人自己产品进入广东铺路架桥。其次是做好侨资企业服务工作,如建立"为侨企业服务法律顾问",依法维护侨资企业权益,成立各级"侨商投资企业协会",整合侨商力量。深圳侨商国际联合会是全国最早成立的侨商会,该协会通过发挥会员整体优势,投资26亿元兴建了深圳华南国际工业原料城,其经验在全国侨务系统被广泛推广。此外,还推进了"华裔青年企业家研修计划",通过举办"华裔新生代企业家中国经济高级研修班",增进华裔新生代企业家对广东的了解与情谊,以此增强侨商在广东投资的信心。② 相关政策的落实为广东侨资转型升级提供

---

① 参见《侨资企业数据库开发与应用研究》课题组编《侨资企业数据库开发与应用研究》,《侨资企业数据库开发与应用研究》课题组2009年版,第89页。

② 参见郑德涛、林应武主编《经济发展与公共治理:广东与意大利的实践与反思》,中山大学出版社2015年版,第23页。

了良好平台，许多侨资企业纷纷转变经营战略、创新产品与服务，走出了一条"后侨资"时代的发展之路。如中山益达服装有限公司经过完善生产工艺，采用低碳生产后比传统生产方法节省30%的能源。① 江门作为世界著名的华侨之乡，承载着区别于其他城市的"DNA"。近年来，江门通过华侨华人给本土带回了的侨情、侨资、侨力、侨智，重点发展侨资"科技型小微企业"和"双创企业"，为江门侨胞返乡投资兴业提供了新的可能。② 侨资企业转型升级，背后反映的是侨资本身形式构成的多样性。过去，广东资本极度稀缺、资本形式单一，侨商将自有资本带回国直接投资，通常是其自有企业的利润积累，这种侨资受到追捧。如今，侨资企业的资本来源趋于多样化，除了从国内和海外金融机构获得贷款和融资，还有侨商创业创新获得风险资本的股权投入、地方政府和产业园的风投，以及侨商主导的投资基金、风险基金或孵化器等。侨资的多样性造就了侨企的丰富多样。③ 所以，新时代侨资的升级是广东经济转型升级的缩影，侨资企业的转型升级成为广东社会经济产业结构全面升级中的重要一环。

改革开放后，侨资的复兴为底子薄弱的东南沿海解决了资金短缺问题，助推广东经济特区走好第一步。而随着改革深入推进与开放程度提升，侨资也在摸爬滚打中不断调整适应，寻找到一条可持续发展的出路与途径，实现了侨资投入结构日臻成熟，侨资领域不断拓展，侨资来源日趋多样的喜人格局，为华侨华人与广东经济社会的互利共赢局面创造了新的表现形式。

三、新时代侨资与广东经济的发展

2011年6月18日，习近平在会见中国侨商投资企业协会代表大会代表时指出："改革开放以来，广大海外侨胞纷纷到祖国内地投资兴业，侨商投资企业和广大侨胞积极捐赠兴办公益事业和扶贫济困，惠及了包括教

---

① 参见《广东侨资企业家在穗交流转型升级经验》，见中新网（http://www.chinanews.com/zgqj/2013/11-30/5565459.shtml）。

② 参见《后侨资时代，广东江门如何打开"创新围墙"？》，见经济网（http://www.ceweekly.cn/2016/0307/143481.shtml）。

③ 参见龙登高、张洵君主编《海外华商在中国：2014中国侨资企业发展报告》，中华工商联合出版社2014年版，第255页。

第二章　海外华侨华人与广东经济科技发展

育、医疗卫生、文化体育、社会福利等众多领域。"① 自改革开放以来，海外华侨华人在广东投资较之中华人民共和国成立前或成立初期有迅猛的增长，取得了巨大进展，对于弥补广东建设资金的不足，引进先进技术和管理经验，促进老企业技术改造和技术进步，加快广东侨乡经济发展和与外界的联系，增加出口创汇，扩大国际贸易，促进交通和旅游事业的发展方面，显示出较好的经济效益。② 华侨华人投资对广东经济发展的作用主要表现在4个方面。

第一，有利于弥补广东建设资金的短缺，促进南粤经济的快速、持续增长。改革开放之初，广东一度受储蓄和外汇两个瓶颈制约，海外华侨华人在广东展开资本投入，最为直接的作用是弥补了建设资金的不足。据1979年至2012年数据统计，广东省累计批准设立外商投资企业近17万家，累计实际吸收外资近3000亿美元，其中70%为海外华商及港澳台同胞投资。③ 外商和海外华侨华人的直接投资，使广东的经济发展和经济实力显著增强。以经济特区深圳为例，自1979年到2000年，海外华侨华人到深圳投资的企业约6000家，实际投资额55亿美元。20多年来，深圳经济以年均30.3%的速度递增，创造了世界大中城市发展速度之最。而广东从1989年起，全省经济总量连续位居全国第一位，区域创新综合能力居全国第一，已达到中上等收入国家相应经济水平，是名副其实的中国第一经济大省。这些成就的背后，海外华商的支持功不可没。

第二，有利于新技术和新理念的引入，促进广东企业技术的升级和产业机构的优化。侨资企业多从国外聘请专业人员进行管理，他们有先进的管理理念和经验，有助于中国经营水平和生产效率的提高。同时，早期侨资集中投入于外销企业和涉外服务行业，其产品和管理水平必须有能力在世界市场上竞争，这就为带动广东企业技术和管理水平的提高创造了可能。外商在投资中国内地时引进的一批先进技术，填补了当时国内一些行业和产业的空白，如在光纤光缆、电子通信、药品、彩电、电梯、汽车、

---

① 新华社：《习近平会见中国侨商投资企业协会代表大会代表》，见中华人民共和国中央人民政府网（http://www.gov.cn/ldhd/2011-06/18/content_1887456.htm）。
② 参见林金枝《1979—1992年海外华人在中国大陆投资的现状及其今后发展趋势》，载《华侨华人历史研究》1993年第1期，第6页。
③ 参见《省政府招商引资工作行动纲要　三年吸外资超750亿美元》，见广东省人民政府网（http://www.gd.gov.cn/wzayyll/sqjs/tzgd/tzdt/201312/t20131219_190930.htm）。

新型建材、自动化仪表等行业，外资企业带来的先进技术，大大加速了广东本土企业技术更新、技术升级的速度，缩小了同外国先进技术的差距。① 位于深圳的大亚湾核电站由广东省电力公司和香港中华电力公司于1981年合资兴建，是中外合资的一个大型项目。作为中国第一个商用核电站，这个项目引进了先进的技术和设备，填补了国内的空白。② 改革开放以来，由于侨资主要集中在第二、第三产业，也促进了中国经济产业结构的不断优化与升级。东莞地处改革开放前沿，1978年，中国第一家"三来一补"企业——太平手袋厂在东莞虎门镇创办，成为中国改革开放的一个象征。在之后的近20年，东莞轻工业增长倍数为14.05，年均增长率达100%。截至2008年，东莞的侨资企业达9000家，纺织业、食品制造业、工艺美术品制造业、电力等能源工业、电子通信设备制造业和电气机械及器材制造业先后在东莞工业中占据主导地位，产业结构也由传统产业向新兴产业升级，由产业链的低端向中高端演进。侨商群体成为东莞产业结构升级的生力军。③

第三，有利于促进广东对外贸易的发展，增加财政税收。广大华侨华人具有既熟悉居住国国情，又了解中国文化背景的独特优势，在全球拥有广泛商业网络的华商与广东对外贸易业发展息息相关，直接推动了"广东制造"走向世界。20世纪80年代以后，广东对外贸易迅速发展，规模不断扩大，进出口总额常年稳居全国第一，其中，侨资为主体的外商投资功不可没。外商投资出口占全省外贸出口总额比重从最初的不到10%增加到60%以上。2007年，外商投资企业进出口总额达4084.45亿美元，约占全省外贸进出口总额的64.42%。其中进口1762.27亿美元，占进口总额的66.55%；出口2322.18亿美元，占出口总额的62.89%。④ 近10多年来，以经销中国产品、广东商品为主要依托的商贸业已成为全球许多

---

① 参见吴开军《论中国大陆对海外华侨华人资源的利用》，载《经济前沿》2003年第4期，第23页。

② 参见林金枝《1979—1992年海外华人在中国大陆投资的现状及其今后发展趋势》，载《华人华侨历史研究》1993年第1期，第7页。

③ 参见《近9000家侨资企业成为东莞市经济建设生力军》，见中新网（http://news.sohu.com/20080112/n254611362.shtml）。

④ 参见吕立才、牛卫平《广东利用外资30年：现状与前景》，载《广东行政学院学报》2010年第5期，第70页。

第二章 海外华侨华人与广东经济科技发展

地区华商经济的支柱产业和新的增长点。即使在号称"世界皮具之都"的意大利，勤劳聪慧的侨商们也让"广东制造"占有一席之地。① 可以说，没有侨商的帮助和侨资的支持，就没有广东对外贸易业的快速发展。侨资的引入还增加了广东财政和外汇收入。改革开放几十年来，中央和地方政府财政收入一直保持增长，这与海外侨资企业的贡献密不可分。根据1995年至2007年广东省和国家税务局的数据显示，外资企业所得税不断增加，累计为国家带来1334.35亿元税收，年均税收收入超过100亿元。广东外资企业所得税约占全省国税收入的5%，占全国外资企业所得税的15%以上。2003年至2007年，在广东全部规模以上的工业企业中，"三资企业"累计税收2948.85亿元，占全部工业企业收入的45.57%，并呈不断增长趋势。② 显然，华人投资为广东进出口贸易的发展和财政税收的增加起到了积极的促进作用。

第四，有利于工业园区和新城建设，推动广东城市化进程。改革开放以前，广东的加工工业基础十分薄弱，但"三来一补"企业的出现很快改变了这种现状。珠三角地区的广州、深圳、佛山、东莞、中山、珠海等地相继兴起了多个工业加工园区。1992年邓小平南方谈话后，工业园区建设又掀起了一轮新的高潮，许多开发区具有了一定规模和影响力，如广州经济技术开发区、广州高新技术产业开发区、深圳市出口加工区、深圳科技工业园、中山火炬开发区、佛山国家高新技术产业开发区等。③ 除了增进工业区建设外，华商投资还带动城市新区的建设，使这些地区人民的生活水平有了很大的提高，率先走向小康。在往年的中国农村综合实力百强县市名单中，广东的南海、顺德、潮阳、番禺、宝安、台山、新会、揭阳、三水等重点侨乡都位列其中，这与海外侨商的直接投资是分不开的。④ 以经济特区汕头为例，改革开放以前，汕头的经济支柱仅靠4家传

---

① 参见郑德涛、林应武主编《经济发展与公共治理：广东与意大利的实践与反思》，中山大学出版社2015年版，第22页。

② 参见吕立才、牛卫平《广东利用外资30年：现状与前景》，载《广东行政学院学报》2010年第5期，第70页。

③ 参见任健强《华侨作用下的江门侨乡建设研究》（博士学位论文），华南理工大学2011年，第211页。

④ 参见曹云华主编《凝聚与共筑：海外侨胞与中国梦》，暨南大学出版社2014年版，第233页。

统企业；进入21世纪，汕头年产值过亿元的企业就有120多家。改革开放40年，侨乡汕头成了侨资在国内最重要的聚集地之一。泰国正大集团的创始人谢易初是从汕头远赴南洋谋生的潮籍侨胞，从1979年在汕头领取全国第一张外商营业执照至今，正大集团在中国的投资已经接近了50亿美元。截至2013年，汕头全市侨属企业逾万家，年产值超过200亿元；历年累计实际吸收外商投资达85.54亿美元，其中侨资约占80%。改革开放前，汕头的城区面积不过5平方千米，1981年，国家在汕头设立经济特区，24小时审批答复制度在全国率先实行，汕头的侨乡优势得到了有效发挥。2014年，国务院正式批复同意在汕头经济特区设立华侨经济文化合作试验区。2017年，汕头"侨梦苑"正式揭牌。如今的汕头不仅是"中国城市综合实力50强"，还是"国家卫生城市""国家环境保护模范城市""中国电子商务示范城市50强"。[①] 汕头通过"打侨牌"，聚侨商，推动了地方城市化建设和创新发展。

在党的十九大报告中，习近平总书记提出要广泛团结联系海外侨胞和归侨侨眷，共同致力于中华民族伟大复兴。这体现了中央对海外华侨华人寄予了殷切期望。回顾40年的发展历程，引进侨资是实现广东特区构想的重要一环，由此带来的投资效应成为经济增长的动力。粤籍华侨华人是广东走向世界的重要媒介，而华商人才是广东改革开放的重要智力资源。随着改革开放进程的不断深入，海外华侨华人将继续发挥侨力优势，在广东经济特区现代化建设中扮演更重要而独特的角色。

第二节 侨资企业的成长发展与广东科技创新

2018年3月，习近平总书记在参加十三届全国人大一次会议广东代表团审议时强调，发展是第一要务，人才是第一资源，创新是第一动力。改革开放以来，广东始终秉持着发展第一要务的信念，将人才与资金并举，致力于实现全省现代化建设走在全国前列。40年来，广东侨乡和经济特区对侨资全面开放的格局打开，侨资企业开始纷纷落户广东，在南粤

---

① 参见《汕头为粤东唯一入围50强城市》，见新华网（http://www.xinhuanet.com/local/2015-05/11/c_127784785.htm）。

大地上遍地开花。如今,广东率先走上创新驱动发展道路,将引进和培养人才提升到战略高度,使得侨资企业不断适应本土环境,产业规模由大变强,产业结构由多样到合理,在本土化与科技水平同步提升的前提下,探索出一条符合改革开放和中国国情的成长之道,在实现创新发展和转型升级的过程中,侨商组织成立运作规范,搭建起侨企与政府合作平台,侨商热心公益,回馈广东社会。而侨资科技产业的不断增长也吸引了众多海外优秀专家和留学人才回乡投资创业,为创建专业智库和助推产业升级提供可能,为推动广东科技创新与进步带来了动力。

一、改革开放以来广东侨资企业的成长发展

"侨资企业"是经国家有关部门批准,由华侨华人、港澳台同胞在中国内地(大陆)投资兴办且资本占投资总额25%以上的企业。[①] 侨资企业对中国内地(大陆)的开放和建设贡献,简要概括有"三最",即来得最早、数量最多、投资额最大。改革开放后的第一波外资潮就是侨商,他们在国内投资环境较差和发展前景不明朗的背景下,满怀爱国热情回到故土投资兴业。广东作为第一大侨乡和经济特区的试验田,自改革开放初期起就成为全国最大投资省份,是侨商的第一大投资地。1980年,中国第一家中外合资企业——中山温泉宾馆落户广东中山,众多爱国侨商率先响应家乡改革开放的号召,纷纷回到南粤大地投资建厂,以此反哺家乡。

广东侨资企业的成长发展离不开侨资,侨资的变化又与中国国情变化和世界格局变化息息相关。依照上一节关于侨资发展历程,广东侨资企业大致也经历了3个阶段的变化。第一阶段是1979年至1998年,这是侨资企业起步和成长的阶段。20世纪80年代,许多侨商将东南亚和港澳地区的初级加工制造工业转移到内地,"三来一补"企业在珠三角遍地开花,侨资企业数量和实际利用外资额在全国名列前茅。1991年以前,广东的侨资企业数量基本为全国的60%以上。1992年,由于各省市掀起外商投资热潮,广东的比重降至42%,实际利用外资额在1991年以前占全国比重四成以上。此后即便对外开放全面铺开,广东实际利用外资额也为全国的20%左右。截至2000年,广东侨属企业达5.02万家,从业人员70.71

---

① 参见张洵君、龙登高《中国经济转型下的侨资企业经营:国际竞争下走向新格局》,载《现代经济》2014年第16期,第19页。

万人，企业总资产283.40亿元，营业额411.41亿元，利润97.36亿元，上缴税收21.65亿元，出口创汇31.94亿美元，侨资企业已成为广东城镇经济的重要组成部分。见表2-2。

表2-2 2000年广东省侨属企业情况①

城市	企业数量（家）	企业职工（人）	企业总资产（万元）	利润（万元）	上缴税收（万元）	创汇总额（万美元）
广州	3079	47726	201930.0	15656.0	9812.0	4961.0
深圳	2000	—	—	—	—	—
珠海	98	8111	149364.0	8513.0	1204.0	3622.0
汕头	10957	247734	757418.0	51659.0	42457.5	61393.0
韶关	60	1899	845.0	26.7	13.2	1.4
河源	1398	13515	12870.0	2832.0	1075.0	1200.0
梅州	17057	58241	317414.6	608736.0	18351.3	—
惠州	382	9941	26862.8	9754.1	2254.5	5572.0
汕尾	182	2460	4220.0	1313.0	252.5	1500.0
东莞	418	—	—	—	—	—
中山	578	44165	34797.0	—	1091.0	1523.0
江门	3245	53607	253622.6	32105.6	11894.9	155538.0
佛山	417	28761	66010.0	4028.0	1073.0	812.0
阳江	35	5907	19041.0	44733.0	2380.0	1320.0
湛江	116	3123	7606.0	3056.2	1811.7	894.0
茂名	4304	132878	296774.6	73691.4	6253.8	21651.0
肇庆	214	13632	33809.0	15159.3	3216.8	3131.5
清远	418	4631	6345.0	3688.0	774.7	—

---

① 表2-2资料来源于《广东省志》编纂委员会编《广东省志：1979—2000·30·侨务卷、外事与港澳事务卷》，方志出版社2014年版，第143页。

第二章 海外华侨华人与广东经济科技发展

(续表2-2)

城市	企业数量（家）	企业职工（人）	企业总资产（万元）	利润（万元）	上缴税收（万元）	创汇总额（万美元）
潮州	4200	14850	590695.0	91382.0	111568.0	46886.0
揭阳	654	8999	22312.0	2704.0	545.5	7645.0
云浮	407	6963	32036.0	4515.9	489.7	1800.0
合计	50219	707143	2833973.1	973553.2	216517.2	319449.9

第二阶段是1999年至2008年，这段时期是广东侨资企业的调整阶段。在这10年间，经历了1997年亚洲金融风暴和2008年全球金融危机，这让当时产业较低端、市场较集中、缺乏自主创新和品牌的广东侨资企业在面对呼啸而来的金融风暴打击之下，承受着严峻的考验。亚洲金融风暴导致许多从事劳动力密集型产业的中小企业倒闭，侨资企业数量增长放缓，广东实际利用外资额出现少量下滑。① 而2008年全球金融危机后，有的大型侨资企业也在多米诺阵列中被推倒。2008年10月，全球最大玩具生产商之一合俊集团旗下在东莞的3间工厂全部倒闭，近7万名员工失业。这是首家上市港资企业在内地的工厂倒闭。根据香港媒体的报道，香港先后有近50家港企申请清盘，其中不乏百灵达、泰林、金至尊等一批具有一定规模和历史的知名大企，这些企业在广东都设有工厂。② 因此，在经历了两次大的金融危机以后，许多侨商开始转变经营策略，劳动力密集型产业向资金、技术密集型制造业转化的趋势在侨商企业中流传开来。

第三阶段是2009年至今，这是广东侨资企业的转型升级阶段。受两次金融危机的影响，以及全球经济发展放缓，广东侨资企业面临着深刻变化和重大发展。一些侨资企业在金融危机和经济转型中被淘汰，但也有另一批侨资企业在转型升级中继续发展，与中国经济快车共前进，许多华商品牌在广东本土中成长起来，如造纸业的维达、金光纸业等，纺织服装业的七匹狼、百丽等，它们的经济制造能力、科技创新能力及环境资源保护

---

① 参见《侨资企业数据库开发与应用研究》课题组编《侨资企业数据库开发与应用研究》，《侨资企业数据库开发与应用研究》课题组2009年版，第136页。

② 参见《侨资企业数据库开发与应用研究》课题组编《侨资企业数据库开发与应用研究》，《侨资企业数据库开发与应用研究》课题组2009年版，第136页。

能力都有显著进步，且本土化趋势增强。经历过几次高速增长后，近10年来，新增侨资强劲增长的势头有所减缓，并开始趋于平稳，许多制造业侨资企业在努力转型升级，在整个侨资投入中，传统制造业占比萎缩，许多初级加工和以劳动力为导向的制造业进入重组与整合。与此同时，服务业成为侨资的新增长点。从总量看，服务业利用外资占全部外资比重从2005年的不足三分之一，增长到2010年的接近一半，再到2011年超过一半。从质量上看，科技研发服务业、零售批发业等增长迅猛，成为服务业中利用外资增长最迅猛的行业。此外，随着近年来"一带一路"倡议和粤港澳大湾区建设的推进，加之大数据、云计算和"互联网+"等技术的普及和多层次资本市场的发育，为广东侨资科技产业创造了融资平台，侨资科技创业获得强势发展。① 与此同时，广东各级政府也纷纷出台配套扶持政策，留住侨资企业。2009年，广东省财政下拨10亿元人民币扶持侨资加工贸易企业转型升级，下拨19亿元人民币扶持机电产品、高新技术产品出口。② 广东省侨办成立了"为侨资企业服务法律顾问团"，通过法律宣传、法律援助，协助侨资企业解决了许多法律和政策问题，维护了侨资企业的合法权益。2012年，国务院侨办与广东省政府签署《关于发挥侨务优势促进广东加快转型升级合作备忘录》，进一步加大了国家和地方对广东引智引资工作力度，促进侨资企业加快转型升级。截至2016年，广东侨务部门共组织邀请了海外专业人士近2000人来粤考察，通过举办高端论坛、大型活动推介广东创新创业环境，促成了一批高层次、高水平项目落户广东。配合国务院侨办于2015年在江门和广州增城、2017年在汕头设立"侨梦苑"，为华侨华人高层次人才回国创业发展提供项目对接、签约落地、市场开拓、融资保障等全链条服务的高端创新创业平台。③

改革开放后，侨资企业一直是广东省经济发展的重要支柱力量。从30多年前中山温泉宾馆开业到如今成为广东经济结构的重要部分，广东

---

① 参见张洵君、龙登高《中国经济转型下的侨资企业经营：国际竞争下走向新格局》，载《现代经济》2014年第16期，第20页。

② 参见《广东积极助近四万侨资企业应对国际金融危机》，见网易新闻网（http://news.163.com/09/0728/01/5F9A4FDJ000120GU.html）。

③ 参见《广东开展专题调研　发挥华侨华人作用助创新驱动》，见中国侨网（http://www.chinaqw.com/gqqj/2016/07－12/94974.shtml）。

第二章 海外华侨华人与广东经济科技发展

侨资企业的发展大致呈现以下特点。

第一是起步早，开办历史长。粤籍侨胞、港澳同胞素有念祖爱乡的传统，一向关心和支持家乡经济建设，中华人民共和国成立初期这里就集中了全国过半数的侨资金额，1955年成立的广东华侨投资公司在当时还有很大影响。改革开放后，广东作为国家对外交往的前沿阵地和经济特区的排头兵，成为许多侨商返乡投资的首选之站。1979年，泰国华侨谢国民所领军的正大集团在深圳领取了"001号"中外合资企业营业执照。之后，就陆续有侨资企业家在广东各地开办公司，这些企业也基本成为中国最早的一批侨资企业。①

第二是数量多、规模大，对广东经济贡献突出。改革开放初期，广东侨资企业数量占全国一半以上。即便在1992年以后，广东侨企数量也居全国第一。在投资规模上，侨资企业占外资企业的七成以上，截至2014年，全省侨资企业约有5.3万家，累计投资额达2000亿美元，占全省实际吸收外资的七成，包括侨鑫集团、东莞玖龙纸业、中山完美日用品有限公司、李锦记食品有限公司等著名侨资企业成为全国明星侨资企业。②

第三是行业分布广，产业结构率先升级。广东侨资企业率先以酒店服务业打入中国市场，后来国家调整产业政策和投资导向，鼓励外商投资生产型企业，使"三来一补"的制造产业受到欢迎，这些劳动力密集型企业为广东创造大量的就业岗位，珠三角地区随处可见"华侨投资一个厂，救活一条村"的生动场景。随后的10多年，侨资企业又延伸到各个产业，包括电子、五金、塑料、服装、家具等传统优势工业。进入21世纪，在经历了金融危机打击和中国产业结构优化升级的引导，侨商又纷纷朝服务业和零售业聚集，许多掌握先进科技的海外专业人才则积极投身科技创新产业，高新技术产业和现代服务业的趋势凸显。如迅雷、朗科、迈瑞等一批从事IT业、医疗器械的高科技侨资企业崛起，并日益成为行业标杆。在珠三角地区，会计师事务所、律师事务所、教育机构等从事现代服务业的侨资企业也发展良好。可以说，广大侨商凭借敏锐的嗅觉始终走在产业发展的前列，为广东经济发展提供指引。

---

① 参见深圳市侨办课题组《深圳侨资企业转型升级情况调研》，载《特区理论与实践》2012年第3期，第22页。

② 参见朱小丹主编《广东年鉴2014（总第28卷）》，广东年鉴社2014年版，第6页。

第四是投资方式呈现多元化。侨资企业起步于"三来一补"产业，这类产业通常靠企业自身的利润积累来带动资本，尽管资本形式单一，但在当时内地资本极度稀缺的情况下，这种方式受各地追捧。随后，侨资企业又发展成以直接投资为主，对外借款、对外发行股票债券，地方政府和产业园参与等多种方式并举的投资模式。而从侨资企业属性看，侨资企业发端于直接投资形式，以合作企业方式居多，到如今发展成为以侨资企业为主，合资、合作、外商投资股份制等多种形式混合的投资形式。由此，广东侨资企业的资本来源呈现多元化和丰富性。

二、广东侨资企业发展的新格局

2018年政府工作报告提出，要壮大新动能，做大做强新兴产业集群，加快制造强国建设，推进与国际先进水平达标对标。① 广东新兴产业和制造业长期走在全国前列，其中一个重要表现就是侨资企业的做大做强。广东侨资企业的发展壮大，一方面是由于海外华侨华人、港澳同胞与故国家园血缘相连、地缘相系的爱国爱乡传统，在祖（籍）国政策的感召下，这种传统便迸发出为故国家园做贡献的热忱，并转化为投资支持家乡经济建设的实际行动。而另一方面，是广东从实际出发，不断改善涉外法规，优化投资环境，广泛凝聚侨心侨力，汇聚侨资侨智侨才，为广大侨胞提供大量的联络工作和优质服务。纵观历史，在改革开放初期，是侨资企业撑起广东外资的半壁江山，为广东制造业的发展奠定基础。进入21世纪，广东进入了加快转变经济发展方式的新时期，而众多侨资企业也积极引进资金、技术和人才，率先促进企业生产的自主创新，成为广东加快转型升级和开拓国际市场必须倚重的重要力量。步入新时代，广东各界会继续支持侨资企业发展，为侨商在粤投资提供便利条件和优越平台。而侨资企业也以更规范的方式运作，并捐资兴办公益事业，为家乡父老谋福祉。

广东侨资企业不仅起步早、规模大，在行业组织建设上也走在全国前列。广东侨商组织的成立为全省侨商投资企业发展做出了积极贡献。1990年，广州市华侨投资企业联谊会和侨属企业协会（广州市侨商会的前身）

---

① 参见《2018年政府工作报告点评：持续培育人工智能、大数据、"互联网+"等新动能》，见新浪财经网（http://vip.stock.finance.sina.com.cn/q/go.php/vReport_Show/kind/lastest/rptid/4115931/index.phtml）。

成立。这个由广州市荣誉市民企业、华侨华人和港澳同胞投资企业、侨属企业以及留学回国人员企业组成的企业组织，针对不同时期的经济形势开展各种丰富多彩的活动，团结、联络了一大批侨界企业家，为不少在投资和经营中遇到困难的侨界企业提供了必要的协调、服务和帮助。可以说，这个组织是广州侨界企业的龙头，在沟通侨界企业与政府的联系中扮演着重要而独特的角色。① 这个在全国最早成立的侨商组织，成立以后立即被各地争相效仿。在各级侨办的支持和指导下，深圳市侨商国际联合会、中山市侨资企业商会、江门市侨商总会先后成立。它们通过各种形式，积极反映侨商企业的普遍诉求，协调解决难题，弘扬和发展侨商文化，有力地提升了企业素质和竞争力。2007 年，由广州、深圳、中山、江门四市侨商会和众多侨资企业共同倡建的广东省侨商投资企业协会（简称"广东省侨商会"）成立，首届团体会员达 386 家，理事单位达 166 个，分布在全省各市的家电、电子、物流和法律咨询等各个领域，这一组织得到广东省委、省政府的支持，首届会长由广东侨鑫集团董事长周泽荣担任。② 广东省侨商会的成立为在更大范围、更高层次上联络、团结和服务侨商，推动全省侨资企业进一步发展提供了平台。从 28 年前第一家侨商会的诞生，到现在省市县各级纷纷成立侨商会，广东侨商们通过搭建这样一个沟通同行、联系政府的平台，为侨企自身合法权益维护提供了渠道，也为政府了解侨情民意搭建了桥梁。通过自身强化和完善为侨服务机制和体系建设是过去侨商们开创的道路，而今后，侨企还将继续沿着这条道路，为办成亲切、合作、发展的"侨商之家"而努力。

　　广东侨商企业在实现自身发展获益的同时，还热心家乡慈善公益事业。深受中华民族传统文化的熏陶，粤籍侨商无论是在异乡打拼还是回国投资兴业，强烈的念祖爱乡之情和造福桑梓之愿始终挥之不去。这种深沉的情怀推动他们一次又一次将事业的成果转化到参与家乡公益事业、造福家乡百姓中去。在侨乡广东，侨商捐资兴办公益慈善事业蔚然成风。无论从受赠金额还是从捐赠项目的数量、范围来看，广东侨捐在全国都首屈一指，而这也成为广东文化发展、社会稳定进步的驱动力。从改革开放到

---

① 参见《利用华商组织平台促进侨务经济》，见中国侨网（http://www.chinaqw.com/node2/node116/node1165/node1177/node2730/node2732/userobject6ai212952.html）。

② 参见广东省侨商投资企业协会官网（http://www.gocea.net/about.aspx）。

2016年，广东省累计接受海外侨胞、港澳同胞捐赠超过500亿元人民币，占全国侨捐资金总数的70%。利用这些捐款，广东兴办了学校、医院、敬老院、水利设施和道路桥梁等项目，为发展侨乡教育卫生事业、完善地方基础设施建设做出了重要贡献。2007年，广东省侨心慈善基金会成立。10多年来，这个秉持"创新侨心慈善、凝聚侨胞爱心、拓展扶贫济困、促进和谐发展"宗旨的侨界慈善组织，组织众多侨企和侨商奉献爱心、广施善行，至今已接受了30多个国家和地区侨胞的慈善捐赠款物合计人民币超过1.5亿元，并打造了救灾援建、爱心助学、扶贫济困、公益捐助、"侨心居"建设五大品类慈善项目，在广东和周边省市开展了60多个公益慈善项目，助力当地扶贫济困、救灾重建、社会民生等工作的开展。① 侨心慈善基金会是广大侨胞热心公益、服务家乡的一个缩影，而背后更多的是默默无闻、为家乡公益慈善事业奋斗的华侨华人群体。在众多捐赠者中，相当部分是事业宏大的巨商。据2007年统计，捐赠累计过千万元的侨商近200人，过亿元的有20多位。在许多侨乡，流传着像日本侨胞吴桂显、香港同胞谭煜燊那样捐赠出手阔绰、生活却简单节俭的动人故事。加拿大侨胞霍宗杰爱好收藏字画，但为了为家乡做慈善，他将大批名家作品拍卖，只为家乡公益，不图回报。② 侨商捐赠还带动了广东慈善文化的传承。近年来，慈善公益事业陆续在广东各地侨乡兴起，如广州的"教育基金百万行"，江门、中山、佛山的"慈善万人行"等都是由海外侨胞带动海内外乡亲共同参与完成的慈善盛事。以中山第31届慈善万人行为例，共有两万多市民和各界人士组成的220多支巡游队伍参与此次活动，共收到捐赠物达1亿多元人民币。走过30余年的慈善万人行活动，如今已成为中山市民一年一度的节日，也是华侨华人精神留给这座城市的精神文化成果。③ 为了加强对侨捐项目捐赠者和受赠人合法权益的保护，广东省侨办也致力于推动全省侨捐项目监督管理制度的建立，有效保护了侨胞的捐赠积极性，激发了他们的捐赠热情。侨商捐赠是广东慈善事业的重要组成部分，热心公益也始终是许多粤籍侨商毕生遵从的信仰。早在

---

① 参见《广东省侨心慈善基金会举行成立十周年回顾活动》，见广东省侨商投资企业协会网（http://www.gocea.net/activeview.aspx?id=2466#here）。

② 参见《侨资企业占广东外资大半壁江山》，载《南方日报》2007年2月20日第A08版。

③ 参见冷启迪《与爱同行卅余载　慈善铸就城市魂——中山慈善万人行综述》，载《中山日报》2018年3月2日第A1版。

第二章　海外华侨华人与广东经济科技发展

1988年社会公开评选广东省改革开放十大事件时,"海外侨胞捐赠兴办公益事业"就毫无悬念入选其中。

为了表彰侨资企业为广东省经济社会发展所做的贡献,为侨资企业树立榜样,从2003年起,广东省侨办与省外经贸厅定于每两年开展一次"广东省百家明星侨资企业"评选。在第一届评选中,有包括东莞玖龙纸业有限公司在内的78家企业获得这一荣誉称号,不少企业在之后也入选为"全国百家明星侨资企业"。[①] 许多明星企业在广东乃至全国享有美誉。如完美（中国）有限公司是1994年成立于广东中山的一家侨资企业,公司董事长是马来西亚第三代华裔古润金。这个最初只是做健康食品的小企业,经过20多年的不懈努力,已成为销售保健食品、小型厨具、化妆品、保洁用品及个人护理品的现代化企业。其公司规模也从中山一家发展到覆盖中国境内各省、自治区和直辖市的34家分支机构、6家办事处和万余家服务中心。不仅在产品和规模上不断更新,完美公司还是侨资企业转型升级的典型代表。在"互联网＋"的强力推动下,完美公司于2011年中山南朗镇的华南现代中医药城布局投资华南生产基地,"互联网＋"产业升级项目落地,实现了以智能制造引领转型升级的广东省乃至国家级智能制造示范基地。另外,这家侨资企业还助推本土化运作,通过在2011年与吉林吉福参生物开发公司合作,将国内人参种植产业基地建设推向了新的高度。2017年则在安徽省淮北市投资建设健康食品及相关配套产业生产基地,将公司业务向内地延伸。董事长古润金不仅在公司经营理念上有宏大的视野,作为海外华人,他也具有强烈的民族精神和中华传统文化情怀。20多年来,完美公司倾情捐助了各项社会公益事业,其范围涉及希望工程、西部开发、慈善救灾、环境保护、体育医疗、文化艺术和拥军优属等领域,包括捐建希望小学暨发起希望教师工程、推广母亲水窖、倡导无偿献血、参与慈善万人行、支持华文教育、推动禁毒事业等慈善公益体系项目,捐资总额近7亿元,而董事长古润金也曾6次荣获国家民政部授予的中国公益慈善领域最高政府奖"中华慈善奖",并当选为"2016年度十大华人经济人物"。[②]

[①] 参见车晓蕙、孔博《广东表彰百家侨资企业》,载《人民日报》（海外版）2006年9月28日第3版。

[②] 参见完美（中国）有限公司官网（http://www.perfect99.com/about/zswmdetail.aspx）。

而同样在广东享有较高知名度的侨鑫集团,也是改革开放后首批外资企业中的明星。侨鑫集团创办人兼董事长是澳大利亚著名华人侨领周泽荣。出生于广东汕头的周泽荣,在1988年响应祖(籍)国号召投资创业,并将眼光投向了房地产行业。他将"做就要做到最好"视作企业核心理念,成功投资打造了广东外商活动中心、广州国际贸易中心等地标项目,并主导重组了广东华兴银行。在创收盈利之外,侨鑫集团也积极承担社会责任,2013年,侨鑫集团捐赠了1亿多元人民币在汕头建立了潮南职业技术教育中心,旨在培育职业技术型人才;① 同年,捐资2000万元人民币助力广州从化教育发展,帮助良口中学兴建了全新的教学大楼。② 因此,侨鑫集团也获得了广东省政府授予的"最具社会责任感企业"以及"广东最具影响力企业"的称号。

三、海外华侨华人卓越人才与广东科技创新发展

2018年3月,习近平总书记在参加十三届全国人大一次会议广东代表团审议时,听到海归创业人才袁玉宇的发言后动情地说,发展是第一要务,人才是第一资源。海归人才要与本土人才一道并用并重,使他们在报效祖国中实现自己的人生梦想。纵观历史,中华人民共和国成立初期,海外留学归国人才对我国科技自主创新做出了突出贡献。据统计,1955年中国科学院首届学部委员会的172名成员中,有158名是留学回国人员,占92%。③ 改革开放后,随着中国大门的打开,留学政策的放宽让许多国人有机会赴海外求学,部分移民海外的群体就被称为华侨华人新移民。不同于老一辈华侨华人,新移民大多具有较高的专业技能和知识素养,许多人在居住国成为著名的科学家、工程师和专家学者,他们从事的领域也几乎涵盖了所有高新技术领域。如果能充分发挥这些海外华侨华人专业人士的作用,将有力地推动国内科技创新发展和技术提升。因此,"海归"成为我国引资引智的重要资源宝库。广东作为拥有丰富侨力资源的省份,不乏众多优秀的海外优秀人才。许多杰出的粤籍海外人才积极投身于家乡建

---

① 参见《旅澳周泽荣博士伉俪捐资1亿元兴建潮南职教中心》,见广东侨网(http://www.qb.gd.gov.cn/dfqw2010/cz/201012/t20101228_134646.htm)。
② 参见《澳籍华人企业家捐款扩建悉尼大学博物馆》,见人民网(http://world.people.com.cn/n/2015/0923/c1002-27624899.html)。
③ 参见两言《"海归"对科技自主创新的贡献》,载《神州学人》2005年第10期,第11页。

设,通过多种形式发挥自身的专业知识与特长,为推动广东科技创新和进步做出了卓有成效的贡献。

（一）引进优秀粤籍科技人才,助推侨乡创新发展

自经济特区建立以来,广东各级部门就充分地认识到发挥侨智优势,引进海外优秀人才对推动地方科技创新的重要作用。近年来,广东通过多种形式引进海外华侨华人专业人士,帮助广东深化国际科技合作,提升开放创新水平。

引进优秀海归人才的第一步是招揽优秀专家。广东历来十分重视发挥海外华侨华人专业人才的作用。1983年8月,中共中央、国务院发布《关于引进国外智力以利四化建设的决定》后,广东立即抓住时机,大力实施"以侨引智引才"工程,各级侨务部门开始邀请、接待和推荐华侨、华人专家学者来粤讲学交流。1985年,广东省侨办邀请了海外科技界34人来内地讲学90余次,参加交流活动的国内同行有3000多人,让许多国内学者与国际科技界建立了联系。[①] 美国经济金融专家陈应廉应邀到粤就如何筹集资金培训高级管理人才、开拓国际市场等问题做专题演讲,被珠海市政府和南油服务总公司聘为经济顾问。1987年,泰国养殖业专家张经苑应邀到广州、深圳、汕头进行学术交流,为国内淡（咸）水养殖业同行打开国际视野。1998年,广东省侨办邀请14位欧美华人科技专家来粤,与近20个相关单位进行科技交流合作,涉及城市固体废弃物及污水综合处理、眼科遗传学、超高层建筑挡风及抗震结构设计等多项国际热门课题。根据1979年至2000年数据统计,广东各级侨务部门邀请了209批1380人次的专家、学者、教授来粤讲学交流,开展科技咨询活动,吸引了3000多位专家学者来粤工作。[②]进入21世纪,广东更是加大财政扶持力度,以加快推动高层次的创新型人才队伍建设。例如,广东省对每个引进的创新科研团队资助1000万至1亿元人民币不等的专项工作经费;对引进的领军人才资助500万元人民币专项工作经费和100万元人民币税后住

---

① 参见《广东省志》编纂委员会编《广东省志:1979—2000·30·侨务卷、外事与港澳事务卷》,方志出版社2014年版,第140页。
② 参见《广东省志》编纂委员会编《广东省志:1979—2000·30·侨务卷、外事与港澳事务卷》,方志出版社2014年版,第139页。

房补贴。广东还设立了南粤功勋奖、南粤创新奖等奖项,以完善海外华侨华人来粤创业创新的机制和环境。这些措施的成效是显著的,据2015年统计,广东聘请外来专家达12万人次,占全国的20.8%,聘请境外专家人数居全国第一,其中许多是海外华侨华人。① 自2010年起,广东省引进"千人计划"人才183名,其中华侨华人174人,占95%;全省引进4批创新科研团队91个,其中华侨华人团队76个,占84%;全省引进4批领军人才74人,其中华侨华人58人,占78%。② 2013年11月,党的十八届三中全会通过《中共中央关于全面深化改革若干重大问题的决定》,明确指出,加强中国特色新型智库建设,建立健全决策咨询制度。③ 因此,创建专业智库也成为广东大力吸收海外优秀华侨华人专家人才的具体措施。作为全国首家涉侨民间智库,深圳侨商智库研究院于2014年成立。该智库以侨商为主体,集聚了海内外高端人才,包括华商、留学归国人员以及爱侨涉侨人士,重点联络海外高端人才,以聚集侨资侨智资源。其下设的国际民间交流中心和跨境电商平台更是助推"一带一路"倡议和粤港澳大湾区建设的生动写照,为产学研和侨商智库开展合作提供了范本。④ 此外,广东还通过深入实施"海外人才为粤服务计划"、举办"世界华人论坛""世界华商五百强广东(广州)圆桌会"、申报中组部"千人计划"等,协助海外华侨华人专业人士来粤交流、在粤发展。而依托"留交会""高交会"和"国侨办引智引资重点联系单位"等平台,则组织推动了一批华侨华人专业社团来粤交流。⑤

引进人才的第二步是吸引海外优秀留学人才,鼓励他们回乡投资创业。许多海外留学归国人才将国际先进技术、创业灵感和优秀管理理念带回国内,成为当前创业大潮中高精尖技术的重要力量,甚至引领内地产业经济的发展方向。海归创业者中以技术型人才居多,据统计,58.3%的创

---

① 参见《粤每年引进境外专家全国最多》,见网易新闻网(http://news.163.com/16/0417/13/BKS0KECN00014AED.html)。

② 参见朱小丹主编《广东年鉴2014(总第28卷)》,广东年鉴社2014年版,第6页。

③ 参见《中共中央关于全面深化改革若干重大问题的决定》,载《人民日报》2013年11月16日。

④ 参见《广东省侨办点赞深圳华侨华人创新创业情况》,见中国侨网(http://www.chinaqw.com/gqqj/2016/04-13/85260.shtml)。

⑤ 参见国务院侨办侨务理论研究广东基地、广东侨务理论研究中心编《华侨华人与广东发展:广东省侨务理论研究论文集(2012—2013)》,暨南大学出版社2014年版,第88页。

业海归拥有个人专利，65.9%的海归创业者会从国外带回领先技术。[①] 1992年5月，广东省政府颁布《关于鼓励留学人员来广东工作的若干规定》，拉开了地方政府支持我国留学人员来粤参加"四化"建设的序幕。[②] 此后，广州、深圳、佛山、中山等地先后设立了18个"留学人员创业园"，为来粤工作的海外归国人才提供了一个宽松的创业环境。以1999年成立的留学人员广州创业园为例，这里重点引进电子信息、生物医药、新材料等领域的年轻企业，通过创设独特的留学人员创业文化与创业氛围，吸引了一大批来自欧美的归国留学人员落户创业，并孵化了一大批归国留学人员科技企业。至今共引进留学人员629人，其中，博士374人，硕士220人；孵化出留学生企业435家，毕业企业164家，产业化企业160家。[③] 除了留学人员创业产业园，广东还于1999年成立了"广东留学博士创业促进会"，2016年成立了全省留学人员联谊会，以团结海内外留学人员，更好地服务广东。自2008年以来，广东省共引进海外高层次人才3万多人，其中，留学回国人员2.6万人，高层次华裔人才9000多人，引进科研团队230多个、智力项目600多项。[④] 服务于南方医科大学的留美博士马文丽研制出中国第一片应用型基因芯片，对生物芯片产业的发展做出了重要贡献；加拿大医学博士叶庆炜与东莞宏远集团创办YES公司，合资3000万美元建立了东南亚第一个生物克隆抗体应用基地，生产20多种生物单克隆抗体产品投放国际市场，年产值5亿美元；[⑤] 在全国两会上与习近平总书记面谈的海归博士袁玉宇，2009年获评广州市首批"海外高层次人才"，他创办的迈普再生医学科技有限公司，在海归创业团队带领下开发出了再生型植入类医疗器械产品"睿膜"，成为世界上第一个成

[①] 参见王辉耀、苗绿编著《中国海归发展报告（2013）.No.2》，社会科学文献出版社2013年版，第62页。

[②] 参见《广东省志》编纂委员会编《广东省志：1979—2000·30·侨务卷、外事与港澳事务卷》，方志出版社2014年版，第140页。

[③] 参见《留学人员广州创业园》，见广州火炬高新技术产业服务中心官网（http://www.entrepark.com/News_show.aspx?id=1141&ColumnCode=A107）。

[④] 参见《招玉芳：华侨华人专业人士成广东创新发展生力军》，见中国侨网（http://www.chinaqw.com/jjkj/2014/07-23/11109.shtml）。

[⑤] 参见张涛《叶庆炜：打造生物导弹基地（华侨华人世纪行）》，载《人民日报》2003年11月25日第10版。

功产业化的生物3D打印的硬脑（脊）膜。① 众多海外留学人员回到广东侨乡创业发展，为地方产业发展提供重要支撑。而持续吸引海外优秀留学人才回粤创业仍是广东推动侨乡经济科技进步所需要坚持的重要举措。

（二）巧用侨智，助推广东产业升级

吸引海外优秀华侨华人科技专家的技术优势和智力支持，推动侨乡高新技术的发展和产业的升级，是改革开放以来广东一直秉持的理念和方向，也是海外侨胞奉献家乡的成功模式。与改革开放初期环境不同，如今的侨资企业越来越意识到摒弃初级加工制造业，向技术和资金密集型产业转型升级的重要性，相比企业战略理念的更新，人才智力资源的更新就显得捉襟见肘。为了解决产业升级中面临的人才短缺问题，广东"以侨为桥"推动人才引进工作。作为改革开放的窗口，深圳从最初的"三来一补"企业做起，实现了经济总量的飞跃。近年来，深圳将视野放宽到文化、教育领域，希望提升科技含量实现经济质的进步。为此，深圳推出一系列招才引智政策，"海归"潮涌深圳的现象开始显现。2014年，深圳"海归"人数突破5万人，仅次于北京和上海。"海归潮"带来的是"海归经济"。据深圳市外国专家局统计，截至2014年，深圳的"留"字号企业超过1700家，超亿元产值的达30家，高新技术产业独树一帜，涌现出许多国内外享誉知名度的龙头企业。② 而广东中山的侨务部门则与企业联合邀请海外人才回粤参观交流活动，希望吸引到一批高端人才，以帮助地方引进先进技术和项目。2014年，中山市举办的"百名海外博士中山行"活动中，有来自加拿大、美国、英国、德国等近20个国家和地区的近百位海外华人博士、博士后。在详细了解了中山市的创业、创新环境，以及引才、用才、爱才的优惠政策后，很多参加活动的博士最终选择来中山进行技术入股和展开专利合作。这为中山的节能环保、生物医药、信息技术和现代制造业寻找到了储备人才。③ 除了政府部门积极"筑巢引凤"，

---

① 参见李舒瑜、杨丽萍、甘霖等《袁玉宇：庆幸当年做了回国发展的决定》，载《深圳特区报》2018年3月8日第A05版。

② 参见莫高义、张东明主编《发现侨乡：广东侨乡文化调查之三》，广东人民出版社2015年版，第91页。

③ 参见《广东中山举办百名海外博士中山行活动 以侨引智》，见中新网（http://www.chinanews.com/zgqj/2014/04-03/6027959.shtml）。

许多侨资企业也纷纷利用便利条件,吸引国外人才和先进技术助推企业升级发展。位于深圳的华讯方舟集团是一家专注于高频段频谱技术研究与应用的国家级高新技术企业。该企业近年吸引了许多外籍华人参与研发和管理,使企业在微波、毫米波、太赫兹这一频谱技术路径开展深度研发与应用领域走在了国际前列,其自主研发的中国第一台主动式太赫兹圆柱形人体安检仪 TAI-40,填补了我国在太赫兹人体成像安检市场的空白。[①] 华讯方舟的做法为广东企业调整升级起到了行业示范作用。通过引进海外粤籍优秀科技专家,利用侨智资源及其科学技术支持,解决广东产业发展中的难题,已成为促进侨乡产业升级的重要途径。"百名海外博士中山行"和华讯方舟只是众多案例中的典型代表。更多海外华侨华人专业人才与广东企业合作的深入推进,将有力地带动侨乡整体产业结构的优化升级。

党的十九大报告强调要坚定实施创新驱动发展战略。在中央有关会议上,习近平总书记要求广东在推动经济结构战略性调整上走在前列,当好创新驱动发展的排头兵。改革开放初期,侨资企业为广东带来了第一笔资金和先进的管理技术,为广东制造业发展打下坚实的基础。如今,传统发展模式的弊端日益暴露,新的经济发展方式呼之欲出,侨企在其中再次扮演重要角色。许多粤籍华侨华人专业人士通过为家乡带去先进知识和技术、资助家乡科研发展与技术创新、回乡创业投资等多种形式来发挥自身的智力资源及优势,有力推动了广东科技创新和产业转型升级,华侨华人专业人才不愧为广东科技创新和产业升级的生力军。华侨华人专业人才所具备的智力优势和技能水平,是广东扩大开放的领头羊,也是广东利用"侨资源",发挥"侨作用"事业中不可忽略的新生力量。展望未来,侨资企业和海外专业人才将继续大胆探索和扎实工作,为广东经济结构和战略性调整、加快形成新的发展方式奉献智慧与力量。

---

① 参见华讯方舟官网(http://www.huaxunchina.cn/gyhx/qyjj/gsjs/)。

第三节 海外中国新移民与广东国际移民汇款收入的增长

作为中国传统的移民大省,广东省1949年至1977年向外移民的总数约19万人,改革开放后其向外移民的人数越来越多,1978年至1996年间广东新移民就有37.8万人,几乎等于前一时期的两倍。广东省的新移民种类以家庭团聚、出国谋生、出国留学为主。其次,广东省新移民主要流向发达国家,诸如北美和澳大利亚等国家和地区。留学也以美国、加拿大、澳大利亚和新西兰为主。再次,改革开放之后,1980年是广东省出国者最多的年份,从广东省前往其他国家的人超过42000人。其中,前往美国的移民有16000人,占38%;前往加拿大的移民有11000人,占26%。由此可以看出,仅北美地区就占了64%。①

具体到省内不同城市,在广州市,截至1999年12月底,其出国定居人数达到113367人,定居港澳的有60377人。广州市新移民主要以家庭团聚为主(包括出国和出境),其人数达到131686人,占新移民总数的75.79%;出国留学有14479人,占8.33%,在广东省各市的出国留学人数中为最多;投资移民人数达到9897人,占5.69%;技术移民人数达到8876人,占5.1%;其他移民则占5.09%。而这种以家庭团聚为主的新移民类型结构也相应表现在年龄结构上,广州的新移民以中老年人为主,41岁以上的占54.93%,51岁以上的占30.05%,31～40岁的人占23.42%,21～30岁的青年人只占11.71%,11～20岁的则占6.17%。另外,广州市新移民主要流向亚洲以外的发达国家,其中美国占20.27%,加拿大占11.47%,澳大利亚占6.1%,前往这3个国家的新移民人数占广州市新移民总数的37.84%。② 尤其是在1979年中美建交之后,广州人移居美国的人数迅速增长。1980年至1990年年底,广州约有6万人移居美国、加拿大、巴拿马、澳大利亚和新西兰等国与家人团聚或

---

① 参见〔日〕山岸猛《改革开放后广东省侨乡的经济变化与海外华侨华人——以台山市的新移民和侨汇为中心》,载《南洋资料译丛》2007年第3期,第66页。
② 参见《广东省志》编纂委员会编《广东省志:1979—2000·30·侨务卷、外事与港澳事务卷》,方志出版社2014年版,第52～53页。

第二章 海外华侨华人与广东经济科技发展

继承祖业,其中移民美国的就有3.8万人。①

再以典型侨乡江门市为例,1979年至2000年,江门市出国定居人数达到378362人,这些新移民大多以家庭团聚为主,涉外婚姻移民次之,基本是合法移民。② 其中,江门五邑侨乡之一台山市在改革开放之后掀起了新的移民浪潮,许多侨眷通过合法途径获准后移民海外,同自己的亲人团聚;而不少没有直接"海外关系"的人也在想方设法建立海外关系(如通过婚姻、劳工和投资等),以达到移民海外的目的。实际上,台山市在改革开放之后出现了中华人民共和国成立以来最大的一次新移民浪潮。根据台山市出入境管理部门的统计,1979年至2000年,台山市共有106927人移民海外(不包括港澳台地区);2001年至2004年,又有18591人移居海外,成为新移民。因此,1979年至2004年移居海外的台山市新移民共有125518人,基本相当于2003年台山市人口总数的12.7%。另据台山市各镇侨务部门估算,台山市有25200多户移民海外,居江门五邑侨乡之首。部分侨村已形成十室九空的"空心村"局面,与20世纪二三十年代农村的"华侨新村"增多现象形成明显的反差。③ 台山市新移民浪潮主要有以下特点。第一,基本都是合法移民,即经过申请和审批之后才合法地移居海外。第二,新移民主要流向美国和加拿大,据统计,其每年移居美国的人数占到美国给中国移民配额的50%以上。其次是港澳地区和大洋洲,而欧洲地区只有少数。东南亚地区则几乎没有台山籍移民。第三,以家庭团聚移民为主,婚姻移民明显增多,劳工移民数量较少。第四,新移民的教育水平有所提高,初中以上文化水平和出国留学的青年学生增多。第五,新移民就业仍以传统的餐饮业、制衣业、小商业居多。④

除此之外,潮汕地区也是广东省内较为典型的侨乡。改革开放之后,

---

① 参见广州市志地方志编纂委员会编《广州市志·卷十八·华侨志 穗港澳关系志》,广州出版社1996年版,第17页。
② 参见《广东省志》编纂委员会编《广东省志:1979—2000·30·侨务卷、外事与港澳事务卷》,方志出版社2014年版,第52页。
③ 参见《广东台山华侨志》编纂委员会编《广东台山华侨志》,香港台山商会有限公司2005年版,第240~241页。
④ 参见《广东台山华侨志》编纂委员会编《广东台山华侨志》,香港台山商会有限公司2005年版,第240~241页。

109

潮汕地区的人口迁移经历了深刻的历史性变化。侨乡人口迁移从传统的海外自由移民与国内移民并重，转变为以国内移民为主，海外暂居移民为辅，加速了海外华侨社会向华人社会的转变。在20世纪70年代末改革开放之后，由于国内外社会经济形势的变化，潮汕地区人口向外迁移和流动的轨迹也在逐渐发生变化。首先，潮汕地区海外迁移人口明显减少。在20世纪八九十年代，随着中泰、中马、中印（尼）、中新相继建交和复交，东南亚地区成为中国新移民的主要移居地，部分潮汕地区新移民也由于财产继承或婚姻等原因向东南亚国家移民。但实际上，改革开放之后，潮汕地区海外移民的主要目的地是美国、加拿大和澳大利亚等地，东南亚地区已经居于次要地位。另外，与1949年相比，改革开放之后潮汕地区移居国外的人数和规模并不十分庞大，而更多的是由于出外经商而短期居留。据潮汕地区官方统计数字显示，从中华人民共和国成立到2008年，潮汕地区"经有关部门批准出国定居的共22311人，平均每年有两三千人移民海外"①。

另外，改革开放以来，珠海市的归侨和侨眷以家庭移民的方式出国定居的人数不断增多，同时也出现了以投资和技术方式出国定居的现象。据统计，1980年至1997年，珠海市共有2362人出国定居，而移民高潮是在1993年之后，向外移民人数达到1398人。在定居方向上，珠海市新移民同样主要流向美国、加拿大和澳大利亚，分别有1818人、499人和292人。另外，出国留学也是珠海市新移民的主要类型，据统计，从1980年至1998年，有880人以自费留学生的身份出境，而这批留学生中的大多数均取得所在国居留权成为新移民。② 在其他地级市或县级地区，新移民人数则从万余人、几千人、几百人到几十人不等。例如，韶关市在1979年至2000年间的新移民人数有1327人；清远市在1979年至2000年间的新移民达到10964人，其中以家庭团聚为主的新移民人数达到10824人；而同属揭阳市的揭西县和揭东县的新移民人数分别为1684人和484人。③

从各个不同市县级单位的具体情况来看（见表2-3），改革开放之

---

① 转引自黄晓坚《广东潮汕地区海外移民形态的新变化》，载《华侨华人历史研究》2013年第1期，第23页。
② 参见张英龙主编《珠海侨务志》，珠海出版社2009年版，第148～150页。
③ 参见《广东省志》编纂委员编《广东省志：1979—2000·30·侨务卷、外事与港澳事务卷》，方志出版社2014年版，第53页。

第二章 海外华侨华人与广东经济科技发展

后,广东省新移民在数量上保守估计有 50 万余人,且新移民增长的高潮时段集中在 20 世纪 80 年代和 90 年代。这些新移民主要以家庭团聚为主,出国留学次之。且移民的国家范围相当广泛,几乎涵盖了包括亚洲、欧洲、美洲和非洲在内的世界上大多数国家。而根据广东省在 1949 年至 1977 年的移民人数(19 万)和在 1978 年至 1996 年的移民人数(37.8 万)之差,广东省新移民以大约 1 万人/年的平均速度增长。因此,保守估计,在 1990 年至 2000 年这 10 年间,广东省新移民人数有 15 万~20 万人。

表 2-3 改革开放至 21 世纪初广东省不同城市(出国)新移民的具体情况①

城市	新移民数量(人)	新移民主要类型	新移民流向	备注
广州	113367	家庭团聚	美国、加拿大、澳大利亚	1979—2000 年
江门	378362	家庭团聚、涉外婚姻	—	1979—2000 年
恩平	130000	—	委内瑞拉	1979 年之后
河源	11845	—	—	
清远	10964	家庭团聚	巴拿马、芬兰、玻利维亚、哥伦比亚等	1979—2000 年
湛江	10000 余	家庭团聚、出国留学	—	
肇庆	6337	—	—	1994—2000 年
珠海	2362	家庭团聚、出国留学	美国、加拿大、澳大利亚	1980—1997 年
韶关	1327	—	美国、加拿大、墨西哥以及亚洲、欧洲和非洲等	1979—2000 年
阳江	1969	—	澳大利亚	1988—2000 年
茂名	839	—	美国、加拿大、澳大利亚	1979—2000 年
潮州	374	—	美国等 24 个国家	1979—1996 年

① 表 2-3 根据《广东省志》编纂委员会编《广东省志:1979—2000·30·侨务卷、外事与港澳事务卷》,方志出版社 2014 年版,第 52~53 页数据资料整理而成。

111

（续表 2-3）

城市	新移民数量（人）	新移民主要类型	新移民流向	备注
揭西	1682	家庭团聚、涉外婚姻	—	—
揭东	484	家庭团聚	—	—
惠来	52	家庭团聚	—	—

而从人口变动方面来看，广东省从 2000 年至 2014 年，迁出的人口比重呈现逐渐递减的态势，再加上在这当中跨省净迁移率只占少部分，即便缺少 2000 年以来广东省向海外进行移民的具体数字，我们仍可以大致推断出近 10 年来广东省向海外移民的人数占全省总人数的比例大体上呈现逐渐递减的趋势，但由于广东省在同时期内的人口自然增长率呈现逐渐下降的态势，因此可以大体认为新移民数量并没有发生明显的下降（见表 2-4）。

表 2-4 广东省人口变动情况（2000—2014 年）①

单位：‰

内容	2000 年	2005 年	2010 年	2013 年	2014 年
迁入率	16.59	13.65	12.07	11.25	10.60
迁出率	12.94	8.97	8.35	8.94	7.74
净迁移率	3.65	4.68	3.72	2.32	2.85
跨省净迁移率	1.01	2.55	2.52	2.14	2.12

从表 2-5 可以看出，广东省的侨汇额为全国侨汇额的 70% 左右，其侨汇额的变动是全国侨汇额变动的决定性因素。但实际上，在过去的 30 年中，广东省侨汇收入呈现出逐年递减的趋势，1979 年为最高点，侨汇收入为 5.18 亿美元，1989 年则低至 0.238 亿美元。② 至 2000 年，广东省

---

① 表 2-4 数据来源于广东省统计局、国家统计局广东调查总队编《广东统计年鉴 2015》，中国统计出版社 2015 年版，第 89～91 页。
② 参见［日］山岸猛著，刘晓民译《侨汇——现代中国经济分析》，厦门大学出版社 2013 年版，第 6 页。

侨汇收入已跌至 640 万美元。这一现象实际上与当时国内的政策紧密相关。改革开放以来，由于我国实行新的鼓励外资的政策，以及侨乡人民物质生活大幅度改善，"以钞代汇"和"以物代汇"的现象势头猛增，原有的侨汇优待政策已不适应形势的要求。因此，从 1980 年起，广东侨汇收入直线下降，至 1985 年，广东省侨汇收入只有 7000 多万美元。而广东省侨汇收入的大幅度下降，意味着广东已经进入一个多渠道多元化外汇收入的新阶段。①

表 2-5　1978 年至 2000 年广东省侨汇收入情况②

单位：千美元

年份	侨汇收入	年份	侨汇收入	年份	侨汇收入
1978	446194	1986	79522	1994	87142
1979	518843	1987	52940	1995	31734
1980	466037	1988	15540	1996	23356
1981	296890	1989	23810	1997	17050
1982	333740	1990	48510	1998	27920
1983	241470	1991	19691	1999	5465
1984	151581	1992	95340	2000	6400
1985	74514	1993	98740		

从不同类别的侨汇来看，首先，在赡家性侨汇方面，1979 年 7 月，广东省华侨商品供应公司成立。随后其统一印制"侨汇商品供应票"，由银行按侨汇额发放，使用期 1 年。粮油供应票证由粮食局回笼，其他商品票证由华侨公司回笼。同时，中国华侨旅游侨汇服务总公司（以下简称

---

① 参见廖建祥、关其学主编《广东对外经济关系》，广东高等教育出版社 1988 年版，第 206 页。

② 表 2-5 数据来源于［日］山岸猛著，刘晓民译《侨汇——现代中国经济分析》，厦门大学出版社 2013 年版，第 4～6 页；《广东省志》编纂委员会编《广东省志：1979—2000·30·侨务卷、外事与港澳事务卷》，方志出版社 2014 年版，第 136 页。

"中侨公司")在广东设立分公司,恢复侨汇物资供应,并在广州开设首家外汇免税商场,经营海关允许免税进口的生活物品,为未购买免税商品回国探亲的华侨华人服务。广东除恢复凭侨汇证供应的粮、油、糖副食品及日常生活必需的工业品之外,逐步增加中成药、高档香烟、名酒、国产手表、自行车、家用电器、缝纫机等商品。[①]

其次,在建筑侨汇方面,1980年,国务院转发国家建设总局、国务院侨务办公室《关于用侨汇购买和建设住宅的暂行办法》,要求广东和福建两省把侨汇建房工作抓紧抓好。1981年,广东省恢复建筑材料供应,按每百元人民币的侨汇供应25元侨汇建筑材料,并给予在城镇的侨汇建房以免征5年房地产税优惠。1985年,国务院批准广东省再次提高侨汇地方留成比例,建筑侨汇留成由40%调高到60%。另外,广州、江门、佛山、汕头、开平、梅县等县市相继成立华侨建筑服务公司,各地侨汇户建房热情高涨。据统计,1979年至1995年,广州市共竣工华侨住宅5259套,建筑面积达60.3万平方米,创汇1.33亿美元。开平县(今开平市)仅1985年就有新建楼房1600多套,建筑侨汇达325万美元。[②]考虑到1979年之后广东侨汇收入的大幅下降,1988年2月,广东省人民政府办公厅印发《广东省华侨用侨汇在城镇购买住宅照顾亲属入户暂行规定》,鼓励华侨用侨汇购房,改善归侨侨眷居住环境。基于此,1987年至2000年,广东侨汇收入5.54亿美元,其中侨汇购房达3亿美元。自1979年以来,广东全省的重点侨乡,诸如江门、佛山、广州、汕头、梅县和惠阳等地,已退还华侨房屋几千万平方米,占应退总数的80%以上。[③] 在20世纪80年代后期,广东省归侨侨眷由用侨汇购买生活用品转向在城镇购买房产,改善居住条件。1990年,经广东省侨办审核报省政府批准,全省

---

① 参见《广东省志》编纂委员会编《广东省志:1979—2000·30·侨务卷、外事与港澳事务卷》,方志出版社2014年版,第134页。
② 参见《广东省志》编纂委员会编《广东省志:1979—2000·30·侨务卷、外事与港澳事务卷》,方志出版社2014年版,第135页。
③ 参见廖建祥、关其学主编《广东对外经济关系》,广东高等教育出版社1988年版,第207页。

第二章　海外华侨华人与广东经济科技发展

有62个市县（区）侨办开展侨汇购房入户业务。① 其中，在建房屋8470个单元，建筑面积为67.8万平方米，售出3845个单元，33.16万平方米，有6416名侨胞眷属入户城镇，创汇2991.2万美元，而侨汇购房人均创汇4662万美元。在1988年至2000年，全省侨汇收入共有50127.76万美元，其中，侨汇购房收入30460万美元，占同期侨汇收入的60.76%，照顾侨胞眷属购房入户46678人。（见表2-6）② 可以看到，在1979年之后广东省侨汇收入（经银行解付的侨汇收入）下降的一段时期内，国家和广东省政府通过调整建筑侨汇留成的具体规定并开展相关侨汇购房入户业务，使得广东省的侨眷侨属能够更加充分地利用本省的侨汇收入，以改善总体生活条件和水平。但由于享受侨汇购房入户优惠待遇的侨眷并不多，因此广州市于2003年12月中下旬出台了《关于改革我市常住人口调控管理制度的若干意见》，由此，侨汇入户购房政策被停止，一般居民通过购房入户的（包括正式户口和蓝印户口）的政策途径也被取消了。2003年8月14日，广东省人民政府侨务办公室发出急件，通知省华侨房产建设公司、省华侨房产开发公司、省华侨建设工程公司和广东中旅华侨房地产公司4家公司停止办理侨汇购房入户业务。③ 广东省通过取消为积累资金让华侨华人利用侨汇购房入户的优惠措施，以此控制大城市的常住人口。

---

① 广东省人民政府侨务办公室、广东省计划委员会（简称省计委）、公安厅、粮食局、外汇管理局同意，于1990年3月印发《广东省华侨用侨汇在城镇购买住宅照顾亲属入户管理办法》，规定归侨侨眷用侨汇购房入户管理工作，规定侨汇购房对象限于华侨、外籍华人，还包括香港、澳门、台湾同胞及其大陆（内地）亲属；购房资金包括侨汇和在境内银行的外币存款，凭海关"入境旅客行李申报单"证明携带入境的外币；购房建筑面积在50～70平方米的，可照顾其直系或旁系亲属两人入城镇户口；入户指标每年由省计委下达，省侨办具体分配办理。

② 参见《广东省志》编纂委员会编《广东省志：1979—2000·30·侨务卷、外事与港澳事务卷》，方志出版社2014年版，第135～136页。

③ 参见《广州购房入户政策取消》，见金羊网（http://www.ycwb.com/gb/content/2004-02/22/content_644806.htm）。

表 2-6　1979 年至 2000 年广东省建筑侨汇收入统计①

单位：万美元

年份	侨汇数额		侨汇购房入户（人）	年份	侨汇数额		侨汇购房入户（人）
	总收入	侨汇购房			总收入	侨汇购房	
1979	511884.30			1990	4908.80	2991.20	6416
1980	46603.70	—	—	1991	1969.15	1089.00	2450
1981	29689.00	—	—	1992	9534.00	5323.56	6405
1982	33374.00	—	—	1993	9874.00	4630.70	4798
1983	24147.00	—	—	1994	8714.23	4364.00	5390
1984	15161.00	—	—	1995	3173.40	2024.00	3820
1985	7451.40	—	—	1996	2335.60	2026.24	3180
1986	7955.20	—	—	1997	1705.00	1460.00	2285
1987	5294.00	—	—	1998	2792.00	2199.00	3975
1988	1554.00	1348.60	2452	1999	546.58	518.00	1134
1989	2381.00	1910.70	3123	2000	640.00	575.00	1250
合计					271687.36	30460.00	46678

最后，在捐赠性侨汇方面，1978 年之后，由于华侨政策中"左"的一套做法逐步得到修正，在经济体制改革中也逐渐下放权力，鼓励引进外资，搞活农村经济和城镇经济。这些变化也激发了广东省海外侨胞的爱国热忱，他们一方面看到了中国在经历"文革"之后逐步走上健全法制、发展经济的道路；另一方面也深知中国的落后。因此，广东侨胞在投资办厂、兴办第三产业之外，还无偿捐赠了大量钱财和物品，帮助家乡改善生产条件、交通条件和教育条件。据不完全统计，自 1979 年至 1985 年年底，广东省共接受华侨捐赠折合人民币 15 亿元，主要包括新建大学 4 所、中专学校 1 所，新建中小学校 3000 多所，新建、改善医院 200 多间，新建侨联大厦、青少年活动营和文化中心 200 多座，捐办自来水工程 400～

---

① 表 2-6 来源于《广东省志》编纂委员会编《广东省志：1979—2000·30·侨务卷、外事与港澳事务卷》，方志出版社 2014 年版，第 136 页。

第二章 海外华侨华人与广东经济科技发展

500宗,捐建番禺大桥、南雄大桥等大中小桥梁数百座,捐赠汽车60000辆以及捐赠兴办工厂企业千余宗。①

从广东省各个不同侨乡的侨汇收入来说,江门市五邑侨乡之一台山市的侨汇收入在广东省的侨汇收入中占到很大比例,约占全省侨汇收入的10%。(见表2-7)实际上,台山市的侨汇收入一向在中国侨汇收入中占有特殊地位,改革开放以来台山市侨汇收入的起伏变化也是整个中国侨汇变化的典型缩影。从表2-7中可以看到,1978年至1983年,台山市年均侨汇收入超过3000万美元,1984年侨汇收入开始下降,1987年之后更是不足1000万美元,1993年则仅有218.0344万美元,是改革开放以来台山市侨汇收入的最低点。但从1995年起,其侨汇收入又开始超过千万美元。据记载,2003年台山市侨汇收入更是首次突破亿美元大关,几乎比2002年增加一倍。②

表2-7 广东省及省内代表性侨乡的侨汇统计(1978年至1996年)③

单位:万美元

年份	广东省	江门市区	台山	新会	潮州	佛山	澄海	梅县	中山	三水
1978	44618.4	491.6	3047.7	1886.9	887.0	442.8	559.0	555.7	—	511.8
1979	51884.3	517.9	3336.1	2336.4	1071.0	508.0	616.2	644.2	2685.9	576.0
1980	46603.7	541.1	3637.1	2570.5	1076.0	381.0	582.8	857.9	2695.0	584.7
1981	29689.0	482.0	3193.5	2019.0	947.0	223.5	486.9	771.4	1398.7	421.3
1982	33374.0	622.0	3565.3	2314.8	979.0	298.7	460.0	806.3	1566.2	484.1
1983	24147.0	436.0	3022.2	1445.7	903.0	202.1	418.7	657.1	911.4	289.0
1984	15161.0	204.0	2226.6	777.2	696.0	110.2	293.6	415.4	533.3	144.0

---

① 参见《广东省志》编纂委员会编《广东省志:1979—2000·30·侨务卷、外事与港澳事务卷》,方志出版社2014年版,第208~209页。

② 参见许玉明主编《中国侨务通论》,暨南大学出版社2012年版,第246页。

③ 表2-7数据来源于[日]山岸猛著,刘晓民译《侨汇——现代中国经济分析》,厦门大学出版社2013年版,第73~74页。

(续表 2-7)

年份	广东省	江门市区	台山	新会	潮州	佛山	澄海	梅县	中山	三水
1985	7451.4	108.0	1260.0	346.3	330.0	47.8	151.2	187.0	219.4	—
1986	7955.2	167.0	1348.8	392.3	347.0	100.1	159.6	167.6	252.5	—
1987	5294.0	79.4	981.9	264.3	204.0	73.7	—	115.0	155.4	—
1988	—	—	577.1	162.9	176.0	—	—	—	99.1	29.0
1989	2381.0	—	292.1	96.6	—	—	—	—	49.6	—
1990	4851.0	—	—	159.3	—	—	—	—	64.8	—
1991	—	—	727.9	250.1	—	—	—	—	—	32.0
1992	—	—	691.0	242.2	—	—	—	—	—	254.0
1993	—	—	—	—	—	—	—	—	—	—
1994	—	—	—	—	—	—	—	—	—	—
1995	—	—	2586.8	—	—	—	—	—	—	—
1996	—	—	3027.8	—	—	—	—	—	—	—

　　实际上，台山市侨汇收入增长的一个主要原因就是新移民的增长及其经济贡献能力的提升。首先，根据上文对广东省新移民的分析，台山市新移民主要流向美国和加拿大。其中，根据1978年至20世纪80年代中期的统计，台山市流向美国的新移民占台山同时期总移民人数的79.6%，而同期广州市流向美国的新移民只占42.76%。[1]实际上，历史上台山市便以美国移民的家乡而闻名。据统计，1855年居住在加利福尼亚从事金矿劳动的4万名华工中，包括台山人在内的"四邑人"（开平、台山、恩平、新会人的总称）占了41.6%，1866年占55.8%，1876年则占82%。因此，基于历史上移民美国的浪潮，在改革开放之后到1989年年底，台

---

[1] 参见［日］山岸猛著，刘晓民译《侨汇——现代中国经济分析》，厦门大学出版社2013年版，第69页。

第二章 海外华侨华人与广东经济科技发展

山市迁往美国和加拿大的人数达到7万人。① 而根据1998年6月台山市的"侨情调查报告",1998年在台山依靠血缘、地缘关系的海外居住者约130万人中,美国有50万人(1994年为45万人),加拿大为175500人(1994年为15万人),由此可见台山市移民美国人数的众多与绝对比例。②其次,台山市新移民与其他地区新移民一个明显的不同在于台山人并不是因为贫穷才进行海外移民。实际上,台山是全国百强县之一,尤其在改革开放后,其经济增速很快,台山市居民的收入在全省乃至全国来说都是比较高的。据统计,1985年占台山市居民80%的农民人均纯收入为533元(全省农民平均收入为495元),1989年为1080元(全省为955元),1990年为1221元(全省为1043元),到1995年已经达到2699元。③ 基于上述两个原因不难看出,台山市新移民本身的经济基础就相对较高,而大量流向美国也为他们的经济收入和经济贡献能力的进一步提高提供了绝佳的平台,由此使得台山市的侨汇收入始终保持在一个较高的水平,并进一步推动了台山市的社会经济发展。

而广东潮汕地区的侨汇情况则有所不同。由于移民世代久远,第一代移民越来越少,因此潮汕地区作为赡家性的侨汇收入已经基本断绝,20世纪80年代银行的解汇员天天满村递送侨汇的景象已基本不存在。但是,潮汕地区作为侨乡与海外的经济联系并未因此而中断。取而代之的是"旅游贸易"等经济形态的兴起以及海外移民形态的变化。④通过海外贸易和务工所赚取的外汇,同侨汇一样,经由中国银行、外国银行信用卡、地下钱庄和自带等渠道源源不断地输入侨乡。除了作为生活费用之外,仍有部分侨汇收入被用于投资,对侨乡经济的转型和升级起到了一定的作用。

从总体上来看,从2000年至2014年广东省的本外币储蓄存款呈现逐渐递增的态势。其中,广州、深圳和佛山的本外币储蓄存款数额占较大比

---

① 参见[日]山岸猛著,刘晓民译《侨汇——现代中国经济分析》,厦门大学出版社2013年版,第68页。
② 参见[日]山岸猛著,刘晓民译《侨汇——现代中国经济分析》,厦门大学出版社2013年版,第70页。
③ 参见[日]山岸猛著,刘晓民译《侨汇——现代中国经济分析》,厦门大学出版社2013年版,第70~71页。
④ 参见黄晓坚《广东潮汕地区海外移民形态的新变化》,载《华侨华人历史研究》2013年第1期,第25页。

重，而广州市的本外币储蓄存款占比重最大，且呈现出逐年递增的趋势。（见表2-8）需要说明的是，这一数据并非是广东省在同时段内侨汇收入的对应数据，但从同时期中国国际收支经常项目的顺差规模来看，2000年上半年中国国际收支经常转移顺差额为28.73亿美元，2001年上半年这一数额为34.76亿美元，2002年上半年为57.32亿美元，2003年上半年为75.13亿美元，而其中侨汇额占到70%以上。① 因此，我们可以大致推断出这一时期广东省的侨汇额基本呈现逐年增长的态势。

表2-8 广东省中外资金融机构本外币储蓄存款②

单位：亿元

市别	2000年	2005年	2008年	2009年	2010年	2011年	2012年	2013年	2014年
合计	10028.65	20267.76	28181.18	32136.32	36965.75	41061.56	46265.58	50638.64	53215.87
广州	2677.84	5475.77	7111.27	8214.21	9302.33	10260.54	11557.00	12496.69	12825.64
深圳	1391.53	3525.70	5125.66	5943.09	6918.19	7963.54	8910.98	9690.28	10193.04
佛山	1364.95	2465.51	3494.11	3945.01	4460.82	4707.06	5215.16	5602.58	5806.94
…	…	…	…	…	…	…	…	…	…

习近平总书记勉励广东要做到"四个走在全国前列"。广东作为我国第一经济大省，是改革开放的排头兵，多年来发展活力一直不减。这种活力不仅源于改革开放政策的实行，更来自海外华侨华人的智慧和力量。40年来，丰富的侨资和侨汇为广东改革开放带来了经济动力，是实现广东经

---

① 参见［日］山岸猛《新阶段的侨汇与新移民（下）》，载《南阳资料译丛》2008年第2期，第74页。

② 表2-8数据来源于广东省统计局、国家统计局广东调查总队编《广东统计年鉴2015》，中国统计出版社2015年版，第247页。

第二章 海外华侨华人与广东经济科技发展

济特区建设构想重要的一环。先进的管理技术和优秀人才资源为广东科技创新和产业发展提供机遇，帮助广东填补高端人才空缺，实现创新驱动发展战略。粤籍新移民为家乡源源不断地输送侨汇，改善了侨乡的生产条件、交通条件和教育条件，使广东侨乡经济社会获得快速发展。

第三章 海外华侨华人与广东文教体卫事业

广大华侨华人虽然身在国外,但根在中国,他们与祖(籍)国有着难以割断的联系。中华人民共和国成立以来,他们关注并热心祖(籍)国和侨乡的文化教育事业、公益慈善事业、体育运动事业和医疗卫生事业,尤其关注侨乡在这些方面的发展与进步。改革开放后,广大海外华侨华人在这方面的积极性有增无减,对侨乡文教体卫事业的发展发挥了重要作用。①

第一节 海外华侨华人对广东文教体卫事业的支持与贡献

在社会公共事业发展方面,海外华侨华人做出了卓越的贡献。特别是在改革开放以后,华侨华人开始更多地参与到祖(籍)国的社会主义建设中来。在广东改革开放40年的各项建设中,不乏华侨华人和港澳同胞的身影,不管是捐建博物馆、高等院校、体育馆、医院,还是做慈善、支教、促进侨乡体育对外开放和改善医疗条件等,华侨华人和港澳同胞都做出了卓越的贡献,将他们的爱国爱乡情感转化为支持家乡经济社会建设的实践行动。

---

① 参见周南京主编《华侨华人百科全书·总论卷》,中国华侨出版社2002年版,第126～127页。

第三章　海外华侨华人与广东文教体卫事业

一、文教兴国

（一）文化

华侨华人即使身在海外也心系祖（籍）国的文化事业，广东的许多博物馆都曾收到过来自海外侨胞和港澳同胞的捐赠。由于文博机构不是营利机构，普遍受到资金方面的制约，文物资料搜集起来也相对困难。而在克服这些问题上，海外华侨华人和港澳同胞就起到了关键作用。

首先，在文博机构的建设和完善方面，粤籍侨胞做出了巨大的贡献。例如，江门市的五邑华侨华人博物馆于 2005 年开馆时，获得大量华侨华人捐赠的贵重文物，诸如新加坡华人郑社心捐赠的其父郑潮炯抗战时期"卖子救国"的实物——一个棕色的旧布袋和两件中山装，被誉为镇馆之宝；①广东省第一家、目前国内规模最大的客家博物馆——广东客家博物馆于 2008 年 4 月在被誉为"世界客都"的梅州建成并隆重开馆，广东客家博物馆的建立得到海内外客家人的大力资助，共获捐资 3580 余万元人民币，这笔资金用于客家博物馆以及黄遵宪公园的建设；②此外，值得一提的还有汕头侨批博物馆，该馆创建于 2004 年，是中国首家以侨批为主题的博物馆，自筹建以来，该馆一直得到海内外热心人士的大力支持，目前馆内藏有侨批原件和复印件超过 12 万封；③2002 年建成的广东华侨博物馆是全国第一家省级专业华侨博物馆，它于 2011 年 5 月 18 日正式向全社会开放。广东华侨博物馆总投资 4200 万元，其中近 1700 万元是来自海外侨胞及港澳同胞的捐款，而博物馆内的藏品有 4000 余件（套），其中不少为海外侨胞和港澳同胞捐赠所得。④

其次，在侨乡文物资料的搜集和获得方面，广大海外华侨华人和归侨

---

① 参见莫高义、张东明主编《发现侨乡：广东侨乡文化调查之三》，广东人民出版社 2015 年版，第 99 页。
② 参见《梅州：海内外乡亲捐款建客家博物馆黄遵宪公园》，见新浪新闻网（http://news.sina.com.cn/o/2005-03-28/10185483832s.shtml）。
③ 参见莫高义、张东明主编《发现侨乡：广东侨乡文化调查之三》，广东人民出版社 2015 年版，第 99 页。
④ 参见程希、吴小安主编《华侨博物馆与华侨华人研究》，中国华侨出版社 2016 年版，第 34 页。

侨眷同样发挥了至关重要的作用。观澜籍旅居巴拿马的华侨蔡胜田将具有100多年历史的老宅家具，包括老式挂钟、太师椅，甚至冰箱无偿捐献给广东华侨博物馆，将华侨在海外的奋斗故事保存和记录下来，以此铭记祖辈的奋斗历程。①而这些文物也见证了老一辈华侨华人在海外的成长经历，无疑是研究华侨和客家文化的"活历史"，很有保存价值。以画家、文物收藏家和著名外交家著称的粤籍英国华人赵泰来，改革开放以来，先后向北京圆明园、中国历史博物馆、江苏省盐城市博物馆、广州市美术馆、广东华侨博物馆以及广州艺术博物院等捐赠数以万计的艺术作品。从1998年开始，赵泰来相继将1万多件艺术品捐赠给番禺宝墨园和南粤苑收藏观赏。世界杰出华人会为了表彰赵泰来的这种无私奉献精神，两次授予他"世界杰出华人奖"。②2017年6月18日，美国空军"二战"飞虎队③文物收藏家陈灿培，从美国带回一批飞虎队文物，并捐赠给台山市博物馆。这批文物主要涉及李庚申、李襄民和黎荣福3位华裔飞虎队老兵，所捐赠的文物主要包括与飞虎队有关的书信、照片、军帽、军装、徽章、军用水壶、文件等，且均由其家属或本人捐赠。④值得一提的是，目前台山市正在建设台山华侨与飞虎队多媒体数据库项目，该项目是文化部全国公共文化发展中心广东省分中心拟建的"岭南文化数字资源平台"的重要组成部分。项目以台山籍飞虎队队员为主体，将散存于世界各地的相关文献、图片进行最全面的集中整理和研究。项目建成后，将成为全省乃至全国展示台山籍飞虎队队员家国情怀最丰富、功能最齐全的全开放式资源库。⑤而这次捐赠无疑极大地丰富了台山市博物馆的资源，也让后人得以从这些珍贵的物件中感受到当时3位台山籍飞虎队队员所面临的战况，表达对英雄的深切缅怀。祖籍中山市的旧金山市立人学音乐教师彭德慧于2011年

---

① 参见《深籍巴拿马侨胞向省华侨博物馆捐赠文物》，见广东侨网（http://www.qb.gd.gov.cn/dfqw2010/sz/201202/t20120215_234357.htm）。

② 参见《广州南粤苑举行华侨港澳同胞侨捐项目挂牌仪式》，见中国侨网（http://www.chinaqw.com/gqqj/2016/07-22/96227.shtml）。

③ 飞虎队即美国志愿航空队，于第二次世界大战中美与日开战前夕成立，是由高薪聘请的美国飞行人员组成的雇佣兵性质的空军部队，在中国、缅甸等地对抗日军。

④ 参见丁海平《广东江门台山市博物馆获赠华裔飞虎队老兵物件》，见中国侨网（http://www.chinaqw.com/gqqj/2017/06-22/149010.shtml）。

⑤ 参见丁海平《广东江门台山市博物馆获赠华裔飞虎队老兵物件》，见中国侨网（http://www.chinaqw.com/gqqj/2017/06-22/149010.shtml）。

第三章　海外华侨华人与广东文教体卫事业

6月向中山华侨历史博物馆捐出一批家族文物，其中包括家书、旧护照、照片、日本偷袭珍珠港时期的岛上通行证，以及"二战"时期从香港驶往夏威夷最后一班轮船的船票等。彭德慧的父母均为广东中山人士，父亲彭祖程一直居住在夏威夷，母亲杨守真则居住在澳大利亚。外曾祖父关北祺20世纪80年代在澳大利亚拥有庞大家族。1980年，关氏家族庆祝在澳定居100周年时，澳大利亚ABC电视台还推出英文特刊，记载关氏百年史，而该特刊也是彭德慧捐献的文物之一。彭德慧指出，每一张文件、收据、家书或照片，背后都有一个故事。如今，这些物件都成了对故人的珍贵记忆和对当时历史的生动记载。①

华侨华人在文物方面的捐赠，一方面体现了他们逐渐将自身作为一种群体文化进行探寻和塑造；另一方面，这种行为宣传和保护了历史遗留下来的传统文化和生产生活遗迹，最大限度地保护了粤籍侨胞的个体记忆和集体记忆，有助于增强粤籍侨胞共同的身份认同和对共有文化的传承。

除了对文博机构的建立和文物资料的搜集等有形的文化项目建设做出突出贡献外，广大粤籍华侨华人对侨乡公益事业的发展也发挥了至关重要的作用，有力地推动了广东慈善文化的发展。广东是著名侨乡，同时也是侨捐大省。多年来，广大海外侨胞、港澳同胞积极参与和推动广东慈善公益事业，已然成为促进广东社会文化事业发展的重要力量。据不完全统计，改革开放40年来，海外侨胞、港澳同胞向广东捐赠总额折合人民币超过530亿元，捐建公益慈善项目超过4万宗，侨捐项目遍布全省城乡。②为了更好地保护和落实粤籍侨胞和港澳同胞的捐赠热情，广东省侨办于2007年推动成立了广东省侨心慈善基金会，在全国侨办系统率先搭建起由政府侨办主管、引导和服务海外侨界慈善人士参与慈善事业、实现慈善爱心的平台，将慈善文化上升到一个新的高度。10余年来，该基金会共接受了来自30多个国家和地区侨胞的慈善捐赠，款物合计超过1.5亿元人民币，持续打造了救灾援建、爱心助学、扶贫济困、公益捐助、"侨心居"建设五大品类慈善项目，在广东、四川和云南等5个省份开展

---

① 参见《彭德慧家族文物捐赠中山华侨历史博物馆》，见广东侨网（http://www.qb.gd.gov.cn/dfqw2010/zs/201106/t20110629_171372.htm）。
② 参见郭军《广东省侨心慈善基金会十年接受慈善侨捐逾1.5亿元》，见中国侨网（见http://www.chinaqw.com/gqqj/2017/12-12/171803.shtml）。

了60多个公益慈善项目。①

2017年度大本钟奖全球十大杰出华人青年奖的获得者中有两位是祖籍广东江门的华人，分别是公益使者利承武和企业家吴锐谋，且两人均于2014年获得过第四届世界江门青年大会"十大杰出青年"的称号。利承武自小深受家族爱国爱乡的影响，情系桑梓，热心投身家乡公益事业建设，先后捐资人民币750万元，支持家乡教育、医疗、卫生、养老等事业发展。近年，利承武成立了"平等机会基金"，在教育、医疗、扶助社会弱势群体方面做出努力，希望能让他人有更好的起步点、更公平的发展平台，得到最基本的保障和尊严。吴锐谋现任澳大利亚悉尼江门五邑商会会长、澳大利亚悉尼江门五邑青年联合会创会会长。吴锐谋一直大力推动中澳江门青年经济文化交流与合作，组织旅澳华裔青年及企业家回到祖籍地开展经贸考察、探访交流，先后举办中澳经济沙龙讲座、悉尼青少年学生文化寻根之旅及各项慈善活动，为海外华裔青年企业家树立了良好的典范，起到带头作用。与此同时，他热心关心家乡发展，多年来一直支持家乡的慈善公益事业，多次捐资支持家乡教育、医疗卫生、妇女儿童事业，树立起新一代海外华裔青年企业家的新风范。②可以看出，在很多海外华侨华人心里都饱含着浓浓的故乡情。他们秉承着传统的中华文化观，希望通过捐助来造福乡梓，在捐赠中实现自我价值。不论是一般家庭还是富商大贾，都会尽自己所能来参与祖（籍）国的慈善事业，希望为家乡的发展贡献自己的一分力量。

除了广大海外华侨华人通过捐助以促进侨乡的经济社会发展之外，广东省侨务部门也通过举办各类活动加深广大粤籍侨胞对侨乡的理解，充分挖掘海外侨胞的文化认同。2017年6月5日至11日，广东省侨办主办了"2017华侨华人广东文化行"活动，来自美国、加拿大、德国、法国、匈牙利、柬埔寨、马来西亚、泰国、毛里求斯、秘鲁、澳大利亚、巴拿马、巴西、墨西哥和日本15个国家的中华文化中心、华侨华人社团和华文学校的22名代表先后赴广州、潮州和汕头参观文化景点和文博机构，并在

---

① 参见郭军《广东省侨心慈善基金会十年接受慈善侨捐逾1.5亿元》，见中国侨网（http://www.chinaqw.com/gqqj/2017/12－12/171803.shtml）。
② 参见《2017年度大本钟奖全球十杰华青奖名单公布 两位五邑乡贤获国际荣誉》，见江门市外事侨务局网（http://www.jmwqj.gov.cn/xwzx/hwqq/201712/t20171224_694541.html）。

广东省侨办和汕头华侨经济文化试验区举办了两场座谈交流活动。活动期间,代表们先后参观了广东华侨博物馆、广州陈李济中药博物馆,了解华侨华人历史文化和南粤中医药文化;近距离欣赏了作为世界非物质文化遗产之一的粤剧文化,在潮州木雕艺术馆和中国刺绣文化研究院聆听国家非物质文化遗产传承人、木雕大师辜柳希的讲解;实地考察韩文公祠、湘子桥、广济门城楼、牌坊街、饶宗颐纪念馆和开元寺等潮州主要文化景点;参观汕头市文化馆非遗展厅、汕头开埠博物馆、侨批博物馆、澄海樟林古港等极具地方文化和侨文化特色的文化遗产。①而这一活动的举办不仅使海外华侨华人深入了解到广东文化特别是潮汕文化的博大精深,以及早期华侨华人为广东的现代化建设和经济发展所做出的突出贡献,而且为助推"一带一路"建设和促进广东文化"走出去"发挥了积极的桥梁和纽带作用。

2018年4月16日,纪念《胥山月刊》创刊99周年庆典活动在广东台山市举行,来自世界各地的伍氏宗亲代表和侨刊负责人等600多人出席庆典活动,沟通乡情,联系乡谊。《胥山月刊》创办于1919年,1985年复刊,是台山市伍氏族刊。其由国内外乡亲赞助出版,每期发行量为9000册,发行至世界各地,曾在广东省侨刊乡讯第三次评比中获族刊二等奖。《胥山月刊》的办刊宗旨是:坚持为侨胞、侨眷服务,报道侨情和乡情,激发侨胞的思乡爱乡情怀;宣传报道家乡工农业发展的新面貌,促进家乡经济建设与各项公益事业的发展;联络乡亲,引导其寻根问祖,追宗思源。在庆典活动上,伍新雄社长代表《胥山月刊》与美国《侨报》签署了战略合作伙伴关系。根据协议,双方将在《胥山月刊》在美国的宣传发行、联络交流等方面展开全方位合作,共同报道伍氏族人以及华侨华人在美国的历史和现状,弘扬中华文化,为侨社和侨胞服务,为中美两国的合作与发展做出贡献。伍新雄表示,包括《胥山月刊》在内,未来计划联合35个台山市侨刊乡讯进行整合捆绑,申请成为继银信后台山的又一世界记忆遗产。②分析至此不难看出,在侨乡的文化建设领域,目前

---

① 参见《华侨华人广东文化行活动圆满结束》,见中国华文教育网(http://www.hwjyw.com/info/content/2017/06/21/34079.shtml)。

② 参见《广东台山举办纪念〈胥山月刊〉创刊99周年庆典活动》,见中国侨网(http://www.chinaqw.com/gqqj/2018/04 – 17/186217.shtml)。

正逐渐形成一种广东省侨务部门、侨乡的社会组织与海外侨胞"三位一体"共同促进广东省文化建设的发展模式。

随着中国参与经济全球化的程度逐渐深入以及"一带一路"倡议的提出，粤籍侨胞和归侨侨眷不仅将对广东乃至中国的经济发展发挥关键作用，而且能够发挥其在文化领域的独特优势，促进广东的经济社会发展。华侨华人深受西方文化影响，思想活跃，他们对新鲜事物相对敏感，因此近代广东能首先接受西方先进思想文化，成为近代思潮的重点地区与革命的策源地，并在变革现实、改造中国社会的革命运动中发挥重要作用。而在推进"一带一路"建设的过程中，华侨华人更是一支不可忽视的力量。他们所具有的资本、产业、人才、技术、信息等优势将释放出巨大的物质和非物质能量，充分发挥其效能，进一步促进和深化广东在文化领域的建设和发展。①

（二）教育

许多老一辈的华侨早年家境贫寒，没有受到好的教育，因此，在他们稍有余力之时便开始改善家乡的教育环境。首先，在高等教育方面，广东省的很多高等院校都曾接受过侨胞的慷慨捐赠，其中包括暨南大学、汕头大学、五邑大学和嘉应学院等。1978年暨南大学复办后，华侨华人和港澳同胞对学校的资助极为踊跃。据不完全统计，暨南大学接受捐资捐物折合人民币达到1.6亿元，其中由华侨华人捐赠的包括：1979年，荷兰华侨总会捐赠26.2万荷兰盾支持学校办学；1979年，秘鲁的戴宗汉、戴贺廷合捐100万港元用以购买仪器设备；1987年，多名海外和港澳同胞捐资成立暨南大学教育基金会；1994年，李文正捐赠500万元兴建华文学院综合大楼。②此外，还有多位华侨华人多次捐赠，如梁仲景、吴炳昌和颜开臣等。位于江门市的五邑大学在兴建和发展过程中也离不开华侨华人的捐赠。五邑大学建校以来得到华侨华人和港澳同胞的鼎力支持。他们共捐建楼宇近50座，此外，还捐赠一大批教学科研仪器设备与图书资料，

---

① 参见司徒尚纪《21世纪海上丝绸之路，广东再出发》，广东旅游出版社2016年版，第141页。

② 参见张应龙主编《华侨华人与新中国》，暨南大学出版社2009年版，第105页。

并设立多项奖学金。①据不完全统计,截止到2013年,侨胞和港澳乡亲捐资捐物折合港币高达2.5亿港元,涵盖了建筑、奖助学金、教学设备和科学研究等各个方面。②嘉应学院的发展同样得益于海内外同胞的大力支援。据不完全统计,从1985年创办到1989年止,先后已有近百位华侨华人和港澳同胞捐献建校资金1000多万元,兴建校舍面积达33000平方米。嘉应学院还收到华侨华人和港澳同胞捐赠的汽车、微型计算机、传真机、录像机、摄像机、中英文打字机及各种图书资料,总价值100余万元,此外,还包括逾千万港元的教育基金。③

汕头大学是香港著名企业家、香港长江实业(集团)有限公司董事局主席李嘉诚在家乡捐资参与创办的一所综合性大学。1981年8月,国务院正式批准创办汕头大学。随着汕头大学的逐步建立,李嘉诚的捐款数额也逐步增加,从3000万元到7000万元,到2.1亿元至3.7亿元。1990年2月汕头大学举行落成庆典时,李嘉诚共捐款约5亿港元,迄今为止,捐款数额已超过33亿港元。除了捐献巨额资金之外,李嘉诚对汕头大学的发展和建设也颇为关注,在选择校址、设计建筑、配备师资方面,他都亲力亲为,并且认真听取专家意见,也因此而塑造了汕头大学别具一格的建筑风格。④

除了关注高等教育的发展,海外侨胞也心系故乡的基础教育事业。中华人民共和国成立后,华侨华人和港澳同胞积极开展捐资助学活动。改革开放以来,广东有近1.8万所中小学校是由侨胞捐资所建,而且这些学校在广东省的基础教育发展领域具有相当影响力,其中包括广东省梅县东山中学、广东省开平市开侨中学、广东省深圳市荣根中学、广东省江门市新会陈经纶中学、广东省顺德区杏坛镇梁銶琚中学等。⑤侨办小学更是数不胜数。以江门为例,据江门市外事侨务局统计,从改革开放到2005年年底,华侨华人与港澳同胞共兴办了大、中、小学校2826间(次),占地面积达660万平方米;托儿所、幼儿园共478间(次),面积达到18万平

---

① 参见张应龙主编《华侨华人与新中国》,暨南大学出版社2009年版,第109页。
② 参见王继远、纪晓虹《五邑华侨慈善教育捐赠现状、问题与对策——以五邑大学接受捐赠为例》,载《五邑大学学报》(社会科学版)2015年第2期,第2页。
③ 参见邓富粦主编《梅州市华侨志》,广东省梅州市华侨历史学会2001年版,第73页。
④ 参见张应龙主编《华侨华人与新中国》,暨南大学出版社2009年版,第111页。
⑤ 参见张应龙主编《华侨华人与新中国》,暨南大学出版社2009年版,第123页。

方米；捐资赠物累计42148宗，金额为61.7多亿港元，其中有24亿港元用于兴办大、中、小学校和修建托儿所、幼儿园、图书馆等，极大地推动了江门市基础教育事业的发展。①

华侨华人和港澳同胞对家乡的捐助可谓倾心倾力。香港爱国实业家、香港潮属社团总会创会会长陈伟南数十年来捐资数千万元推动家乡教育事业的发展，在潮州市沙溪镇建立宝山中学，帮助母校韩山师范学院修建教学楼、校史馆、校道、校门等，捐资总额800余万元；此外，加强教学设施和师资队伍建设、设立潮汕星河奖基金会以奖励优秀的潮汕学子。据不完全统计，陈伟南在教育、文化、医疗等公益事业方面累计向家乡捐赠逾1亿元人民币。②加拿大温哥华华埠商业促进会会长、加拿大侨信集团董事长霍启恩及其父亲霍宗杰在2016年为家乡河源市源城区新塘小学捐赠了250万元，用于建造教学大楼、运动场和更换教学设备等，这项捐助使学校的软硬件设施发生了翻天覆地的变化，所有教室都安装了先进设备，使用多媒体教学，教师办公也配置了电脑；所捐赠的教学大楼在投入使用后，学校新增入学新生250名，有力地解决了周边适龄儿童入学难的问题。③可以说，侨乡教育事业的发展在很大程度上都得益于华侨华人和港澳同胞的无偿资助，他们为广东的基础教育事业做出了卓越的贡献。

在捐资之外，部分粤籍华侨华人也主动投身祖国和侨乡的教育事业。其中，最为广泛传播的就是"山乡好人"廖乐年。廖乐年出生于马来西亚，是客属华人第三代。他从小讲英语，13岁到英国读书，大学毕业后成为一名英文和马来文教师。廖乐年十分关心家乡的经济社会发展状况，而改革开放以来中国所发生的巨大变化也激起了他的浓厚兴趣，并使他萌生了退休后回到故乡发挥自己的才干，进行义务教育的念头。④1999年，廖乐年退休，由于不懂中文，他先回到香港学习普通话，在3个月之后，他回到家乡梅州市大埔县长教村从事义务教育事业，一待就是10多年。

---

① 参见王继远、纪晓虹《五邑华侨慈善教育捐赠现状、问题与对策——以五邑大学接受捐赠为例》，载《五邑大学学报》（社会科学版）2015年第2期，第1～2页。
② 参见《百岁侨领陈伟南：热衷慈善数十年 为家乡做贡献》，见中国侨网（http://www.chinaqw.com/qx/2017/08－18/158149.shtml）。
③ 参见金嘉龙《加拿大籍侨领霍启恩到广东河源市考察捐赠项目》，见中国侨网（http://www.chinaqw.com/gqqj/2016/11－11/112242.shtml）。
④ 参见黄方生《粤侨先锋》，暨南大学出版社2013年版，第176页。

第三章 海外华侨华人与广东文教体卫事业

在这10多年间,他用自己的真诚说服家乡人民学习英语,每到周末和节假日就邀请适龄儿童参加免费补习班。而参加补习班的学生也从一开始的20多人发展到后来的200多人,最多的时候则超过400人。在教学过程中,廖乐年善于总结经验,并富有创新意识。他凭借自己多年的经验,创造了"廖氏基本音教学法",将常用的字母组合分类,让那些从未接触过英文的人易懂易记。此外,他打破常规的教学方式,一改老师站在讲台上照本宣科的老传统,采用讲故事、唱歌曲甚至翩翩起舞的授课形式,生动活泼,极有情趣,使学生们尤其是小孩们喜闻乐见,且易于接受。为了帮助学生提高英语水平和接受新观念,他使用从国外带回的教材,同时又和中国国情与现实生活相结合,促使学生们能够放眼看世界。为了融入当地社会,他还坚持利用各种机会学中文与客家话,上课时多种语言并用,让学生们更好地理解,同时也使学生的英语阅读能力和口语水平都有了明显提高,学习兴趣也更加浓厚。①

自开办补习班以来,已有超过5000人享受了廖乐年的"义务教育",而长教村也从一个10年前几乎没有一个大学生的小山村,变成了已有十几名大学生的现代村庄。为了让义务教育在长教村持续发展下去,廖乐年将退休金全用于教学活动,每年还前往香港、马来西亚和新加坡等地筹集经费。10多年来,他筹集了200多万元人民币用于教学、帮助贫困学生完成学业等。此外,廖乐年还给他曾教过的大学生每人每年资助3000元,截止到2013年,已有20多人受到廖乐年的资助。② 随着廖乐年的事迹被广泛报道,参加义务教育的老师和外籍志愿者也逐渐增多。最多的一次,长教村来了40多位外教,形成了一个以廖乐年为首的强有力的教师团队,从而改变了廖乐年"单打独斗"的局面,极大地促进了长教村基础教育事业的进步。

不管是捐助高等教育还是基础教育,抑或直接投身家乡的基础教育事业,都是华侨华人和港澳同胞关心家乡教育事业的体现。侨资大力兴办教育,弥补了许多广东省侨乡教育发展的空白,他们秉承着"十年树木,百年树人"的理念,造福桑梓,有力地推动了广东省各地教育事业的发展,更体现了他们对祖国教育事业发展的殷切期望。

---

① 参见黄方生《粤侨先锋》,暨南大学出版社2013年版,第176页。
② 参见黄方生《粤侨先锋》,暨南大学出版社2013年版,第176页。

除了海外华侨华人对广东省教育发展做出突出贡献之外，广东省也不断结合自身侨务工作的实际情况，在国家教育政策方针的指导下，大力推动省内教育事业的进一步发展，保护华侨、归侨和侨眷子女的受教育权利。正如习近平总书记在广东代表团审议时所指出的，发展是第一要务，人才是第一资源，创新是第一动力。中国如果不走创新驱动发展道路，新旧动能不能顺利转换，就不能真正强大起来。强起来要靠创新，创新要靠人才。而广东作为侨务大省，应积极践行、倡导和推动国家在培养人才和引进人才方面所出台的系列政策措施和法律法规，更广泛地吸引和培育海外华侨华人及其后代心向中国，以各种方式为深化广东的改革开放和实现中华民族的伟大复兴做出贡献。从广东省侨办近两年所颁布的诸如《关于华侨学生在我省接受高中阶段教育的实施办法》《广东省人民政府侨务办公室　广东省招生委员会办公室　广东省公安厅关于报考普通高校入学考试的"三侨生"证明办理规定》和《关于做好我省报考2018年普通高校入学考试的"三侨生"证明办理工作的通知》等相关教育政策或措施可以看出，广东省在吸收党的十九大精神和习近平总书记参加广东代表团审议时的重要讲话精神的基础上，充分结合省内侨乡教育发展的实际情况，不断制定并完善相关教育政策，以维护华侨、归侨和侨眷及其后代的受教育权利。

二、助力体卫

（一）体育

中华人民共和国成立以来，海外华侨华人就积极关注和参与祖国体育事业的发展，将体育看作凝聚海外华侨华人力量，赢得民族荣誉的一个重要方面，并因此而形成了重视体育的优良传统。广大粤籍侨胞和港澳同胞长期以来秉承着这一优良传统，为祖国体育事业的发展做出了卓越的贡献。

1. 捐献不遗余力

改革开放以后，我国改革开放政策的推行和经济建设的迅速发展为我国体育事业的发展创造了新的契机。同时，这一全新的发展态势很快得到了海外华侨华人的关注和支持。他们纷纷把参与祖（籍）国体育发展看作加强与祖（籍）国联系的一种重要手段，是弘扬爱国主义精神的关键

第三章 海外华侨华人与广东文教体卫事业

载体和参与祖（籍）国建设的途径之一。随着中国体育事业的不断发展进步，很多华侨华人和港澳同胞通过捐资建造体育场馆、完善体育训练机制、改善比赛条件等方式来表达自己对家乡体育事业的关心。

据统计，从1979年到2000年，广东省接受华侨华人、港澳同胞捐赠的用于体育场馆建设资金累计达6.31亿元人民币。其中，全国政协副主席暨前任香港中华总商会会长霍英东先生多次捐献巨资支持广东省体育事业的发展。1978年，霍英东先生捐款220万港元，给刚刚复办的暨南大学修建了体育场馆；1982年，他投资1200万元建造中山温泉高尔夫球场；1984年，他再次捐款250万元，改建广州市沙面网球场；1985年，他筹集资金成立了"霍英东基金会"，拨出大量专项资金用于家乡的教育和体育事业；1986年，他捐献40万美元用于修建番禺县英东体育中心，此外，还捐款3000万港元建成中山大学英东体育中心。[1]祖籍广东开平的利国伟先生是香港著名的财政金融家和社会活动家，他曾捐资2000万港元创建了广州市体育运动学校，并设立奖励基金会，用于培养运动员和体育后备人才。祖籍广东宝安的澳门企业家何鸿燊先生和祖籍广东珠海的澳门企业家吴福先生曾分别捐资5000万港元和1000万港元，用于兴建珠海体育中心。泰国正大集团谢国民及其家族则捐赠了4530万元人民币，在汕头兴建正大体育馆。此外，潮汕侨胞与港澳同胞共捐资2000万元人民币用以修建潮汕体育馆。[2] 2015年，在暨南大学建校109周年前夕，为贯彻家族对发展教育和体育的优良传统和理念，霍英东之子霍震寰安排儿子霍启文作为家族代表，向暨南大学捐赠1500万元，建设南校区体育场馆。[3]实际上，除了霍英东先生一家，还有许多华侨华人曾慷慨资助广东省的体育事业，在省内很多城市和学校，都能见到海外侨胞和港澳同胞所捐建的体育场馆和各类体育设施。这些贡献也都将载入我国体育事业发展的历史史册，并对海外侨胞和港澳同胞进一步参与祖国和家乡体育和社会发展事业起到激励作用。

1990年北京亚运会的举办，得益于包括海外侨胞在内的亿万中华儿

---

[1] 参见张红华《华人华侨对我国体育发展的贡献》，载《体育文化导刊》2009年第8期，第148页。
[2] 参见张应龙主编《华侨华人与新中国》，暨南大学出版社2009年版，第81页。
[3] 参见吴少敏、陈枫《崔世安：暨大是澳门子弟首选 霍震寰三代缘系暨南》，见中国侨网（http://www.chinaqw.com/hwjy/2016/11-03/110942.shtml）。

女倾情捐赠款物。2010年的广州亚运会,海外侨胞依然不遗余力,对亚运会的顺利举办起到关键作用。2010年8月,侨胞郑楚辉先生向广州亚组委捐赠一对南非钻石(总重约6克拉,总价值超200万元人民币),用于装点"九九祥龙"汽车的龙睛。这部估价上亿元的工艺汽车将在亚运会开幕前进行拍卖,其所得将全部捐赠给广州亚组委。① 实际上,亚运会在广州举行不仅是这座城市的荣耀和中国的荣耀,更是广大海外粤籍侨胞的荣耀。通过捐赠为广州亚运会助威,以期带动更多社会力量支持广州亚运会和广东的社会经济发展,是包括郑楚辉在内的广大海外侨胞的共同心愿。除了捐款,海外侨胞还通过志愿服务、担任民间外交大使和赞助代言等多种方式,为广州亚运会呐喊助威。在印度尼西亚,十几个华侨华人社团集体签名祝福亚运,并表示将用实际行动积极参与支持;在菲律宾,华侨华人社团举行了各种形式的广州亚运会宣讲、交流及联谊活动,并以传统舞龙舞狮祝福亚运;在中山市,长期致力于家乡公益事业、推动祖(籍)国与海外各国交流合作的广大华侨华人——孙中山后人孙必胜顺利完成亚运火炬传递;在亚运场馆,一大批既熟悉中华文化,又熟悉其他国家风俗习惯和语言文化的华侨华人青年学生担任志愿者,用汗水表达他们对祖国的热爱。②

可以看出,中华人民共和国成立以来,广东省乃至全中国体育事业的发展都离不开海外华侨华人、港澳同胞所发挥的重要作用。他们不仅通过捐资捐物,鼎力支持广东省体育事业不断取得新成就,而且身体力行,以自己的实际行动表达对祖国和家乡体育事业发展的关心和支持。

2. 推动全民体育的发展和体育对外交流

改革开放以后,广大华侨华人和港澳同胞在参与祖国经济建设的同时,也意识到祖国体育基础设施状况的薄弱。华侨华人有"重视体育"和"乐于帮助家乡兴办体育事业"的优良传统,因此,他们开始在人力、物力和财力上推动祖国和家乡体育事业的发展。直接参与体育运动、资助建设促进全民体育的发展和间接参与推动国际体育交流是3种

---

① 参见《九九祥龙点睛仪式暨亚运会指定饭店揭牌仪式举行》,见中国日报网(http://www.chinadaily.com.cn/dfpd/2010-08/09/content_11120083.htm)。

② 参见《海外华侨华人多种方式助力广州亚运会》,见中国新闻网(http://www.chinanews.com/hr/2010/10-21/2604328.shtml)。

主要的表现形式。

首先，海外侨胞、归侨和侨眷通过亲身参与体育活动，切实推动祖国体育事业的发展，提高中国在国际体育舞台上的地位。在中国体育的奠基时代，海外归侨起到了重要作用，如乒乓球的容国团、姜永宁、傅其芳，羽毛球的王文教、陈福寿、陈玉娘、游泳的吴传玉、戚烈云，举重的黄强辉，等等。①其中，在20世纪50年代末，祖籍广东省珠海市南屏镇的容国团在第25届世界乒乓球锦标赛中一举夺冠，为我国赢得首个男单世界冠军。②祖籍广东新会的印度尼西亚归侨林慧卿是新中国第一个世乒赛女子大满贯选手。她在1965年为新中国获得第一个女子团体世界冠军、第一个女子双打世界冠军，以及进入世锦赛所有4个项目的决赛并且两次获得冠军；在1971年为中国获得第一个混合双打世界冠军；同年，再次进入世锦赛4项决赛并且3次获得冠军。③

在羽坛，中国第一代羽毛球运动员中的佼佼者几乎都是华侨，且有80%来自印度尼西亚，这些知名运动员有不少都是粤侨。如祖籍广东南海的印度尼西亚归侨梁小牧是我国20世纪60年代著名的羽毛球运动员，曾获运动健将称号。她在1963年11月参加第一届新兴力量运动会，并获羽毛球比赛女子团体冠军、女单和女双亚军。梁小牧还多次代表中国参加国际羽毛球比赛，取得好成绩，并被国家体委评为"一等功臣"，被省体委评为"五好运动员"和"个人标兵"，1986年更是被国际羽联授予"贡献奖"，在海内外侨界和体育界中有一定威望和影响。她著有《我和羽毛球》和《羽毛球》两本书，撰写过有关羽毛球技术、战术等专业文章，并翻译（英文）羽毛球混合双打训练比赛等文章多篇，为我国体育文化事业做出了卓越贡献。④

其次，广大粤籍侨胞和归侨侨眷心系侨乡体育事业，并通过捐资建设各类体育设施直接促进家乡全民体育的发展。以著名侨乡江门为例，江门

---

① 参见梁英明《拼搏与奉献——印度尼西亚归侨林慧卿的乒乓球人生》，中国华侨出版社2015年版，第74页。

② 参见黄晓东主编《珠海简史》，社会科学文献出版社2011年版，第242页。

③ 参见梁英明《拼搏与奉献——印度尼西亚归侨林慧卿的乒乓球人生》，中国华侨出版社2015年版，第73页。

④ 参见熊伟君、宁活义主编《全国归侨、侨眷知识分子名人录》，中国华侨出版社1997年版，第931页。

市台山县被誉为"排球之乡",这得益于江门华侨华人的参与和支持。排球运动起源于美国,1910年传入中国,台山的排球运动则始于1914年。最初,排球运动多出现在侨眷聚居的地方或学校周围和村庄,排球队员也多为华侨子弟和学生,开展排球运动的组织者多为年长的归侨和侨眷。随着这项运动受到越来越广泛的欢迎,逐渐发展成为一项社会性的运动种类。20世纪80年代初,台山体育场地非常简陋。为了创造有利条件振兴台山的排球运动,加拿大籍华人、香港时富集团董事长朱正贤赞助港币50万元,兴建台山正贤体育训练馆。该训练馆于1983年正式落成。此后,在海外乡亲的支持下,1986年,台山体育馆建成;1987年,台山县被国家体委授予国家体育先进县称号。同年,朱正贤又在台山市城北兴建了第二体育训练馆。这使得台山的体育场地具有承办国际比赛的能力,1990年世界超级女排中国队和古巴队就在台山市进行比赛。[①]

再如广东著名侨乡开平。2005年,开平七中为成立品牌特色过硬的体育学校,向海内外校友发出兴建体育馆的倡议,得到海内外校友的积极响应,并收到海内外校友捐款100多万元。其中,旅港校友吴汉良、吴荣治、吴荣熹先生各捐款20万元以上,周民兴、甄启壮、吴耀汉先生各捐款10万元。此外,还有近60位海内外校友和热心人士纷纷踊跃捐资,积极支持母校兴建体育馆。开平七中体育馆最终在海内外校友的积极捐赠下成功建成,其占地面积1800平方米,建筑面积2400多平方米,可容纳2000多名学生进行体育活动。[②]

香港著名实业家和慈善家李伯荣先生祖籍广东省台山市。李伯荣先生秉承其父李星衢遗志,爱国爱乡,热心公益。自1993年以来,李伯荣先生向家乡捐资兴办医疗卫生、文化教育、体育、修路筑桥等共计120多项公益事业,捐资总额为2.5亿多元港币。2011年,他为台山市六大教育项目捐资3000多万元,其中与体育运动有关的包括捐资550万元人民币兴建台山市华侨中学星衢体育馆、捐资250万元港币兴建华侨中学星衢体育综合楼、捐资300万元港币兴建敬修职业技术学校李星衢体育馆等。捐

---

① 参见刘权《念祖爱乡:海外广东人的情结》,广东人民出版社2005年版,第150页。
② 参见《海内外校友和热心人士捐资兴建开平七中体育馆》,见江门市外事侨务局网(http://www.jmwqj.gov.cn/xwzx/gtxq/200703/t20070307_537470.html)。

第三章 海外华侨华人与广东文教体卫事业

赠上述体育设施体现了李伯荣先生对进一步发展家乡体育事业的深切期望。①

最后，除了对侨乡的体育事业给予经济支持以外，不少华侨华人和港澳同胞身体力行推动侨乡体育的对外交流，同时广泛开展并资助各种体育竞赛，有力地促进当地社会体育事业的进一步发展。

改革开放之初，国内在对外交流方面还比较谨慎。为了实现粤港两地之间的交流，霍英东想出了"以足球来交流"的办法。1977年，广东足球队第一次到香港访问，与香港愉园队进行比赛。这次比赛也是新中国历史上广东和香港地区足球的第一次交流。时任香港足球总会会长的霍英东先生提出举办省港杯足球赛的设想，以促进两地之间的交流。1978年12月7日，粤港两地足球界的代表签订省港杯足球赛协议书，决定自1979年起，每年元旦与春节期间，广东省足球协会和香港足球总会各派球队，轮流在广州和香港两地举行主客场比赛（即"省港杯"）。第一届"省港杯"于1979年春节前夕举行，在香港和广州两地引起轰动。香港总督麦理浩观看了比赛并亲自给夺冠的广东队颁奖。此后，每年"省港杯"都会如期举行。时至今日，"省港杯"已经不仅仅是一项足球赛事，更多的是粤港两地经济、社会、体育和文化交流的重要桥梁。同时，"省港杯"足球赛也是新中国历史上第一个由中央政府批准的地方性涉外体育赛事，对推动粤港两地体育交流、促进粤港友好关系发挥了积极作用。②

此外，在资助家乡的体育竞赛方面，华侨华人和港澳同胞同样做出了突出的贡献。1981年，祖籍台山的加拿大籍华人朱正贤先生与朱炳宗先生回国探亲时，资助家乡三合镇举办"丰收杯"排球赛。从1982年开始，他们每年赞助10万元港币，用于举办"振兴杯"排球赛，特邀全国前六名男子排球精英队八一、北京、上海、江苏、福建、广东各队到台山比赛，以推动台山排球运动的发展。1983年，他们又出资邀请中国女排国家队参加在台山举办的"振兴杯"排球赛。迄今为止，"振兴杯"排球赛已举办了20多届。除县内各乡镇和单位的球队经常受邀参加以外，全国男、女甲级排球队也先后接受邀请到台山市参加"振兴杯"比赛，台

---

① 参见《李伯荣先生捐资3000多万 家乡台山六大教育项目庆典》，2011年4月28日，见江门市外事侨务局网（http://www.jmwqj.gov.cn/xwzx/gzdt/201104/t20110428_538055.html）。

② 参见张应龙主编《华侨华人与新中国》，暨南大学出版社2009年版，第90~91页。

山也因此被评为全国体育竞赛最佳赛区。①同样，广东顺德的均安女子篮球队也得到了海外华侨、港澳同胞的鼎力支持。香港顺德联谊会副主席罗景云先生曾亲自担任均安女篮的名誉领队，香港顺德联谊会和均安同乡会的负责人也大力资助均安女篮的集训和参赛活动，包括赴新加坡等地参加国际性篮球比赛。在广东省东莞市大岭山镇，香港同胞黎升先生同样关心家乡的体育事业的发展，他发起并赞助举办了"黎升杯"乒乓球赛。自1991年起，"黎升杯"赛每年举办一届，至今已发展成为当地的特色运动品牌活动。②广大粤籍华侨华人将积极资助各类体育竞赛和推进家乡体育事业的对外交流作为他们支持祖国体育事业发展的重要形式并长期坚持下来。这不仅体现了他们的爱国情结，也体现了他们希望祖国体育能够更强的美好愿望。通过体育竞赛的宣传以及不同地区体育经验的交流学习，让更多人关注并参与到体育运动中来，真正促进全民体育的发展。

综上所述，中华人民共和国成立以来，尤其是改革开放以来，广大海外籍华侨华人、港澳同胞通过亲身参与体育运动并取得非凡成就、直接捐资修建各类体育场所、资助开展多种体育竞赛活动以及推动侨乡体育的对外交流等方式，不仅大大改善了家乡的体育基础设施建设，为侨乡提供了完备的体育活动场所，而且为家乡和祖国体育事业的发展做出了独特的贡献，并进而为祖国的改革开放事业做出了相应的贡献，对广大华侨华人进一步参与到家乡和祖国的体育与社会文化事业中起到了很大的激励作用。

（二）卫生

改革开放以来，随着社会经济的不断发展，广东省各地的民众对医疗的需求持续增加。但在改革开放之初，由于缺乏资金和基础设施，医疗条件远远满足不了当地群众的需求。在此情况下，海外华侨华人和港澳同胞为改善家乡的医疗条件，积极进行捐赠，在很大程度上缓解了当时广东各地的医疗困境。

1979年至2000年，广东省共接受华侨华人和港澳同胞捐助医疗卫生

---

① 参见郑志刚、关文明《华侨、港澳同胞与中国体育事业的发展》，载《体育学刊》2008年第5期，第48~49页。
② 参见张红华《华人华侨对我国体育发展的贡献》，载《体育文化导刊》2009年第8期，第149~150页。

第三章 海外华侨华人与广东文教体卫事业

款项达到35.69亿元，新建、扩建医院和卫生院2308所，建筑面积达238.73万平方米，捐赠各类救护车1678辆及各种先进医疗设备一批。从省内各个地区的情况来看，广州市接受捐赠总额为4.8亿元，新建扩建医院51间，建筑面积达13.52万平方米。①1984年霍英东先生捐赠100万美元帮助暨南大学发展医疗教育和保健事业，为了铭记霍英东先生对学校和华侨医院建设的重要贡献，暨南大学将当时新落成的华侨医院门诊大楼命名为"英东楼"。②广州籍旅港同胞范鉴尧自1987年来，先后向广州市第一人民医院捐赠价值人民币130多万元的医疗设备，改善了市一院的医疗条件，此后又出资为市一院建立基金会，用于培养人才和科学研究。旅港同胞谭兆向广州市第二人民医院捐资300万港元用于修建住院楼，又捐资400万港元兴建广州市儿童医院门诊楼。旅港同胞林余宝珠向广州市孙逸仙纪念医院捐赠500万港元；徐伟峰捐赠200万人民币扩建增城市示范中医院；郑裕彤捐资60万美元给广州中山医科大学，为该校的"郑裕彤博士国际眼科培训中心"购置先进医疗设备。③

在台山，1978年至2002年台山人民医院共接受旅外乡亲、社团捐赠的设施合计4453.64万港元。1984年，香港台山商会捐资兴建台山县人民医院门诊大楼，建筑面积达4368平方米，并为该院新购置了价值约100万港元的医疗设备。1987年，香港台山商会又捐资500万港元兴建县人民医院住院大楼，台山旅港乡亲黄浩川还为县人民医院兴建了黄明衍大楼，改善了县人民医院的医疗卫生设施。目前，台山人民医院已成为一家集医疗、急救、预防、康复、教学、科研于一体的二级甲等综合性大型医院。④在梅州市，梅县松口人民医院门诊大楼是由城北区和松口地区4位旅外华侨捐资103万港元兴建起来的。门诊大楼内设备齐全，救护车、发电机组、床头X光机、综合治疗牙科机、电子血压计、显微镜、电冰箱、空调机等医疗器械和设备，均从国外引进。松口人民医院的建立大大改善

---

① 参见《广东省志》编纂委员会编《广东省志：1979—2000·30·侨务卷、外事与港澳事务卷》，方志出版社2014年版，第195页。

② 参见中共广东省委党史研究室编《梁灵光与广东改革开放》，南方日报出版社2016年版，第256页。

③ 参见广东省地方史志编纂委员会编《广东省志·华侨志》，广东人民出版社1996年版，第327～328页。

④ 参见梅伟强、关泽锋《广东台山侨务志》，广东人民出版社2012年版，第143页。

了梅县当地的医疗环境，使民众享受到较好的医疗条件。东莞市旅外乡亲方树泉以方树福堂基金会的名义，捐资460万港元兴建占地两万平方米、建筑面积达1.45万平方米的方树泉医院，大大改善了当地的医疗设施。①

在中山市，中山籍华侨华人、港澳同胞也热心捐赠医疗卫生事业。旅港中山侨商会顾问郑亮钧对家乡公益事业一向极为热心，除捐助颐老院、幼儿园外，1987年又捐助25万港元兴建中山市莲峰医院，并将价值31万港元的物业赠给医院基金会。②已故旅港乡亲杨志云早在1979年就捐资1000万港元，兴建中山市人民医院杨颖滨大楼。1995年，杨氏家族再次向市人民医院捐资2500万港元，兴建了楼高15层的杨志云大楼。2004年，杨氏家族再度捐款2000万港元，兴建市人民医院门诊大楼和康复中心。此外，中山市博爱医院、市中医院、石岐华侨医院、沙溪隆都医院等，也都凝聚了旅外乡亲的深深乡情。③

在潮汕地区，自改革开放至1986年，海外潮籍乡亲捐款建设并扩建了潮州医院、潮安医院、庵埠华侨医院、沙溪卫生院4家医院，建筑面积为3万多平方米。此外，还购置了现代医疗器械，极大地改善了当地民众的医疗保健条件。1992年，潮安籍旅外侨胞共捐资2700多万元，对全县原有的10多个卫生院进行维修改造，同时在一些乡镇又建了8个卫生院，有效帮助该县解决了农村就医难的问题。④香港著名慈善家和实业家李嘉诚先生不仅捐款兴建汕头大学医学院附属第一、二医院，兴办精神卫生中心，还在汕头大学医学院第一附属医院等全国21所重点医院开展医疗扶贫和宁养服务。1998年11月，李嘉诚将在汕头大学医学院成立的第一个专业机构命名为"宁养院"，并免费为贫困癌症病人服务。至2005年，宁养院已增加至20家，覆盖了全国130个区县，服务病人4万余人，累计出诊42.7万人次。李嘉诚基金会为此项善举累计捐款1.1亿元人民币。此外，李嘉诚还捐资在潮州市区兴建潮州医院和潮安医院，为这两所医院

---

① 参见广东省地方史志编纂委员会编《广东省志·华侨志》，广东人民出版社1996年版，第327~328页。

② 参见广东省地方史志编纂委员会编《广东省志·华侨志》，广东人民出版社1996年版，第328页。

③ 参见《中山市接受旅外乡亲捐赠公益事业累计达13.5亿元》，载《华声报》2006年1月16日。

④ 参见詹天庠主编《潮汕文化大典》，汕头大学出版社2013年版，第518~519页。

购置大批先进医疗设备，并设立医疗福利基金，用于救助贫困病人和发展医疗卫生福利事业。2004年年底，由汕头大学、香港中文大学联合汕头国际眼科中心联合策划的"关心是潮流"农村扶贫医疗计划，在第一个试点单位潮州市饶平县三饶镇卫生院拉开序幕，李嘉诚出席活动，并以李嘉诚基金会的名义捐资1000万元。①该项资金的投入明显改善了当地落后的医疗卫生条件，使得农村扶贫医疗事业真正落到实处。2016年6月底，由香港李嘉诚基金会捐资3.97亿元人民币兴建的汕头大学医学院新教学中心建成。该中心配套的全自动综合模拟人、数字化解剖人和数字扫描系统等高科技设备将有利于中国内地培养具备国际竞争力的优秀医学人才。②

香港民间慈善机构慈云阁主席林世铿也颇为支持家乡医疗卫生事业的发展。他曾捐献3000万元兴建揭阳市红十字会慈云医院，随后又捐出3508万元在揭阳市惠来县城郊兴建慈云中医院，并为两个医院购置各类先进的医疗设备。③祖籍潮州府城的沈广河是香港永成国际集团公司董事长，旗下企业有20多家。1980年以来，沈广河先生捐办潮州市福利院，收容弃婴、失明和失聪人士，以及残障长者；捐建潮州市颐养中心，为孤寡老人提供颐养天年之所；独资捐赠潮州市红山医院，创办中西医医疗所，赠医施药；捐资潮汕"星河奖"50万元，被聘为基金会的荣誉会长。④祖籍潮阳的马松深是香港风深置业有限公司、丰布厂有限公司董事长，他曾先后捐巨款兴建学校、医院并修桥铺路、支持水改工程。此外，他还发动旅港乡亲捐资1100万元兴建潮阳大峰医院，并积极帮助潮汕星河奖基金会和潮阳儿童福利会等福利机构的发展。⑤

2017年5月12日逝世的"中国好人"、加拿大华人何杰文也是华人造福桑梓的典型代表。何杰文一生致力于慈善公益事业，根据统计，

---

① 参见《李嘉诚出资千万助潮汕农村扶贫医疗计划》，见国际在线网（http://news.cri.cn/gb/1321/2009/06/23/157s2543098.htm）。

② 参见《李嘉诚基金会捐资的汕头大学医学院新教学中心建成》，见中国新闻网（http://www.chinanews.com/ga/2016/06-29/7922063.shtml）。

③ 参见陈焕溪《林世铿：从苦力到亿万富商》，见中国人物传记网（http://www.chinarwzj.com/sjjy/1842.html）。

④ 参见《沈广河：慈爱造福桑梓，爱心传递子孙》，见麦可龙医疗网（http://www.microview-medical.com/about/info_1171.aspx?itemid=385）。

⑤ 参见詹天庠主编《潮汕文化大典》，汕头大学出版社2013年版，第518～519页。

他的捐款数额超过一亿元人民币。何先生祖籍顺德，父亲是伦教人，母亲是龙江人。他于 1997 年捐建了龙江中心小学。2007 年，他又捐资 8000 多万元帮助成立龙江新医院。除此之外，他还捐资给社会福利基金并捐建敬老院，将自己毕生的精力都贡献在慈善事业上。2010 年 12 月，他以"诚信创业，捐亿元造福桑梓"而入选"中国好人榜"。①此外，加拿大华侨蔡光和郑焕明等人发起成立了广东省天行健慈善基金会。自成立以来，该基金会秉承着"关爱生命关注健康，共享和谐共创美好"的宗旨，已经帮助了全国近万名贫困群众重见光明，获得了社会各界的广泛赞誉。蔡光会长表示，广东省天行健慈善基金会、广东省侨心慈善基金会通过与中山大学中山眼科中心合作，除了为贫困患者免费实施手术外，还会将国内眼科领域一流的经验技术传授给当地的医疗团队，以期为受援当地打造一支带不走的医疗队伍，实现医疗的传、帮、带，造福更多的贫困百姓。②

除了通过捐资为广东省的医疗事业发展提供坚实的物质基础之外，海外华侨华人还极为提高广东的医疗水平建言献策。祖籍台山的加拿大哥伦比亚大学儿科教授、加拿大卑诗省儿童医院新陈代谢研究室主任谢华真，被广州市儿童医院聘为名誉院长。1986 年，他动员组织卑诗省儿童医院董事长和行政院长等一行 15 人访粤，促成广州市儿童医院与卑诗省儿童医院结为姐妹医院，两院签订长期友好交流《备忘录》。此外，谢华真曾向广州市儿童医院捐赠了一台价值 10 万美元的 X 光透视机和价值 20 万元人民币的医疗设备、教材、医学图书资料。20 世纪 90 年代，谢华真先后从加拿大请来 40 位医学护理专家来广州市儿童医院讲学，并安排广州市儿童医院 20 多名医护人员免费赴加拿大进修学习。世界神经外科联合会第二副主席、香港神经科专家温详来于 1985 年 3 月被聘为广州医学院名誉教授。在温教授的指导下，广州医学院于 1986 年 12 月成立神经科学研究所，该研究所也同时聘请温详来担任名誉所长。实际上，温详来除了为研究所筹集到 650 万港元的捐款外，还为研究所引进人才并资助专业

---

① 参见马莹莹《佛山"中国好人"何杰文逝世　曾捐亿元造福桑梓》，见中国侨网（http://www.chinaqw.com/qx/2017/05 - 24/143268.shtml）。

② 参见罗丹《广东慈善机构联合开展白内障复明慈善项目》，见中国侨网（http://www.chinaqw.com/gqqj/2017/12 - 13/171871.shtml）。

人员出国进修。此外，他还推荐了美国、加拿大以及中国香港神经学界学者共12人担任该研究所的名誉教授或顾问。①

除了捐资建立医疗卫生中心、捐赠医疗卫生基础设施，以及为提高家乡的医疗水平建言献策等，一些华侨华人和港澳同胞身体力行，将自己的遗体捐赠给更多需要器官移植的人，从而支持祖（籍）国医疗研究领域的进步。印度尼西亚归侨叶锦青和老伴李宝兰就是典型的例子。10年前，李宝兰和叶锦青共同签署了捐赠器官、遗体志愿书。这是深圳市器官捐献立法后，红十字会首次同时接到夫妇捐赠遗体和器官志愿书。叶锦青老人逝世后，他的眼角膜让7个人8只眼睛重获光明，他的遗体也被捐赠给医学院用于临床教学研究。叶锦青的儿子叶宁与癌症斗争15年后去世，也无偿捐赠了眼角膜；女儿叶玮于父亲逝世后的第三天，在无偿捐献眼角膜协议书上签下了自己的名字。目前，年近80岁高龄的李宝兰无论在家还是外出，都随身携带一张器官捐赠卡。她希望当自己生命垂危之际，可以让看到卡的人根据卡上指引尽快联络相关部门和人员，及时完成自己的捐赠意愿。②印度尼西亚归侨叶锦青一家用他们的实际行动诠释了粤籍侨胞对家乡医疗卫生事业发展的支持，而他们的这一行动也进一步激励了更多的海外侨胞以各种方式支持广东医疗卫生事业的发展。

广东省内广大侨乡在改革开放前不仅经济发展明显落后，其医疗卫生条件更是不尽如人意。海外华侨华人和港澳同胞通过捐资建医院、捐赠大量医疗设施、为侨乡的医疗卫生发展出谋划策以及身体力行支持祖（籍）国的医疗事业发展等多种形式，不仅为侨乡人民的身心健康提供了坚实的物质保障和成熟的卫生条件，而且有力地促进了广东省经济社会的多元发展，是广东深化改革开放过程的重要组成部分。

---

① 参见《广东省志》编纂委员会编《广东省志：1979—2000·30·侨务卷、外事与港澳事务卷》，方志出版社2014年版，第195页。

② 参见郑溢涛、孔令滨《生如过客　大爱永恒——印尼归侨叶锦青一家的爱心接力》，见广东侨网（http://www.qb.gd.gov.cn/dfqw2010/sw/201406/t20140604_490236.htm）。

第二节　海外华侨华人与广东华侨高等教育的快速发展：
以暨南大学为例

华侨高等教育是我国高等教育事业的重要组成部分，广东作为中国的侨务大省，拥有众多著名侨乡，如江门、开平、台山和梅州等，也由此肩负着培养海外华侨华人学子的重任。一个世纪以来，在祖（籍）国和海外华侨华人的共同努力下，广东省的华侨高等教育事业取得了长足的发展，为广大海外华侨华人子女回国接受优良的高等教育提供了一个优质的平台，充分保障了海外侨胞及其子女接受教育的正当权益和传承中华传统文化的美好愿望。改革开放以来，随着党和国家高等教育事业的稳步推进，广东省也随即走在时代发展的前列，进一步完善华侨高等教育事业的发展，并逐步形成了以暨南大学为代表的华侨高等教育特色培养模式。

一、暨南大学的建立与复办

暨南大学是中国第一所由政府创办的华侨高等学府，成立于1906年。作为一所以向海外传播中华文化、培养华侨华人子女为办学宗旨的"华侨最高学府"，暨南大学在20世纪初叶创校时即以"忠信笃敬"作为校训，在超过一个世纪的办学历程中形成了自己优良的校风和独特的办学风格。暨南大学校址最初在南京，后迁至上海，1927年更名为国立暨南大学。抗日战争期间，迁址福建建阳。1946年迁回上海，1949年8月合并于复旦大学、交通大学等高校。

中华人民共和国成立后，出于华侨高等教育和外交侨务工作的需要，国家决定在广州重建暨南大学。1957年5月，中国人民政治协商会议广东省委第一届委员会第三次会议在广州举行。在会议中，许多归国华侨政协委员建议："为了适应华侨学生和港澳学生考升国立高等学校的迫切要求与照顾他们程度参差不齐的情况，希望筹办一间新型的适合他们要求的华侨大学。"5月12日，在大会闭幕式上，兼任省政协主席的陶铸同志在讲话中赞成归侨委员的这一建议。次日，在陶铸主持的省政协第二十五次常委会上，做出了关于成立学校筹备委员会的决定，拟充分发动广大华侨华人，给予这所大学以物质上和精神上的有力支持。①1958年2月召开的广东省政协第二十八次常务委员会会议采纳了有关部门的建议，考虑到原在上海的国立暨南大学是一所具有悠久历史和光荣传统的华侨高等学府，在海外华侨华人中具有广泛深远的影响，决定仍定名为暨南大学。随后，广东省委、省政协等向高教部、中华人民共和国华侨事务委员会（以下简称"中侨委"）等相关部门汇报了有关情况，并经国务院批准，在广州重建暨南大学。学校的招生对象主要是海外华侨子弟和港澳同胞子弟。暨南大学重建后，也明确提出要把华侨学生培养成德才兼备的新一代，既要使他们能传承祖国的文化，为传播中华文化做贡献，又要使他们具备各种专业知识和技能，以服务于祖国和华侨社会的现代化建设。②

关于筹办重建暨南大学的经费问题，得到了中央、广东省和社会各界人士特别是海外华侨华人和港澳同胞的大力支持，中央侨委为此拨专款100万元，广东省地方财政拨款100万元。时任中共广东省委第一书记、暨南大学筹备委员会主任委员陶铸带头认捐两个月薪资，以作倡议和表率。广大海外华侨华人、港澳同胞和热心教育的爱国人士在得知广州将重建暨南大学的喜讯后，欢欣鼓舞，纷纷慷慨解囊。归侨蚁美厚、王源兴、黄洁、刘宜应、刘家祺和香港《大公报》社长费彝民等各捐款人民币3万元，澳门敦善堂捐款人民币20万元，用自己的实际行动支持暨南大学的重建。③

后来由于"文化大革命"的影响，学校一度停办，1978年改革开放以后才正式复办。在党中央、国务院做出复办暨南大学的决定后，广东省委立即致电表示完全拥护，并根据中央的指示精神，于1978年2月3日提出成立复办暨南大学筹备工作领导小组的方案。复办暨南大学的喜讯一传开，海内外许多热心华侨教育事业的华侨华人和港澳同胞欢欣鼓舞，纷

---

① 参见《本市将办华侨大学——省政协常委会讨论筹备进行》，载《广州日报》1957年5月14日。转引自张晓辉、夏泉主编《暨南大学史（1906—2016）》，暨南大学出版社2016年版，第204页。

② 参见《广东的华侨高等教育》，见《中国教育年鉴》编辑部编《中国教育年鉴：地方教育（1949—1984）》，湖南教育出版社1986年版，第932页。

③ 参见中国人民政治协商会议广东省广州市委员会文史资料研究委员会编《广州近百年教育史料》，广东人民出版社1983年版，第412页。

纷来电或来函表示祝贺。仅半年多的时间，就先后接到来自海内外的2000多封函电。有的从精神上给予鼓励，有的从物质上给予支持和赞助，有的询问有关入学的手续等，如香港的黄佩球、赵广、黄耀寰等即为暨南大学筹措了一批电子化教学和语言实验室设备。加拿大的两位华侨女青年在来信中说："我们从报纸上了解得知暨南大学恢复招生，十分兴奋。我们三年前毕业于多伦多大学，从事肿瘤研究，对祖国的医学十分向往，希望能获准回来就读。"①此外，许多港澳青年学生和家长也纷纷来函询问有关招生的情况。此后，在党中央、省政府、相关侨务部门和广大海外华侨华人的共同努力下，暨南大学开始复办，并在新中国华侨高等教育事业的发展中扮演着愈加重要的作用。

迄今为止，暨南大学积极贯彻"面向海外，面向港澳台"的办学方针，始终恪守"宏教泽而系侨情"的办学宗旨和理念，培养了大批优秀的海外学子。据不完全统计，建校至今，暨南大学共培养了来自世界五大洲170多个国家和港澳台地区的各类人才30余万人。1996年6月，暨南大学成为全国"211工程"重点建设高校。2011年4月，国务院侨办、教育部和广东省政府签署共建暨南大学协议。2015年6月，暨南大学入选广东省高水平大学重点建设高校。2017年9月，暨南大学入选国家"双一流"建设高校。②可以说，暨南大学的复办，标志着新中国华侨高等教育已从中华人民共和国成立初期的各校分散培养，走向了相对集中、专门培养的道路，同时也是发展新中国华侨高等教育的重要举措。③以暨南大学为代表的广东华侨高等教育已成为华南地区乃至全国对外办学的典范。

二、改革开放以来暨南大学的发展

1978年以来，暨南大学的办学思想发生了新的变化，无论在办学规模、结构，还是在办学质量上，学校都取得了长足进步。1978年4月17日，国务院批转了教育部、国务院侨务办公室《关于恢复暨南大学、华

---

① 暨南大学校史编写组编：《暨南校史（1906—1996）》，暨南大学出版社1996年版，第172页。
② 参见暨南大学官网"学校概况"（https://www.jnu.edu.cn/2514/list.htm）。
③ 参见张晓辉、夏泉主编《暨南大学史（1906—2016）》，暨南大学出版社2016年版，第203页。

第三章 海外华侨华人与广东文教体卫事业

侨大学有关问题的请示》，规定暨南大学和华侨大学"以招收海外华侨、港澳同胞和台湾籍青年学生为主，同时也要招收少部分国内的学生（以国内的归侨和侨眷的子女为主）"。此外，还特别规定对华侨、港澳学生实行"来去自由"的政策，明确表示，"华侨和港澳学生毕业后，可以由国家统一分配留在国内参加祖国的社会主义建设，也允许出国就业"[①]。这一规定也充分体现出作为华侨最高学府的暨南大学坚持"以人为本"的办学宗旨。

1983年8月，暨南大学根据中央文件的精神，提出"坚决贯彻办学方针，把暨大办出特色，要大力加强对外宣传工作，通过各种渠道，多招港澳同胞、海外侨胞、台（湾）青（年）和外籍华人，使四种学生的比例占在校学生总数的70%~80%，并逐步扩大预科的规模"[②]。2017年，学校共录取研究生3816人。其中，硕士研究生3469人，博士研究生347人。其中包括港澳台侨研究生171人，来华留学生180人，研究生数量是40年前的130倍。截止到2017年9月，各类在校学生已达到56001人。其中，全日制本科生有26254人，研究生10555人（包括博士研究生1465人、硕士研究生9090人）。来自127个不同国家和地区的在校华侨、港澳台和外国留学生共13909人，海外侨胞、港澳同胞和留学生的数量高居全国第一。[③]这一数量也再次充分体现了暨南大学"侨校"的特色。

此外，暨南大学也从学科建设方面不断满足港澳台侨学生的发展需要，切实提高了暨南大学华侨高等教育的总体水平。暨南大学学科齐全，文理工医兼备，目前设有36个学院，有62个系，10余个直属研究院（所）；有本科专业94个，硕士学位授权一级学科点37个，博士学位授权一级学科点23个，专业学位授权类别24种；有博士后流动站16个，博士后科研工作站1个。

学校有国家二级重点学科4个、国务院侨办重点学科8个、国家中医药管理局重点学科2个、广东省一级学科重点学科20个、广东省二级学科重点学科4个。2013年1月教育部公布的全国高校学科评估排名中，

---

① 纪宗安主编：《复兴与腾飞——广东改革开放30年与华侨高等教育》，暨南大学出版社2014年版，第7页。

② 纪宗安主编《复兴与腾飞——广东改革开放30年与华侨高等教育》，暨南大学出版社2014年版，第7页。

③ 参见暨南大学官网"学校概况"（https://www.jnu.edu.cn/2514/list.htm）。

学校7个一级学科上榜,其中应用经济学、新闻传播学、中药学并列全国第五,中国语言文学、统计学并列全国第八,基础医学列第十一,光学工程列第十四。根据ESI数据库2018年1月12日公布的最新数据,学校环境/生态学学科首次进入全球前1%行列。截至目前,学校共有工程学、化学、临床医学、药理与毒理学、材料科学、生物学与生物化学、农业科学、环境/生态学8个学科进入ESI世界排名前1%。① 可以看出,暨南大学的学科建设逐步齐全并不断跻身世界一流水平。这无疑有助于拓宽港澳台侨学生的知识面,增强他们的就业竞争力。同时,完备的学科设置也是港澳台侨学生在国家建设中发挥关键作用的重要保障。

值得一提的是,在华侨华人研究方面,暨南大学拥有全国华侨华人研究的重要基地——华侨华人研究院。早在1927年,暨大就成立了南洋文化教育事业部,专门研究东南亚华侨华人,可以说是中国最早从事该项研究的高校之一。1958年暨南大学在广州重建后,东南亚研究和华侨华人研究继续得到重视并取得了长足发展,成为彰显"侨校"特色的两大研究领域。1981年,经教育部批准,暨南大学在全国率先成立华侨华人研究的专门学术机构——华侨研究所,由著名学者朱杰勤教授担任所长。1984年,研究所在国内招收首批华侨史方向博士研究生。1996年后,华侨华人研究被纳入国家"211工程"1~3期重点学科建设行列,2000年获批教育部人文社科重点研究基地(华侨华人研究)。2006年11月,为了进一步整合校内有关华侨华人研究的各学科资源,彰显暨南大学特色,学校正式组建华侨华人研究院。② 2011年,暨南大学为打造具有侨校特色的创新研究平台,再次整合全校国际关系和华侨华人及其他相关领域研究力量,成立国际关系学院/华侨华人研究院,并又于2014年11月成立21世纪丝绸之路研究院。2015年7月,"华侨华人与国际问题研究"学科组团被纳入广东省高水平大学建设计划。③ 华侨华人研究院的建立和发展赋予暨南大学这所侨校新的内涵,使其不仅仅是招收港澳台侨学生的高等学府,同时也是开展华侨华人问题研究的学术重镇,对暨南大学发展华侨高

---

① 参见暨南大学官网"学校概况"(https://www.jnu.edu.cn/2514/list.htm)。
② 参见暨南大学华侨华人研究院官网"基地概况"(https://hqhryj.jnu.edu.cn/5527/list.htm)。
③ 参见暨南大学国际关系学院官网(https://sis-aocs.jnu.edu.cn/)。

等教育事业具有极其重要的意义。

2016年11月16日，在暨南大学110周年校庆之际，世界华侨华人文献馆在暨南大学正式成立并揭牌。回溯历史发展过程，1995年，经国务院侨办批复，暨南大学图书馆与香港大学联合成立华侨华人文献信息中心。经过20多年的建设与发展，该中心已成为收藏全球华侨华人研究书刊资料种类最全面、数量最丰富的文献重镇之一，并因此成为暨南大学对外交流的一扇独具特色的窗口。2015年年底，暨南大学图书馆馆长史小军教授指出，以110周年校庆为契机，暨南大学图书馆将在学校对外联络处的支持下，通过募集资金建设一所综合性、现代化和多功能的世界华侨华人文献馆，这一构想随后获得了学校的支持和批准。2016年4月19日，暨南大学向全球发布《世界华侨华人文献馆（筹）文献资料征集通告》。截止到2016年年末，共收到各类文献捐赠30多批近2000件。[1]未来，世界华侨华人文献馆拟通过筹集资金、收集资料等方式发展成一所集华侨华人文献收藏、阅览、展示、教育、交流、体验和研究为一体的综合性、现代化、多功能的独立场馆，并将成为暨南大学在华侨华人、华文文学、华文教育、华语传媒等研究领域最完备的资料保障库，同时也是一个面向侨研、侨务、华侨华人与社会各界的涉侨信息智库。此外，暨南大学还设立了世界华侨华人文献馆建设发展基金，用于未来相关场馆的建设及文献资源购置。[2]

可以说，世界华侨华人文献馆的成立，将为暨南大学开展华侨华人研究、华文教育、新闻传播及华文文学等学科的建设提供强有力的文献资源支持和保障，有利于进一步加大暨南大学华侨华人文献收藏力度，彰显华侨最高学府的办学特色与声誉，进而促进暨南大学进一步开展华侨高等教育事业。

---

[1] 参见《"世界华侨华人文献馆"在广州暨南大学成立》，见国务院侨务办公室（http://www.gqb.gov.cn/news/2016/1116/41164.shtml）。

[2] 参见《"世界华侨华人文献馆"在广州暨南大学成立》，见国务院侨务办公室网（http://www.gqb.gov.cn/news/2016/1116/41164.shtml）。

海外华侨华人与广东改革开放40年

第三节　粤侨精神与广东社会文明建设

"粤侨精神"的概念是时任广东省省长朱小丹在2012年全省侨务工作会议上提出的,他表示要归纳、提炼、传承粤侨精神。在此之后,广东省侨办和南方日报社共同组织开展"粤侨精神全球大讨论"活动。自活动开展以来,收到海外侨胞、归侨侨眷和社会各界有关"粤侨精神"的内涵表述语300多组。经过广泛征集意见和充分讨论之后,报省政府主要领导批准同意,"粤侨精神"内涵表述被正式确定为"念祖爱乡、重信明义、敢为人先、团结包容",并于2013年11月11日在澳门举行的第七届"世粤联会"上向五大洲粤籍乡亲正式发布。总体来说,粤侨精神是对海外粤籍乡亲移民史、奋斗史和贡献史的深刻总结,也是对中华文化、岭南文化和广东精神的传承和发扬,既反映了广东华侨的优秀品格和精神特质,也与岭南文化的内涵以及"厚于德、诚于信、敏于行"的新时代广东精神一脉相承。这一精神是海内外广东人共创共有的宝贵精神财富,具有鲜明的广东特点和丰富的时代内涵。在"粤侨精神"正式发布后,广东省侨办在《南方日报》《羊城晚报》刊登专题专版深度报道宣传粤侨精神,在《侨乡广东》专门编发一期"粤侨精神"专版,通过32家海外合作华媒向全球广泛宣传"粤侨精神",[①]其中林亚茗、沈卫红合著的《用粤侨精神凝聚侨心》一文阐释得十分贴切。

念祖爱乡:祖国和家乡是粤侨的"根"和"魂"。无论离开家乡多久多远,无论身在世界何处,粤侨始终赤子情深、桑梓情浓,始终怀着热切的"中国梦""家乡梦",义无反顾地为祖国和家乡的进步发展倾注热情、贡献力量。在中国革命、建设和改革开放的各个时期,粤侨都是最积极的支持者、参与者和贡献者,为中华振兴、国家统一、民族强盛、家乡发展做出了巨大贡献。粤侨还坚持不懈地在居住国传扬中华文化、岭南文化,发展华文教育,组织青年一代回乡寻根问祖,矢志不渝地把念祖爱乡的精神薪火相传。

---

① 参见朱小丹主编《"粤侨精神"正式发布》,见《广东年鉴2014》(总第28卷),广东年鉴社2014年版,第282页。

重信明义：重诚信、讲大义是粤侨在异国他乡生存立足、拼搏发展的道德基础和"生命线"。粤侨不慕虚名、不喜奢华、不善空谈、内敛沉稳、低调务实，不论处世为人还是立足谋生，处处光明磊落、以德服人，以诚信奠基立业，赢得信赖尊敬；粤侨还深明民族大义和侨社大义，坚决维护和争取民族和侨社利益，积极推动侨社团结与和谐，树立了粤侨"守法诚信、举止文明、关爱社会、团结和谐"的良好形象。

敢为人先："敢为天下先"是孙中山先生首先提出并始终奉行的革命精神，是世人公认的广东精神和粤侨"符号"。"下南洋""闯金山""走五洲"，粤侨是中国最早移民海外且人数最多的群体，也是最早最好扎根当地、广泛赢得尊重的群体。粤侨主动学习潮流、融入潮流、引领潮流；在创业和融入过程中，粤侨始终做到开拓进取、敢闯敢拼、与时俱进，写下了一部敢闯、敢为、敢冒的奋斗史、发展史。

团结包容：粤侨秉承中华民族的优良传统，无论侨居何地，都能够团结和睦，守望相助，共谋发展，主动为和谐侨社建设树立榜样、贡献力量。粤侨尊重包容侨居地不同文化，与不同族裔的人民友善相处、和谐共存，做到顺势应变、兼容并蓄，积极融入主流社会，积极为住在国发展贡献力量，造福一方。①

近年来，随着广东在深化改革开放过程中不断加强非物质文明建设，弘扬粤侨精神的呼声也越来越高。作为承载着海外华侨华人历史的直接文化载体，华侨文物所展示的粤侨精神既是永久的，也是不可忽视的。因此，弘扬粤侨精神首先必须保护和发展华侨文化。目前，广东正在建设文化大省，广东省委、省政府十分重视对华侨文化和侨乡文化的发展与保护。2010年，《广东省建设文化强省规划纲要（2011—2020年）》出台，纲要首次提出了"建立华侨文化生态保护区""建设我国重要的华侨华人文化交流中心"等任务和目标。在这些任务和目标中，最为重要的是对华侨文物的保护，因为华侨文物记录了先辈们的物质文化活动，是一种无价的资源。华侨文物的保护工作将在广东建设文化大省、历史文化遗产保护和文博事业发展等方面都发挥着举足轻重的作用。没有华侨文物的存在，华侨文化遗产、华侨文化景观、华侨文化生

---

① 参见林亚茗、沈卫红《用粤侨精神凝聚侨心》，载《南方日报》2013年11月12日第A13版。

态保护和建设将缺乏立足之本。

在华侨文物保护方面,近10年来,省内各项关于文物保护的法规制度正在不断健全。《广东省实施〈中华人民共和国文物保护法〉办法》于2009年3月1日起正式实施。此后,广东省先后制定并印发了《广东省重点文物保护专项补助经费管理办法》《广东省举报文物犯罪奖励办法》《广东省文化厅文物保护工程工作规程》《广东省文物保护专家委员会工作规程》和《广东省文物征集专项资金管理办法》等规章制度。① "十一五"期间,广东省文物保护经费投入有较大增长,省级以上财政共投入不可移动文物保护专项经费13431万元(其中,中央财政补助6458万元,省财政投入6973万元)。各级地方财政对文物保护工作的投入也有较大幅度的增长。②

在"十二五"期间,广东完成了全省文化遗产信息管理系统的建设,也进一步深化了对不可移动文物保护的科学管理。"十三五"期间,广东省继续加强对全省历史文化名城、名镇、名村、街区以及历史建筑的保护工作,深化博物馆和文物保护单位的免费开放,完善推广馆校合作机制,并共建爱国主义教育基地。③在2016年广东省发布的《广东省人民政府关于进一步加强文物工作的实施意见》文件中,省政府提出要加强对华侨文物的保护与维修,提升汕头、江门、梅州等地华侨文物的整体影响力和展示水平,同时充分发挥博物馆收藏、保护和展示历史文化资源的优势,提高文物展出率,利用高科技手段创新展陈形式。在中小学推进"文物进校园"活动,并鼓励学校结合课程设置教学计划,组织学生到博物馆、纪念馆和重点文物保护单位开展学习实践活动。此外,加大文博单位创意产品开发力度,加强文博事业交流合作,有计划、有目的、有针对性地开展对外业务交流与技术合作。④

---

① 参见国务院侨办侨务理论研究广东基地、广东侨务理论研究中心编《华侨华人与广东发展:广东省侨务理论研究论文集(2012—2013)》,暨南大学出版社2014年版,第249页。

② 参见《广东省文物事业"十二五"规划》,粤文物〔2011〕189号,见广东省人民政府网(http://zwgk.gd.gov.cn/006939748/201204/t20120423_313002.html)。

③ 参见《广东省文化事业发展"十三五"规划》,见广东省文化厅公众服务网(http://www.gdwht.gov.cn/plus/view.php?aid=48535)。

④ 参见《广东省人民政府关于进一步加强文物工作的实施意见》,粤府〔2016〕97号,见广东省人民政府网(http://zwgk.gd.gov.cn/006939748/201609/t20160921_673275.html)。

第三章　海外华侨华人与广东文教体卫事业

在不断完善华侨文物保护法律法规的同时，广东省也开展了华侨文物的专项普查工作，以进一步落实对华侨文物的保护。广州市侨务办公室分别于2003年和2004年组织有关部门对粤籍华侨华人的人文史迹进行探查，并初步整理出150多个华侨人文史迹，其中具有一定代表性和观赏性的华侨人文景观共有60多处。此外，广州市侨办还挖掘出一些鲜为人知的宝贵历史材料。①广东开平市在"开平碉楼与村落"申报世界文化遗产的8年中，对全市中西合璧的华侨建筑——碉楼进行了3次普查。普查结果显示，目前开平现存碉楼有1833座，1911年以前和1938年以后建造的有343座，占总数的18.7%，而1912年至1937年建造的有1490座，占81.35%。②在对著名侨乡梅县的文物普查活动中，最终探查到在当地汇集的清末民初由"海客"回乡兴建的客家围龙屋共有34座。有专家认为，梅县的围龙屋建筑群是梅州地区迄今为止发现的最密集、保存最完好的建筑群落。其与开平碉楼遥相呼应，成为广东省旅游大格局中的"东有开平碉楼群，西有梅县围龙屋"的双子星座格局。③其中，广东梅州的季立居是1913年旅马来亚（现马来西亚）华侨熊应贤从马六甲返乡购地建成。季立居祖祠合一，古朴典雅，建筑设计合理，体现了客家人聚族而居、敦亲睦邻、和谐融洽的生活状态，对于研究梅州地区的客家传统民居建筑文化具有很高的价值。2012年，季立居被广东省文物局评选为省第三次全国文物普查"十大新发现"之一。④

此外，广东省相关部门也不断致力于将侨乡优秀的历史文化遗产进行申报，以使"粤侨精神"的物质载体能够更长久地保存下来。其中，江门市政府组织"开平碉楼与村落"申报项目组历时8年，最终得以申报成功，"开平碉楼与村落"也因此成为36个中国世界文化遗产之一。2008年，作为珍贵民间文化遗存的潮汕侨批与五邑银信和梅州侨批一起，以"广东侨批"的名义向国家档案局申报国家档案文化遗产，并于2010

---

① 参见《广州成为最大侨乡都市》，载《人民日报》（海外版）2006年1月27日第5版。
② 参见张复合、钱毅、杜凡丁《开平碉楼：从迎龙楼到瑞石楼——中国广东开平碉楼再考》，载《建筑学报》2004年第7期，第82页。
③ 参见林亚茗、沈卫红、黄爱华《新宁铁路车站被拆留遗憾：专家呼吁我省建设华侨文化生态保护区》，载《南方日报》2011年8月2日第A11版。
④ 《侨乡梅州围屋"季立居"获评广东"十大新发现"》，见广东新闻网（http://www.gd.chinanews.com/2011/2011-07-07/2/124141.shtml）。

年 2 月成功入选《中国档案文献遗产名录》。①

总体来说，华侨文物的保护与利用有助于促进"粤侨精神"的弘扬与传承。广东人海外移民历史长、人数多、分布广。长期以来，广大粤籍侨胞在海外艰苦奋斗，坚持继承和发扬中华文化的优秀传统与广东精神，长时间以来积淀形成了独具特色的"粤侨精神"。简言之，包括念祖爱乡、重信明义、敢为人先、团结包容等在内的"粤侨精神"在华侨文物中得到较全面的诠释与解读。②对于祖籍地而言，华侨文物的保护与利用有利于增强祖（籍）国和侨乡的文化影响力、群众凝聚力和向心力。华侨文物所蕴含的历史积淀与其中的文化因素，无论恢宏还是细微，都反映出华侨先辈们曾经艰苦奋斗的历史，以及他们爱国爱乡的情怀。在当代，华侨文物的保护、利用以及宣传推广工作，在很大程度上能够促进海内外中华儿女"同根同源"的民族文化认同感，激发广大华侨华人爱国热情和"寻根"意识，并建立起祖（籍）国与华侨华人密切联系的纽带。因此，有必要进一步加强对华侨文物的保护和利用。

如果说华侨文物保护承载和蕴含着"粤侨精神"的历史内涵，那么在改革开放新时期对广东全社会开展各种形式的爱国主义教育和精神文明建设则代表了"粤侨精神"的当代内涵。

2008 年，正值改革开放 30 周年之际。为了表彰海外侨胞和港澳同胞对广东慈善事业所做出的巨大贡献，并推动广东侨务慈善事业的进一步发展，广东省侨办策划举办了首届南方华人慈善盛典，评选并表彰了 30 名华人慈善家。此后，这一活动每年举办一届，至 2013 年共表彰了 81 名慈善人物、3 个慈善团体和两个慈善项目。其中既有李嘉诚、霍英东、曾宪梓等社会影响力较大的慈善家，也有在社会基层默默从事义务支教服务的人士；既有个人，也有团体和家族。而华人慈善盛典活动也在海内外产生了广泛影响，进一步凝聚了侨心，并极大地激发广大粤籍华侨华人继续参与广东公益慈善事业的热情，在改革开放新时期再一次弘扬了粤侨

---

① 参见国务院侨办侨务理论研究广东基地、广东侨务理论研究中心编《华侨华人与广东发展：广东省侨务理论研究论文集（2012—2013）》，暨南大学出版社 2014 年版，第 255 页。

② 参见国务院侨办侨务理论研究广东基地、广东侨务理论研究中心编《华侨华人与广东发展：广东省侨务理论研究论文集（2012—2013）》，暨南大学出版社 2014 年版，第 249 页。

精神。①

与此同时，《广东华侨史》的编修工程也在有条不紊地进行。2012年，广东省委、省政府决定编修一部系统、科学、权威的《广东华侨史》，整个编修工程预计8年左右。广东有三四千万海外侨胞，编修《广东华侨史》能够系统全面地梳理并展现广东华侨海外移民、谋生、发展、融入、贡献的历史过程和一般规律，具有重要的历史和现实意义。自编修工程全面开展以来，已取得多方面的成效。一是有效设置了编修工作机构。成立了编修工作领导小组办公室，办公室将发挥统筹协调的职能，加强与领导小组成员单位的沟通、协调和联动，共同支持推进编修工作。同时，也组建了《广东华侨史》编委会，聘请国内有关领导和海内外专家担任顾问，有效整合和调动广东省各院校、研究机构和海外的华侨华人研究力量投入编修工作。二是近几年来主要开展了海外史料抢救搜集、专项课题研究、数据库建设、研究成果出版及专题宣传等方面的工作。近几年来，共组派了12批调研团赴海外广泛搜集史料、调研侨情，同时成立课题组分赴广府、客家、潮汕三大侨乡公藏机构和民间机构查阅和搜集相关涉侨史料，组织研究人员开展省外史料查阅搜集工作，共完成了对260多名海内外侨界代表性人物的访谈，搜集到大量珍贵和鲜活的史料，为编修工程打下坚实的资料基础。三是全面开展相关学术研究和交流工作。2013年至2014年共推出了50个广东省哲学社会科学"十二五"规划特别委托专项课题，扩大了华侨史专题研究范围。同时组织举办了7个专题学术研讨会及工作交流会，推动了学术思想交流，凝聚了海内外相关研究力量，夯实了学术理论基础，首批8本研究成果已于2014年出版发行。四是全面开展了宣传工作。联系海外主要华文媒体、侨刊乡讯和国内主要媒体对广东编修华侨史进行情况报道，利用多种渠道，积极向海外侨胞和归侨侨眷宣传介绍编修工程，不断扩大编修工程在海内外的影响力。②

为了使内容更加翔实、全面和准确，编修工作组几乎跑遍了世界的主要大洲以搜集华侨史料，工作组深入到法国、美国、加拿大、英国、西班

---

① 参见郭军《华人慈善盛典助推公益精神传承》，见中国侨网（http://www.chinaqw.com/gqqj/2014/11-28/27922.shtml）。

② 参见广东省人民政府侨务办公室编《2015年〈侨乡广东〉专版选编》，广东省人民政府侨务办公室2016年版，第34页。

牙和澳大利亚等国家的国家档案馆，查询早期华侨移民档案和当地华商资料。这其中包括许多很少有人查阅的殖民地移民档案，而这些珍贵的档案对《广东华侨史》的编写意义非凡。此外，不同于以往对华侨史料的搜集，《广东华侨史》编修工作组更加重视不同语种的史料搜集，除了英语、法语外，还有日语、泰语、印尼语、马来语、荷兰语等众多语种，改变了以往资料来源单一的情况。工作组还专门为此设立了一些研究项目，聘请了一些小语种专家、学者和教师来帮忙搜集并翻译史料。

在搜集史料的过程中，海外华侨华人和侨团提供了大量第一手的原始档案材料。访问团所到之处，当地侨界都非常主动和积极地提供各种资料，因为在当地华侨华人看来，编修工作是在给华侨华人树碑立传，因此他们竭尽所能去帮助访问团，提供了包括社团几十年，甚至上百年历史的账本、花名册、会议记录本等，并毫无保留地让他们拍照，以更完善地保存调研资料。①海外华侨华人所给予工作组的大力支持推动了编修工程的顺利进行。

《广东华侨史》的编修一方面能够让社会了解海外华侨华人的真实故事，以及他们那些不为人知的人生经历。从这个意义上讲，编修工作在很大程度上丰富了广东华侨华人的研究资料。另一方面，将这些零散的材料及时搜集并整理记录下来能够避免更多的资料流失。很多在海外生长或流亡海外的老华侨年事已高，能在他们有生之年搜集到一些珍贵的一手资料，听他们口述过去的岁月，也是对记忆遗产的一种拯救。目前，编修团队保持着每年8本左右广东华侨史文库丛书的出版量，广东华侨史文库丛书预计最终出版 100 本，而最终的编修成果三卷本，共计 200 余万字的《广东华侨史》将于编修工作结束时出版。②这也是广东省社会文明建设的重要组成部分，并将在改革开放新时期极大地唤起广大海外侨胞对粤侨精神的理解和认同。

同时，在社会层面对广大群众开展爱国主义教育活动也是弘扬粤侨精神的有效手段。为了缅怀海外侨胞的丰功伟绩，弘扬华侨精神，扩大社

---

① 参见广东省人民政府侨务办公室编《2015 年〈侨乡广东〉专版选编》，广东省人民政府侨务办公室 2016 年版，第 34 页。

② 参见广东省人民政府侨务办公室编《2015 年〈侨乡广东〉专版选编》，广东省人民政府侨务办公室 2016 年版，第 34 页。

第三章 海外华侨华人与广东文教体卫事业

影响,激励后人的革命斗志和爱国情怀。自2001年8月起,中国侨联先后命名了40个单位为"中国侨联爱国主义教育基地"。其中,广东省的孙中山故居、开平南楼七壮士抗日旧址、黄埔军校旧址纪念馆、蚁光炎纪念亭、叶挺纪念馆、庄世平博物馆和黄花岗七十二烈士墓园等均榜上有名。①

此外,在弘扬粤侨精神的过程中,归侨也发挥了重要作用。2015年,为纪念南侨机工回国抗战,广东南洋归侨联谊会的近40位老归侨创作并演出了舞台剧《赤子丰碑》。《赤子丰碑》以"南侨机工"这一群体的真实事迹为蓝本,以发生在滇缅公路上最悲壮、最艰苦的英勇战斗为主线,再现南侨机工可歌可泣的动人故事。全剧共分"缅怀""抗日烽火""告别南洋""征战滇缅路""思乡""铿锵玫瑰""桥之魂——功果桥""归途""想起"和"不朽的英魂"10个部分。舞台剧在短短4个月时间里连续在广东和云南公演7场,吸引了近万名热心观众观看。剧本创作者、广东省南洋归侨联谊会会长吴多杰表示,抗日战争期间,东南亚有近3200名华侨专业人士参加"南洋华侨机工回国服务团"(简称"南侨机工")回到中国参加战斗,其中绝大部分为粤侨。他们肩负着南洋800万华侨的重托,回国后战斗在当时中国国内唯一的国际运输线——滇缅公路上。吴多杰希望借助舞台剧的方式,让更多的人了解这段历史,记住这批伟大的抗战英雄——粤籍侨胞。②那段历史虽然已经过去,但抗战英雄的铮铮铁骨和拳拳赤子心则通过当代艺术的形式被更多人了解和熟知,而历史中的粤侨精神也相应被更广泛的社会大众所了解。

可以看出,不论是海外华侨华人在海外艰苦奋斗的过程中,还是海内外粤籍乡亲共同创建精神家园的过程中,粤籍侨胞所体现出来的精神和风骨都令人敬佩。对文化和精神的继承和弘扬是建设社会文明的最好方式。一系列法律法规的出台、南方华人慈善盛典的举办、《广东华侨史》的编修,都体现了广东省委、省政府对弘扬粤侨精神的重视。

随着党的十九大的召开以及中央对广东改革开放和现代化进程提出新

---

① 参见国务院侨办侨务理论研究广东基地、广东侨务理论研究中心编《华侨华人与广东发展:广东省侨务理论研究论文集(2012—2013)》,暨南大学出版社2014年版,第267页。
② 参见郭军《广东归侨创作舞台剧纪念南侨机工 近万观众观看》,见中国侨网(http://www.chinaqw.com/gqqj/2016/01-13/76724.shtml)。

要求和新希望,粤侨精神也相应被赋予了新的内涵。若从中国发展全局、"五位一体"的总体布局和"四个全面"的战略布局着手,我们便可深入理解"广泛团结联系海外侨胞和归侨侨眷,共同致力于中华民族伟大复兴"这一任务的内涵。在国际形势日益复杂多变的形势下,中国与世界的发展密切相关,这就需要我们统筹国内、国际两个大局,不仅关注自身建设,也要积极致力于构建人类命运共同体。在这一过程中,华侨华人所能发挥的积极力量不容小觑。简单来说,就是要团结和凝聚分布在世界各个国家、各行各业、各个阶层的海外侨胞和归侨侨眷,使他们发挥自身独特优势,全面而又具体地参与到中国经济、政治、文化、社会、生态文明各项建设中来。①不难看出,这一具体要求和以"念祖爱乡、重信明义、敢为人先、团结包容"为核心的粤侨精神是相契合的。"念祖爱乡、重信明义、敢为人先、团结包容"的粤侨精神是对海外粤籍乡亲移民史、奋斗史、贡献史的深刻总结,也是对中华文化、岭南文化和广东精神的传承和发扬。首先,它反映了广东华侨的优秀品格和精神特质,与岭南文化的内涵和"厚于德、诚于信、敏于行"的新时代广东精神一脉相承;其次,粤侨精神是海内外广东人共创共有的宝贵精神财富,不仅具有鲜明的广东特点和丰富的时代内涵,更与新时代国家侨务工作的发展方向相一致。②基于此,在新时期注重对粤侨精神的保留和宣扬,将有助于深化广东改革开放和"广东走向世界"的进程,同时有利于凝聚起海内外粤籍同胞的力量,认可和鼓励他们在中国和住在国的双重贡献,使粤籍侨胞发挥连接中国梦与世界梦桥梁的独特作用。广泛而有效地引导和影响海内外粤籍侨胞对广东省的认识,能为广东乃至中国的整体发展营造良好的国际舆论环境,奠定更广泛的民意基础,从而推动加快广东经济社会的转型和升级,为建设幸福广东做出新的贡献。

---

① 参见《中国侨联召开学习贯彻党的十九大精神系列辅导会 万立骏主席传达习近平总书记重要指示 乔卫副主席作专题党课报告》,见中国共产党新闻网(http://dangjian.people.com.cn/n1/2017/1218/c415590-29713139.html)。

② 参见《粤侨精神表述语正式发布 凝聚侨心侨力共圆中国梦》,见广东侨网(http://www.qb.gd.gov.cn/news2010/201311/t20131111_437008.htm)。

第四章 改革开放以来广东侨乡的发展与变迁

2018年3月,中共中央总书记、国家主席、中央军委主席习近平在看望参加全国政协十三届一次会议的民盟、致公党、无党派人士和侨联界委员时强调,要广泛凝聚侨心、侨力、侨智,团结动员广大归侨侨眷和海外侨胞为改革开放和社会主义现代化建设贡献力量。粤籍华侨华人不但具有强烈的爱国热情,还普遍具备较高的知识文化和专业技能。伴随着中国近现代历史的发展,侨乡经历了时代的变迁,形成了独具特色的文化特征和发展路径。改革开放以来,广东侨乡率先发展,并以远超其他地区的发展速度,创造了经济发展的新奇迹。华侨农场的转型经验值得推广,侨乡经济发展速度在全国名列前茅,侨乡文化与侨乡精神文明建设协同推进,特色城镇建设树立时代典范。实践证明,侨乡是改革开放的试验田,也是改革开放的受益者。改革开放40年来,党和政府侨务政策的不断完善,为广东侨乡提供了更加良好的条件与发展空间。而侨乡人民也利用自身优势,发挥各自特长,积极投身于中国改革开放大潮中,为新时代中国特色社会主义建设谱写了一曲壮丽的诗篇。

第一节 华侨农场的改革与转型

华侨农场是新中国特殊时期集中安置归难侨的政策产物,历史上华侨农场做出了不可磨灭的贡献。然而,随着市场经济的深入发展,部分华侨农场经营堪忧,陈旧的生产方式严重制约了农场职工及归侨侨眷生活水平的提升。习近平总书记在十九大报告中强调,要动员全党全国全社会力量,坚持精准扶贫、精准脱贫,确保到2020年我国现行标准下农村贫困人口实现脱贫，贫困县全部摘帽，解决区域性整体贫困，做到脱真贫、真脱贫。因此，打好侨界脱贫的最后一战，重点就在实现华侨农场的改革与转型。面对华侨农场的历史积弊，广东省政府不断推进适时的制度安排，消除影响华侨农场发展的各项障碍，实现广东华侨农场的社会化转型，解决广大归侨侨眷的生产生活问题，促进区域社会的同步发展。

一、广东华侨农场概况

广东创办华侨农场，始于 1951 年 12 月在东莞创建的万顷沙华侨集体农场。随后 1952 年至 1955 年间，中侨委在广东先后创办了兴隆华侨集体农庄（海南万宁市）、陆丰归国华侨顶埔集体农场（陆丰市）、英德华侨集体农场（英德市）、花县华侨集体农场（花都区）、大南山华侨农牧场（普宁市）。据 1955 年的统计，广东的华侨农场共占地 12.6 万多亩（约 84 平方千米），大部分由荒山荒地开垦出来，经过修整后，耕地面积达到 2.68 万多亩（约 18 平方千米），安置归侨、难侨 5618 人。① 这些华侨农场有的由地方县辖管，有的由省侨委直接辖管，实行国有农场的管理体制，其经营方针是"长短结合，以短养长，一业为主，多种经营"。

为了进一步做好安置工作，1960 年以后，中侨委又先后在广东各地创办了 9 个国营华侨农场，这包括蕉岭华侨农场（蕉岭县）、清远华侨农场（清远县）、大南山华侨农场（惠来县）、普宁华侨农场（普宁市）、彬村山华侨农场（琼海市）、奋勇华侨农场（雷州市）、阳春华侨林场（阳春市）、海晏华侨农场（台山县）、潼湖华侨农场（惠阳区）。至 1968 年 12 月侨务机构撤销以前，省侨委共辖管了 13 个国营华侨农场。根据当时中侨委和广东省委的指示精神，国营华侨农场是社会主义全民所有制的农业企业，又带有安置、教育归侨的事业性质。国营华侨农场应坚持巩固全民所有制，在农业领域中起示范作用，同时也要根据华侨的特点贯彻侨务政策。②

"文革"期间，华侨农场的领导关系和管理体制几经变化，全省国营

---

① 参见广东省地方史志编纂委员会编《广东省志·华侨志》，广东人民出版社 1996 年版，第 245 页。

② 参见广东省地方史志编纂委员会编《广东省志·华侨志》，广东人民出版社 1996 年版，第 246 页。

华侨农场受到灾难性破坏,许多归侨干部、职工因有"海外关系"而受到冲击和打压。有的农场过分强调"以粮为纲",砍掉经济作物,造成严重损失。大多数农场的领导班子由于受冲击而处于瘫痪状态。

1978年,27万多名印支难侨被越南当局驱赶到中国境内,广东接待安置印支难侨10.7万人,其中安置到华侨农场的有8万多人。为此,省政府成立广东省华侨农场管理局(以下简称"省侨管局")。至1982年,由省侨管局直接管辖的华侨农场共29个,作为安置归侨、难侨和难民的基地。1988年4月,有5个侨场划归海南省。至2000年,全省共有华侨农场23个,占全国侨场总数的27%,分布在14个地级以上市,土地总面积11.44万公顷(1144平方千米),总人口28.9万人,其中归难侨8.97万人,占全国侨场归难侨的40%以上。①

华侨农场创办后,中央和广东地方对归难侨的生产生活和华侨农场的基本建设给予了妥善安置和支持。来自马来亚、新加坡、印度尼西亚、印度、泰国、缅甸、越南等24个国家和地区的归侨、难侨被安置在广东各地的华侨农场。他们继承祖辈筚路蓝缕的开拓精神,在荒山野岭和海边滩涂努力建设自己的新家园。广大归难侨利用自身掌握的农业技术,为发展祖国的热带、亚热带作物付出智慧和汗水,为社会主义国家建设做出了独特的贡献。

二、广东华侨农场的改革与发展

国营华侨农场既具有一般国有农场的性质,又肩负着安置归难侨和引导他们参加生产劳动的任务,其政治意义大过经济意义。1978年以后,我国的经济体制从传统的计划经济向社会主义市场经济体制转变。华侨农场在经历过"文革"后,加之自身体制的弊端导致发展滞后,举步维艰。为了扭转国营华侨农场受体制限制而阻碍发展的局面,广东省积极进行华侨农场体制改革,调整华侨农场产业结构,推动华侨农场实现可持续发展。

---

① 参见《广东省志·侨务卷(1979—2000)》,见广东省情数据库(http://www.gd-info.gov.cn/books/dtree/showbook.jsp?stype=v&paths=22671&siteid=guangdong&sitename=%E5%B9%BF%E4%B8%9C%E7%9C%81%E6%83%85%E7%BD%91)。

（一）华侨农场领导体制和经营体制的改革

改革开放后，华侨农场领导体制发生了深刻的变化。1978年7月，广东省决定将全部华侨农场统归省侨管局领导，农场的基本建设投资和物资设备计划，经报国务院侨办，由国家计委批准下达。1985年12月，中共中央和国务院下达《关于国营华侨农场经济体制改革的决定》，把由中央和省侨务部门主管的领导体制，改由地方人民政府领导。[1] 由此，广东省政府决定将原属省侨管局管辖的24个侨场中的22个下放给地级市管理，撤销省侨管局，设立省华侨实业总公司，其余两个侨场就作为该公司的基地。为了扶持地方政府合理接管侨场，国务院侨务办公室和财政部联合下发《关于国营华侨农场归侨、难侨贴息贷款有关问题的通知》，要求从1986年起5年内每年由中国人民银行安排6000万元信贷计划，由中国农业银行负责发放贴息贷款，以扶持华侨农场的归难侨尽快摆脱贫困。[2] 这份通知的下发为广东各地市级政府顺利接管侨场，促进生产发展提供了资金和政策支持。华侨农场下放后，地方政府加强领导，并探索改革的出路。1990年，珠海率先对所属的平沙、红旗华侨农场进行体制改革，分别成立平沙管理区和红旗管理区，赋予相当于县级的行政管理职能。1992年至1994年，广州、肇庆、梅州、清远、汕尾等地，也纷纷在所属华侨农场相继设立管理区或经济开发区，深圳市则把光明华侨畜牧场改设为街道办事处。在此期间，华侨农场的行政主管机构数度变动。1990年2月，广东省委、省政府决定撤销省华侨实业总公司，恢复省华侨农场管理局机构设置。1992年8月，再度撤销省侨管局，其职能移交省侨办，在省侨办设立华侨农场工作处，负责全省华侨农场的协调、指导和服务等工作。[3]

华侨农场经过一段时间的行政体制改革，面貌发生了变化，但改革与

---

[1] 参见国务院侨务办公室政策研究室编《侨务法规文件汇编》，国务院侨务办公室政策研究室1989年版，第523页。

[2] 参见云南省财政厅农业财务处编《农业财务政策制度选编（1983—1987）》，云南人民出版社1988年版，第248页。

[3] 参见《广东省志·侨务卷（1979—2000）》，见广东省情数据库（http://www.gd-info.gov.cn/books/dtree/showbook.jsp? stype = v&paths = 22671&siteid = guangdong&sitename = % E5% B9% BF% E4% B8% 9C% E7% 9C% 81% E6% 83% 85% E7% BD% 91）。

进展仍然落后于当地平均水平。1993 年，全省 23 个华侨农场有学校 200 多所，医院 20 多间，年开支为 6000 多万元，均须各华侨农场负担；1995 年，华侨农场职工离退休金为 8000 多万元，由于社会养老保险未纳入地方统筹，成为华侨农场发展的沉重包袱。为减轻各地华侨农场负担，1994 年 11 月，省政府发出《关于进一步做好华侨农场工作的通知》，明确要求有关市政府帮助侨场理顺与地方的关系。1995 年，国务院出台了《关于深化华侨农场经济体制改革的意见》，指出华侨农场在交由所在地政府领导后，要将现由农村管理的教育、卫生、政法等方面的社会性事务，交给当地政府职能部门管理；鉴于华侨农场的特殊情况和当地的实际困难，国家计委、财政部、中国农业银行同意今后若干年内，在基本建设投资、华侨事业费及农业贷款等方面，继续给予华侨农场必要的扶持。①同年 5 月，江门提出对所属华侨农场改设镇级建制的方案，将所属恩平市大槐华侨农场改为恩侨镇，鹤山市合成华侨农场改为合成镇，台山市海宴华侨农场改为海侨镇，这开创了全省乃至全国华侨农场领导体制改革的先河。广东其他地市便纷纷效仿，有的安排侨场由地级市管理，设立华侨管理区，赋予部分县级管理职能；有的由县管理，华侨农场设立镇；有的把华侨农场改制为企业集团公司，基本不再负担行政管理职能，成为县属企业。此外，消雪岭、普宁、大南山、蕉岭、奋勇、珠江等管理区还率先理顺财税关系，行使县一级财税职权，帮助减轻侨场的社会负担，对促进经济发展起到重要作用。②到 1999 年，全省 23 个农场已全部设立经济管理区或镇一级建制。其中 9 个华侨农场改为镇级建制，13 个华侨农场改为管理区或经济开发区，1 个华侨农场改为街道办事处。

近 10 多年来，随着时代发展，侨场相对独立的管理体制再次显示出不适应，加之侨场基础设施落后，产业结构单一，许多侨场又重新面临入不敷出的发展困境。针对这一问题，2007 年，国务院出台《关于推进华侨农场改革和发展的意见》，首次提出了侨场"三融入"（即体制融入地方、管理融入社会、经济融入市场）的目标，以推进侨场的"三化"（农

---

① 参见王怀安、顾明、林准等主编《中华人民共和国法律全书：1995》（第 6 册），中国法制出版社 1996 年版，第 1088 页。

② 参见广东年鉴编纂委员会编《广东年鉴 1999》，广东年鉴社 1999 年版，第 450 页。

业产业化、现代工业化和新型城镇化）发展。① 广东省积极响应中央号召，将侨场作为深化改革的重点工程来抓。2008 年，省政府出台《广东省推进华侨农场改革和发展实施方案的通知》，指明了侨场要与当地实现同地同城同步可持续发展的战略目标。② 2013 年，省政府再次发布《广东省人民政府办公厅关于进一步推进华侨农场地区改革发展的若干意见》，要求加快推进华侨农场体制融入地方，尽早告别计划式的管理体制，实现与当地同步可持续发展。③ 对此，广东成立了华侨农场改革发展工作领导小组，制订了一系列推进华侨农场改革发展的实施方案。经过 8 年的努力，广东华侨农场基本实现了省政府制定的改革发展目标。2016 年 12 月，广东省华侨农场完成全部改制工作，23 个侨场全部改制为经济管理区、镇或街道办事处，以及发展公司。④（见表 4 - 1）

表 4 - 1　2016 年 12 月广东省华侨农场改制后状况⑤

序号	名称	建立时间	改制后单位
1	红旗华侨农场	1968 年	珠海市金湾区红旗镇
2	迳口华侨农场	1978 年	佛山市三水区南山镇
3	海宴华侨农场	1963 年	海侨经济管理区
4	陆丰华侨农场	1952 年	汕尾市华侨管理区
5	平沙华侨农场	1978 年	珠海市高栏港区平沙镇
6	英德华侨农场	1954 年	清远英德市东华镇
7	潼湖华侨农场	1966 年	惠州市仲恺高新区潼侨镇

---

① 参见《劳动和社会保障部　国务院侨务办公室关于认真贯彻落实国务院推进华侨农场改革和发展意见的通知》，载《中国劳动》2007 年第 10 期，第 60 页。
② 参见张建军《广东 23 个华侨农场完成升级改制》，载《经济日报》2016 年 12 月 13 日第 8 版。
③ 参见《广东省人民政府办公厅关于进一步推进华侨农场地区改革发展的若干意见》，见广东省人民政府办公厅网（http://zwgk.gd.gov.cn/006939748/201302/t20130222_367788.html）。
④ 参见曹斯、林亚茗等《广东 23 个侨场完成长级改制》，载《南方日报》2016 年 12 月 8 日第 A04 版。
⑤ 表 4 - 1 为编者根据国务院侨务办公室官网、广东省侨务办公室官网以及广东省各地侨务部门网站的相关资料整理制成。

第四章 改革开放以来广东侨乡的发展与变迁

(续表4-1)

序号	名称	建立时间	改制后单位
8	合成华侨农场	1960年	江门鹤山市双合镇
9	珠江华侨农场	1951年	广州市南沙区珠江街道办事处
10	黄陂华侨农场	1978年	清远英德市东华镇
11	杨村华侨柑橘场	1978年	惠州市博罗县杨侨镇
12	奋勇华侨农场	1960年	湛江市奋勇经济区
13	花都华侨农场	1955年	广州市花都区花东镇
14	英红华侨农场	1978年	清远英德市英红镇
15	蕉岭华侨农场	1960年	广东梅州蕉华工业园区
16	光明华侨农场	1958年	深圳市宝安区光明街道办事处
17	大南山华侨农场	1960年	揭阳市大南山华侨管理区
18	清远华侨农场	1960年	清城区飞来峡镇
19	消雪岭华侨茶场	1966年	韶关市樟市镇消雪岭社区居委会
20	大旺华侨农场	1958年	肇庆高新技术产业开发区
21	普宁华侨农场	1961年	揭阳市普宁华侨管理区
22	岗美华侨农场	1964年	阳江市岗侨工业园
23	大槐华侨农场	1959年	江门恩平市大槐镇

在经营体制方面,华侨农场也积极顺应时代变革。1985年以前,华侨农场在计划经济体制下运作,即华侨农场及其所属企业的生产设备和物资供应列入国家计划,产品由省统购统销,对职工发固定工资,对生活困难者给予补助。这种体制适应了当时安置归难侨的需要,对创建华侨农场起到稳定的作用。但改革开放后,华侨农场原有的管理模式就显得不合时宜,不利于发挥干部职工的生产积极性,导致与地方发展的差距越来越大。根据1985年中央下发的决定要求,华侨农场要走中国农村改革的道路,彻底改革现行经济体制,逐步调整产业结构,切实扩大经营者的自主权。根据文件精神,广东各华侨农场先后进行多项经济体制改革。第一步是建立家庭农场,实行双层经营机制。1986年,省政府召开华侨农场经

165

济改革工作会议,提出在侨场推行家庭联产承包责任制,独立核算,自主经营,小农场在完成承包上缴任务外,所有经营收入归己。1987年,全省华侨农场办起家庭农场37565个,参加职工占侨场职工总数的83.6%。通过推行双层经营机制,改变职工吃农场"大锅饭"的情况,生产得到持续稳定的发展。第二步是适度扩大家庭农场规模,大农场要为其提供优良品种、技术信息、信贷及机耕、农产品加工、销售等服务,这一做法使得许多侨场经济效益明显提高。平沙华侨农场一批农工承包大户,每户承包耕地2～16.67公顷(2万～16.67万平方米)不等,1995年,该侨场农业职工人均年纯收入8100元,达到农场企业职工人均收入水平。该侨场在蔗农中推广"甘蔗高产高糖高效益综合技术应用",获1992年度广东省农业技术推广二等奖。①

而近10年来,广东根据市场经济的变化,继续深入推进侨场经营体制的完善。各侨场在稳定以职工家庭承包经营及岗位承包经营为基础的前提下,积极通过对经营体制改制来推动华侨农场"三融入"目标的建设。例如,有的侨场通过推行"侨镇、区+管理职工"或"公司+基地+农户+标准化"的经营产业模式,着力提高组织化程度。② 有的侨场则被鼓励实施"同富裕工程",对适合兴办工业项目的华侨农场,通过安排部分土地收益,划出部分土地,投资兴建同富裕工业项目。③ 如深圳光明、肇庆大旺等华侨农场就通过安排部分土地收益,将经营性收益通过"福利股""人头股"等形式分红给职工,为当地职工和归难侨的生产和生活提供稳定经济来源,共享改革发展成果。

---

① 参见《广东省志·侨务卷(1979—2000)》,见广东省情数据库(http://www.gd-info.gov.cn/books/dtree/showbook.jsp?stype=v&paths=22671&siteid=guangdong&sitename=%E5%B9%BF%E4%B8%9C%E7%9C%81%E6%83%85%E7%BD%91)。

② 参见广东省人民政府办公厅《广东省人民政府办公厅关于进一步推进华侨农场地区改革发展的若干意见》,见广东省人民政府网(http://zwgk.gd.gov.cn/006939748/201302/t20130222_367788.html)。

③ 参见《广东告别华侨农场管理体制 历史遗留问题解决》,见中国侨网(http://www.chinaqw.com/gqqj/2015/07-30/58873.shtml)。

第四章 改革开放以来广东侨乡的发展与变迁

(二) 华侨农场产业结构的调整

体制的改革是为了适应生产的发展。改革开放后,广东将华侨农场的产业发展布局纳入当地经济社会发展全局中进行统一规划,统筹实施。一方面是合理调整农业布局,削减侨场茶园、甘蔗等作物的产量,扩大种植适销水果和蔬菜,发展"三高"农业。1991年,全省华侨农场有茶园面积0.33万公顷(33平方千米),以茶叶生产为主的侨场12个。1995年改为0.26万公顷(26平方千米),2000年减至0.16万公顷(16平方千米),且在茶叶品种上增加高香型茶的比重,提高茶叶的市场竞争力。20世纪80年代蔗糖生产综合效益较好,各侨场因此增加种植,1990年达1.25万公顷(125平方千米),总产124万吨。后因糖价大幅下降、糖厂关闭而逐年减少。到2000年,甘蔗种植面积削减到0.67万公顷。而同期,全省侨场水果种植面积却大大增加,包括荔枝、龙眼、火龙果、番石榴等新品种受到了侨场农主的追捧和欢迎。侨场还大力引进先进技术发展畜牧业,引入良种奶牛、瘦肉型猪、乳鸽、鳗鱼、优质家鱼等。1990年,全省侨场畜牧业占农业总产值的比例从1980年的8.4%上升到21.1%,渔业占农业总产值的比例从1%上升到2.88%,改变了原有单一的生产布局。另一方面是积极发展加工工业。华侨农场原有场办工业规模小,产品单一,技术含量低,经济效益差。1980年,全省侨场有企业主要进行糖、茶、油和大米的粗加工,70%的企业亏损。1985年起,各侨场调整场办工业方针,增加工业投入,按市场需求发展新项目。全省侨场在发展制糖、制茶及食品、饮料加工的同时,生产农药、塑料、饲料以及机械、集装箱等项目,使产业结构得到改善,经济效益明显好转。[①]

近10多年来,各地侨场根据自身的特点及优势,在不断调整和优化农业生产布局,承接珠三角地区工业转移的同时,大力发展旅游观光业,带动酒店商贸服务等第三产业发展。如珠海平沙就依托农业和工业基础,通过开发生态旅游资源,逐步成为一个集农业大镇、经济强镇和旅游名镇于一身的特色侨场。华侨农场的产业结构调整加快了其科学发展的步伐,

---

① 参见《广东省志·侨务卷(1979—2000)》,见广东省情数据库(http://www.gd-info.gov.cn/books/dtree/showbook.jsp? stype = v&paths = 22671&siteid = guangdong&sitename = % E5% B9% BF% E4% B8% 9C% E7% 9C% 81% E6% 83% 85% E7% BD% 91)。

推动经济社会发展水平迈上新台阶。

(三) 扶持贫困华侨农场

华侨农场建设的初衷是为安置归难侨的生产生活,因此侨场发展工作常常与归难侨安置工作联系在一起。由于经济基础、地理位置等差异,华侨农场发展很不平衡。为了改变这一现状,改革开放后,全省积极扶持贫困侨场,不断改善侨场职工的生产生活条件,在华侨农场脱贫工作上取得较大的进展。1994年,省政府下发《关于进一步做好华侨农场工作的通知》,决定设立侨场基建投资专项基金,用于贫困侨场发展"造血型"项目。在教育领域,从1994年起,将侨场的学校、医院实行省、市、县分级管理,把薄弱学校的改造列入省市"改薄"资金扶持计划,下拨经费解决学校校舍修缮问题,逐年提高侨场教师岗位津贴,提升了侨场九年义务教育普及达标率。[1] 医疗卫生方面,从1997年起制订卫生专项经费的使用计划,将华侨农场医院补助专款列入计划项目,把贫困侨场医院列入农场卫生"一无三配套"(无危房,人员、房屋、设备三配套)改造建设范畴。[2] 1999年,推进全省贫困侨场职工养老保险纳入地方统筹,并逐年下拨贫困侨场职工养老保险纳入地方统筹补助款。[3] 在基础建设投资方面,重点扶持华侨农场的交通、电力、国土建设与管理,省侨办争取省交通部门拨出专款以支持贫困侨场的公路建设,争取住建部门拨款用于侨场危房改造。1993年和1996年春天,广东省长时间低温多雨,严重影响粤北和粤东地区华侨农场的作物生产,自然灾害造成大量经济损失。相关部门立即下拨化肥、柴油等物资,支援农场恢复生产。[4] 在劳动力就业方面,早期的"开场功勋"先后退休,建场初期的归侨子女便成为农场主要劳动大军,许多侨二代、侨三代生活尚有困难。自1979年建立的广东省华侨专业技术学校根据市场经济形势需要,调整专业方向和教学内容,积极为侨场培养应用人才。广东省接待安置印支难民办公室职业培训中心则定期举办职业培训班,培训归难侨子女,使受训学员实现充分就业。通

---

[1] 参见广东年鉴编纂委员会编《广东年鉴1995》,广东年鉴社1995年版,第676页。
[2] 参见广东年鉴编纂委员会编《广东年鉴1999》,广东年鉴社1999年版,第450页。
[3] 参见广东年鉴编纂委员会编《广东年鉴2000》,广东年鉴社2000年版,第440页。
[4] 参见广东年鉴编纂委员会编《广东年鉴1994》,广东年鉴社1994年版,第604页。

第四章 改革开放以来广东侨乡的发展与变迁

过积极贯彻落实中央和省政府扶持贫困华侨农场的各项措施，华侨农场的生产生活状况有了很大改善，贫困侨场的社会总产值和人均收入均有显著提高。

近年来，随着2020年全面建成小康社会奋斗目标的临近，中央针对华侨农场先后下发了多项文件。2007年国务院下发《关于推进华侨农场改革和发展的意见》，2012年国务院侨务办公室等10部委发出《关于印发进一步推进华侨农场改革和发展工作意见的通知》，均要求进一步改善华侨农场地区生产生活条件。广东省政府于2008年出台《广东省推进华侨农场改革和发展实施方案》，2013年发布《广东省人民政府办公厅关于进一步推进华侨农场地区改革发展的若干意见》进一步明确了改善华侨农场生产状况，使全省华侨农场地区进入新的改革发展阶段。[①] 首先，大力改善公共服务。2008年以来，省政府将17个困难华侨农场的交通、电力、水利、教育、卫生、广播电视等公共基础设施建设纳入省扶持当地发展政策的实施范围。全省侨场新建、扩建和修建不同等级的道路902千米，新建、扩建自来水厂10座，改造电网1497千米，设立社区文化站点109个，新建、改造学校、医院共51万平方米，有效解决侨场"出行难""饮水难""用电难""就医难""就学难"等问题。2011年省水利厅安排专项资金近2000万元，解决华侨农场近5万人饮水不安全问题。同时加大华侨农场危房改造力度，2007年至2010年实施归难侨危房改造安居工程，下达中央和省级财政补助资金1.8亿元，共完成全省农垦农场的18318户归难侨危房户和住房困难户改造任务；2012年至2015年开展非归难侨和新增归难侨危房户危房改造工作，中央和省级财政共投入6.93亿元，支持全省35889户华侨农场危房户和住房困难户进行危房改造。[②] 其次，妥善解决华侨农场人员就业和社保问题。各地加强对华侨农场劳动力的职业培训，举办专场招聘会，多渠道拓宽侨场劳动力的就业门路。[③] 同时多渠道筹集资金，推动侨场职工纳入社保医保体系，省、市两级财政

---

① 参见《广东省人民政府办公厅关于进一步推进华侨农场地区改革发展的若干意见》，见广东省人民政府网（http://zwgk.gd.gov.cn/006939748/201302/t20130222_367788.html）。

② 参见《加快华侨农场危房改造》，见人民网（http://society.people.com.cn/n/2015/0919/c136657-27606854.html）。

③ 参见《广东阳春市举办第三场华侨农场专场就业招聘会》，见凤凰网（http://news.ifeng.com/gundong/detail_2011_06/17/7076258_0.shtml）。

安排近 4 亿元资金，华侨农场参加养老保险 16.3 万人，参保率达 96%，参加医疗保险 29.7 万人；低保救济纳入属地管理，共有 7903 名华侨农场职工群众纳入低保。再次，努力维护当地侨文化。华侨农场安置的是来自 20 多个国家和地区的归难侨，多年发展使其形成多元并蓄、开放包容的侨文化。2008 年以来，侨场利用其归侨风俗与异国风情等独特条件，打造经营性文化产业和旅游观光休闲产业，既促进了侨场可持续性发展，还有力保护了侨场历史文化，守护归侨精神家园。① 最后，加强华侨农场土地权益保护工作。针对华侨农场内部建设用地进行全面登记发证，对于侨场存在权属争议的土地则专门成立工作小组进行协调和处理。截至 2013 年，全省华侨农场国有土地使用权登记发证面积为 95% 以上，切实保障了侨场职工的合法权益。②

三、广东华侨农场转型建设的典范

（一）花都华侨农场

花都华侨农场始建于 1955 年，位于广州市北部，花都区东部，辖区 14.5 平方千米，2005 年行政区划调整后并入广州市花都区花东镇。该农场先后安置过来自马来亚、印度尼西亚、越南等 13 个国家和地区的归难侨，在民间历来有"小联合国"之称。由于广大归侨带来的异域文化元素，使当地依托侨文化，打造出全国区级"侨文化艺术之乡"和"东南亚特色文化名片"。③

在产业发展方面，花都华侨农场以设立广东花都华侨经济开发试验区为契机，加强产业园区内的基础设施建设，使经济开发区内落户企业增至 40 余家，累计投资额过亿元，并形成以鞋服、木器工艺、化工涂料、饲料等产品为主的产业体系。在文化产业方面，当地政府看到了侨文化在经

---

① 参见《广东省 23 个华侨农场实现"三融入"发展目标》，见中国侨网（http://www.chinaqw.com/gqqj/2016/12-08/116508.shtml）。

② 参见广东省人民政府办公厅《广东省人民政府办公厅关于进一步推进华侨农场地区改革发展的若干意见》，见广东省人民政府网（http://zwgk.gd.gov.cn/006939748/201302/t20130222_367788.html）。

③ 参见《花都文化建设发展成效突出》，见广东文化网（http://www.gdwh.com.cn/whwnews/2016/0706/article_32371.html）。

济建设中的特殊作用,以侨文化为内核,投资4000多万元建成占地1100亩(约0.73平方千米)的文化体育公园,投资300万元建设花东侨文化中心和华侨农场博物馆,投资360万元建设东南亚风情饮食文化街和农产品集散销售基地等。

除了有当地政府力推侨文化的举措,侨民们也自发或有组织地传承侨文化。他们成立了"东南亚侨文化"业余艺术团、"青青乐队"等9个文艺团队,民间文艺团队25个,配有音乐、舞蹈、书画、摄影、武术、曲艺等方面的辅导员149名。花侨小学在政府及侨民的大力支持下,依靠地域文化优势,开发"侨"课程、组建"侨"乐队、创办"侨"艺术团,把传播和推广侨乡艺术文化提炼为学校的办学特色。[①] 花都华侨农场有印度尼西亚归侨联谊会、新马侨友会花都组、越南归侨侨友会3个自发性侨社团组织,侨场群众积极配合政府每年办一届侨文化艺术节、美食节活动,开展文艺表演,推广特色的侨文化活动,在丰富侨场群众精神文化生活需要的同时,打造了特色侨文化品牌。

(二)光明华侨农场

光明华侨农场位于深圳市西北部,该侨场创建于1958年,原名"广东省国营光明农场",1979年更名为"光明华侨畜牧场"。2002年,"深圳市光明华侨畜牧场"建制撤销,同时,深圳市光明华侨农场(集团)公司更名为"深圳市光明集团公司",下放给宝安区政府作为区属国有企业管理。2007年,光明新区正式成立,光明街道办事处、光明集团有限公司划归光明新区管理委员会管理。目前,新区人口两万余人,归侨及侨眷8000多人。作为深圳市归侨侨眷最集中的地区,光明华侨农场依托改革开放给经济特区带来的政策优势,努力培育了优势突出和特色鲜明的产业带,是产业结构优化升级的典范。

过去以农牧业为主要经济支撑的光明华侨农场,根据自身特点和区位优势,大力发展现代农业,不断调整和优化产业生产布局和农作物品种结构,形成了以乳业、生物制药、高科技生态旅游农业、房地产业和加工工业为主导的综合性侨场。其生产的晨光系列奶制品、光明种乳鸽、光侨牌

---

① 参见《广东省广州花都华侨农场文化建设打特色"侨牌"》,见花都区人民政府网(http://www.huadu.gov.cn/hdzx/mtkhd/201303/t20130301_509763.html)。

火腿鸡肉肠等被认定为广东省名牌产品。卫武光明生物公司是广东省最大的血液制品生产企业，其人乙肝免疫球蛋白、人狂犬病免疫球蛋白产品销量位居全国第一，研发的"SARS免疫球蛋白"被列入国家863计划的战略储备品种。光明农场大观园则依托其自然生态优势和人文历史特点，成为全国农业旅游示范点。① 除了加快华侨农场科学发展，侨场还积极培育侨青，通过组织归侨侨眷新生代成长服务项目，让归侨侨眷子女综合素质显著提升。通过"请进来"和"走出去"相结合的方式，推动成立光明同乡会，进一步深化与港澳社团的交流联系，为侨场的发展腾飞注入侨界正能量。②

（三）迳口华侨农场

迳口华侨农场是1978年国家为安置越南当局排华产生的归难侨而建立的基地。1998年，佛山市对迳口华侨农场进行管理体制改革，成立了迳口华侨经济区。2008年，迳口华侨经济区与佛山市三水区大塘六合村合并成立南山镇，保留华侨农场的牌子，隶属于佛山市三水区政府管理。被绿水青山包围的迳口华侨农场坚持绿色发展理念先行，是可持续发展的典范。

迳口华侨农场硒矿资源丰富。自农场成立到2003年，由于体制原因，迳口一直是"一条甘蔗，一个糖厂，一个砖厂"，守着农业，没有工业，错失了发展良机。2003年以后，侨场确立了"主攻工业"的发展战略，大力推进工业园区建设，积极进行招商引资，东南亚最大的电脑机箱生产企业中昌电脑电子、全国乳业第一品牌伊利集团相继落户迳口，南山镇的城市化水平和工业基础也奠基于此。但侨场始终牢记绿色发展理念，确立"生态立镇、产业强镇、科农兴镇"的建设理念。2008年以后，南山镇发挥生态优势，以打造"广东香格里拉"为目标，在发展生态、养生、休闲旅游项目的同时，保留和打造了良好的生态环境。这个富硒土壤分布面广的小镇除了在园区发展部分特色工业外，还瞄准富硒特色做大现代农

---

① 参见《广东省华侨农场（2）》，见中国侨网（http://www.chinaqw.comgnqw2014/04-29/2343_3.shtml）。

② 参见《护侨益凝侨心谱新篇》，见广东侨网（http://www.qb.gd.gov.cn/dfqw2010/sz/201502/t20150204_535506.htm）。

第四章　改革开放以来广东侨乡的发展与变迁

业,打造"十里水果长廊",积极实施"互联网+产业联盟+农业"模式,带动农场农户实现生态致富。① 迳口侨场在大力推动工农业发展的同时,还不忘改善民生,坚持发展与民生共融并重,加快危房改造项目、对口扶贫工程以及南山大道建设,以实现共同富裕。②

(四)平沙华侨农场

平沙华侨农场于 1978 年接收了 6623 名越南归难侨,在 2000 年行政改制中改为平沙镇,隶属于珠海市高栏港经济区政府管理。坐落于经济特区的平沙华侨农场经过合理规划,从过去较为单一的农业生产区变成今天特色产业与民生保障双提升的典范。

平沙华侨农场近年来转方式调结构,推动了 3 次产业全面发展,突出农业、服务业作用,不断提高农业、服务业比重和效益。首先是依托侨场建立的平沙工业园大力发展特色制造产业,共引进十几个国家和地区的投资项目 200 多个,涉及游艇、电子、工程装备、珠宝加工等多个产业领域。其中,游艇产业自 2002 年起步以来,经过 10 多年聚集发展,已初具规模,成为国内设立最早、规模最大、档次最高的游艇制造基地。其次,通过采取"宜种则种,宜养则养"的农业发展策略,鼓励种植高附加值的经济作物,大力发展水产养殖基地。先后完成了基本农田示范区改造和罗非鱼基地升级改造工作,将原甘蔗地调整为高附加值经济作物种植区和养殖区,并引入广东省首个台湾农民创业园。濒临大海的平沙,还有着海洋温泉资源丰富的优势,成为其发展休闲旅游服务业的基础。港中旅自 2002 年起,建成一个海洋温泉的亮点景区——"海泉湾",并且引来高端房地产商参与建设。在其辐射带动下,计划总投资 20.8 亿元的文化创意产业园也在平沙糖厂旧址落户。③ 在民生工程方面,侨场积极推进各项惠民政策落地实施,教育事业蒸蒸日上,医疗卫生提质增效,归侨侨眷的幸

---

① 参见《佛山三水"十里水果长廊"摘果采莲最惬意》,见广州日报网(http://bendi.news.163.com/guangdong/17/0810/10/CRFL8ER70417934B.html)。

② 参见《三水区南山镇迳口华侨农场改造全面完成》,见佛山日报网(http://www.foshan-news.net/zt/2017zt/pc/ddsjd/sjdsg/201710/t20171022_110210.html)。

③ 参见《广东各地华侨农场改革　促归侨侨眷安家置业》,见国际在线(http://news.163.com/16/1128/14/C6VFE2QH000187V8.html)。

173

福感显著提升。①

（五）普宁华侨农场

普宁华侨农场建于1961年，安置过来自印度尼西亚、越南等13个国家和地区的归难侨。1995年改制成为揭阳市普侨区，划归揭阳市普宁华侨管理区管理。普宁华侨农场曾经是经济基础薄弱、财政收入有限的归难侨安置点，进入21世纪后，充分发挥改革发展的主体作用，成为以"三融入"推动产业转型升级的典范。

普宁华侨农场在融入管理区后，狠抓重点项目的载体建设，拉动经济有效增长。在基础设施方面，加快对绿宝大道的建设，贯通了东西交通；改善侨园路建设，优化东部发展环境；同时，推进华侨文化创意园禅宗文化发展区的建设。近年来，侨场加快中心区配套基础设施建设，启动安居楼基础设施侨东、侨新两个配套工程建设，推进福利院、安居楼建设，改善侨民生活环境。在产业扶持方面，侨场大力培育发展区域特色产业，推动产业发展从"输血型"向"造血型"转变：第一，启动了揭阳市华侨文化产业创意园规划建设，该项目已列为省部重点战略合作项目；第二，新建中药材产业园区，侨场凭借天然独特的气候、土壤条件，借助普宁中药材市场等周边资源，按照"公司+基地+农户"模式，大力构建以中药材种植和深加工为一体的中药材产业体系。在民生工程方面，侨场职工的社会保障体系建设及覆盖面已经达到周边地区同等水平。同时，侨场坚持实施教育创强，设立专项资金完善中小学教育软硬件配套设施，多次被评为"广东省教育强区"。②

华侨农场是归侨侨眷比较集中的地方，农场的发展影响了归侨侨眷的生活。回顾改革开放40年，广东积极完善全省华侨农场的管理体制和建设机制改革，通过资金和政策的支持与帮扶，引导侨场职工实现了产业结构的调整和改革，取得了巨大的成就。未来，广东将深入贯彻落实习近平总书记系列重要讲话精神和侨务工作方针，加大"侨界"脱贫攻坚力度，

---

① 参见《广东省华侨农场（2）》，见中国侨网（http：//www. chinaqw. comgnqw2014/04 - 29/2343_3. shtml）。

② 参见《广东省华侨农场（2）》，见中国侨网（http：//www. chinaqw. comgnqw2014/04 - 29/2343_3. shtml）。

第四章　改革开放以来广东侨乡的发展与变迁

实现华侨农场"供给侧改革",使广东华侨农场建设和改革工作继续走在全国前列。

第二节　广东侨乡社会经济发展

中国侨乡社会的形成有100多年历史,这是西方工业革命影响下东方社会发展出的一种独特地方形态。广东地处中西方交往前沿,这使得广东最早拥有众多海外侨民并率先孕育出具有现代意义的侨乡社会。改革开放后,侨乡社会被赋予了"先行一步"的历史重任,为中国全局的对外开放提供了一个鲜活的样板。以广东为典型的侨乡社会经济发展模式不仅为侨乡地区带去了翻天覆地的变化,更向世人彰显了改革开放政策对侨乡发展的重要意义。

一、侨乡历史变迁与广东侨乡分布

"侨乡"一词被广泛使用,虽然学者对侨乡的解读存在多个版本,但它通常具有这样几个特点:第一,华侨、华人、归侨、侨眷人数众多;第二,与海外的亲友在经济、文化、思想诸方面有着千丝万缕的联系;第三,尽管本地人多地少,资源匮乏,但由于侨汇、侨资多,因而商品经济比较发达;第四,华侨素有捐资办学的传统,侨乡的文化、教育水平较高。①侨乡是在一定历史条件下产生的,它是海外移民的产物,是中国特有的传统现象。广东省台山市旧称新宁,是著名的侨乡,这里存有关于侨乡最早的文字记载。1893年修撰的《新宁县志》提到:"近年籍外洋之货,宣讲堂、育婴堂、赠医院、方便所、义庄诸善举,所在多有。"1895年新宁知县李平书在其撰写的《宁阳存牍》中描述:"自同治以来,出洋之人多获资回华,营造屋宇,焕然一新。"② 这就是当时侨乡基本特征的真实写照。

(一)广东侨乡的历史变迁

伴随着中国近现代历史的发展,广东侨乡社会所经历的时代变迁,大

---

① 参见庄国土主编《中国侨乡研究》,厦门大学出版社2000年版,第279页。
② 庄国土主编:《中国侨乡研究》,厦门大学出版社2000年版,第280页。

致分为 6 个阶段。从 1840 年鸦片战争到 1912 年中华民国成立的 72 年，是侨乡的形成时期。这个时期广东沿海一带大量华工出国，"水客""民信局"（侨批馆）的相继出现，使华侨与故乡的联系更加密切。由于清政府对待华侨态度的改善，加之"落叶归根"观念的支配，很多华侨回乡盖房置地。有的还集资回国投资，最初在侨乡广州、南海等地投资于缫丝业、轮船业、进出口业和侨批业等。1872 年，爱国华侨容闳在家乡集资创办"甄贤社学"（今广东珠海市南屏学校）；1902 年，广东新宁华侨创办浮石学堂。侨乡的雏形初步显现。1912 年至 1937 年，是侨乡的发展阶段。由于华侨在辛亥革命的特殊贡献，中华民国成立后专门设立侨务机构，颁布一系列保护华侨合法权益，允许华侨自由出入境及鼓励他们回国参政投资的法令，华侨的社会地位大大提高，经营侨汇业务的民信局、侨批局得到充分发展。据 1930 年调查，南洋各地专门经营广东地区的民信局有 500 多家。① 1937 年到 1949 年，为侨乡的破坏时期。日军发动的侵华战争，给侨乡带去沉痛灾难。抗战期间，广东新宁曾先后 5 次沦陷，敌机轰炸 127 次。② 为阻止敌军进攻，当局拆除路基，由华侨集资修建的新宁铁路从此在地图上消失。因为侨汇的断绝，侨乡发展顿失动力，经济一落千丈。1949 年中华人民共和国成立到 1966 年，侨乡进入转轨时期。中华人民共和国成立后，归侨侨眷欢欣鼓舞，踊跃投身于建设新中国的热潮中。通过土地改革和对农业、手工业、资本主义工商业的改造，公有制代替私有制，侨乡从单纯的消费型社会开始转向生产型社会。党和政府重视侨务工作，制定一系列维护侨益、保护侨汇的政策。广大归侨侨眷积极参与社会主义建设事业，涌现出许多先进工作者和模范人物。1966 年"文化大革命"开始到 1976 年粉碎"四人帮"，这动荡的 10 年导致侨乡的发展进入停滞阶段。"文革"期间，海外关系被斥为反动关系，侨务机构被撤销，归侨侨眷权益得不到保障。1970 年，广东省在《处理海外关系干部六条规定》中提到，凡是有港澳、海外关系的干部，不管亲属从事什么职业，如果经过教育仍然保持政治、经济上的联系，要从严处理，进行必要的批判斗争，并规定今后一律不吸收有海外关系的人当干部。如此规

---

① 参见卢海云、权好胜主编《归侨侨眷概述》，中国华侨出版社 2001 年版，第 15 页。
② 参见《华侨华人百科全书·侨乡卷》编辑委员会编《华侨华人百科全书·侨乡卷》，中国华侨出版社 2001 年版，第 805 页。

定给侨乡带去了严重影响。为了防止资产阶级侵蚀，砍断了与海外华侨华人的联系，使归侨侨眷有亲不敢认，有信不敢收，侨汇不敢领，与海外亲属断绝联系，华侨投资基本停止，侨乡经济由此出现倒退。1976年"文革"结束，侨乡开始逐步进入繁荣时期。党的十一届三中全会后，各级侨务机构重新建立，侨联组织活动恢复，并开始了侨务战线的拨乱反正，在全面落实侨务政策方面取得了重大成就。新的政策使侨乡获得快速发展的难得机遇，特别是在实施对外开放，吸引外资的过程中，广东侨乡成为改革开放的前沿阵地，有力推动了侨乡社会经济快速发展。①

（二）广东侨乡的分布

广东省作为我国第一大侨乡，全省海外侨胞占全国六成以上。从地域文化的角度看，广东侨乡可分为粤语系侨乡、潮语系侨乡和客家语系侨乡。这三大侨乡既是广东的重点侨乡，也是中国的重点侨乡。广东三大侨乡在历史、文化、语言、习俗、移民及其海外分布等方面都存在差别。粤语系侨乡包括广州、佛山、江门、中山、珠海各市及其所辖各县（市），东莞、深圳、肇庆、茂名、韶关、湛江各市所属的部分县（市）、区，是广东三大语系中分布最广的地区，有归侨侨眷800多万人，其海外移民则分布范围较广，并在北美占有较大比例；潮语系侨乡地区包括汕头、潮州、揭阳及其所辖各县（市），有归侨侨眷700多万人，其海外移民主要集中在东南亚地区，近几十年，欧洲、北美和澳大利亚也成为潮汕籍华人新居住地；客家语系侨乡在广东东北部梅州地区和东南部的深圳、东莞，北部清远、韶关等市的部分地区及惠州地区、东江流域一带，有归侨侨眷500多万人。改革开放后，三大侨乡民众之间的流动性显著增加，但这些交流并未改变三大侨乡板块的基本格局，三大侨乡依然保留着鲜明的特征和区别。②

广东侨乡有重点侨乡与一般侨乡之分。据粗略统计，广东一般侨乡22个，重点侨乡40多个。重点侨乡包括广州、深圳、珠海、汕头、佛

---

① 参见任贵祥主编《海外华侨华人与中国改革开放》，中共党史出版社2009年版，第484页。
② 参见《广东省志·侨务卷（1979—2000）》，见广东省情数据库（http：//www. gd - info. gov. cn/books/dtree/showbook. jsp？stype = v&paths = 22671&siteid = guangdong&sitename = % E5% B9% BF% E4% B8% 9C% E7% 9C% 81% E6% 83% 85% E7% BD% 91）。

山、江门、中山、东莞、湛江、蕉岭、梅县、大埔、兴宁、丰顺、潮州、饶平、澄海、揭阳、潮阳、揭西、普宁、惠州、惠来、海丰、陆丰、惠阳、惠东、增城、东莞、花都、三水、南海、番禺、顺德、四会、高要、鹤山、新会、开平、台山、恩平、斗门、信宜、茂名等市县。①

改革开放后，广东侨乡发生了日新月异的变化。以20世纪90年代为界，分为两个阶段。第一阶段，是广东侨乡通过大力落实侨务政策，争取侨心，引进海外资金技术，推进侨乡的现代化建设，并取得巨大的成就的阶段，侨乡成为外资进入中国的着陆点和向中国内地辐射的桥头堡。第二阶段，是20世纪90年代以后，广东陆续进行行政区域的调整，原来侨乡边界发生变化，如潮语系侨乡由于分成汕头、潮州和揭阳3个平级行政区，使原来侨乡的完整性受到影响，区域侨乡出现细化的趋势。这类情况在三大侨乡都存在。随着经济社会的发展，原来针对华侨、归侨侨眷的优惠政策如短缺物资供应、出国便利等失去以往的实用意义。侨乡经济的发展吸引了大量外来人口，侨乡成员与侨乡文化更加趋于多元化，广东侨乡中非原籍的华人以及非原籍归侨侨眷人数有所增加。由于广东的新移民较多是以家庭团聚的形式出国，在一些重点侨乡如江门台山市出现因为新移民家庭整个外迁而造成村庄"空巢化"现象。在这一阶段，由于华侨农场属地化改革结果，华侨农场开始侨乡化，全省20多个华侨农场变成当地一个个新侨乡。②

二、改革开放后广东侨乡社会经济面貌的改变

新时期广东侨乡的社会经济面貌发生巨大变化。广东作为中国实施改革开放政策后首批对外开放的地区，拥有深圳、珠海、汕头3个经济特区。改革开放40年来，广东发挥海外华侨华人众多的人缘优势，大力引进海外侨资和港澳台资本，使其在建设现代化经济体系和全面开放新格局上始终走在全国前列。

---

① 参见任贵祥主编《海外华侨华人与中国改革开放》，中共党史出版社2009年版，第485页。

② 参见《广东省志·侨务卷（1979—2000）》，见广东省情数据库（http://www.gd-info.gov.cn/books/dtree/showbook.jsp?stype=v&paths=22671&siteid=guangdong&sitename=%E5%B9%BF%E4%B8%9C%E7%9C%81%E6%83%85%E7%BD%91）。

（一）广东侨乡的外向型经济发展模式

改革开放初期，广东首先利用侨乡特有的"三闲"（闲钱、闲房、闲人），以"三来一补"（来料加工、来样加工、来件装配与补偿贸易）的形式，大力发展劳动密集型产业，到20世纪80年代中期逐步引进外资创办企业，90年代以后发展大项目和跨国公司，引进的资本从劳动密集型产业逐渐向资金、技术密集型产业转变，经济总量显著增加，产业结构实现了优化升级。1979年，广东人均生产总值只有409元，到2017年，广东人均生产总值达到81089元，广东生产总值8.99万亿元，占全国的10%以上，外贸出口总额6.82万亿元，占全国的30%以上。改革开放前，广东侨乡经济基本以农业为主，工业化程度很低。改革开放后，三大产业结构发生重大的改变。1979年，广东三大产业结构比例是31.8%：43.8%：24.4%，到2017年，第一产业占4.2%，第二产业占43%，第三产业占52.8%。[1]

三大侨乡在经济发展中形成了不同的特色。粤语系侨乡作为三大侨乡中经济最为发达的地区，是典型的外向型经济模式。第一，外资企业是侨乡经济的重要组成部分。广东侨资企业主要分布在珠江三角洲地区，其中，深圳、东莞、广州三市侨资企业数量居前三位；侨资企业产业分布主要集中在轻工、日用化工、电子信息、建筑材料等领域。1978年，东莞市在广东率先开办了第一家"三来一补"对外加工厂，此后，这类企业如雨后春笋般在珠三角地区迅速发展，而东莞也一跃成为国际知名的加工制造业基地。1980年，中山市在全国创办了首家中外合资企业——中山温泉宾馆。如今，中山市三大产业结构的比例是1.8%：52.9%：45.3%，外贸进出口总额和利用外资数额位居全省前列。[2] 总之，"三资企业"作为外贸经济的主要形式，成为侨乡新的经济增长点。第二，外贸出口带动侨乡外向型经济增长。在侨乡，侨资企业在产品销售上具有独特的外销渠道。外方在产品外销中起主导作用，特别是企业成立的初期，许多企业是

---

[1] 参见《2017年广东宏观经济运行情况分析》，见广东统计信息网（http://www.gdstats.gov.cn/tjzl/tjfx/201802/t20180213_380930.html）。

[2] 参见《2017年9月本地生产总值构成》，见中山市统计局网（http://www.zsstats.gov.cn/tjsj/bdsczgc/201801/t20180105_379120.html）。

利用外方原有国际营销渠道，或由外方接受订单，中方主要负责生产。外销渠道的便利，开辟了产品的国际和境外市场，这使得珠三角地区的出口额迅猛增长。与此同时，经过产业升级换代，出口商品结构由以农副产品为主向以工业制成品为主转变。第三，全方位开拓市场。过去，珠三角外贸出口以港澳地区为主，随着对外贸易的发展，当地采取巩固港澳市场，拓展近远洋市场的策略，利用港澳企业把触角伸向国际市场。① 经过40年的发展，珠三角地区的侨乡既有大型跨国企业，又有中小型企业，形成了一个高开放性、多层次的外向型经济格局。在客家语系侨乡中，惠州市经济发展较快，初步形成了以电子通信、纺织服饰、电器机械为主，食品、化工、建材、医药、电力等行业为辅的工业体系，成为全国最大的电工产品制造基地。而在潮语系侨乡里，经济特区汕头市是该区的中心城市，以外向型经济、民营经济、港口经济为发展方向，形成超声电子、纺织服装、化工、机械、食品、医药六大骨干行业。而揭阳市侨乡经济则以乡镇企业为主，非公有制企业成为潮州侨乡经济的主体。"无农不稳，无工不富，无商不活，无侨不快"是侨乡人民在实践中总结出来的经验。广东侨乡发挥华侨华人众多的人缘优势和毗邻港澳的地缘优势，引进海外华资和港澳台资本，促进了社会经济持续快速发展。

（二）华侨华人致力于广东侨乡建设

改革开放为广大归侨侨眷提供了用武之地，他们利用与海外侨胞有广泛联系的优势，引资引智，为家乡经济建设做出独特的贡献。改革开放初期，我国对吸引和利用海外侨资工作缺乏经验，有关法律并不健全，加之海外投资者对在中国投资尚存疑虑，对各项政策和投资环境不了解，因此，在"三引进"过程中，归侨侨眷充分发挥了穿针引线的作用。据1989年的统计数据，由各级侨联和归侨侨眷直接或间接引进的外资为30多亿美元，广东引进的外资项目中80%以上是侨资或通过侨胞引进的外资，而其中80%以上都是侨联或归侨侨眷参与配合做穿针引线工作的。②

首先，吸引侨资、侨捐、侨汇建立侨属企业，是侨乡经济发展的强大

---

① 参见任贵祥主编《海外华侨华人与中国改革开放》，中共党史出版社2009年版，第491页。
② 参见中华全国归国华侨联合会编《第四次全国归国华侨代表大会特刊》，中国华侨出版社1990年版，第18页。

第四章 改革开放以来广东侨乡的发展与变迁

动力。华人的经济实力在世界经济领域占有举足轻重的地位。美国《财富》杂志曾列出全世界 100 个拥有 10 亿美元的财团，华人就占了 17 个。①如此雄厚的资金实力和经济资源，对任何国家来说都是一笔巨大的财富，而对于改革开放初期资金相对缺乏的广东来说，如果能够很好地利用这笔财富，则无疑能大大加快侨乡社会经济的发展。侨资侨汇促进侨乡经济发展最典型的方式就是建立侨属企业。20 世纪八九十年代，由于侨汇数额的增加，其用途也逐渐扩展至投资实业，侨属企业得到快速发展，成为侨乡经济发展一道亮丽的风景线。如 1981 年，广东新会会城镇在侨属中集资 110 多万元，通过亲属从香港进口塑料机和制衣机 420 台，办起了华侨塑料厂和华侨制衣厂，头一年的税利分别是 103 万元和 153 万元，解决了 700 多人的就业问题。②之后，国家又允许接受海外亲属免税赠送人民币 10 万元以下生产设备，更加刺激了侨属企业的兴办和发展。汕头从改革开放至 1986 年，有 1.26 万个侨属接受海外亲属赠送的设备；普宁的洪阳、军埠、占陇三地有 800 多户侨眷集资 749 万元，引进设备 600 多套，自办、合办企业 1013 家；广州增城新塘镇大墩村，从 1985 年兴办制衣、洗漂、绣花等企业，引进生产设备价值 159 万港元，成为有名的牛仔裤系列生产村。③ 截至 2017 年，在广东投资兴业的侨商企业有 6.18 万家，占全省外资企业总数的六成多，累计投资 2600 多亿美元，占全省实际利用外资总额的近七成。④ 侨属企业作为侨乡经济中富有特色的组成部分，促进了侨乡工业化和农业商品化的进程，为侨乡经济发展注入了新的活力。而侨资和侨汇用途的拓展，改变了过去侨乡"坐食"侨汇的状况，促进传统侨乡从主要依赖侨汇的消费性社会，转变为自食其力的生产性社会。

其次，海外华侨引进的行业、项目、先进技术促进了广东侨乡产业结

---

① 参见陈雷刚《邓小平侨务思想与广东侨乡社会的现代化》，载《红广角》2014 年第 8 期，第 20 页。
② 参见黄昆章、张应龙主编《华侨华人与中国侨乡的现代化》，中国华侨出版社 2003 年版，第 35 页。
③ 参见《广东省志·侨务卷（1979—2000）》，见广东省情数据库（http://www.gd-info.gov.cn/books/dtree/showbook.jsp? stype = v&paths = 22671&siteid = guangdong&sitename = %E5%B9%BF%E4%B8%9C%E7%9C%81%E6%83%85%E7%BD%91）。
④ 参见胡琼兰《专家建议侨商引导中企到"一带一路"国家投资》，载《深圳晚报》2016 年 8 月 13 日第 A05 版。

构的调整升级和合理化发展。华商企业的先进技术和管理经验，对国内企业起到了示范和激励作用。改革开放初期，侨商在粤投资主要集中在以服务业为主的第三产业。广东的涉外宾馆在全国率先对外开放，开全国风气之先，霍英东投资的白天鹅宾馆、胡应湘投资的中国大酒店、利铭泽等合作兴建的花园酒店不仅给广州带来了高级酒店，而且为中国酒店业带来了许多观念上的变革。汕头的鮀岛宾馆是汕头市最早的中泰合资的宾馆，实行严格的内部管理制度，如打卡制等，在改革开放之初令人耳目一新。①宾馆、旅游业的迅速发展使广东第三产业比重显著上升。1979年，广东三大产业结构比例是31.8%：43.8%：24.4%；至1991年，三大产业的结构比例为23.4%：42.1%：34.5%。20世纪90年代以后，华侨资本开始从服务业扩大到房地产、能源、冶金、机械、化工、金融以及科技含量较高的电信等领域，呈现出规模多元化，资本技术密集型企业居主导地位。一批利用外资、侨资、港资的项目填补了广东在某些方面的技术空白，缓解了当地能源交通紧张的状况，如广深高速公路和广州珠江电厂的兴建。1983年，马来西亚华商林建中与深圳华侨城合资建立华侨晒图纸厂，从美国引进先进设备，生产高级晒图纸，填补了中国在该项技术领域的空白。②

　　再次，各类海外华侨华人专业人才弥补了广东建设人才不足的短板，为引进国外智力资源提供了可能。改革开放后国家的建设不仅需要资金，更需要引进先进技术和一流人才，几千万华侨华人是一支不可忽视的力量，其中蕴含的丰富科技和人才资源，能提供强大智力支持。据统计，从改革开放起步到1991年，广东省侨办先后邀请了124名华侨华人科技人才来广东进行讲学和交流，其中美籍华人王磊教授所捐赠的权威工具书《化学文摘》被广东科技界誉为无价之宝。佛山市通过各种渠道邀请了18个国家和地区的2000多名华人专家、学者到佛山进行讲学并开展技术指导服务和产品研发，取得了良好的经济社会效益。近年来，广东各级政府架设了留学人员与政府沟通的桥梁，举办了"中国留学人员广州科技交流会""中国国际高新技术成果交易会"等各种交流会，推动建设了海外

---

① 参见郑一省《多重网络的渗透与扩张》，世界知识出版社2006年版，第115页。
② 参见陈雷刚《邓小平侨务思想与广东侨乡社会的现代化》，载《红广角》2014年第8期，第21页。

华侨华人专业人才数据库。广州市为吸引海外精英回国创新创业，相继发布《关于加快聚集产业领军人才的意见》，配套出台鼓励海外人才来穗创业的"红棉计划"，以推动广州建设国际创新人才聚集地。截至2016年，广州开发区已聚集两院院士34人、国家"千人计划"人才62人、国家"万人计划"人才3人、国务院特殊津贴专家16人，创新创业"国家队"已经达到115人。此外，该区内聚集海外归国留学人员3000多人，创办企业1000多家，成为华南地区人才资源最为密集的地区。广州因此也成为海归回国就业意向城市排行榜中仅次于上海的城市。①

在广东侨乡社会经济建设中，港澳台同胞也发挥了巨大作用。广东各地侨乡的第一家合资企业与独资企业基本都是港澳台同胞投资创办的。例如，东莞市1978年9月正式开工的第一家"三来一补"企业太平手袋厂是香港信孚手袋制品有限公司和东莞市二轻局合办的，佛山第一家"三来一补"企业顺德大进制衣厂是香港杨钊1978年创办的，广州市第一家"三来一补"企业花县电子厂是香港梁国梓1979年创办的，惠州市第一家"三来一补"企业惠州市塑料一厂是香港韩江针织厂1979年5月创办的，中山市第一家来料加工企业莲盈毛织厂是香港乡亲毛楚坚1980年创办的，深圳市第一家合作企业竹园宾馆是香港商人刘天就1980年创办的，潮州市第一家"三来一补"企业饶平新兴发品厂是香港郑金松1980年8月创办的，茂名市第一家港资企业是香港肖旺强1981年与化州县（今化州市）侨办合股创办的果苗场，珠海市第一家"三来一补"企业是澳门纺织品有限公司与珠海香洲毛纺厂合办的。②广东侨乡正是从港澳台同胞引入的资本起步，进而发展出"三资企业"，才有如今的面向国际市场的出口导向型工业贸易格局出现。

三、广东侨乡社会经济发展的新机遇

进入21世纪，随着国内整体经济的快速发展，不少侨资企业受到资金、人才、经营规模、生产技术等限制，加之在管理和经营方面停留在传

---

① 参见《海归回国就业意向城市 广州位居全国第二，仅次于上海》，见南方网（http://www.cnr.cn/gd/gdkx/20170505/t20170505_523739968.shtml）。

② 参见《广东省志》编纂委员会编《广东省志：1979—2000·30·侨务卷、外事与港澳事务卷》，方志出版社2014年版，第91页。

统的手法上，致使部分侨属企业在市场竞争中处于劣势。为了更好地引导企业转型升级、创新发展，中央和广东地方积极围绕服务创新驱动发展战略，因地制宜创新引资引智工作，帮助引导更多侨商参与融入"一带一路"倡议和粤港澳大湾区发展规划中，广东侨乡由此迎来新的发展机遇。

（一）侨务引资引智平台升级

面对经济发展新常态的趋势和特点，国家实施了创新驱动发展战略，华侨华人是实施这一战略的重要推动力量。为了打通全球创新人才和资源引进通道，帮助广大侨胞打造新的创新创业基地，广东积极提供资金和政策支持，为侨乡引资引智工作提供优质平台。

首先，打造华侨经济文化合作试验区。2014年12月，经国务院批准，汕头华侨经济文化合作试验区正式成立。这是国内第一个以"华侨"和"文化"为核心概念的国家发展战略平台，也是全国唯一冠以"华侨"字头的国家级经济文化合作试验区。① 在遍布全球的6000多万海外华侨华人中，潮汕籍侨胞近1000万人，这些分散在世界各地的潮汕侨胞不乏在居住国的各个领域具有重要影响力者。潮汕大地因侨而兴，汕头经济特区因侨而立，汕头华侨经济文化合作试验区的成立，有利于构建面向海外华侨华人的聚集发展创新平台，建设华侨文化交流、对外传播基地，协助汕头打造21世纪海上丝路战略支点和重要门户。以华侨试验区的东海岸新城项目为例，建设3年累计完成投资120亿元，17宗用海项目通过专家评审，填海工程全面完成，16.4千米长的东海岸大道全线贯通，其他基础设施建设也全面铺开。② 可以预想，汕头华侨试验区的建设将助力汕头经济特区创造新的经济增长点，带动粤东地区振兴发展。

其次，推进"侨梦苑"建设工作。"侨梦苑"作为侨商产业聚集区和华侨华人创新创业聚集区示范品牌，是广泛汇集侨商和海归人才的重要平台。截至2017年12月，广东已建成3家"侨梦苑"，成为全国拥有"侨梦苑"数量最多的省份。2015年12月正式落户江门的"侨梦苑"，重点

---

① 参见《国务院批复同意在汕头设立华侨经济文化合作试验区》，见中国新闻网（http://www.chinanews.com/gn/2014/09-19/6610854.shtml）。

② 参见《筑巢引金凤 汕头华侨试验区争当实干担当"排头兵"》，见中国侨网（http://www.chinaqw.com/qx/2016/12-29/119750.shtml）。

第四章 改革开放以来广东侨乡的发展与变迁

突显"双引双创"特色,借力国家高新技术产业开发区、珠三角(江门)国家自主创新示范区、广东省珠西先进装备制造业基地等国家、省级平台优势,通过一整套全方位的产业扶持政策体系和完善的人才计划,初步建成了具有江门特色的侨胞"温暖之家"。①广州增城"侨梦苑"则充分发挥位处珠三角东岸世界级发达城市群的区位优势,着力打造先进智造业、现代服务业、生态旅游业和现代农业,助力广州经济增长。这几年,增城"侨梦苑"出台了一整套"侨智计划",包括设立10亿元"华侨创新创业引导基金"、团队专业资助、创业项目启动资助和人才绿卡等服务政策。②而成立于2017年12月的汕头"侨梦苑",是全国面积最大的"侨梦苑"。"侨梦苑"落户汕头,有利于通过经济特区和华侨试验区的政策叠加优势,充分凝聚侨心、侨力、侨智,以侨为桥拓展华侨经济文化产业发展空间,并助力汕头打造中国南部新侨城。③

最后,创办华人华侨产业交易会。华人华侨产业交易会是由深圳市连同海内外200多家商业协会共同创办,得到了国家和地方侨务系统的重视与支持。④目前,侨交会已与全球30多个国家和地区的200多个华侨华人商协会、2000多家海内外华商企业建立了协作关系,为不同国家的华人商协会和企业创建了线上线下密切联系的平台。2015年8月,首届侨交会在深圳会展中心举办。交易会吸引了全球28个国家和地区的600多家参展商前来参展。2016年第二届侨交会,来自31个国家和地区的侨领和627家展商将深圳搭建成一个全球化经贸合作与资源整合的大平台。2017年,第三届侨交会向珠三角地区征集了拥有独立自主品牌与技术的优秀中小型智造企业,将珠三角地区华商企业推向全球。⑤深圳侨交会的举办开辟了以华侨华人为服务主体的产业全球交易平台,打通全球华商网

---

① 参见《广东江门侨梦苑》,见中国侨网(http://www.chinaqw.com/qmy/2016/09-23/105081.shtml)。
② 参见《广东增城侨梦苑》,见中国侨网(http://www.chinaqw.com/qmy/2016/09-23/105078.shtml)。
③ 参见《以侨为桥 广东汕头打造中国南部新侨城》,见中国侨网(http://www.chinaqw.com/qmy/2017/12-18/172448.shtml)。
④ 参见胡琼兰《全球侨商汇聚深圳 跨境电商受热捧》,载《深圳晚报》2016年8月14日第A04版。
⑤ 参见《第三届华人华侨产业交易会在深圳开幕:以侨为桥,货通天下》,见南方网(http://kb.southcn.com/content/2017-08/13/content_176011988.htm)。

络，为珠三角企业乃至整个广东侨乡地区外贸产业提供全新的进出口解决方案。

(二)"一带一路"倡议助力侨乡发展

2013年，习近平在出访中亚和东南亚国家期间，先后提出共建"丝绸之路经济带"和"21世纪海上丝绸之路"的重大倡议。其中，海上丝绸之路就是从中国东南沿海起步，发展面向南海、太平洋和印度洋的战略合作经济带。广东作为中国沿海对外开放大省，在积极融入"一带一路"建设的过程中，能推进与沿线各国的区域经济合作，更有利于侨乡地区自身的经济发展。

历史上，广东与"一带一路"沿线国家和地区经贸、人文交流合作紧密，如今，数千万粤籍华侨华人拥有巨大的人才、资本优势及成熟的商业网络，熟悉住在国的语言、文化、社会和法律，这也使得广东在参与"一带一路"建设中具备的天然地缘、人文、经贸、融通中外等独特优势凸显出来。近年来，为了深化与"一带一路"沿线国家和地区侨胞的联谊交流，广东各地积极组织海外华商与"一带一路"建设座谈会、省海交会海外理事服务"一带一路"建设、粤籍华裔政要"寻根"广东等活动，大力宣传"一带一路"倡议下的广东实施方案，以推动粤籍侨胞当好"一带一路"的积极参与者和建设者。在加大对沿线国家和地区侨商的招商引资力度方面，广东举办了世界华商500强广东（广州）圆桌会、粤东侨博会、世界客商大会、中国（深圳）华人华侨产业交易会等活动，促成了一大批投资规模大的侨商合作项目在广东落地。其中，从2013年开始举办的两届粤东侨博会和首届中国（广东）—东盟合作华商交流会共签约295个项目，签约金额分别为2539.6亿元人民币和103.78亿美元。三届深圳侨交会共吸引了近千家海内外侨商和参展商参会，签约金额达千亿元，极大地推动了广东侨属企业和产品"走出去"。①

(三)侨乡融入粤港澳大湾区建设

粤港澳大湾区是指由广州、佛山、肇庆、深圳、东莞、惠州、珠海、

---

① 参见《广东凝聚侨心汇集侨智发挥侨力 助推"一带一路"》，见中国侨网（http://www.chinaqw.com/gqqj/2017/11-06/167288.shtml）。

第四章 改革开放以来广东侨乡的发展与变迁

中山、江门9市和香港、澳门两个特别行政区形成的城市群,是国家建设世界级城市群和参与全球竞争的重要空间载体。2017年7月,《深化粤港澳合作推进大湾区建设框架协议》在香港正式签署,这对广东特别是珠三角地市的侨乡社会经济发展具有全局意义。

粤港澳大湾区约有1亿人口,面积5.6万多平方千米,GDP规模达1.3万亿美元,年航空客运流量1.1亿人次,其经济体量相当于东盟十国的一半以上,具有强大的经济辐射能力。从社会结构看,粤港澳大湾区具有侨乡、英语和葡语三大文化纽带,将侨乡经济社会发展融入大湾区建设,能产生凝聚侨心、汇聚侨智的共振作用。以珠江西岸的侨都江门为例,江门拥有分布在全球100多个国家和地区的华侨华人资源,特别是港澳地区有不少是江门五邑籍乡亲。在大湾区建设工作部署中,广东将江门定位成粤港澳大湾区西翼枢纽型门户城市,为江门联动港澳地区参与海湾经济建设提供重大合作平台,也为珠江西岸地区社会经济发展带去重大机遇。① 随着2018年港珠澳大桥的全线贯通,珠江口东西两岸将形成一个完整闭环,而粤港澳大湾区作为世界经济版图的新亮点,也必将引领珠三角侨乡的经济发展创造新的增长奇迹。②

党的十九大报告指出,要广泛团结联系海外侨胞和归侨侨眷,共同致力于中华民族伟大复兴。广东侨乡经济社会的显著发展就是中华民族伟大复兴之路的真实写照。作为海外侨胞难以割舍的故国家园和情感归属,侨乡的经济建设离不开"侨"的贡献。广大粤籍侨胞怀揣的爱国爱乡情怀、雄厚的经济实力、丰富的智力资源、广泛的商业人脉反哺侨乡,为侨乡建设做出了卓越的贡献。改革开放的篇章因广东侨乡40年的惊艳嬗变而更加绚丽多彩,中国梦、侨乡梦也变得更加贴近和真实。

---

① 参见《融入粤港澳大湾区 侨乡江门迎新机遇》,见新华社网(http://news.xinhuanet.com/overseas/2017-11/10/c_129738007.htm)。
② 参见《粤港澳大湾区:借力"一带一路"谱写"中国硅谷"畅想》,见新华社网(http://news.xinhuanet.com/gangao/2017-05/12/c_1120962982.htm)。

第三节　侨乡文化与特色城镇建设

侨乡文化是中华文化的重要组成部分。居住在世界各地的华侨华人对促进中外文化交流起到了极为重要的作用。广大粤籍华侨华人将外国文化带回故乡，与当地岭南文化相结合，逐渐形成了中西合璧的、在中华文化中有着显著特色的侨乡文化。改革开放以来，粤籍华侨华人与家乡的联系和互动在密度、广度和深度上都有很大加强。如今，侨乡文化已成为广东打造文化大省的特色品牌，而侨乡文化与侨乡精神也甘为城市经济繁荣、民生发展服务，为侨乡地区打造特色城镇添砖加瓦。

一、广东侨乡文化的特征与内涵

侨乡文化是海外华侨华人和归侨侨眷在长期的艰苦奋斗中逐渐形成的独特文化现象，是归侨侨眷思维方式、价值取向、理想人格、伦理观念、审美情趣等精神因素的集中体现，也是其行为方式、生活方式的集中表达。作为吸收西方文化同时又坚守传统文化的区域，兼容并存是侨乡文化的重要特点。侨乡人不故步自封，善于接受外来文化中对自己发展有利的东西，不盲目排斥外来文化，而是尊重其他民族的文化价值，与之共存。在中西方文化的交融碰撞中，影响范围触及建筑、语言、服饰、民俗风情、行为方式和观念等方方面面。

广东是中国最大的侨乡，广东侨乡文化是中国侨乡文化的典型代表。同时，广东又是岭南文化的发源地，因此，广东侨乡文化也通常被视为岭南文化中的一个重要板块。广东侨乡文化最典型地代表了华侨华人的本质特征：华侨华人的历史、文化本质并不单单是一部"苦难史、创业史、爱国史"，更为关键的是开展中外文化交流的特质。五邑、潮汕侨乡的华侨文化是这一特征的典型代表，在中国华侨史中占有不可替代的地位。广东侨乡文化还具有主动性、开放性的学习接纳特点。"侨"而不崇洋媚外，不全盘西化；"乡"而不迂腐，不顽固。[①] 可以说，广东侨乡文化是

[①] 参见《打造华侨品牌　文化大省要凸显"侨味"》，见南方网（http://www.southcn.com/news/gdnews/hotspot/qhch/ll/200402260760.htm）。

第四章 改革开放以来广东侨乡的发展与变迁

中国侨乡文化的一个缩影,又存在与其他侨乡文化不同的独特魅力。

侨乡在经济发展和社会生活特征方面与非侨乡有着不同的变化和特点。广东历史底蕴深厚,文化资源丰富,无数华侨华人和归侨侨眷与南粤大地的命运休戚与共,他们或在这里生息劳作,或与这里保持血脉联系。经过100多年的洗礼变迁,孕育出独特的侨乡文化。这种文化内涵广泛,涉及观念、风俗、语言、建筑等各方面,① 具体表现如下。

第一,乡族观念浓厚,族源意识强烈。基于地缘和血缘的关系,在侨乡以亲属团聚方式出境出国仍是一条重要通道,这直接导致侨乡的家族延伸到海外,从而构成了广东各地侨乡家族关系特征。改革开放后,旅外同胞回乡寻根、扫墓祭祖日益频繁,在地方家族和海外宗亲社会的双重作用下,侨乡家族主义传统迅速崛起,重修族谱、重建宗祠、恢复祭祖等活动络绎不绝。在潮语系侨乡,潮汕文化是潮籍移民的精神支柱,每个漂泊海外的潮人都自觉践行、固守和捍卫着宗族精神、家乡观念,并以此认同团结他们的同族同乡。以亲缘、地缘、业缘、神缘、物缘"五缘"文化为纽带组织建立的同乡会、宗亲会、会馆及公会等社团,迎合了潮人大众的共同需要。据统计,潮人所在国的这种海外社团至今已发展到了500个左右,近年海外宗亲社团返乡寻根的活动也络绎不绝。华侨的这种祭祖活动从最初基于文化的认同和增进乡缘族缘的需要,如今演变成与祖(籍)国联系的桥梁和纽带。妈祖是流传于中国东南沿海地区的民间信仰,广东是最早传播妈祖信仰的地区之一,据地方志记载统计,仅粤东地区的妈祖庙(天后宫、天妃宫、娘妈庙)就有35座。② 粤籍侨胞也将对妈祖的信仰向海外传播。他们在居住国建立的妈祖庙不仅成为当地华人社区的中心,也成为众多华人的精神支柱。已有相当多的海外华人将妈祖视为祖(籍)国具体化身和民族魂的重要载体。改革开放后,妈祖信仰活动又从国外延伸回国内,众多海外侨胞捐资修建寺庙。如广州南沙天后宫就由香港实业家霍英东先生倡议并捐资重建,其规模乃现今世界同类建筑之最,被誉为"天下天后第一宫"。③

---

① 参见任贵祥主编《海外华侨华人与中国改革开放》,中共党史出版社2009年版,第486页。
② 参见李庆新、罗燚英《广东妈祖信仰及其流变初探》,载《莆田学院学报》2011年第6期,第2页。
③ 参见《广东省志》编纂委员会编《广东省志:1979—2000·经济体制改革卷、经济特区与开发区卷》,方志出版社2014年版,第508页。

第二,宗亲组织活动频繁。20世纪90年代以来,包括宗亲会、同乡会在内的世界性区域性华侨华人社团迅速发展。各类恳亲会、联谊会频繁召开,十分活跃。过去,粤籍华侨习惯在海外成立华人社团或组织,改革开放后,纷纷转向祖籍地举办活动。1999年,新加坡广东会馆和马来西亚广东会馆联合会共同向世界各地的广东社团发出举办世界广东同乡联谊大会的倡议,得到了世界各地粤籍乡亲社团响应和广东地方政府的支持,之后就定期在全球粤籍华人聚集地区举办。① 截至2017年,世界广东同乡联谊大会已成功举办9届,大会不仅成为海外粤籍乡亲联络乡谊和进行跨国跨地区交往的重要载体,也是各国各地区粤籍华人开展经济合作和文化交流的重要舞台。为了让华裔新生代不忘父母之国,广东还积极组织形式多样的文化寻根活动。海外华裔青少年中国寻根之旅是为满足海外侨胞日益增长的文化传承需求而组织的实践活动。广东从20世纪80年代初期就开始举办华裔青少年寻根之旅夏(冬)令营活动,到目前已有30多年,人数从最初的每年几十人到现在的每年2000多人,现已接待50多个国家和地区的3万多名华裔青少年。活动的举办不仅提升了海外华裔青少年学习和传承中华文化的兴趣,让他们亲身感受广东和祖国变化,更为新生代们在居住国和祖(籍)国之间搭建了卓有成效的沟通交流平台。

第三,侨乡建筑以中西合璧著称。将异国建筑艺术移植到祖籍家乡,并使之与中国传统建筑艺术相结合,建成大量中西合璧的侨宅民居,是粤籍归侨传播外国文化的一大亮点,也是广东侨乡一道亮丽的风景线。最具广东侨乡特色的建筑当属五邑乡镇的碉楼、骑楼。开平碉楼,这种作为农村民用公用性和防卫性相结合的建筑,是华侨从鸦片战争开始到20世纪30年代陆续在家乡建造的,它分为更楼、众楼和居楼3种,鼎盛时期达3000多座,现存1833座,纵横数十千米,连绵不绝。碉楼深沉的中国传统文化底蕴、浓郁的欧美气息,高度反映了特定的历史条件、特定的地域环境下形成的独特历史文化景观,被后人誉为"华侨文化的典范之作""令人震撼的中西建筑艺术长廊"。② 2007年,"开平碉楼与村落"申请世界文化遗产项目获得通过,成为中国首个华侨文化的世界遗产项目,也是

---

① 参见《世界广东同乡联谊大会》,见广东侨网(http://www.qb.gd.gov.cn/ztzl2010/qwzl2010sylh)。

② 参见任贵祥主编《海外华侨华人与中国改革开放》,中共党史出版社2009年版,第488页。

第四章 改革开放以来广东侨乡的发展与变迁

广东省第一处世界文化遗产。2017年,"开平碉楼"入选第二批中国20世纪建筑遗产。① 相比之下,赤坎骑楼则是五邑地区建筑艺术的另一朵奇葩。20世纪20年代,五邑华侨衣锦还乡,买地建楼,经商开铺,由此建起了楼下经商、楼上居住的骑楼。这些骑楼建筑风格各异,有的是古罗马券廊式建筑,有的是圆筒拱顶的哥特式建筑,有的是装饰富丽的巴洛克式建筑,有的则是以穹顶为主要特征的伊斯兰式建筑,还有中国传统式的建筑。碉楼和骑楼是侨乡政治、经济和文化发展的见证,它不仅反映了侨乡人民艰苦奋斗、保家卫国的沧桑历史,更是活生生的近代建筑博物馆、一条别具特色的侨乡文化艺术长廊。位于广东汕头隆都镇前美村的陈慈黉故居是著名旅外侨胞陈慈黉家族在其家乡建造的十几座宅邸的总称。其故居既采用中式"驷马推车"房屋布局,也引入西式的别墅造型。建筑上既有架梁盖瓦的传统样式,也有栏杆阳台的西式结构。作为潮汕乃至全国稀有的华侨住宅建筑群,陈慈黉故居无疑是民居建筑中古今相糅、中西合璧的成功典范,被誉为"岭南第一侨宅"。②

第四,侨刊乡讯是侨乡联系海外侨胞的桥梁纽带。侨刊乡讯也被称为海外侨胞的集体家书,它们在传递乡音、密切与海外侨胞的联系等方面发挥着积极作用。在广东,珠三角地区的侨刊历史最为悠久,数量也最多。最早的记载是在光绪三十四年(1908),广东新宁出现了第一个学术团体——新宁教育会,其创办的会刊《新宁杂志》是最早对华侨发行的侨刊。侨刊是侨乡社会教育和文化水平较为发达的反映。改革开放后,侨刊乡讯得到了迅猛的发展,许多地方纷纷创办自己的侨刊乡讯。截至2011年,广东省共有正式刊号的侨刊乡讯138家。其中,江门有80家,约占全省的60%;其次是中山,有9家。③ 这些侨刊乡讯发行到五大洲近百个国家和地区,重点为美国、加拿大、东南亚地区以及港澳台地区;创刊单位从传统的珠三角地区发展到广东的20多个地市;从单一民办的形式,发展到侨办、侨联和社会团体多种形式与渠道办刊。如惠州市在2008年将《惠州乡音》经费列入市财政年度预算;潮州市从2005年就将《潮州

---

① 参见《100项"第二批中国20世纪建筑遗产"名单发布》,见新华网(http://www.ah.xinhuanet.com/2017-12/03/c_1122047928.htm?baike)。
② 参见陈恺《人海一勺》,岭南美术出版社2003年版,第184页。
③ 参见《广东侨刊乡讯的现状和发展对策》,见广东侨网(http://www.qb.gd.gov.cn/qwyj201104/t20110426_155339.htm)。

乡音》编辑人员工资列入财政拨款；《东莞乡情》在东莞市政府支持下，改名为《看东莞》，并将支持经费从原来的每年88万元调至数百万元。① 在一些区镇，政府领导还直接参与策划组织和审核侨刊稿件。佛山市南海区政府不但在经费上为《南海乡音》提供强有力的财政支持，而且给办刊提出了不少专业建议。这使得侨刊内容从过去单纯报道乡闻族讯，转向全面报道广东改革开放和侨乡经济、政治、文化、社会等信息，形成了对侨乡社会经济文化与习俗、海内外友好往来、海外华人社会及华人社团等全方位内容的展示，为海外乡亲呈现了家乡生活的全貌。总之，侨刊乡讯作为侨乡的一大文化现象，在联络海外乡亲的情感，弘扬侨乡文化乃至中华文化，加强民间对外宣传方面发挥着积极的作用。

第五，侨乡文化吸收港台文化元素。侨乡文化是本土文化与外来文化的结合体，广东侨乡文化在不同历史时期基本构成也不同，近几十年，广东侨乡文化吸收了港台文化的内容。改革开放初期，远在海外的华侨华人对中国内地情况不太熟悉，有的尚存疑虑，回乡的人并不多。港澳同胞拥有地缘和亲缘上的优势，率先回家乡探亲，足迹遍及侨乡各个角落。大批港人回到侨乡探亲，大批港商到侨乡投资，大宗侨捐社会公益项目出现在各地侨乡，极大地改变了侨乡的物质文明面貌。与此同时，外来文化也涌入广东侨乡，毗邻广东的香港成为向中国内地传播外来文化的桥头堡。20世纪90年代后，随着两岸关系缓和，台湾流行文化的影响力也逐步加强。港台文化合成一股，对广东侨乡乃至内地（大陆）产生很强的文化影响力。港台文化推动了广东侨乡的现代化建设，如港台文化中管理理念和行为方式就促成了侨乡的经营管理的变革。深圳第一家合作酒店竹园宾馆率先推行劳动用工制度改革，打破铁饭碗，不合格就"炒鱿鱼"。广州白天鹅宾馆开业时敞开大门任由民众参观的做法开启了中国高级宾馆的先河。香港乡亲刘耀柱首先引进的扬手即停"打的"（即叫出租车）模式从广东传往全国。港商彭磷基1991年在广州番禺兴建祈福新村，提倡"在城市工作，在城郊居住"的生活方式，引领了中国大型化、郊区化居住区的建设潮流。港台文化对侨乡社会的影响还反映在日常语言的使用中，《现代汉语词典》里收录的词汇有"误区、法人、廉政、社区、公关、飞碟、

---

① 参见《广东侨刊乡讯的现状和发展对策》，见广东侨网（http://www.qb.gd.gov.cn/qw-yj/201104/t20110426_155339.htm）。

影碟、信用卡、传媒、酒店、宠物、融资、自助餐"等。这些词语涵盖了许多领域，涉及社会生活的方方面面，也引领着侨乡文化的新潮流。①

二、侨乡文化与建设广东新侨乡

2014年6月，习近平在北京会见第七届世界华侨华人社团联谊大会代表时表示，中华文明是中华民族自强不息、发展壮大的强大精神力量，中华文化是中华儿女共同的精神基因。要充分发挥中华民族优秀文化传统和丰富的文化资源，使之成为凝聚海内外中华儿女的力量。这段讲话不仅反映了党中央对弘扬中华文化能提升海内外同胞凝聚力的认可和重视，也说明广东通过弘扬侨乡文化来推动广东新侨乡建设的可行性和紧迫性。广东是全国重点侨乡，海外侨胞对中华文化和家乡文化的需求十分旺盛。广东有责任、有能力，也有条件做好侨乡文化的保护与传承，让民族精神在海外华社代代相传、生生不息，也让侨乡文化在推进广东新侨乡建设事业上发挥更大作用。

近10多年来，广东各地以多种形式开发侨乡文化资源，通过研究、弘扬侨乡文化和精神，让侨乡文化转化为强大的精神动力和物质力量，使一代又一代粤籍海外同胞关心并投身于家乡建设，推动侨乡社会经济发展。

首先，侨乡文化的推广能转化为联系海外侨胞的凝聚力和向心力。广东侨乡文化的形成与岭南文化有着密切联系，弘扬侨乡文化可以岭南文化作为依托。广东是岭南文化的发祥地和海上丝绸之路的发祥地，也是中国近现代革命的策源地。南越文化、中原文化和海外文化的交融，形成了独具一格、特色鲜明的岭南文化。这种有明显地域特点的文化为广大的海外广东人所渴求。具有广东特色的地方戏剧音乐、民歌、武术等因为海外华人的思乡情结，有了广阔的海外市场，例如，广东音乐、粤剧、潮剧、客家山歌、南拳以及各种家乡传统习俗等深受海外乡亲的喜爱，都能成为维系侨胞与家乡感情的凝合剂。

其次，侨乡文化的延续能传承侨乡文明，构建和谐侨乡社会。独具

---

① 《广东省志·侨务卷（1979—2000）》，见广东省情数据库（http://www.gd-info.gov.cn/books/dtree/showbook.jsp?stype=v&paths=22671&siteid=guangdong&sitename=%E5%B9%BF%E4%B8%9C%E7%9C%81%E6%83%85%E7%BD%91）。

"侨味"的岭南文化滋养并铸就了广东人精神，侨乡精神正是广东人精神的集中体现。"敢为人先、务实进取、开放兼容、敬业奉献"是对新广东人精神的高度概括，是海内外广东人的共同精神财富。正是靠这股精神力量的指引，广东在改革开放中走在全国前列；正是靠这股精神，许多粤籍侨胞在异国他乡站稳脚跟，创出一番事业，并无私地将自己的事业所得奉献于家乡建设。江门开平的碉楼群是海外乡亲回乡建设的产物，中西合璧，极具特色；汕头大学由著名华人企业家李嘉诚先生捐资兴办，为广东乃至全国培养了数以万计的优秀人才；广东华侨博物馆，以及江门的华侨博物馆、梅州的华侨博物馆、汕头的侨批文物馆、中山商业文化博物馆、珠海陈芳故居保存和展示了大量反映华侨历史文化的珍贵文物，成为彰显海外侨胞对广东贡献的重要窗口。广东各大小侨乡的学校、医院、道路、桥梁等悉数记载了广东人的奋斗精神和奉献精神。

最后，弘扬侨乡文化能推进侨乡经济建设。通过发挥侨乡文化软实力，能推动侨乡文化与经济融合，作为侨乡发展、保护传承的内生动力。近年来，广东各地通过举办"中国侨乡旅游节""侨乡华人嘉年华"等宣传推广侨乡文化的活动，提升了侨乡形象，推动了海内外侨胞互动融合。2014年落成的汕头华侨经济文化合作试验区，是国内第一个以"华侨"和"文化"为核心概念的国家发展战略平台，汕头华侨试验区正是以"侨乡文化＋"形式推动侨乡文化与旅游业、现代商贸业融合发展，以文化建设带动产业联动，并最终打造"侨"字特色项目。①

三、侨乡文化塑造特色城镇

侨乡文化和中华文化是凝聚和激励海外侨胞的重要精神力量，是维系海外侨胞与祖（籍）国血肉联系的"根"与"魂"。今天来看，侨乡文化具有极高的现实价值。近年来，在市场经济竞争的大环境下，广东各地将侨乡文化看作当地优势的文化资源，通过对其挖掘、整理和研究，推动其向文化产业资源转化，以塑造城市形象，提升城市软实力。

---

① 参见《汕头华侨经济文化合作试验区：以侨兴城，走向世界》，见中国侨网（http://www.chinaqw.com/jjkj/2018/01-18/175792.shtml）。

第四章 改革开放以来广东侨乡的发展与变迁

（一）江门唱响"中国第一侨乡"品牌

江门是重要的广府人聚集区，文化源远流长。据史料记载，宋元间200多年里，珠玑巷有153个姓氏的居民陆续南迁，大量居民迁至江门蓬江区良溪村，使得江门良溪古村被称为"后珠玑巷"，江门也由此成为中原文化与岭南文化、海外文化交接的一个重要中转站。① 150年前，五邑地区共有10多万人前往北美修筑太平洋铁路。他们用自己的血汗，为当地做出了贡献。同时，他们也将西方文明带回家，在家乡兴建铁路、水电、学校等。如今，江门籍的海外华侨华人有400多万人，遍布全球100多个国家和地区。由此，历史悠久的江门形成了独特的广府文化和侨乡文化。近几十年来，江门充分调动这一文化资源和优势，为打造"中国第一侨乡"做了不少工作。

首先是保护侨乡历史遗产。在广府文化和侨乡文化交汇融合的江门，正加强对侨乡文化的保护和开发，以留住记忆守望乡愁。据统计，江门有非物质文化遗产名录项目100多项，其中，国家"非遗"项目就有7项。源于江门的新会葵艺有着1600多年的发展历史，由于其高超的造型艺术和精湛的编织技巧，早于20世纪初便扬名国际。② 文书方面，江门保存了大量承载华侨华人历史文化符号和印记的百年侨批，有帮助华侨返乡寻根的华侨历史族谱，还有被海外侨胞称为"集体家书"的侨刊乡讯。建筑方面，江门有融入东西方建筑艺术的开平碉楼、骑楼，还有见证台山人出洋的第一港口——海口埠。文化名人方面，江门走出过"广东第一大儒"陈白沙、中国近代思想家梁启超、"中国航空之父"冯如、旅美爱国华侨司徒美堂。③ 近现代史上，"爱国爱乡，敢为人先"成为五邑地区华侨华人的精神缩影和写照。面对这些宝贵的华侨历史文化遗产，江门加大保护力度。2007年，"开平碉楼与村落"申遗成功；2008年，新会葵艺列入第二批国家非物质文化遗产名录。目前，江门各文物保护单位正加快对文化遗产的对外展示步伐，并将优秀文化遗产纳入中小学乡土教材中。

---

① 参见许志新、刘清生《珠玑文化丛书·千年古巷》，广州出版社2011年版，第264页。
② 参见《第三届世广会：广府文化和侨乡文化在江门交融》，见中国侨网（http://www.chinaqw.com/qx/2017/11-17/168836.shtml）。
③ 参见《广东江门：让侨乡文化展现永久魅力与时代风采》，见人民网（http://leaders.people.com.cn/n1/2018/0311/c58278-29860743.html）。

在保护侨乡历史文化遗产的同时，江门还注重开展丰富的活动让民众参与到遗产保护中来。五邑华侨华人博物馆收集了各个时期有关华侨华人的文物两万多件，向民众全面展现了五邑籍华侨华人在海外的艰辛创业以及回报家乡的感人故事。

其次是深挖侨乡文化内涵。面对丰厚的华侨历史文化遗产，除了保护，更需要充分利用和开发。近年来，江门借助广东建设文化大省的契机，将侨乡文化与旅游相结合。五邑文化体现在一个"融"字。从汉越交融，侨乡伊始，到土客交融，侨乡兴盛，再到潭西交融，西学东渐，以及近代的多元交融，五邑文化带有怀土情深、兼容并蓄、勇于开创的特点。由此，江门四市三区纷纷行动，围绕"泉、楼、海、武、学、工、商"特色文化展开旅游宣传，其中，"泉"就是恩州学泉，"楼"指碉楼遗风，"海"是海丝游归，"武"是岭南鹤武，"学"是学宫文心，"工"是南岸印迹，"商"是33圩街，联手构建出一套"侨都七律"的旅游新格局。① 此外，江门还通过组织文化节庆活动，搭建弘扬侨乡文化的舞台。2017年，江门顺利举办了"世界广府人恳亲大会暨2017年中国侨都（江门）华人嘉年华"活动，有来自70余个国家和地区的2300名海内外嘉宾参加大会，数百万人参与活动。活动围绕着弘扬和保护侨乡文化主题专家论坛、考察台山海口埠银信博物馆和梅家大院、召开江门侨界青年联合会代表大会等展开，不仅加深了人们对江门侨乡文化的理解与认识，也掀起了海外广府人寻根问祖的热潮。② 不仅如此，江门还加紧对侨乡文化展开挖掘、整理和研究工作。2015年，五邑大学与中国华侨华人历史研究所共建了中国侨乡文化研究中心，五邑大学承担起对侨乡遗产、侨乡文书、侨乡艺术设计和侨乡武术的挖掘研究使命。③

最后是开拓侨乡文化发展空间。在江门，独特的华侨历史形成了绚丽的侨乡文化。从建筑、饮食、服饰、风俗习惯，随处可见中西文化交融的痕迹，而那股"爱国爱乡，敢为人先"的华侨精神也融进江门籍侨胞的

---

① 参见《"侨都七律"唱和五邑共融 旅游与文化联姻新格局》，见江门市政府网（http://www.jiangmen.gov.cn/zwgk/bdzx/201704/t20170428_779131.html）。

② 参见《第三届世广会：广府文化和侨乡文化在江门交融》，见中国侨网（http://www.chinaqw.com/qx/2017/11-17/168836.shtml）。

③ 参见《江门五邑大学"中国侨乡文化研究中心"揭牌》，见中国侨网（http://www.chinaqw.com/sqfg/2015/10-21/67729.shtml）。

血液里。改革开放后,江门就以侨乡文化为纽带,充分调动侨胞爱乡热情,为侨乡文化建设事业添砖加瓦。念祖爱乡这一中华民族的传统美德,在远离家乡的江门侨胞身上体现得尤其明显。他们把在海外辛苦打拼所得奉献给家乡建设。据统计,改革开放以来,海外侨胞、港澳同胞在江门市捐资赠物累计达64.2亿港元。① 五邑籍华侨、港澳同胞给家乡捐建道路、桥梁、学校、医院、图书馆、体育馆等,有力地促进了当地教育文化公益事业的发展。1979年到2001年间,江门接收到的港澳同胞和海外侨胞捐资办学金额就达19亿港元,捐建学校2500多所,占同期当地学校总数的40%以上。近年来,随着江门经济的发展,新生代华侨更倾向于用一种投资者的目光看待家乡,对故园情怀的表达方式从捐赠转为投资,为家乡经济的可持续发展增添动力。广大五邑籍侨胞对家乡社会经济建设的支持总是不遗余力的,而随着海上丝绸之路、粤港澳大湾区建设、"侨梦苑"相继在江门落地,五邑大地将继续借助侨力,汇聚侨心,开启与华侨华人合作共赢的美好时代。

(二) 潮州建设"中国瓷都"

潮州是我国著名侨乡,也是潮汕地区的重要城市之一。据统计,旅居海外的潮籍华侨华人和港澳台同胞人口约230万人,除港澳台同胞外,主要分布在东南亚国家,其中,旅居泰国侨胞近50万人。② "有潮水的地方就有潮声"是对潮籍华侨分布的生动写照。近年来,潮州立足侨乡优势,充分调动侨胞爱乡热情,加强招商引资引智工作,助力潮州打造"中国瓷都"。

潮州有着深厚的历史文化底蕴,其独特的文化景观风貌使之成为潮汕侨乡文化的典型。从张应龙研究员的研究成果可以看到,尽管同属广东侨乡文化的一部分,但潮汕侨乡文化与五邑侨乡文化有很大差别。具体而言,五邑地区是洋气张扬的"输入型文化",潮汕地区则是平淡内敛的"输出型文化"。这与侨乡民众在海外的居住环境和财富数量有关联。五邑华侨大多居住在北美地区,在北美见识到发达资本主义文明后,不经意

---

① 参见《广东江门善打"侨牌" 去年接受华侨捐赠2.4亿》,见中国新闻网(http://www.chinanews.com/zgqj/2013/03-21/4663836.shtml)。
② 参见李宏新《潮汕华侨史》,暨南大学出版社2016年版,第249页。

间也将西方文明习惯引入侨乡,加之五邑侨乡具有比其他侨乡更雄厚的经济实力,所以在侨乡现代化程度上要高于中国其他侨乡。潮汕华侨最初集中于东南亚,收入普遍不如五邑华侨高,即使成为大财主,也更倾向于将其经济根基立于海外,因此潮汕侨乡的经济不如五邑发达,其接受资本主义文明的冲击和影响也比远不及五邑华侨。换言之,五邑华侨多受西洋文化圈影响,其对西洋文化输入的色彩较浓,潮汕华侨多接触东南亚文化圈,在文化输出方面,潮汕华侨的表现要比五邑华侨强得多。潮汕华侨不但将中式建筑文化输出到东南亚,还将语言、习俗带到东南亚。① 本着输出型文化特征,潮州充分挖掘本土传统习俗,推动侨乡文化走出去。一方面,潮州加快保护民间习俗和遗址文物的步伐,让潮州侨乡文化得以传承。近年来,潮州充分挖掘文化资源中的珍贵遗产,组织"大吴泥塑""枫溪手拉朱泥壶"等"非遗"传承人赴美国洛杉矶参加文化展演活动,赴香港举办"香港潮州节",提升潮文化的知名度。鼓励中小学生学习布马舞、大锣鼓等潮州民间音乐舞蹈。2013 年,潮州侨批携手广东福建其他侨乡侨批申遗成功,入选《世界记忆名录》,提升了潮州的对外影响力。另一方面,潮州积极打造传统工艺品展示平台,通过建设中国工艺美术之都博览园、服装创意设计产业园等项目,举办 2017 中国(潮州)国际婚纱礼服周、第十届中国陶瓷产品设计大赛、中国刺绣精品展等活动,提高了潮州传统工艺的美誉度。②

立足侨乡品牌优势,潮州注重加强同海外华侨华人的联系,营造氛围促进对外合作交流。目前,潮州市已同东南亚及欧美 60 多个国家和地区的 200 多个社团建立了联系,在海外形成了一支长期合作的友好力量。通过组织香港同根同心学生团、新加坡潮文化寻根之旅夏令营、马来西亚雪隆潮州会馆潮文化冬令营等 10 多批近 2000 人次的华侨新生代团组来潮寻根访祖,使年青一代在领略潮汕文化博大精深的同时,增进对祖籍地的认同感。2015 年,潮州邀请 16 个国家和地区的 22 家华文媒体的社长、总编、记者到潮州采风考察,报道潮汕侨乡历史文化、经济社会发展最新情

---

① 参见张应龙《输入与输出:广东侨乡文化特征散论——以五邑与潮汕侨乡建筑文化为中心》,载《华侨华人历史研究》2006 年第 3 期,第 64 页。

② 参见《潮州着力打造传统工艺品展示平台 让侨乡文化走出去》,见中国侨网(http://www.chinaqw.com/qx/2017/06 - 09/146408.shtml)。

况,在打响侨乡文化品牌方面取得了良好的效果。①

潮州还最大限度地调动侨胞公益热情,积极推进商贸合作,凝聚侨心侨力打造"中国瓷都"品牌。在潮籍侨胞中,产生过许多有着重要影响力的杰出人士,如香港知名实业家李嘉诚、著名国际汉学大师饶宗颐、热心公益事业的爱国侨领陈伟南、国际摄影大师陈复礼等。长期以来,旅居海外的潮属乡亲情系桑梓,为家乡建设发展做出了突出的贡献。改革开放以来,海外侨胞和港澳台同胞为潮州的公益事业捐资近12亿元人民币,兴办公益项目超过3000个。全市现有的外商投资企业中大部分是侨资企业,同时还有大量的侨属企业。② 近年来,随着"一带一路"倡议的实施,潮州发挥自身文化资源优势,推进本土经济社会发展。2015年,潮州组织第六届粤东侨博会吸引了20多个国家的100多个潮汕侨团的专家和企业家参与。侨博会期间,粤东四市共推出总投资591.6亿元的94个高新技术招商项目进行签约,其中,陶瓷工艺项目占很大一部分。许多海外侨胞看好潮州的陶瓷产业,纷纷建立长期合作机制,并积极为陶瓷工艺和制造业"走出去"穿针引线,助力潮州这一"中国瓷都"向"世界瓷都"阔步迈进。③

(三) 梅州打造"世界客都"

梅州是全国重点侨乡,也是客家人较为集中的聚居地之一,被誉为"世界客都"。近年来,梅州市着力依托侨乡优势,力推"世界客都"品牌,努力打造海内外知名的旅游目的地。

梅州是客家语系侨乡文化的典型代表。据统计,旅居海外的梅州籍华侨华人有700多万。梅州也是港澳台同胞的重要祖籍地之一,台湾500万客家人中,就有180万祖籍在梅州。④ 梅州华侨史可以追溯到700年前,

---

① 参见《"2015海外华媒看广东"启动 22家华媒应邀来粤采风》,见广东侨网(http://www.qb.gd.gov.cn/news2010/201510/t20151026_696220.htm)。
② 参见《中国著名侨乡》,见潮州市政府网(http://www.chaozhou.gov.cn/ssmp/38784.jhtml)。
③ 参见《凝侨心聚侨力引侨资结侨缘》,见潮州市政府网(http://www.chaozhou.gov.cn/qxbd/104132.jhtml)。
④ 参见《梅州概况》,见梅州市政府网(https://www.meizhou.gov.cn/zjmz/mzgk/mzgk1/t20160825_130.htm)。

明朝郑和7次下西洋中，就有梅州客家人组成的队伍在南洋定居。① 鸦片战争以后，西方殖民者在中国沿海各地大量招募契约华工（即俗称的"卖猪仔"），梅州各地不少乡民被招募到南洋各岛或欧美各地当苦力，这使得梅州华侨华人分散在世界各地。当然，梅州也是全球客家文化发源地。客家文化底蕴深厚，久远的历史形成了浓郁而有特色的地方文化，客家山歌、广东汉乐、广东汉剧、埔寨火龙、席狮舞和五华提线木偶等被列入国家非物质文化遗产名录；具有中国传统建筑精华的围龙屋、走马楼、五凤楼、土围楼等客家民居，造型独特，结构巧妙。② 近年来，梅州充分挖掘侨乡村落的传统民俗，将民间文化与旅游业有机结合，实现了对文化实行保护与开发并举的发展模式。梅州梅县的南口镇侨乡村现存30余座典型的客家围屋，并存有各式各样反映客家文化的历史遗迹，当地政府充分挖掘乡村的围屋及文化遗址，对其进行科学规划建设，大力发展客家侨乡的乡村旅游。其独特的乡土建筑和民俗文化吸引了许多学者前来进行田野调查，海内外游客络绎不绝。③ 同为历史文化名镇的松口镇，因最早见证客家人下南洋而得名。过去松口仅靠农业作为经济支撑，产业结构单一。近年来，松口开始围绕"梅江韩江绿色健康文化旅游产业带"开展建设，通过整合丰富的历史文化资源，加快"南洋古驿道·客侨海丝路"的建设，现代服务业带动了传统农业的转型升级，推动了这个古镇实现绿色崛起。④ 此外，梅州还依托侨乡品牌，加强与港澳台、东南亚等地区的旅游推介力度。2014年，梅州组织宣讲团到印度尼西亚、马来西亚、新加坡等四国五大地区的38个城市开展推介交流活动，签订旅游战略合作协议。2015年则借助"一带一路"倡议，加强与海上丝绸之路沿线国家旅游交流和合作，在东南亚国家及港澳台地区设立了10个旅游推介中

---

① 参见梅州市地方志编纂委员会编《梅州市志·下》，方志出版社1999年版，第2页。
② 参见《中国侨乡梅州大力发展文化和旅游产业》，2009年12月1日，见中国新闻网（http://www.chinanews.com/qxcz/news/2009/12-01/1994286.shtml）。
③ 参见《广东梅州南口镇侨乡村：大力发展客家乡村旅游》，见中国新闻网（http://www.chinanews.com/qxcz/2013/05-15/4819438.shtml）。
④ 参见《侨乡梅州松口镇：千年古镇蓄势待发新力量》，见中国侨网（http://www.chinaqw.com/gqqj/2016/06-29/93549.shtml）。

心。① 可以说，梅州借助侨乡民风民俗、自然风貌、历史底蕴等资源，提出"文化＋旅游＋城镇化"的创新发展模式，打造了"世界客都"的知名品牌，让旅游业成为梅州市振兴侨乡发展的重要产业和经济发展新引擎。

"侨乡"是广东经济社会的一个特征。改革开放以来，广东侨乡始终发挥着桥梁和纽带作用，在广泛凝聚侨心、侨力、侨智的基础下，团结动员广大粤籍归侨侨眷和海外侨胞为改革开放和广东社会主义现代化建设贡献力量。华侨农场在完成历史使命以后，乘着改革开放的春风，推进自身的整改和转型，让侨场新职工和归侨侨眷后代生产生活得到极大改善，使昔日侨场继续焕发勃勃生机。在广东，广大归侨侨眷和海外侨胞是侨乡改革开放和快速发展的参与者，他们为侨乡建设提供资金支持和智力保障，为侨乡经济发展和社会和谐做出了不可磨灭的贡献。侨乡文化是广东打造文化大省的重要内容，也是世界范围内粤籍侨胞历史认同、文化自信的源泉。改革开放后，广东积极推动文化品牌建设，引导社会力量展开研究，不仅发掘了宝贵的历史文化价值，更使广东侨乡的知名度和影响力获得显著提升。有鉴于此，40年来广东侨乡取得巨大成就不仅是侨界优势、报国情怀与家乡发展的主脉搏紧密结合的结果，更是改革开放这一伟大决策的实行为广东侨乡经济社会发展提供了有力保障。进入新时代，广东会继续深入推进改革开放，而粤籍华侨华人在"一带一路"建设、精准扶贫、绿色发展、粤港澳大湾区建设等方面也将大有可为，可为广东侨乡的经济社会建设做出新的更大贡献。

---

① 参见《"世界客都"广东梅州充分发挥侨乡优势　大力打造海内外旅游目的地》，见中华人民共和国国家旅游局网（http://www.cnta.gov.cn/xxfb/xxfb_dfxw/201506/t20150627_717109.shtml）。

第五章 海外华侨华人与广东对外交流与合作

广东之所以能够成为改革开放的排头兵、先行地、实验区,在经济发展、科技创新、法治建设、人文交流等诸多方面走在全国的前列,与国际接轨的程度非常高,华侨华人的贡献功不可没。海外华侨华人以既懂中国国情又懂住在国国情,既有本土资源又有中国背景的特殊优势,成为中国和广东打开各方面关系的重要桥梁,成为中国走向世界、世界走向中国的引路者。特别是许多跻身所在国政治、经济、文化领域的华侨华人精英,利用自己的人脉关系和影响力,不仅为广东的对外交流与合作穿针引线,而且在海外大力宣传广东的改革开放成就,提升了广东的国际声誉。近年来,随着"一带一路"建设和粤港澳大湾区建设的推进,广东省侨务部门更是将服务这项发展大局作为侨务工作的重中之重。侨务部门参与其中,要加强联络,涵养和拓宽优质侨商资源,推动海外侨胞发挥"侨"的桥梁和纽带作用,促进粤港澳大湾区与"一带一路"沿线国家深化经贸、科技、产能等各领域的交流合作。为此,广东打造了各类具有影响力的侨务品牌项目活动,包括世界华商500强广东(广州)圆桌会、粤东侨博会、深圳侨交会、海外侨胞助推"一带一路"建设合作交流会等。广东还通过"侨梦苑"加大以侨引智引技力度,目前数量居全国之首。"侨梦苑"服务国家创新驱动发展战略,为海外侨胞来华创新创业、引进海外侨胞高端人才和项目落地提供了条件。

第五章　海外华侨华人与广东对外交流与合作

第一节　海外华侨华人与广东企业"走出去"

"走出去"战略，指的是中国企业及其资本、服务、技术和人力资本等走向国际市场，进行境外直接投资，从事生产或提供服务，以获取经济效益；在形式上表现为境外生产加工、开发资源、承包工程、输出劳务、科技开发和设计咨询等。实施"走出去"战略是党的十六大以来对外开放新阶段的重大举措，是实现经济可持续发展和参与国际竞争的必然选择。近年来，中国加大实施"走出去"战略的力度，鼓励和扶持有实力和竞争力的企业到境外投资设厂。中国企业"走出去"遇到的首要问题就是对海外同行企业和市场缺乏了解，很难找到合适的合作伙伴，借助于海外华商网络则是解决这一困境的主要途径。由于海外华商比较熟悉中国的文化背景、价值观和语言，加上其对祖（籍）国有一种天然的亲近感，他们就成为中国企业"走出去"的理想合作伙伴；同时，华商熟悉所在国的市场需求和投资环境，易于捕捉到商业机会。中国企业在拟定对外经营决策时，往往可借助海外华商获得有价值的确切信息。这通常比中国企业直接派员到国外研究投资市场的费用低得多。实际上，在许多情况下，对外贸易和投资的倡议就是由华商主动提出的。借助海外侨胞侨团力量及其商业科技网络，可以在推动广东企业"走出去"，加快珠三角企业转型升级、提质增效等方面实现更大作为。

一、海外华侨华人在广东企业"走出去"战略中的独特优势

"走出去"是21世纪广东对外开放实践的重要战略之一。自2001年中国加入世界贸易组织（WTO）以来，经济全球化的加速融合使广东企业"走出去"进行国际化经营的需求显得尤为迫切。现今，随着"一带一路"建设的不断推进，站在中国改革开放前列的广东在实施"走出去"战略进程中面临着巨大的机遇与挑战。尽管广东企业对外直接投资规模一直保持稳步增长的态势，可总体上看仍处于起步阶段，对外投资数量仍然较少、投资规模仍然较小、投资效益仍然较低，广东企业"走出去"依旧任重而道远。相比中国其他内陆省市，广东省经济发展具有外向型特征，且拥有丰富的侨务资源优势，构成广东企业"走出去"的社会资本。

据统计，目前约有3000万祖籍广东的海外华侨华人分布在世界近200个国家和地区，约占世界华侨华人总人数的54%。广东省内还有2000多万归侨侨眷，这是广东的独有优势和重要资源。改革开放以来，很多实力雄厚的华商与中国，特别是与经济发达的广东建立了广泛而深入的经济文化合作关系，推动了广东的现代化建设。海外华侨华人在广东企业"走出去"进程中可以发挥牵线搭桥的独特作用。

（一）海外华商网络、世界广东籍地缘性和血缘性团体联谊大会是广东企业"走出去"的平台

将"广东产品"推向世界、引导广东企业"走出去"是实施"外向带动"战略的两种主要形式，对进一步推动广东省加快转型升级作用重大。然而，广东省大部分企业对国外市场和当地的相关法律法规不了解，这是拓展对外经贸和对外投资的最大风险因素，也是广东省企业与产品"走出去"的瓶颈。要突破这个瓶颈，充分发挥海外华侨华人的资源优势就显得十分重要。

在实施"走出去"的战略中，中国（广东）企业可借助海外华商已建立起来的上通下联、分布广泛的蛛网状的关系网络，与海外华商联手，优势互补，携手开拓国际市场。譬如，依托海外华商的人脉关系，可以使中国（广东）企业尽快熟悉东道国投资环境，迅速融入当地的商业网络；利用海外华商的信用联系，可以增强中国（广东）企业的抗风险能力，规避一些经营风险和投资陷阱；借助海外华商的市场联系，可以为中国（广东）企业创造更多的商业机会，方便获取技术、人才、资金等要素。

目前组织程度最高、影响力最广泛的华商网络是世界华商大会，它是世界各地工商界精英的全球性聚会。世界华商大会首倡者是新加坡中华总商会，1991年在新加坡举办了第一届大会，以后每两年举办一次，汇集了各行各业出类拔萃的企业家。1993年，新加坡总理李光耀在第二届世界华商大会上建议通过互联网提供商业资讯，以便能更有效地加强世界各地华商的联系。于是，新加坡中华总商会很快推出"世界华商网络"概念，并于1995年年底正式启动该网络工程，1999年进而与新加坡报业控股集团结成合作伙伴，共同开发这一网络，并正式开放上网，为世界各地

第五章 海外华侨华人与广东对外交流与合作

华商提供便捷、及时的信息服务。①自新加坡推出"世界华商网络"之后,世界其他地区的华商网站也相继推出。

广东省的商务部门和企业可参与世界华商大会,充分利用这个平台,为广东企业"走出去"获取信息、创造商机、拓展营销的渠道。各企业可以利用这个难得的机会和广阔的平台广交朋友,建立商业关系,也可以通过信息交流,及时把握商机。广东企业可通过"世界华商网络"筛选出最适合本企业"走出去"发展的地点、业务、合作伙伴、合作方式等。此外,还可以利用华商网络开放性与包容性的特点,发挥华商与住在国的其他族裔企业家关系比较密切,与国际经销商、投资商交往比较广泛的优势,从中穿针引线,促成广东企业家与本土企业家的合作。

除了世界华商大会,还有世界性的同乡联谊大会和各姓氏宗亲联谊会,如世界广东同乡联谊大会(2000年首创,简称"世粤联会")、世界广府人恳亲大会(简称"世广会")、世界顺德联谊总会②、国际潮团联谊大会、世界梅氏宗亲恳亲大会等,其作用不仅是促进同乡和宗亲的联谊,更是一个传递信息、寻求合作的华商经贸网络,有力地推动了广东外向型经济的发展。

世界广东同乡联谊大会创办于2000年,是世界各国粤籍社团和乡亲联谊交流和互通信息的平台。大会的宗旨是联络世界各地同乡,敦睦乡谊,弘扬文化,促进商机,服务社会,加强团结,互惠互利。大会每两年举办一届,迄今举办了9届,主办国(地区)分别是新加坡、中国广东、中国香港、马来西亚、印度尼西亚、泰国和中国澳门。自2013年第七届"世粤联会"起,每届大会同时举办世界广东华人华侨青年大会(简称"世粤侨青大会")。第八届"世粤联会"暨第二届"世粤侨青大会"于2015年10月5日至7日在澳大利亚悉尼举行。来自36个国家和地区186个社团的近2000位广东乡亲欢聚一堂。这是"世粤联会"创办16年来首次在亚洲以外地区举办,开创了全球粤籍乡亲联谊、合作、发展的新里程。国务院侨办主任裘援平出席了大会开幕典礼并致辞,广东省和澳大利

---

① 参见陈卓武《海外华商网络在广东"走出去"战略中的功能与作用》,载《东南亚研究》2007年第2期,第92页。

② 世界顺德联谊总会于1995年首创,至今已举办11届恳亲大会。第十一届恳亲大会于2018年5月25日至26日在加拿大温哥华举行。

亚的政府代表出席了会议。裘援平高度评价"世粤联会"已发展成为全球粤籍乡亲联谊、交流、协作的重要平台。①

世界广府人恳亲大会是全球广府人联谊的组织。广府人是广东三大汉族民系中人数最多的，遍布五大洲各个国家，据不完全统计有7000万人。由前广州市市长、现任广东省广府人珠玑巷后裔海外联谊会会长黎子流倡议，全世界23个社团共同发起成立了"广府人联谊总会"，并拟定每两年召开一次世界广府人恳亲大会，为广府人搭建一个合作与交流的全新平台。第一届世界广府人恳亲大会于2013年11月13日在广州白云国际会议中心开幕，以"世界广府人·共圆中国梦"为主题。当天共有来自全球38个国家和地区、300多个社团的3000名嘉宾参加此次大会。② 第二届世界广府人恳亲大会于2015年12月3日在珠海横琴自贸区举行，来自世界53个国家和地区的2500多名嘉宾参加了本次盛会。开幕式上进行了10个投资项目现场签约，投资总额达1060亿元。③ 江门市于2017年11月在五邑华侨广场会展中心举行第三届世界广府人恳亲大会。成熟的华商网络和社团联络机制，不仅将海外华商紧密联系起来，也将华商与广东政府和企业联系起来，通过这个层层联系、点点连接的华人经济网络，投资、商业信息就会传播得很快，从而节省了大量搜集信息的成本。广东企业和外事侨务部门善于利用这些社团联谊交流平台，推动广东企业"走出去"。

粤籍华侨华人拥有较强的经济实力和广泛的商业网络，熟悉住在国的政策、法律、文化、语言、风俗习惯，在当地政府部门和企业界均建立了较强的人脉关系。他们可以在获取投资环境信息与投资项目、开拓商业协作关系、建立商业信用、维护企业权益等方面为广东企业到海外创业、生存、发展提供有力的支持，提高对外投资的成功率和效率，减少广东企业在海外的投资风险。华商也可以把他们的成功经验介绍给广东企业，帮助广东企业熟悉东道国投资环境和相关的法律法规，熟悉当地的意识形态、

---

① 参见《第八届世粤联会成功举行　凝聚侨心同圆共享中国梦》，见广东侨网（http://www.qb.gd.gov.cn/news2010/201510/t20151008_682497.htm）。

② 参见《首届世界广府人恳亲大会开幕　三千嘉宾共叙乡谊》，见中国新闻网（http://www.gd.chinanews.com/2013/2013-11-14/2/283576.shtml）。

③ 参见《第二届世界广府人恳亲大会珠海开幕　10项目现场签约投资超千亿》，见搜狐网（http://www.sohu.com/a/46279464_119665）。

风俗习惯、语言和社会文化规则，引导广东企业更好地进入目标市场，融入当地社会。

最重要的是，依靠华商网络广东企业可以及时获取市场信息，找到理想的合作伙伴。例如，在澳大利亚，一般是由华侨华人商会代替中间人帮助前来投资的中国企业与当地企业对接。悉尼青年华人商会会长、澳大利亚珍维湾酒业公司董事长傅智涛在接受《人民日报》记者采访时说："当中国企业代表团来到这里，我们商会首先会摸底了解他们需要哪个对接口的人。然后在欢迎宴的时候，我们会把他们希望对接的人请来，让他们直接对接。我们商会大约有500人，他们来自各行各业。来澳代表团想要哪个对接口，我们都可以直接提供给他。"① 一般来说，华商可以为企业的投资设厂决策提供比较准确的信息参考，诸如所在国宏观经济状况、投资成本核算、当地国外资法律和管理条例等，有助于企业克服信息不对称而造成的被动。与此同时，华商本身具有良好的信誉、广阔的人脉、刻苦的拓荒精神、丰富的海外经商经验，他们是广东企业"走出去"最理想的合作伙伴。利用华商网络，"走出去"的企业能及时、准确地掌握国外市场、金融信息，并灵活而迅速地进行调整，集中优势的资本，在适当的条件下与华商建立"共生""共荣"的"经济联盟"。②广东企业可以和华侨华人企业或华商开展多种形式合作，通过合资，建立生产和商业的伙伴关系等，以共同投资新兴市场、确立外包关系等方式，实现互惠互利，达到共生共赢，从而可以加强中国与投资国的经贸合作，促进双方的繁荣进步。

华商网络还有利于广东企业吸收资金、先进的技术、管理经验以及人力资源。一方面，华商网络本身汇聚了大量的资金、技术和人才；另一方面，通过华商网络与当地工商企业和科研机构的联系，可以获得各种市场信息，广交外国企业家和优秀技术人才，更好地吸收资金、技术和人才。海外华商的金融网络和华商的信用联系可以扩展资金短缺的广东企业的融资渠道，使它们能够大胆地"走出去"，甚至逐渐扩大生产规模。海外华

---

① 参见《中国企业走出去　华人华侨做搭桥者面临重大机遇》，见中国新闻网（http://www.chinanews.com/hr/2016/08－10/7967719.shtml）。

② 参见陈卓武《海外华商网络在广东"走出去"战略中的功能与作用》，载《东南亚研究》2007年第2期，第91～92页。

商的商业网可以为中国企业提供更多的商业机会,使之易于开拓国际市场。海外华商的营销网,可以为中国企业打开销售渠道,推广广东企业品牌,消除所在国市场对中国品牌不了解或存在的偏见。海外华商的社会关系网,可以弥补广东企业缺乏海外人脉关系的缺陷,同时获取广泛的技术、人才和法律保障等。

除了华商,法律、金融领域的华侨华人专业人士可以为广东企业"走出去"保驾护航。英国著名华人律师李贞驹介绍,广东近年来在英国的知名度越来越高,许多广东省的优秀企业在英国很活跃。从商业模式来说,中国企业赴英国投资,可以在金融服务、研发设计、技术创新、生物医药、文化创意、品牌管理、节能环保等领域和英国的中高端产业链衔接,建立全球供应链和生产网络,从而实现全球化运营。李贞驹说,广东企业家非常有经营头脑,但对西方的制度和法律理解不到位,常常因此吃亏。很多企业家找到她的时候,投资已出现很大问题,合同也已经签完,白纸黑字没有办法修改。基于上述实际情况,近年来,她一方面为"走出去"的中国企业提供法律服务,另一方面为这些企业提供免费的讲座和培训,帮助企业规避风险,保驾护航。[①]

总之,华侨华人及其关系网络是广东走向世界的一条经济、便捷、有效的天然渠道,华侨华人是引领广东"走出去"发展战略的最佳向导与合作伙伴,是必须倚重的力量。

(二)海外华侨华人推动广东企业"走出去"的实际成效

国内学术界有关广东企业"走出去"的少量实证,以及广东省有关部门的统计数据显示,华侨华人在广东企业"走出去"过程中确实起着不可或缺的穿针引线作用。1994年,学者杨小川通过问卷调查,获得了广东32家母公司的89家海外企业的第一手资料,从影响企业经营的核心问题(其中包括竞争优势)入手,揭示广东海外企业运作中的有关问题。就"广东海外企业竞争优势"一项来说,问卷分析揭示,"与华侨联系的优势"的重要性居第二位,仅次于"良好的客户关系和信誉"。[②] 杨小川

---

① 参见占文平、贺宇、傅秋佳《漂洋过海来"省亲" 情系桑梓献箴言》,载《南方日报》2017年9月25日第A06版。

② 参见杨小川《广东海外企业研究》,载《商学论坛》1994年第3期,第74页。

第五章 海外华侨华人与广东对外交流与合作

研究发现，广东企业与华侨的交往首先导致了商品出口，随之而来的便是到华侨住在国办厂。如今，中国周边一些国家繁华的商业区，美的、格力、TCL等响当当的广东电器的巨幅广告牌格外显眼。这些产品在当地深入民心，在一定程度上离不开华侨华人的助推作用。

华侨华人助广东企业"走出去"的一个典型案例是格力电器。珠海格力电器股份有限公司是全球规模最大的专业化空调制造企业，业务遍及全球100多个国家和地区，拥有巴西、越南等多个海外生产基地，年出口额超过150亿元，堪称广东企业成功"走出去"的典范。而从格力电器海外拓展的路径看，不难发现其亮丽的海外销售业绩背后有着海外侨胞的助力作用，可以说，格力电器向海外拓展业务的历程，就是由海外华侨"领出去"，再"抬上来"的过程。①

2000年以前，格力电器海外市场推广及销售全部由公司出口部负责，直接与客户签订销售合同，但由于出口部员工缺乏海外拓展经验，对海外市场的了解也微乎其微，海外拓展举步维艰，海外销售增长甚为缓慢，到2000年出口收入才突破5亿元。格力电器公司高层开始意识到自身力量的有限，决定改变原有的海外拓展方式，借鉴国内区域性销售公司的模式，在境外寻找代理商，负责海外市场的销售。2000年，格力电器与港籍华商王苏汉（Wong Suk Han）投资设立的香港格力空调国际有限公司签订协议，以总代理方式授权该公司代理格力电器除巴西、中国澳门之外的境外销售，并授权其使用"格力"商号。与此同时，格力电器在巴西投资成立年产20万台（套）空调器的分公司，这是格力在海外的最大投资。为消化格力电器（巴西）有限公司的产能，解决巴西及周边地区的市场开拓问题，格力电器与巴西籍华商王必成创立的巴西联合电器工商业有限公司签订合同，授权其为格力电器在巴西的经销商。正是借助海外侨胞及其企业在国际化、人才、信息、客户等方面的优势，格力电器海外市场才得到快速的发展，出口收入从2000年的5.28亿元迅速增至2004年的22.45亿元，年均复合增长率达到43.6%。

---

① 此案例来自袁持平《华侨华人在广东实施"走出去"战略中作用的研究》，见国务院侨办侨务理论研究广东基地、广东侨理论研究中心编《华侨华人与广东发展：广东省侨理论研究论文集（2012—2013）》，暨南大学出版社2014年版，第179～181页。书中涉及格力电器的部分，如无特别说明，均摘选自袁持平一文，特此说明，并致谢。

经过2000年至2004年的海外拓展，格力电器海外市场的品牌知名度不断提高。一些国际知名品牌，如美国惠而浦、日本松下、意大利MTS和美国通用公司等开始直接向格力电器下采购订单，国际市场需求的变化促使格力电器开始考虑将海外华侨的销售力量整合进自身的销售体系中，并重拾海外直销的模式。2004年，格力电器正式收购了巴西籍华商王必成的巴西联合电器工商业有限公司100%股权。2005年，又与香港格力空调国际有限公司解除了代理协议，并停止"格力"商号的授权使用。2006年，格力电器与另一位港籍华商李塔源设立的香港格力电器销售公司合作，由其承接原香港格力空调国际有限公司的部分销售网络和人员，并授权该公司使用"格力"商号，主要负责格力电器在中东、非洲及印度市场的产品销售。2007年，格力电器与李塔源签订了股权转让协议，收购了香港格力电器销售公司100%股权。至此，格力电器对曾经帮助其开拓海外市场的华商公司整合完毕，并积攒了强大的海外开拓实力。至2012年，境外销售金额已达到157.90亿元，成为广东出口创汇的急先锋。应该说，格力电器正是依靠海外华商的经销网络，才得以走得这么远的。

除了格力电器这样的大型民营公司外，中小型的广东侨资企业也是"走出去"的先锋，而其中最重要的桥梁就是海外的粤籍华侨华人。2015年，广东省国税局对所辖1160户"走出去"企业[①]进行全样本问卷调查，并选取其中45户企业开展了重点调研。调查显示，广东企业"走出去"呈现出以下新特点。①投资规模普遍较小，但呈持续扩大趋势，港口资源、华侨资源、毗邻港澳等优势逐步显现。在"一带一路"沿线国家生活的2000多万粤籍华侨华人，对引导和推动广东企业"走出去"发展发挥了积极的影响。据统计，汕头、梅州等归侨侨眷集中地区的"走出去"企业的投资方中有近95%是归侨侨眷；在粤港澳协同发展的背景下，49.91%的企业开拓新兴市场时，都会选择以香港作为中转跳板。②广东企业与沿线国家产业经济互补性强，加工制造业转移趋势明显。③广东企

---

① 这里所指的企业"走出去"，是指狭义上的经营方式"走出去"，即指企业到国外投资，设立生产经营机构，向境外延伸研发、生产和营销能力，在更多的国家和地区合理配置资源的发展战略。

第五章　海外华侨华人与广东对外交流与合作

业对外投资形式日益多元化，以建立国际营销网络和在海外投资办厂为主。①

再以东莞市中小型制造企业走出去的情况来说，海外广东籍（特别是东莞籍）华侨华人在协助该市有关部门举办海外推介活动方面发挥了积极的作用。东莞作为重要的侨乡，制造业非常发达，侨资曾经是东莞制造业腾飞的主要因素。而近些年，东莞制造业面临国内市场相对饱和、企业转型升级的重大压力。东莞市外事侨务局在"架桥通商"、帮助企业"走出去"方面发挥了积极的作用。2013年7月，东莞市派出代表团飞赴南美巴西、阿根廷、阿联酋等国开展经济合作和外事侨务交流系列活动。东莞市外事侨务局作为此次活动的主要筹办单位，多次与当地侨团联络，发挥了侨务部门的独特优势，为代表团的出访做好了充分准备。7月11日，由巴中贸易促进会承办、巴西广东同乡会协办的"中国（东莞）—巴西（圣保罗）经贸推介交流会"在多个侨团及侨领的鼎力支持下成功举行，与会客商达400多人，随团参加的30家东莞企业与巴西企业现场签约贸易成交协议，涉及投资贸易金额达39亿元人民币。2014年，东莞市外事侨务局借首届"21世纪海上丝绸之路国际博览会"的契机，协助企业赴马来西亚、印度尼西亚、韩国、泰国等举办推介活动，先后接待109个团组的海外侨商、港澳嘉宾，并通过东莞籍侨团组织了34家参展商和35家采购商共150人参会。仅在中国（广东）—马来西亚经贸合作交流会上达成的签约金额就有32.78亿美元。除了直接签约外，还在建立长效通商机制方面取得突破，在马来西亚、印度尼西亚和阿联酋等国家成立了东莞经贸代表处。②

二、海外华侨华人可助推广东企业"走出去"的重点区域——东南亚、非洲和拉美

当前，中国—东盟自由贸易区的发展稳步推进。不少学者认为，中国企业"走出去"的重点地区是东南亚，除了地域接近、产业结构适应性强，以及市场、投资环境、资源等有利条件外，东南亚较成熟的华商网络

---

① 参见企业互联网+一站式服务平台《2015年广东省企业"走出去"调研报告》，见互联网服务平台（http://www.258.com/news/1367190/ipage/1.html）。
② 相关数据资料为笔者2015年7月赴东莞市外事侨务局调研所获得。

资源也是重要因素之一。华商网络的这一区位性特征也为中国企业"走出去"寻求广阔发展空间提供了便利。东南亚华商具有较强的经济实力，而且跨国拓展的实力和意愿都较强。他们在推动中国与东盟各国的经济合作中充当着先锋、桥梁、向导及黏合剂的角色。东南亚华商具有很强的社会活动能力，善于利用当地社会的政治资源为其经济活动保驾护航，构筑社会网络，发挥社会资本优势；反过来又利用经济、社会活动影响当地政治势力，从而影响当地政府的政策取向。①

在中国企业"走进东南亚"的过程中，华侨华人除了发挥经济上的中介作用外，在促进中国与东南亚政府及民间的和谐关系中也可以扮演友好使者的角色，从而营造良好的投资软环境。冷战结束后，随着中国与东南亚国家关系的正常化和中国经济的迅猛发展，华人在东南亚国家的政治地位日益提高，很多华人精英成为国家领导人经济和外交方面的顾问和智囊团，话语权增强，特别是在东南亚国家对华政策和关系中影响重大。对于保持中国与东南亚国家间的友好关系，华人是可以在政府决策中有所作为的。中国人到东南亚经商的历史悠久，他们之所以能够事业有成，落地生根，被当地人民所接受，成为当地社会的重要族群，主要是因为他们能够入乡随俗，很好地融合中华文化和东南亚国家的文化。因此，一方面，华侨华人本身是文化融合的典范，理应成为初来乍到的中国投资者学习的榜样；另一方面，当中国企业遭遇当地社会矛盾和文化隔阂时，他们容易感同身受，从中起到沟通和协调作用。② 当然，华侨华人作用的发挥离不开广东省政府，特别是侨务部门的搭台和铺路。

东南亚作为华侨华人最大的聚居地，其优越的地理位置、相对完备的市场机制及丰富的资源都成为中国企业进军国际市场的首选。从现实情况看，目前东南亚是除香港以外广东企业投资最多的区域。一方面，东南亚各国的地理位置、人文习俗、宗教信仰等与广东比较接近，祖籍广东的华侨华人众多，进出境手续比较简便；另一方面，与东南亚大部分国家相比，广东在产业技术、生产、管理和人才等方面都已形成了一定的优势。

---

① 参见林心《区域经济一体化进程中海外华商作用研究》，载《亚太经济》2007年第5期，第16～17页。

② 参见潘一宁《广东企业"走进东南亚"的主要挑战与华侨华人的作用》，载《华侨华人研究》2015年第1期，第18页。

东南亚的粤籍华侨华人大多以经商办厂为主,在当地的经济实力和影响力强大,且长期以来已形成独特的多重工商业网络,这对于广东企业到东南亚开拓是一笔可资利用的巨大财富。中国—东盟自由贸易区的实施,华侨在其中扮演牵线搭桥、代理产品、提供咨询、参与投资的重要角色,为广东企业走出国门,共同在东盟各地投资打下了良好的合作基础。东盟地区的广大粤籍华侨华人积极为推动广东与东盟的合作牵线搭桥、出谋划策、尽心尽力,推动广东与东盟的合作走在全国前列。2013年,广东对东盟进出口贸易总额达1022.1亿美元,占全国东盟进出口总值的23%。截至2013年年底,广东累计在东盟投资设立企业334家。广东对东盟实际投资额从2007年的0.2亿美元增加至2013年的2.9亿美元,年均增长57.1%,投资基本覆盖东盟十国,投资领域从最初的家电制造向家电、电子、精工、纺织、电信、物流等多个领域延伸。[1]

近年来,在全球经济衰退和广东珠三角地区资源成本不断上升的背景下,广东珠三角的劳动密集型加工贸易业和制造业的中小企业生产经营困难,正面临艰难的转型,是急需"走出去"的企业。就地缘优势和人文背景看,东南亚应是广东中小企业最理想的"走出去"目的地。东南亚华商积极参与中国改革开放和经济建设,充分发挥社会关系和文化联系的优势,凭借对中外市场和资源的了解和把握,利用广东与东盟国家合作的大好时机,不仅推动广东企业和商品"走出去",也为自己的企业赢得了商机。例如,老挝万象和东马的华商在机电、建材、木业等领域与广东企业展开交流合作,取得不俗成果。老挝华商姚宾投资创办的吉达蓬集团公司专注于高档家具和木雕的生产,从事跨国经营,大获成功。姚宾先生利用自己在老挝的社会关系,帮助广东国企到万象投资,建立了"广晟(老挝)投资发展有限公司",为广东企业在东盟国家发展牵线搭桥。[2]

除了东南亚外,非洲、中亚、拉美等发展中国家则是广东企业"走出去"的第二选择。据了解,目前在欧美市场,中国商品趋于饱和,可拓展的空间很小。而在非洲市场,广东在家电和建材行业等有着很大的优

---

[1] 参见《广东新"海丝"战略将强化与东盟合作 着力"海陆空"基建》,见人民网(http://gd.people.com.cn/n/2014/0715/c123932-21676661.html)。

[2] 参见吴锐成主编《侨情与侨务文集》(第2辑),广东省人民政府侨务办公室2014年版,第80页。

势，无论是质量、价格和品牌都有着很强的竞争力。大连籍侨胞王女士旅居塞舌尔20多年，近年与佛山铝业公司发展贸易关系。她说，广东商品的质量有保证、有口碑。马达加斯加华商会的会员基本上都与广东有贸易往来，他们认为广货在马达加斯加有竞争力。① 马达加斯加塔马塔夫顺德商会会长、塔马塔夫华侨总会副会长陈健江是出生在当地的第二代华侨。他在马达加斯加不遗余力地推广"中国制造"，尤其是顺德家电产品。他是将中国电视机出口到马岛的第一人，也是在马达加斯加打响顺德家电品牌的第一人。他曾将科龙电器等家电销售到马岛，质优价廉的顺德家电在当地很受欢迎，至今仍有不少顺德家电通过他的公司登陆马岛。②

非洲很多国家正在进行热火朝天的基础建设，市场很大。而且，肯尼亚作为非洲大陆撒哈拉沙漠以南经济较好、工业条件较优的国家，社会治安和商业环境也相对较好，劳动力素质较高，工资水平适中，是非洲比较适宜设立海外制造工厂的国家之一。肯尼亚地处非洲大陆东部，蒙巴萨有大港口，首都内罗毕有多条国际航线通向世界各地，陆地上也有多条公路通向邻国，是非洲大陆的海陆空交通枢纽，广州目前每天都有航班直达内罗毕。肯尼亚是广东省走向非洲的跳板。可以组织广东省家电和建材行业企业前往肯尼亚考察，探讨在非洲建立海外工厂的可行性，利用当地华侨华人的资源优势走出去，真正实现"广东制造"走进非洲。③ 可以依托广东产业集群优势，在非洲形成庞大的营销网络，将华商的经营领域从单一化拓展为多元化，使更多华商加入工程承包、制造、贸易、通信、房地产和旅游等领域，既提升华商的生存发展状况，又为广货拓展非洲市场。

中国与哥斯达黎加于2007年建交。2011年，两国签订自由贸易协定，哥斯达黎加侨胞可以为广东企业"走出去"做出多方面的贡献：一是哥斯达黎加侨商迫切需要了解中国经济贸易方面的资讯，实现自身的转型升级，当好中哥自由贸易的使者及中国企业"走出去"的领路人；二是哥斯达黎加重视清洁能源、家电、轻纺等领域的发展，在这些行业希望引进中国的先进技术和高质量的产品；三是哥斯达黎加的侨商可联合本土

---

① 参见吴锐成主编《侨情与侨务文集》（第2辑），广东省人民政府侨务办公室2014年版，第244页。

② 据笔者在马达加斯加与陈健江先生的访谈。

③ 参见吴锐成主编《侨情与侨务文集》（第2辑），广东省人民政府侨务办公室2014年版，第92页。

第五章 海外华侨华人与广东对外交流与合作

华商一起，在广东企业"走出去"过程中的法律咨询、市场开拓、政府沟通、物流配送等方面发挥作用。目前，广东企业赴哥斯达黎加考察交流的还很少，投资办实业的更少。哥斯达黎加侨商认为，现在哥斯达黎加的新能源领域蕴藏很多商机，如太阳能、风能等需要很多设备，而这些正是广东企业的强项，有些侨商正在尝试与广东企业联系，努力促成合作。①

2016年9月23日，广东省人大常委会组织召开广东—拉美国家侨胞座谈会，来自12个拉美国家和地区的20多位侨胞代表就扩大广东与拉美国家的交流合作畅所欲言。来自墨西哥的侨胞代表梁权暖在会上发言说，在拉美国家中，广东籍的侨胞占相当比例，并且是最早侨居下来的，有上百年的历史。这些侨胞的经济实力没有东南亚及北美华侨那么大，但他们能生存发展下来，就证明他们有自身的优越性和融入当地的能力。拉美国家当前普遍缺乏技术与资金，但他们拥有充足的、比较低廉的劳动力和丰富的资源。这与广东当前技术、资金充裕刚好互补，到拉美投资应该是一个很好的选择。不过，从国内走出去到拉美投资的企业，可能会"水土不服"或"颗粒无收"，这跟拉美国家的劳工政策、劳工素质以及生意的信用、生活习惯等都有关。定居当地的侨胞可以从中起到穿针引线和桥梁作用。②

三、"以侨为桥"助力广东企业"走出去"的对策和建议

广东省政府应利用海外华商网络和地缘性、血缘性社团联谊大会等宝贵资源，创造机会，让企业取得侨务部门和涉侨社团的支持和帮助，更多地发挥他们在广东企业与他国企业之间的穿针引线作用；也可以以广东省海外交流协会或广东省侨商会的名义组织广东企业、侨资企业赴海外考察，实施"走出去"战略，促成企业间的交流和合作。从广东的实际出发，主要借助海外粤籍社团网络，在条件许可的情况下，与海外粤籍华商构建经济战略联盟，扬长避短，不断提升广东外向型经济的竞争力。举例来说，如果要借助东南亚华商网络资源推动广东企业"走出去"，就必须

---

① 参见吴锐成主编《侨情与侨务文集》（第2辑），广东省人民政府侨务办公室2014年版，第68页。
② 参见《梁权暖：发挥华侨在广东与拉美国家交流合作中的穿针引线作用》，见广东人大网（http://www.rd.gd.cn/pub/gdrd2012/rdzt/lmqbzth/qbfy/201609/t20160924_154290.html）。

学习和了解东南亚华商网络的现状及其动态,与东南亚的华商建立起相互之间的信任关系。只有在华商网络中建立起广阔的人脉关系,才能真正融入华商网络并利用华商网络。广东有"走出去"意向的企业应积极整合资源,利用地缘、血缘、业缘等纽带,建立适应东南亚华商网络的组织,如地区性的华商投资协会,以寻觅商机,相互协助,拓展海外市场,扩大企业的出口贸易和国际化经营。①

广东企业利用华商网络"走出去"可采取4种方式。

第一,与当地华商建立合资或合作企业。广东企业可以采用提供资金、技术、实物等多种出资方式,与东道国华商建立合资或合作企业。这样做既可以享受到东道国对外资企业的优惠待遇,又能通过合作伙伴直接融入当地商业网络,甚至与世界华商网络取得联系。再者,双方有共同的文化背景和相近的企业文化,建立合资或合作企业也容易成功。

第二,与海外华商结成企业联盟。广东企业可以与海外华商建立横向联盟,在某种产品的生产方面互通有无,实现资源共享,优势互补,达到共同进步;也可以建立纵向联盟,保证供应链和销售链的稳定,增强抵御风险的能力;还可以建立经营联盟,达成默契,避免不正当竞争,共同赢利。

第三,联合海外华商共同投资于某一潜在市场。如果经调研发现国外某一市场潜力巨大,广东企业可以联合其他华商共同投资这一市场,利用当地相关机构,形成业务上有紧密联系的企业群,从而共享基础设施、拉近空间距离和增强合作,降低企业交易成本并增强战略要素的可获得性。企业之间通过人才流动、技术创新和技术模仿,还可以增强相互间的良性竞争合作。

第四,与海外华商企业确立外包关系。广东企业可以发挥技术优势,在某一产品的生产环节上,生产样品或最关键的部分,把剩下的大量生产业务或销售业务交给其他专业华商去完成。这样做可以发挥广东企业的技术优势,有利于广东企业建立和不断提升核心能力,还能与合作伙伴共同分担风险。当然,广东企业也可以参与华商企业的外包业务,发挥自己某

---

① 参见袁持平《华侨华人在广东实施"走出去"战略中作用的研究》,见国务院侨办侨务理论研究广东基地、广东侨务理论研究中心编《华侨华人与广东发展:广东省侨务理论研究论文集(2012—2013)》,暨南大学出版社2014年版,第181~182页。

第五章　海外华侨华人与广东对外交流与合作

一经营环节的优势和专业化优势。①

广东省政府部门还应多听取海外华商精英和侨领的意见，让他们为广东企业"走出去"出谋划策。2016年1月26日至27日，列席广东省第十二届人大四次会议的华侨代表就广东企业"走出去"纷纷建言献策。泰国中国和平统一促进会总会执行会长吴炳林说，在"一带一路"建设中，要充分发挥侨胞作用，利用"贸促会"等平台，以"互联网+"为模式，加大对广东品牌的宣传推广，帮助广东企业"走出去"。柬埔寨广东商会会长蔡坚毅建议，由广东省政府牵头组织有关社会研究机构，成立相关调研组，以海外华商协会为依托，到沿线国家实地调研，了解和掌握当地投资发展等情况，为广东企业"走出去"提供有效、权威的政策指引和信息支持。温哥华半岛控股集团董事长王文康说，土生华裔二代、三代具有良好的教育背景和多元的职业构成，较好地融入居住国主流社会，是广东侨务工作的重要资源，建议广东充分发挥他们的高素质、专业性以及与当地主流社会联系密切的优势，助力广东企业"走出去"。②

2017年1月20日，列席广东省十二届人大五次会议的华侨代表就"一带一路"与广东企业"走出去"建言献策。阿联酋迪拜银华贸易公司总经理张钦贤首先指出，阿联酋作为"一带一路"沿线国家中具有独特区位、经贸、物流和金融优势的国家，建议以迪拜为基地对接迪拜综合商圈，举办广东名优产品博览会，建立广东产品展销中心，将产、展、销紧密结合起来，最终让广东企业、产品"走出去"。尼日尔侨胞吴文毅建议，广州、深圳、汕头等城市可与西非国家首都结为友好城市，让粤企投资当地制造业、农业、电力、电信、地产、矿产等领域，让"一带一路"倡议落到实处。柬埔寨广东商会会长蔡坚毅则建议在柬埔寨等国经贸、文化、教育、旅游等部门设立（广东省）常驻联络机构。泰国大埔会馆理事长张源晋补充说："还可以筹备由海外华人精英组成的海外智库团队，为广东企业搭建商品贸易和投资服务平台，提供专业、务实、全面的咨询服务。"全非洲中国和平统一促进会副会长卢伟亮建议把广东产品和品牌

---

① 参见范爱均、王建《融入华商网络——我国中小企业"走出去"的一条捷径》，载《国际贸易问题》2004年第1期，第85页。

② 参见张琳琳、王丽春《发挥华侨华人优势　助力广东"走出去"——列席华侨座谈会侧记》，载《人民之声》2016年第2期，第37页。

（特别是家电、手机通信产品）塑造成中国高端品牌，让国外消费者看到这几个字，就知道是产品信心的保证。东非广东同乡会秘书长冯晖则非常看好广东金融产业进入东非市场。他说："目前东非金融行业市场还是一片空白。作为东非的金融中心，肯尼亚首都内罗毕拥有世界银行、国际货币基金组织等分支机构，广东抢先进入会有帮助。"①

随着中国经济的转型升级和高新技术公司的迅猛发展，越来越多的科技公司走出去，寻找合作伙伴，海外法律、金融、科技等领域的华侨华人专业人士扮演着重要的搭桥者角色。举例来说，近年来大量的中国资本涌入硅谷，背后的推手是以中间人为桥梁的精英网络。这些中间人所做的工作不只是交易谈判，他们还扮演了人类学家和文化翻译者的角色，因为他们需要在两个国家不同的文化之间架起桥梁，帮助企业家互相了解对方的业务。企业家们说，这些中间人的聪明才智正在变得越来越有价值。这样的例子已屡见不鲜，如硅谷的知名风险投资专家、律师陈梅陵，帮助硅谷网络安全创业公司云火炬（Cloudflare）公司与中国搜索巨头百度建立了合作关系；华为在硅谷资深华裔律师周一华的撮合下，与3D照片应用创业公司Fyuse达成合作关系。②

第二节　海外华侨华人与广东对外文化交流

在漫长的历史岁月中，不断有中国人走出国门，漂泊和移居世界各地。他们是中华文化的载体，携带着中华文化的种子，把它们抛撒和传播到他们所到的任何地方，为人类文明的交流做出了独特的贡献。遍布世界各地的唐人街、中餐馆、中医馆、武术馆、华文媒体、华人社团、华文学校等都成为当地人民了解中华文化的窗口。唐人街大量中式风格的建筑，如牌楼、会馆、妈祖庙、关帝庙成为重要的旅游景点，吸引了大批非华裔人士前往参观。春节已被不少国家确定为法定假日，华侨华人举办的春节舞龙舞狮游行、中秋游园会、元宵灯会、妈祖诞辰游神活动等亦吸引了当

---

① 姚群：《14位列席省十二届人大五次会议华侨建言：积极对接"一带一路"》，载《人民之声》2017年第2期，第37~38页。

② 参见《硅谷"耳语者"：他们促成了中国科技公司与硅谷的交易》，见腾讯科技网（http://tech.qq.com/a/20160807/003436.htm）。

地民众共同参与、庆祝。而活跃于住在国文化艺术界的精英更是通过文学、音乐、美术、影视作品创作或展演等形式,向当地社会传播中华文化。可以说,他们是中国的"海外文艺兵团"。无论是杰出的侨领和各界精英,还是普通的侨众,都在自觉不自觉地担当着文化使者的角色,增进了所在国人民对中华文化的认识和理解。与此同时,华侨华人又把住在国的文化传回中国,开阔了国人的视野。海外华侨华人具备熟悉中外语言和文化的优势,积累了中华文化与住在国文化相互融合的经验。他们在传播中华文化、吸纳异域文化,以及融合两种或多种文化方面没有其他力量可以取代,可以说起到了文化交流先锋和桥梁的作用。

一、海外华侨华人在传播岭南文化中的独特优势和作用

广东文化又称岭南文化,内容丰富,博大精深,包括广府文化、客家文化、潮汕文化、雷州文化、华侨文化、禅宗文化、海洋文化、少数民族文化等。基于独特的地理环境和历史条件,岭南文化以农业文化和海洋文化为源头,在其发展过程中不断吸取和融会中原文化和海外文化,逐渐形成自身独有的特点,其精髓是务实、开放、兼容、创新。广东的语言文学、戏剧(粤剧、潮剧)、音乐(广东音乐)、膳食(粤菜和粤式点心)、歌舞、狮艺、南派功夫、美术(岭南画派)、医药(广药)、建筑、工艺品、服装(广绣)、各种土特产等均有其特色。

长期以来,这些岭南文化元素已经跟随着广东海外移民的步伐播散到世界各地,只要有粤籍华侨华人聚居的地方,就不难找到广东语言和文化的影子。广东地方文化艺术,如粤剧、潮剧、粤语歌曲、疍家、六祖诞、民俗、禅武等已经跟随粤籍移民的脚步传播到海外。中华节庆民俗、民间信仰活动等在海外,特别是在华侨华人聚居的东南亚和北美传播广泛、影响深远。马来西亚有"小汕头"之称的柔佛新山市,每年的三月三"大老爷生"和中秋节都已经成为官民同乐的大型民俗活动。

马来西亚华社在传承中华文化、推动汉语教育等方面成绩卓著。马来西亚侨团自 1984 年以来每年举办全国华人文化节,迄今已 30 多届。华人文化节一方面激发了更多的华人热爱华人文化,加强了马来西亚华社的团结,整合与凝聚了华人族群;另一方面,华人文化节也吸引了大批非华裔人士的关注和参与,有助于促进马来西亚社会其他种族对华人社会与中华文化的了解与欣赏,还可以使各族文化在交流中取长补短,提升文化内

涵，缓和华人与其他种族之间的对立关系，促进马来西亚的和谐发展。

由马来西亚富贵集团投巨资打造的中华人文碑林园于2012年10月落成。碑林园坐落于吉隆坡南郊50千米外的桃源古镇，占地20英亩（约8万平方米）。园中一座座历史人物雕像、一块块雕刻诗文的石碑就像一部部厚重的史书，将浩瀚千年的中华文化联结起来。中华人文碑林是马来西亚华人学习和了解中华传统文化的场所，也为学者提供了一个在海外研究中华传统文化的中心，体现了马来西亚华人社会对中华文化的热爱和执着，也有助于深化马来西亚人民对中华文化的理解。①

客家人是马来西亚华裔中的第二大族群，客家文化是中华传统文化的一个重要组成部分。马来西亚客联会总会会长兼隆雪（隆雪即吉隆坡和雪兰莪）客家总会会长吴德芳发起和策划的第一届客家文化节，于2004年9月18日至11月6日举行。按照计划，客家文化节每年举行一次，由客联会倡导，不同州属的客家社团轮流主办，以继续发扬及保存客家和中华文化。由吴德芳为主发动、组建的马来西亚客家文物馆，也于2004年8月26日在马来西亚槟城正式成立。②归纳起来，吴德芳所发起或领导的文化活动涉及多个领域，包括书法、绘画、舞蹈、金石篆刻、文学创作、辩论会、国际思想研讨会、文化节等。

欧洲华侨华人也积极为广东省赴欧开展文化交流牵线搭桥。英国广东华侨华人联合总会由居英的粤籍华侨华人，赴英前曾在广东工作和学习过的、热爱广东、关心广东的非粤籍在英华侨华人、学生、学者，以及有意到广东创业发展的各界朋友自愿组成，以专家、学者、企业家和留学生居多，是一个老中青结合的联谊会。英国广东华侨华人联合总会自成立以来，在广东省、广州市有关部门的支持下，分别成功地组织了"中国南方歌舞团""深圳歌舞团""广州粤剧团""广州芭蕾舞团"等广东艺术团体赴英演出。这些具有中国南国文化特色的艺术表演，增进了英国人民对华人文化的了解。③

---

① 参见《马来西亚中华人文碑林园揭幕 推动多元文化发展》，见中国新闻网（http://www.chinanews.com/hr/2012/10-29）。

② 参见《马来西亚华商吴德芳：挫折中看人生 诚信中做赢家》，载《梅州日报》2007年9月13日。

③ 参见吴锐成主编《侨情与侨务文集》（第2辑），广东省人民政府侨务办公室2014年版，第263页。

第五章 海外华侨华人与广东对外交流与合作

法国华侨华人会、潮州会馆、华裔互助会、广肇会馆、番禺富善社等社团以各种形式保存和发扬了中华传统文化，并向主流社会积极宣传中华文化，扩大影响。近年来，每年的春节巡游活动，法国政要都会出席，或到侨社拜年，参加侨社的春宴活动。如巴黎十三区区长杜篷先生就经常参加华社的活动。另外，华侨华人社团还积极参加法国社会举办的各种大型文化活动。比如，在2003年法国全民音乐节上，华人社团精心组织了富有中国特色的节目参加演出，番禺富善社表演龙狮舞，潮州会馆演出了潮州大锣鼓，法国电视台对此还做了专门报道。①

祖籍广东普宁的法国著名侨领陈顺源（1937—2016），1937年生于柬埔寨，1975年来到法国，在巴黎开办多家公司，经营中式餐具、工艺品瓷器、电器、食品、茶叶等。20年来，陈顺源对茶叶情有独钟，为推动茶叶打入法国市场，不遗余力，大力宣传，成绩卓著。从1983年开始，陈顺源就代理经营12种中国茶叶，销路最好的是珠茶与眉茶，与广东、福建、浙江、江西、安徽等十几个省市和地区有业务联系。②陈顺源眼光长远，他指出，在未来几十年中，中国将扩大与世界各国的贸易往来和文化交流。面对此潮流，法国将更需要我们华裔子弟，借以发展法中之间的科技、经济、文化合作。因此，在这样优越和有利的条件下，华裔青年将可发挥其才能，为架设中法之间的合作桥梁做出贡献。

法国油画供应商方显秋祖籍广州番禺，出生于越南，后移居法国。他担任法国番禺富善社社长以来，致力于推动法国侨胞加强与祖国的沟通联系，促进海外侨胞加深对中国、对家乡的了解，大力弘扬优秀中华文化。在他的倡议和领导下，番禺富善社自1995年起，连续举办了20届"旅法青少年寻根夏令营"和12个"旅法华侨华人寻根旅游团"，协助广东籍乡亲回乡认祖归宗。2011年，社团首次与巴黎华人城（13区）区政府、巴黎凤凰卫视电视台联合举办大型的庆祝中秋节活动，获得良好的口碑和美誉。方显秋先生还是法国油画界的知名人士，他多次与国内知名书画家联合举办书画展活动，为公益事业义卖筹款。2015年7月，法国番禺富善社还与法国书画家协会在广东华侨博物馆联合举办了"华人书画家书

---

① 参见吕伟雄主编《海外华人社会新观察》，岭南美术出版社2004年版。
② 参见《法国著名侨领和华人企业家陈顺源逝世》，见欧洲时报网（http://www.oushinet.com/qj/qjnews/20160728/238948.html）。

画展"。方显秋还多次在巴黎当地组织岭南艺术团体与法国民间团体的交流，在丰富当地居民文化和娱乐生活的同时，也促进了中华传统文化在法国的传播。如今，方显秋的第七子方孝信也继续与广州结缘，他与妻子李子薇于2016年年初在香港开设画廊。下一步，他们考虑在广州开设法国主题画廊，以推进中法艺术交流，让更多的广州人有机会接受西方艺术的熏陶。此前，方孝信夫妇在法国创办了"A2Z"画廊。该画廊自2011年开始连续7年参加大皇宫艺术巴黎博览会，举办了超过50场个人展览和群体展览，促成了许多中国艺术家在法国的第一次个人展览。①

祖籍江门的巴西侨领李少玉女士用文化拉近了中巴两国人民的距离，促进了中巴两国在文化、艺术等方面的友好交流。她创办了巴西第一个寻根之旅华裔青少年夏令营活动，并最早组织由巴西政要和多国华侨参与的华人移民节。2010年，李少玉成功竞选圣保罗市议员，同年成为巴西华人协会第一位女会长，2012年成功连任，兼任圣保罗巴西中国友好协会副会长。自2010年起，李少玉女士联合圣保罗各华侨华人社团在市中心举办贺新春活动，2013年又增加了"骑车庆新春"10千米巡游活动，大大扩大了中华文化在当地的影响力。至今，华人"骑车庆新春"活动年年举办，成了当地家喻户晓的一大盛事。此外，春节期间还举办中国传统医学针灸按摩义诊、中华书画现场表演，并设中国工艺品、中华美食餐饮摊位供民众选购和品尝。如今，在巴西到处都可看到"中国风"——巴西民众热衷用针灸治疗慢性关节病；中国功夫风靡巴西，武术学校遍地开花；巴西人酷爱中国戏曲杂技，在戏曲表演中，观众常常发现京剧脸谱后是地地道道的巴西人。正是李少玉几十年的不懈努力，将优秀的中华文化带进巴西，让广大的巴西民众了解中华文化，热爱中华文化。2014年，恰逢中巴建交40周年，李少玉又牵头在圣保罗市议会举行了中巴建交40周年纪念会，回顾与展望了中巴建交40年来各方面合作与交流所取得的成果；还在圣保罗举办了中巴才艺展示活动，增进了中巴两国的文化交流。同年，李少玉获得第三届"'中华之光'传播中华

---

① 参见《越洋万里深扎根　雏凤清声耀华威》，见南方网（http://epaper.southcn.com/nfdaily/html/2016-12/15/content_7605543.htm）。

第五章 海外华侨华人与广东对外交流与合作

文化年度人物奖"。①

春节是中国人的传统节日,俗称"过年",海外华侨华人仍然保留着许多传统习俗,如派发红包、在窗户上贴上大红的剪纸、在门上挂上灯笼以显示喜庆气氛等。春节期间,唐人街不时出现欢庆节日的队伍,有舞狮、舞龙等,热闹异常;到夜里,天空闪耀着阵阵烟火的绚丽光彩。纽约唐人街在21世纪以来连续多年的新春庆祝活动中,有舞龙、舞狮、跑旱船等多种中华传统文化表演,每年都吸引至少20万人前往观看。连美国主流银行都知道华人过新年用新钞发压岁钱的习俗,在新年前夕准备了不少新钞供华人客户置换。

在春节期间,檀香山中华总商会创办了水仙花节。自1950年以来,每年举办一届,成为檀香山华埠一大特色。1950年,檀香山中华总商会首次举办水仙花节,在中国春节前4周的周末晚上,举行竞选"水仙花皇后、公主"活动,以繁荣华埠。晚会有华裔血统的姑娘通过表演中国传统舞蹈、歌曲和回答有关中国民间习俗等问题,展示自己的才貌和智慧。活动中评选出一位水仙花皇后和4位公主,最后由夏威夷市市长和夫人为皇后加冕举行典礼。当选的皇后、公主任期一年,可获免费和半费参加檀香山中华总商会主办的旅行团,代表檀香山华人到外地或出国(包括回中国)进行友好访问,借此宣传檀香山唐人街,对帮助当地华人经济走出困境起到了一定的作用。1985年至2008年,水仙花皇后旅行团先后访问中国20次,13次回中山探亲、寻根,人数为800多人。② 檀香山水仙花节盛会越办越好,不但华侨华人踊跃参加和支持,还获得当地政府的鼓励赞扬。

遍布世界各地的中餐馆不仅可以大饱海外华侨华人和非华裔人士的"口腹之欲",也向当地社会大众展示了中国传统饮食文化的魅力,是传播中华文化的一支重要力量。世界中国烹饪联合会最新的调查数据显示,目前海外中餐馆已超过40万家。其中,东南亚地区分布最多,约有7万家;其次是美国,中餐馆已有百余年的经营历史,现有5万多家中餐馆,从业人员30多万;南美的秘鲁大约有4000家中餐馆,但大部分都是经营

---

① 参见《弘扬中华文化 增进中巴友谊——记巴西华人协会永远名誉会长、"中华之光"奖获得者李少玉》,见中国新闻网(http://www.chinanews.com/hr/2015/03-24/7152050.shtml)。
② 参见中山市外事侨务局编《中山华侨志》,广东人民出版社2013年版,第289页。

粤菜；欧洲各国的中餐馆有1万家以上。①基于海外华侨华人中祖籍广东者所占的优势，中餐馆中粤菜独占鳌头，潮菜也占有一席之地。

实践证明，中华（岭南）文化走出国门，华侨华人的引领作用不可忽视。事实上，很多的文化交流平台就是海外侨胞利用各种节庆、社团庆典、体育比赛等机会搭建起来的。海外3000多万粤籍华侨华人与广东有着千丝万缕的联系，应加强与海外（特别是粤籍）华侨华人的联系，把他们的积极性调动起来，促进广东文化的对外传播。广东省作为侨务大省，在海外有着广泛的侨务人脉资源，而近年来省侨办上下用心用情所构建的海外人脉关系网络，为"南粤文化海外行"打下了坚实的基础。要建设文化强省，通过优秀特色文化向海外展示广东省新形象，离不开海外侨胞的互动支持，离不开涉侨部门的努力推动。近些年来，广东积极创新对外文化工作和对外文化贸易的体制、机制，开展以政府为主导、民间交流为主体、面向国际市场的交流与合作。广东省涉侨部门配合省政府的对外文化工作规划，积极组织"南粤文化海外行"等活动，派出文艺演出团体、中医和中餐文化交流团赴海外侨社展演和培训。同时，注重"以侨为桥"，向当地主流社会推介岭南文化。

广东省涉侨部门赴海外开展文化交流活动时，离不开当地华侨华人社团及侨领的大力支持与积极配合。2007年和2009年，广东省侨办两次组织艺术团赴印度尼西亚演出均取得成功，关键在于印度尼西亚广肇会馆副主席胡建章有多次出钱出力协助国内艺术团到印度尼西亚演出的丰富经验。各地侨团在他的指导下，场地、舞台、观众等都得到很好的配合，使艺术团的演出顺利进行并获得圆满成功。广东省侨办连续两年组织广东高桩狮队参加巴拿马华员节联欢活动取得成功，很重要的因素是巴拿马中华总会会长黄伟文（祖籍清远）熟悉情况，懂得策划且人脉广。② 为推动南粤文化海外行"天涯传乡情"这一品牌持续有效开展下去，有必要在海外物色一批像胡建章副主席、黄伟文会长这样有热情、有能力的人士，培养和建立一支有热情、有能力、长期并稳定的文化传播队伍。

---

① 参见《海外中餐馆：从"杂碎时代"到"文化时代"》，见中国新闻网（http://www.chinanews.com/hr/2015/04-29/7242724.shtml）。

② 参见吴锐成主编《侨情与侨务文集》（第1辑），广东省人民政府侨务办公室2010年版，第135页。

第五章　海外华侨华人与广东对外交流与合作

2008年4月27日至5月7日，广东省海交会联合马来西亚潮州公会联会青年团（简称"马潮联青"），组织赴马来西亚潮汕文化交流团，开展文化专题讲座及文化交流活动。马来西亚的合作方主要以"马潮联青"及其各地青年团为骨干，此外也有热情的百年老侨团。为文化交流团热心服务的"马潮联青"的各地青年团团长多半是2007年来广东参加"根系潮汕·情牵中马"文化寻根活动的成员。另外，交流团积极借助华文媒体的力量宣传此次活动，首次与《星洲日报》媒体集团及青年团联合策划主办文化讲座，取得多赢效果。《星洲日报》媒体集团高层非常重视与广东省海交会的合作，发挥了较好的"新闻先行"作用。文化交流团还有幸结识了马来西亚华社文化艺术界新朋友，如国际龙狮总会裁判技术主任、马来西亚雪隆龙狮联合总会龙狮主任萧斐弘先生和知名文化人陈再藩先生。陈再藩先生是二十四节令鼓的创始人之一，他热切希望能通过广东省海交会在暨南大学等高校筹建广州地区第一支大学生二十四节令鼓队。此次与"马潮联青"及华文媒体联手策划的专题文化讲座交流活动，不失为一种经济而有效的新型文化交流方式。①

二、海外广东籍华侨华人与粤剧和潮剧的向外传播

粤剧是最具岭南特色的剧种，又称"广东大戏"或者"广府戏"，素有"南国红豆"美誉，是广东省最大的地方戏曲剧种，从明初渐趋形成以来，已有300多年的历史，主要流行于广府地区。近代以来，广东尤其是珠三角地区的民众被动或主动走出国门，粤剧也随之逐渐流传到海外，因此凡有粤籍华侨华人居住的地方，几乎都有粤剧的演出活动。总体来说，粤剧在海外形成了两大演出中心：一个是东南亚（旧称"南洋"）；另一个便是美洲，包括北美的加拿大、美国、墨西哥以及南美的秘鲁等地，以粤籍华侨华人人口最多的旧金山为大本营。在新加坡、马来西亚、旧金山、纽约、新西兰等地，都有粤剧艺人行会组织——八和会馆的存在。

东南亚各国广府华侨华人众多，尤以新加坡、马来西亚为最，其次是印度尼西亚、泰国、越南、柬埔寨、菲律宾。粤剧在上述国家的活跃程度

---

① 参见吴锐成主编《侨情与侨务文集》（第1辑），广东省人民政府侨务办公室2010年版，第112～113页。

与广府籍华侨华人的人口规模和分布有相应关系。早在1857年,粤剧艺人就在新加坡成立了行会组织——梨园堂。它后来改名为新加坡八和会馆,之后吉隆坡的粤剧艺人也成立了八和会馆。其他几个国家的粤剧演出兴起稍晚,在20世纪初才较为活跃。粤剧在东南亚各国的流传,是从早期广府移民的自唱自娱开始,之后又有广东本土的粤剧艺人赴外演出,逐渐发展起来。辛亥革命前后至日本侵略东南亚之前,粤剧在东南亚经历了一个繁盛期。粤剧艺人通过演出活动,为辛亥革命及之后的中国抗日救亡运动募款。"二战"结束后,东南亚各国掀起反西方殖民主义的民族解放斗争,相继获得独立,继而出台强制性的同化华人政策,粤剧的生存空间受挤压。到20世纪80年代后,东南亚国家的民族文化政策趋向开明,中华文化(包括粤剧)有一定的复苏,可是各种现代的艺术形式和娱乐方式向粤剧发出挑战,特别是电影、电视、舞厅、时装表演、家庭影院、多媒体、电脑等大量占据了人们的精神生活领域,粤剧表演者和观众均大量流失,只剩下少量热爱传统戏剧的老华侨在坚持。

当代,东南亚的粤剧艺人为了振兴粤剧,尝试在乐器伴奏、唱戏语言和表演形式上做出创新,为粤剧注入一些现代元素,以吸引观众。传统粤剧大戏的乐器有二胡、三弦、琵琶、月琴等,随着时代的变迁,粤曲的伴奏增加了小提琴、萨克斯管、吉他等西洋乐器,中西结合奏乐。马来西亚华人陈振兴精通吹奏萨克斯管,多年来一直不断演练,沉醉其中。他活跃于怡保多个社团组织的粤曲组,如霹雳华工剧社、霹雳番禺会馆、万里望音韵粤剧社都曾邀请他担任伴奏乐师,他以拿手的萨克斯管吹乐,让粤剧在音效的配合下展现出不同凡响的艺术魅力。①

在新加坡,现今较为活跃的业余粤剧社团有敦煌剧坊、国声碧云天粤剧团、牛车水民众联络粤剧组、冈州会馆粤剧组、金龙粤剧团等。胡桂馨女士是新加坡著名艺术工作者,优秀的粤剧演员、老师与导演,也是敦煌剧坊艺术总监、新加坡八和会馆主席。早在1973年,她就首创用英文字幕协助受英文教育的观众欣赏粤剧,曾将经典粤剧《胡不归》《天仙配》《洛神》《白蛇传》《秦香莲》等编译成英语演出,吸引了不少外籍人士。1981年,她又成立敦煌剧坊,致力于在全世界推广和发扬粤剧。近30年

① 参见《大马华人用萨克斯管奏粤曲 致力传承粤剧文化》,见中国侨网(http://www.chinaqw.com/zhwh/2015/08-18/61139.shtml)。

来，她领导敦煌剧坊走遍五大洲29个国家和地区，先后到过马来西亚、澳大利亚、英国、法国、罗马尼亚、美国、加拿大、巴西、日本、中国、埃及等，参与多项国际艺术活动，包括1990年、1996年及2004年中国羊城国际粤剧节、东京国际戏剧节、广东国际艺术节及欧洲国际粤剧节。2002年，胡桂馨女士受邀于上海国际艺术节演出《武则天》，获得好评。[1] 1998年10月，胡桂馨受封为太平绅士，是新加坡粤剧界首位获此殊荣的艺术工作者。她的重要贡献之一，是成功推动粤剧团体在演出时采用中英文字幕。敦煌剧坊在海外演出，就经常使用幻灯打字幕，有助于当地观众欣赏台上表演，在意大利罗马、英国爱丁堡、埃及开罗、美国旧金山和明尼苏达州、罗马尼亚布加勒斯特等地演出时，均采用英文字幕演出；在日本东京演出，则配有日文字幕；在德国柏林演出时用德文字幕。[2] 现今，不仅粤剧团体，其他剧种戏剧团体在演出时也采用中英文字幕。

在北美，广府粤剧戏班"鸿福堂"于1852年在旧金山大剧院举办首场演出，这是粤剧在美洲传播的开端。此后，越来越多的粤剧艺人与戏班远渡重洋到美洲献艺。旧金山最有名的粤剧院是大舞台戏院、大中华戏院、金都戏院，在纽约有新声戏院。《晚清华洋录》记载了著名作家马克·吐温1877年在旧金山观看粤剧的情况和感受。在他的笔下，当时粤剧的观众不仅限于华侨，也有当地非华裔人士，特别是一些剧作家和中国文化爱好者。[3]

除了职业戏班外，20世纪上半叶粤籍华侨也组建起了许多业余性的自娱自乐的粤剧社，在旧金山有叱咤社、学苑剧社、南中国乐社、海风音乐社等数家，在纽约有民智剧社、中国音乐剧社，在西雅图有乐艺社，在波士顿有侨声音乐社。这些粤剧社中有一些因经费困难和会员离开，仅活跃了10多年就解散了；另有一些粤剧社历经重重困难仍勉力支撑，一直维持到现今，其中最有代表性的就是1925年成立的南中国乐社。它是美国现存最久的业余粤剧（曲）团体，肩负传承粤剧曲艺文化的重任，广获赞誉。剧社发起者是一群业余粤剧爱好者，领头的是方富雅。创立之初

---

[1] 参见姚基《世界各地的八和会馆》，广东人民出版社2013年版，第27页。
[2] 参见胡桂馨《新加坡敦煌剧坊推广粤剧之"三深两意"》，载《南国红豆》1997年第1期，第15～17页。
[3] 参见［美］多米尼克·士风·李著，李士风译《晚清华洋录：美国传教士、满大人和李家的故事》，上海人民出版社2004年版，第121～123页。

该社只有八九人,繁盛时期为 100 多人。自成立至今,南中国乐社积极参与各项社区文化活动,如非营利机构的筹款晚会、街会演出、社团公演等。1990 年,乐社以该社演员为主组织了 140 人的"旧金山粤剧代表团"到广州参加首届"羊城国际粤剧节"。为提升剧社成员的演艺功底和技巧,还邀请国家一级演奏员、南国曲艺研究中心的创办者文卓凡担任乐社的音乐指导。2015 年该社 90 周年庆典时,邀请了国家一级演员欧凯明、陈韵红、谭念帖、何小波等名家亲临演出粤剧折子戏、粤曲对唱等。①

1978 年中国改革开放后,一些专业粤剧演职人员移居美国,加入传统粤剧社或成立新粤剧社,开办粤剧学院培养新人。他们的到来充实了粤剧社的力量,提高了业余演艺人员的表演技艺,使得一些老的粤剧社重整旗鼓,同时也催生了一批新的粤剧团。例如,广州著名粤剧演员林小群、白超鸿和香港红伶林少芬、艳海棠等相继移居旧金山,为此地艺坛注入了新的元素和活力,为华埠粤剧开创了新景象。他们以自身的艺术魅力,吸引了一批粤艺爱好者,并通过不同的方式传授、弘扬粤剧曲艺。

现今,粤籍华侨华人比较集中的城市,特别是历史悠久的老唐人街,都有粤剧社存在。据不完全统计,目前美国各地唐人街能够维持正常活动的粤剧社有七八十个,一半以上位于旧金山、纽约、波士顿、洛杉矶几大老唐人街,此外,波特兰、华盛顿、芝加哥、费城、西雅图、休斯敦、檀香山、硅谷等地也各有几个。举例来说,旧金山市有南中国乐社、南国曲艺研究中心、红豆戏曲社、中华国乐社、海风音乐社等 10 多个,纽约有民智剧社、松英粤剧艺苑、七弦音乐曲艺社、心声粤乐研究社、广东曲艺研究会等 10 多个,波士顿有侨声音乐社、广东音乐研究社、艺青音乐社等,洛杉矶有惠天声粤剧团、粤升音乐社等,波特兰有粤声音乐社,华盛顿有升平音乐社,芝加哥有洪门音乐社等,夏威夷有华夏戏剧音乐研究会等,硅谷有粤剧研究会(学院)、精英粤剧艺术学院。② 这些粤剧社中有一些已有超过 50 年的历史,也有一些是近 30 年才成立的。

---

① 参见《南中国乐社庆祝 90 周年活动》,载《星岛日报》(旧金山版) 2015 年 7 月 2 日。
② 根据《华侨华人百科全书·文学艺术卷》(中国华侨出版社 2000 年版)、《华侨华人百科全书·社团政党卷》(中国华侨出版社 1999 年版)、周南京主编《世界华侨华人词典》(北京大学出版社 1993 年版)和《粤剧大辞典》编纂委员会编《粤剧大辞典》(广州出版社 2008 年版)、黄镜明《粤剧与美国华人社会》(《广东艺术》2005 年第 1 期)及暨南大学海外侨情数据库的相关信息统计。

第五章 海外华侨华人与广东对外交流与合作

今天美国华人中有约三分之一是早期粤籍移民的后裔及来自广东和港澳的新移民，粤语仍然是老唐人街通行的语言，即便是一些土生华裔在家中与父母交流也用粤语。与之相应的粤语歌曲、粤剧粤曲仍有一定的生命力，它们是全美各地区唐人街粤籍华人心中共同的"歌"，这是粤剧社得以维持下去的基础。近几十年来，全美各地唐人街粤剧粤曲音乐社团的主要成员，无论是美国土生粤籍华裔，还是来自广东或港澳地区的新移民，都是从青少年时期喜欢学唱粤语歌曲开始，而后经师父辅导逐渐踏入粤剧粤曲之门的。当代美国的粤剧社持一种开放的态度，不再把粤剧表演仅仅视为华社内部一种自娱自乐的行为，而是尽可能借助各种节庆表演走出华埠，让粤剧这一传统中华曲艺为更多的美国人所了解。1982年，旧金山中华文化中心与温哥华中华文化中心合作，邀请广东粤剧团到美、加演出，由著名粤剧表演艺术家红线女为艺术指导兼主要演员。该团是中华人民共和国成立后赴美洲演出的第一个粤剧团，轰动一时，观众踊跃购票，筹得8万多美元的赞助经费。①

粤剧曲目经过加工，甚至登上了美国高校剧场的舞台。加州奥克兰大学神学院的土生华裔教授理查德·余（Richard Yee），邀请旧金山湾区粤剧团在他任教的学院里为非华裔观众演出了一场精彩的粤剧，整场剧目全是余教授编排导演的。②曾经红遍广东和港澳的粤剧名伶罗品超，20世纪80年代移民美国后，开班授艺，教出了一批粤剧表演人才。由于其卓越的艺术表演，1994年荣获美国林肯艺术中心和纽约美华艺术协会颁发的第四届"终身艺术成就奖"。③ 林肯艺术中心是世界级的艺术殿堂，粤剧艺人获此殊荣，从一个侧面反映出美国主流文艺界对粤剧艺术的认可和尊重。2012年9月16日，由旧金山美西八和会馆主办的"庆祝华光先师宝诞"的纪念演出在旧金山大明星戏院隆重举行，来自广东、香港、旧金山的名伶联合献艺。这次演出盛况空前，"很多买不到戏票的观众大感失望，希望有更多这样的演出，使粤剧能在旧金山兴旺起来"④。

加拿大讲粤语的华侨华人亦占有不小的比例，还有来自广东、香港、

---

① 参见麦礼谦《麦礼谦自传》，美国华人历史协会2011年重印版，第17页。
② Ronald Riddle. *Flying Dragons, Flowing Streams: Music in Life of San Francisco's Chinese*. London: Greenwood Press, 1983: 172.
③ 参见赖伯疆《粤剧海外萍踪与沧桑》，羊城晚报出版社2008年版，第174~175页。
④ 群鸿：《美国纽约粤剧名家晚会》，载《南国红豆》2012年第6期，第69页。

澳门等地的粤剧、粤曲、粤乐专业人士和为数众多的粤剧业余发烧友。据史料记载，在加拿大，1870年就有粤剧演出，当时有一个由8人组成的粤剧戏班和21人组成的黄龙剧团在加演出。① 到了20世纪二三十年代，前往美国和加拿大华人较多的多个城市演出的粤剧艺人大为增加，不仅上演的剧目丰富多彩，而且大量运用西洋乐器伴奏，大大丰富了粤剧的伴奏音乐。近30多年来，一些热心传承粤剧艺术的人士先后在温哥华、多伦多等地成立粤剧团体和艺术培训学院，汇聚志同道合之士，切磋交流艺术，举行粤剧演出，培养粤剧新秀，为传承和弘扬中华传统文化做出了极其宝贵的贡献。

在广东和香港移民聚居的温哥华、多伦多、卡尔加里都有粤剧团体和培养粤剧演员的艺术学院存在。著名粤剧演员白驹荣女儿白雪梅于20世纪90年代创办了温哥华"白雪梅粤剧艺术学院"，先后培养了300多位粤剧、粤曲和音乐人才，公演100多场。学院购置了一定规模的新院址，教学设备一应俱全，堪称岭南文化在异国土地上的"奇葩"。1997年6月，新星粤剧中心在温哥华宣告成立，宗旨是推广粤剧表演艺术，弘扬中华优秀传统文化，培养和训练粤剧曲艺人才。1991年，为了更好地组织当地的粤剧表演活动，著名的粤剧表演艺术家梁艺生筹备建立"加拿大多伦多粤剧学研会"，吸引了很多粤剧名伶加入，这些名家的表演在当地掀起了不小的热潮。② 原广东音乐曲艺团演员黎佩仪移民卡尔加里后，于1993年创办了黎佩仪艺术学院，训练出一批又一批的学生，在卡城举办了数十场不同类型的演出，为卡城公园基金会筹款，在卡城大学公演，为卡城中华文化中心千禧义演等，将中国粤剧文化带入加拿大主流社会。一位香港移民在卡城听到黎佩仪演唱后，感慨地说："在北美大地，岭南水乡的音韵还是那么情深一片，挑起阵阵乡思。"③

由于广东人移民欧洲的时间相对较晚，粤剧在欧洲的传播也比东南亚和北美晚得多。20世纪七八十年代之后，由于大量印支半岛华侨和中国大陆（内地）、港澳台地区移民进入西欧、北欧各国，粤剧在欧洲逐渐兴

---

① 参见赖伯疆、黄镜明《粤剧史》，中国戏剧出版社1988年版，第365页。
② 参见童望耕《红豆北美发新枝——加拿大多伦多粤剧学研会简介》，载《南国红豆》2003年第2期，第35页。
③ 姚基：《世界各地的八和会馆》，广东人民出版社2013年版，第28页。

起。目前,欧洲有 30 多个粤剧曲艺社团,主要分布在英国、法国、德国、比利时、荷兰、瑞士、丹麦等国。其中,以香港移民较多的英国粤剧社最多。在伦敦、曼彻斯特、利物浦、伯明翰、爱丁堡等市镇共有 20 多个粤剧(曲)社团。

由彭溢威等人组织,欧洲粤剧研究会联合总会于 1994 年 4 月成立,并在巴黎总部举办了第一次欧洲粤剧大会演。此后,每年 10 月或 11 月,都要在欧洲各国轮流举行一次粤剧大会演。1999 年,欧洲粤剧大会演更名为欧洲国际粤剧节。在欧洲各国轮流举办的欧洲粤剧节暨大会演,当地政府都会派高官参加。2002 年 11 月,在巴黎举办的"2002 年巴黎国际粤剧节暨第九届欧洲粤剧大会演"上,巴黎近郊的纳伊市第一副市长戴丝玛可夫人在开幕式上致辞,她还亲自主持了闭幕式。2008 年,由时任中国国家副主席习近平提议,将"欧洲国际粤剧节"纳入"亲情中华"全球华人文化活动之一。至此,这个一年一度的粤剧盛会正式命名为"亲情中华·全球华人粤剧文化节",举办地也不再局限在欧洲。2008 年,"全球华人粤剧文化艺术节"在粤剧发源地广东佛山举行,吸引了法国广东粤剧社、英国华人曲艺研究会、新加坡敦煌剧坊、澳大利亚大华荣粤剧曲艺社、美国培奥里知音曲艺社等 10 多个海外粤剧社的百余位粤剧友人参加。① 为纪念中法建交 50 周年,"中华韵·法国情"第二十一届全球华人粤剧文化节 2014 年 9 月 28 日在法国巴黎近郊的纳伊市剧场举行。此次粤剧文化节由广东省文联、广东戏剧家协会、全球华人粤剧文化联谊总会、欧洲时报主办,欧洲粤剧研究会联合总会承办,特邀广东梅花戏剧团赴法进行文化交流演出。②

"羊城国际粤剧节"是由广州市举办的大型国际性文化交流活动之一,也是享誉海内外的文化品牌,该粤剧节的宗旨是弘扬民族文化,联结友谊,交流艺术,振兴粤剧。首届"羊城国际粤剧节"于 1990 年举办。1996 年举办了第二届。之后,每 4 年定期举办一次。参演的海外粤剧(社)团来自美国、英国、法国、瑞士、荷兰、比利时、丹麦、加拿大、

---

① 参见《欧洲粤剧研究会联合总会会长:彭溢威》,见戏剧网(http://www.xijucn.com/html/yue/20091127/12575.html)。
② 参见《中华韵·法国情 全球华人粤剧文化节在巴黎举行》,见中国新闻网(http://www.chinanews.com/tp/2014/09-29/6640750.shtml)。

新西兰、澳大利亚、新加坡、马来西亚、泰国、越南、印度尼西亚、柬埔寨、缅甸等数十个国家和地区，演出规模一届比一届盛大，演出人员日益增多。经过多年的经营和发展，"羊城国际粤剧节"已成为向全球集中展示粤剧艺术、切磋技艺、交流感情的重要文化舞台，有力地促进了粤剧艺术的繁荣和发展，加强了海内外粤剧团体的相互交流。粤剧艺人通过自身精湛的演技，已经获得了所在国政府和国际社会的认可。2009年，粤剧被列入联合国教科文组织《人类非物质文化遗产代表作名录》，成为昆曲之后成功"申遗"的第二个中国剧种。这使得粤剧名声大振，在世界上的影响力进一步扩大。

随着时代的变迁，当代粤剧在海外的传播正在发生深刻的变化，呈现出一些新的发展趋势，主要表现在：①戏班、演员由职业向业余转变；②演出剧目从传统连台大戏向折子戏转变；③演员、观众由华侨向"香蕉人"、外籍人士转变，寻求跨文化的演出效果；④粤剧社团从局限于唐人街自娱自乐转变到登上国际舞台演出；⑤从被主流文化漠视到被政府重视，民间和官方共同传承。① 粤剧如今已经走向世界，不但是海外广府籍华侨华人共同的精神文化家园，而且成为当地国家多元文化的一个组成部分。在新加坡、美国、英国、法国、德国、印度、越南、马来西亚等多国，除华人外，还有非华裔人士分别用英语、法语、德语、印度语、越南语、马来语演绎粤剧。

潮剧形成于潮汕地区，与潮菜、工夫茶、潮州木雕、抽纱、潮绣等都是粤东平原最具代表性的艺术品种和文化符号，它是维系海内外两千万潮籍同胞乡愁的文化纽带。潮剧在海外最先流传于潮人聚集的东南亚，20世纪七八十年代，潮剧又随着几十万东南亚潮裔难民播散到北美、澳大利亚、欧洲等地。现今，新加坡有潮剧团体10多个。新加坡揭阳会馆潮剧团的宗旨就是"为潮剧爱好者提供良好的潮剧文化环境，让潮剧爱好者在一起学习，切磋技艺，发扬光大潮剧艺术"②。泰国甚至出现了"泰语潮剧"这种奇特的文化现象。20世纪70年代，为了应对泰国政府的"归化"政策，以当地潮剧界名人庄美隆先生为代表，积极主张发展泰语潮

---

① 参见沈有珠《当代粤剧海外传播的新变》，载《戏剧》（中央戏剧学院学报）2015年第4期，第88页。

② 吴国钦、林淳钧：《潮剧史》，花城出版社2015年版，第391页。

剧。虽然这种做法一开始遭到很多反对和质疑，但不可否认的是，泰语潮剧将潮剧的唱腔音乐和表演艺术与泰国语言融为一体，并取得巨大的成功。泰语潮剧通过泰国电视台面向全国观众播出后，得到了泰国王室的支持，还将潮剧引入了高校校园。①如今，泰语潮剧已深入泰国高校，走遍曼谷和内地各府，很受欢迎。潮剧能够走出国门，漂洋过海，伴随潮人移民的足迹落地生根于异国他乡，这不能不归结于潮剧独特的艺术魅力，也不能忽视海外潮人对家乡传统文化的热爱之情。

现今，在世界各地的潮州会馆都会设潮剧组，以供乡亲们闲暇时娱乐之用。在澳大利亚，知名侨领周光明领导的潮州同乡会于1996年年底成立了声艺潮剧社，该社由潮剧业余爱好者同心合力组成，目的在于传承和弘扬潮剧艺术，使其在澳大利亚这块土地上发芽成长。1997年，声艺潮剧社首次筹款演出就受到众乡亲的大力支持，1999年还应邀出席在汕头市举办的世界潮剧节汇演，得到观众的高度评价。2001年12月，在美国南加州洛杉矶市成立了东方文化潮剧联谊会。该会从潮乐团丝竹班扩大为联谊会，艺乐员与理事百多位，聘请名师导演培训，名鼓乐师辅导，添以戏装道具，精美布景银幕，已公演了10多场大型舞台潮剧。承蒙汇丰食品公司董事长陈德、林爱琼伉俪鼎力赞助，免费提供了场地用于东方文化潮剧联谊会开展文艺活动，同时也得到南加州潮团、潮商、贤侨俊彦和热心喜爱潮剧的乡亲大力支持。②该会逐渐发展壮大，成为北美颇具规格的潮剧社。加拿大潮州会馆在温哥华举办了两届"潮州文化节"，通过潮汕小吃、工夫茶、潮剧等潮汕特色文化，让乡亲们感受浓郁的家乡味。

既然潮剧是海外众多潮人的精神文化支柱，那么我们就可以借助他们的支持，帮助粤剧和潮剧在海外打开市场。可从以下几个方面来培育潮剧的海外市场。

（1）积极团结有关海外力量，汲取粤剧成功"申遗"的经验，争取潮剧"申遗"成功，以提高潮剧的海外知名度。粤剧"申遗"工作得到广布海外的粤籍华侨华人的支持，潮汕地区同样也是广东传统侨乡之一，

---

① 参见陈学希等编著《潮剧潮乐在海外的流播与影响》，中国戏剧出版社2010年版，第186页；吴国钦、林淳钧《潮剧史》，花城出版社2015年版，第3页。
② 参见《东方文化潮剧联谊会成立简介》，见《南加州潮州会馆庆祝成立25周年纪念特辑》，第92～93页。

潮剧在"申遗"过程中同样也可借助海外潮属华侨华人的影响力。

（2）从财力和人力上支持潮剧社的发展。多组织广东潮汕地区的潮剧表演团体赴海外交流演出，并与海外剧社切磋技艺，让潮剧得以在海外发扬光大。

（3）创新潮剧在海外的表演形式，以吸引更多的观众，走向主流社会和更广阔的舞台。如前所述，泰语潮剧的产生不仅使潮剧在泰国生存了下来，还使潮剧在当地产生了更大的影响力和知名度，同时也使泰国成为潮剧的海外重镇。因此，参照泰语潮剧的成功经验，潮剧也可以在其他国家和地区进行本土化的创新，可以将粤剧和潮剧与当地主流语言和当地民众喜闻乐见的题材及表演形式相结合，培育更加广阔的海外市场。潮剧的创新离不开海外潮人的参与和支持，因为只有他们才深知所在国民众的口味和喜好，也能熟练运用当地语言表演。

（4）要开拓潮剧的海外市场，需要加大人才培养力度。与其他很多传统曲艺一样，潮剧亦面临着后继无人的情况。而在海外侨社，潮剧社也多是一批老侨在坚持，年青一代受流行文化的影响，对传统曲艺感兴趣的非常少。广东潮汕地区著名的戏曲院校可与海外业余潮剧社合作，邀请有经验的导演、演员、音乐人员到当地辅导传艺，将国内外的交流活动常规化。

三、海外华侨华人与中国武术和岭南狮艺的向外传播

像其他中国传统文化一样，武术早期也主要是经由华侨传播至海外。在新马地区，武术作为一种体育运动很受欢迎。20世纪初，霍元甲的5位弟子南下东南亚宣传精武精神。在他们的感召下，新马各地精武体育会相继成立，如今大多依然存续。马来西亚精武体育会总会每年都会举办嘉年华会。嘉年华会期间，武术是必不可少的节目；同时，还要举办乒乓球、绘画、象棋、舞狮等多种形式的文娱活动。20世纪60年代，由祖籍顺德的著名武打明星李小龙（Bruce Lee）主演的功夫电影风靡世界，在全世界掀起"功夫热"，至今李小龙仍是各国民众最崇拜的"功夫之神"。北美、南美、非洲、欧洲等地痴迷中国武术的非华裔也非常多。

南美的巴西是个"尚武"之国，中国武术馆几乎遍地开花。有几位在当地家喻户晓的武林高手的祖籍都是广东，他们在弘扬中华（岭南）武术上贡献甚巨。其中一位是祖籍台山的陈国伟先生，移民巴西已经60

第五章 海外华侨华人与广东对外交流与合作

多年,教授中国武术50多年,如今已有6代弟子,其中年长者八九十岁,年幼者不足10岁。他于1973年创建中巴武术学院,培养出一批批武术高手。在巴西各主要城市特别是圣保罗市的大街小巷,由其徒弟冠其名开设的武馆甚多,而且他的徒弟中不乏巴国上流社会人物。他在巴西全国拥有近6万徒子徒孙,还有很多弟子在美国、加拿大以及南美各国,总计有数十万之众。由于陈国伟在巴西传授中国功夫的卓越贡献,2008年圣保罗市议会特向他颁发了荣誉市民称号。①

另一位是李荣基先生,现任巴西国术总会会长、泛美洲国术总会主席,同时任巴西广州企业家协会荣誉会长、巴西广东同乡总会副会长。李荣基1950年出生于香港,自小对体育及武术怀有浓厚的兴趣,7岁时即随其舅父开始习武。他最擅长鹰爪拳术,此外,他也钻研其他各门各派之技法和实用价值,如洪拳、咏春拳、螳螂拳、摔跤、太极拳等。1970年他随父母移民巴西圣保罗,1974年开设第一间以习武、强身、实战技击系列为主的中国功夫健身院,致力于在巴西弘扬中国武术,培养弟子。他成功创立了自己的品牌"李荣基中国功夫健身院",计有80多间。李荣基到巴西教习中国功夫已有40余年,弟子不计其数,堪称一代宗师。如今他开设的武馆分馆有200多家,遍布拉美地区,仅巴西圣保罗州就有80余家。2003年,圣保罗市议会授予李荣基"圣保罗市最高荣誉勋章"。除了经营武馆外,李荣基还被圣保罗的军警大学常年聘为武术教官,是第一个把中国武术推介到巴西军警教学课目里的华人。当地喜爱中国武术的人都称他为巴西的李师傅(李小龙)。②

在欧洲,由定居匈牙利的释行鸿先生开创的禅武联盟,已相继在匈牙利、意大利、德国、法国、捷克等欧洲国家设立60多个分会,会员近5万人。释行鸿早年曾在少林寺学医,现为匈牙利国家警察训练中心教官。他通过传授中国功夫和禅学精神,加深了欧洲民众对中华文化的认知和喜爱,被誉为"一张匈牙利的中国名片"。目前,禅武联盟在匈牙利有两个训练基地:一个在首都布达佩斯,另一个在匈牙利与捷克交界的边境城

---

① 参见新华每日电讯《巴西少林武馆已有门徒6万》,见新华网(http://news.xinhuanet.com/mrdx/2015-04/13/c_134145904.htm)。

② 参见巴西广州企业家协会网(http://aegzbra.com/page/html/team.php)。

235

市。该联盟现任会长是匈牙利人,而且各国的会员基本上都是当地人。①

广东省涉侨部门善于与海外华侨华人社团合作,共同推动中华武术和舞狮技艺的传播,展示岭南文化的魅力。近几年,广东省侨办与匈牙利禅武联盟联系密切,通过禅武联盟开展了多项侨务文化工作。2009年11月,应匈牙利禅武联盟和意大利佛罗伦萨华侨华人商贸联谊会的联合邀请,广东省侨办组织了广东省海外交流协会东莞石排醒狮团一行15人,赴匈牙利参加由国际禅武联盟主办的"第二届国际禅武传统功夫及竞技武术大赛",在大赛的开幕式和闭幕式上表演。随后赴意大利祝贺佛罗伦萨华侨华人商贸联谊会成立,在冈比市政府和商会共同主办的"中华(广东)文化展示会"上献艺。广东醒狮团在匈牙利的两场扣人心弦的表演,令现场观众和运动员惊叹不已。数千观众和主席台嘉宾不由自主同时起立,长时间鼓掌。

此次广东东莞醒狮团到匈牙利和意大利表演,多亏了匈牙利释行鸿先生和意大利周钢先生的牵线搭桥。释行鸿自2005年担任广东省海外交流协会理事以来,通过与省侨办的互动合作,对广东特色文化深为了解。2006年,他受邀参加国际旅游文化节之后,就表示一定要将广东的高桩醒狮请到国际禅武联盟举办的功夫大赛上,让欧洲人民开开眼界。他认为,广东有悠久的禅宗文化,有六祖惠能这样的宗师级人物,近现代也曾出现过威震海内外的武术大师,如黄飞鸿、李小龙,但目前讲起中华武术,外国人更熟知的是少林寺,他建议广东加强对本省武术文化的扶持和宣传力度。2009年起担任佛罗伦萨华侨华人联谊会会长的周钢在2008年参加了国务院侨办和广东省侨办举办的"华裔中青年企业家中国经济高级研修班"期间,感知了高桩醒狮的震撼力。当他获知广东省侨办组团赴匈牙利的安排后,也通过自己的人脉关系获得华裔移民局长的帮助,主动走入冈比市政厅,与市政府一起举办"中华(广东)文化展示会",其目的除了丰富当地侨胞的文化生活外,还在于向当地人民展示中华文化的魅力。② 过去,欧洲的许多侨胞和外国友人只知道中国有舞狮,但从不知

---

① 参见吴锐成主编《侨情与侨务文集》(第1辑),广东省人民政府侨务办公室2010年版,第117页。

② 参见吴锐成主编《侨情与侨务文集》(第1辑),广东省人民政府侨务办公室2010年版,第151页。

第五章 海外华侨华人与广东对外交流与合作

道还有如此扣人心弦的高桩表演。广东省侨办在以上两个国家的高桩醒狮展演活动，突显出华侨华人在助推中华（岭南）文化"走出去"方面重要的桥梁和纽带作用。

匈牙利、意大利等欧洲国家，浙江、福建籍侨胞占据优势，广东籍侨胞较少。释行鸿、周钢等都是浙江人，在将广东高桩醒狮带往他们的所在国的活动策划和组织过程中，他们发动了身边许多非粤籍侨胞一起参与，这些侨胞大多与广东有生意上的联系。这次赴匈、意两国的高桩醒狮表演活动，从运输高桩、协调关系、布置现场、事先印发宣传单、邀请主流媒体报道等各个环节，都是当地的非粤籍侨胞出钱出力出主意，这正是他们与广东侨务良性互动的真实写照。

2010年2月底，广东省侨办组织的"南粤文化海外行·禅武文化交流团"赴印度尼西亚和越南展示，受到当地华侨华人的欢迎。印度尼西亚侨领们反映，过去10多年间曾在泗水积极推动成立南少林"五祖拳"会，但现在已后继乏人，传统武术在印度尼西亚几近消失。近年来，印度尼西亚、越南华社多从中国聘请竞技武术教练前往教习。此次禅武传统功夫展示，对当地武术社团触动很大。他们认为，传统武术的精、气、神以及功夫修为有别于"花拳绣腿"，是中华文化的精髓，他们下决心加大力度与禅武中心互动，将禅武传统功夫引至印度尼西亚和越南传播。[1] 禅武中心是广东省侨办通过与省海外交流协会理事们和海外相关文化社团共同努力，搭建起来的独特的文化交流平台。2009年5月以来，广东省侨办与中国华文教育基金会举办两期禅武学习班，学员们回住在国后又教授出一批新徒弟。在这次印度尼西亚、越南的活动中，那些曾来广东习武的学生们与禅武中心的教官教练同台表演，为新春活动增色添彩，被华人社团，尤其是越南南方省市党政高层称赞为"体现了越中实质性文化交流"。[2]

2016年3月2日，广东武术文化传承基地（佛家拳）挂牌揭幕仪式在纽约布鲁克林市中心举行，来自广东台山的佛家拳也正式落户美国。作

---

[1] 参见吴锐成主编《侨情与侨务文集》（第2辑），广东省人民政府侨办公室2014年版，第4页。

[2] 参见吴锐成主编《侨情与侨务文集》（第2辑），广东省人民政府侨办公室2014年版，第5页。

为江门侨乡武术文化海外传承计划的先行者，台山佛家拳学会率先与纽约中美商贸文化总会合作，展开共建海外传承基地的计划，让优秀的侨乡武术文化在美国生根发芽。①

四、海外华侨华人与中医的海外流传与推广

目前，中医对外传播普及面逐步扩大。据不完全统计，中医药已走进海外168个国家和地区，有8万多家中医诊所，从业人员达30万人。中医药在海外已经从过去的民间地位逐渐步入主流。澳大利亚以立法方式承认中医合法地位，加拿大很多省已实现中医立法，美国40多个州认可中医针灸。② 中医在海外传播有一个重要特点，即凡是有华侨华人聚居的地方，中医中药的发展就较为普遍。

旅美著名中医田小明③的高超医术吸引了许多美国政界人士慕名而来，在其诊所治疗的数万名病人中，仅国会参众议员和白宫部长级以上高官就有20多位，其他各界名流更是数不胜数。鉴于田小明教授高超的医术和品德，2000年12月7日，时任总统克林顿委任田小明为白宫补充和替代医学政策委员会委员。可见，中医越来越受到外国主流乃至政要的欢迎和重视。

祖籍广州的邵礼平，20世纪80年代移民加拿大，从事中医中药、针灸教学和医疗工作。他先后担任蒙特利尔中山医科大学校友会主席、加拿大魁北克中药商会创会荣誉主席等职务。为了争取中医药和针灸在当地的合法化，他参与相关专业组织为此事积极奔走并取得成效。如今，中医在加拿大的发展仍面临诸多挑战，邵礼平建议，通过扩大与当地卫生部门沟通、提高出产药品质量和促进中加合作开办中医学院等措施保障中医药的深入推广。④ 现今在加拿大，随着中医影响的不断扩大，除了华裔外，也

---

① 参见《广东武术文化传承基地（佛家拳）在纽约揭牌》，2016年3月4日，见中国侨网（http://www.gqb.gov.cn/news/2016/0304/38409.shtml）。

② 参见《中医文化海外传播应纳入国家战略》，载《光明日报》2015年3月21日第10版。

③ 著名旅美针灸专家和中医教授，20世纪60年代毕业于北京医科大学，获医学博士学位，1982年留学美国攻读博士后。他一心想让中医在美国赢得重视，为此，他1986年创办了华盛顿中华医学研究所针灸治疗中心，专门诊治西医束手无策的疾病和患病的美国医师。曾获得美国总统克林顿的任命，担任白宫补充和替代医学政策委员会委员，多年来不遗余力地推广中医文化。

④ 参见《加拿大蒙特利尔华人中医邵礼平的中国故事》，见国务院新闻办公室网（www.scio.gov.cn）。

第五章 海外华侨华人与广东对外交流与合作

有不少非华裔人士加入中医的行列。据了解，目前加拿大中医从业人员大约有两万人，其中大约三分之二是华裔，其余是韩裔、日裔、印度裔和欧裔等。加拿大现有数十所中医学校，授课的基本上是华人，而学生多数并非华裔。① 这一趋势表明，中医在加拿大越来越受欢迎，具有很强的生命力。

广东省侨办依托省海交会举办的中医义诊团活动是"文化为侨"行之有效的形式。广东省海外交流协会中医专家赴菲义诊团于2008年12月9日至20日在菲律宾开展义诊慰侨活动，并顺利、圆满完成。义诊团与菲律宾广东侨团总会（简称"菲广总"）、菲华各界联合会、菲华商联总会、菲律宾华人义诊中心、菲华教中心等侨团合作，共为当地侨胞提供义诊服务13场，举办保健咨询讲座一场。② 这次义诊活动既服务了侨胞，也推介了中医药文化，提升了广东侨务和南粤文化在菲律宾的影响力，提高了菲广总和粤籍华侨华人在菲的社会地位，促进了侨社和谐，取得了良好的社会效应。义诊团不仅为普通侨胞义诊，还为菲律宾侨界侨领、知名人士、政府官员提供义诊服务。为菲律宾政府官员提供义诊服务，向菲律宾官方传递了中菲友好往来的善意。这次赴菲是广东侨办首次与医疗卫生部门合作，推动南粤中医文化"走出去"的尝试和良好开端。

广东中医药发展在全国名列前茅，应该"走出去"发扬光大，惠及海外侨胞及其住在国人民。通过举办中医义诊活动，为国内外中医界搭建交流与合作的平台，推动广东中医药院校和医院与当地中医协会联合举办中医专修培训班，以及组织当地中医师来广东学习等方式，帮助华人中医师提高专业水平，有利于华人中医师生存和发展，推动海外中医事业的发展。总体看来，各国都有中医的需求，但在出访选择上，一是要尽可能选择华侨华人特别是粤籍乡亲聚居较多的国家和城市，二是要选择配合度较高的社团和当地中医组织作为重要的合作对象。

目前，广东的中医药处在新一轮发展的黄金时期，而世界中医药热的兴起，给中医药的发展带来了难得的机遇。因此，借此机遇，利用侨务部

---

① 参见吴锐成主编《侨情与侨务文集》（第2辑），广东省人民政府侨务办公室2014年版，第85页。
② 参见吴锐成主编《侨情与侨务文集》（第1辑），广东省人民政府侨务办公室2010年版，第123页。

门特有的优势,借助中医慰侨的渠道,联合海外中医协会,推动广东中医药"走出去",与海外大学和医疗机构开展交流合作,将中医药打入国际主流市场、走向世界,可为侨务部门拓展新的工作空间。

五、广东省涉侨部门"以侨为桥"大力推动岭南文化"走出去"

广东省侨办按照建设广东文化强省的部署,深化侨务外宣和侨务文化工作,大力向海外侨胞传递乡情乡音,传播岭南优秀文化,推动广东声音、广东文化、广东形象走进侨社、走向世界,增强广东的国际传播力和文化软实力,重点开展了"南粤文化海外行""南粤文化行""寻根中国·相约广东"夏令营、华侨文化保育等活动,多形式组织南粤文化走进海外侨社,同时接纳海外华侨华人特别是华裔新生代来粤开展岭南文化学习和交流。广东省侨办积极开展"南粤文化海外行"活动,仅2010年就先后组派了3批岭南文化特色团组赴巴拿马、越南、印度尼西亚、秘鲁、智利演出和培训。其中,"广东禅武及书法文化交流团"深入印度尼西亚和越南华社举行了8场春节慰问演出,吸引观众3万多人。[①]

如果说"南粤文化海外行"是走出去传播岭南文化,那么"南粤文化行"则是采用"请进来"的方式推介岭南文化。2007年,广东省侨办命名首批岭南37家中华文化传承基地,包括具有浓厚岭南文化底蕴的广东民间工艺博物馆、佛山祖庙、南海黄飞鸿狮艺馆、开平碉楼与村落、南雄珠玑巷及拥有雄厚师资的华南师范大学国际文化学院、广东舞蹈学校、广东粤剧学校、广东外语艺术职业学院等。[②] 后陆续增加广东华侨中学、育才教育集团、连南瑶族自治县民族歌舞团等数十家文化单位,每年接待大批粤籍华裔新生代来访。近年来,广东省侨办每年举办海外华裔青年禅武文化体验班和研修班各一期,吸引华裔青年武术爱好者参加,让他们感悟禅学思想,学习岭南文化。2010年,广东省侨办着力打造融南粤传统狮艺和禅武于一体的"功夫南狮"新品牌,举办了首期"海外华裔青年

---

① 参见《广东省人民政府侨务办公室2010年工作总结》,见广东侨网(http://zwgk. gd. gov. cn/006940212/201106/t20110610_189273. html)。

② 参见《粤首批中华文化传承基地授牌》,见南方网(http://www. southcn. com/travel/lyxw/content/2007 – 12/25/content_4297160. htm)。

禅武狮艺培训班",吸引了14个国家和地区31名学员前来学习。①

广东省侨办积极拓宽举办海外华裔青少年寻根夏(冬)令营的渠道,创新办营模式,加强与教育、文化、旅游等政府相关部门和院校等单位以及海外媒体的合作,实行上下几级侨办联合办营。寻根夏(冬)令营不仅停留在书法、绘画、舞蹈等一般性的学习,还尝试请专家为较高水平的营员开讲座,讲侨史、谈侨乡,较系统、深入地介绍相关内容,为大学生举办禅宗文化、潮汕文化、五邑文化、茶文化、中国民俗文化讲座等,使营员们深受南粤文化的感染。② 2009年,广东省侨办会同10个市侨务部门及省有关院校举办了32期"寻根中国·相约广东"海外华裔青少年夏(冬)令营,参营华裔学生达到1110人。2010年,广东省侨办依托本省的中华文化传承基地,借助社会相关部门的力量,以走近亚运、学习中华文化、领略博大精深的民族文化、寻根问祖为主题,举办海外华裔青少年"中国寻根之旅"夏令营广东营,来自英国、美国、巴拿马、马来西亚等30多个国家和地区的华裔青少年共1515人参加了56个夏令营。③

2008年以来,广东省海外交流协会还积极促成广州、深圳、佛山、中山、湛江、江门、茂名等地的30余所学校与海外华校结成姐妹学校,为校际交流搭建了很好的平台。部分姐妹学校之间已开展了联合组织夏(冬)令营、互派教师、学生交流等活动,但大部分学校之间的实质性交流仍有待进一步加强。如新加坡克明小学、百德中学和马来西亚沙巴崇正中学、亚庇中学4所学校与广东省学校缔结姐妹关系。2010年8月16日,广东省海交会又促成深圳市荣根学校与山打根中华中学缔结姐妹关系。④

新加坡和马来西亚沙巴州的优质华校大多都与国内学校缔结过姐妹关系,其中关系比较密切的学校之间已形成了较为稳定的交流机制,如每年

---

① 参见《广东省人民政府侨务办公室2010年工作总结》,见广东侨网(http://zwgk.gd.gov.cn/006940212/201106/t20110610_189273.html)。

② 参见李嘉郁《近年来华裔青少年"中国寻根之旅"夏令营活动的特点和发展趋势》,载《八桂侨刊》2009年第2期,第28页。

③ 参见《办好华裔青少年夏令营大力涵养侨务新资源》,见广东侨网(http://gocn.south-cn.com/qwyj/201104/t20110425_155292.htm)。

④ 参见《广东省海外交流协会积极为中外华校搭建交流平台》,见中国新闻网(http://news.sohu.com/20100819/n274325164.shtml)。

定期的来往互访、互办夏令营等。目前主要是学生层级的交流，教学和管理层级的交流还比较少。今后几年，应组织较大规模的姐妹学校经验交流活动，进一步引导各校利用好姐妹学校平台开展层级更多、内容更丰富、特色更明显的互动交流活动，如借助华裔青少年"中国寻根之旅"夏（冬）令营项目，开展学生互访交流和文化才艺交流等，提高省内学校国际化程度，进一步促进海外华文教育发展。

一般来说，姐妹学校缔结顺利且交流活动稳定发展的学校一般都有乡谊乡情的背景，华侨华人在其中起着重要的牵线搭桥作用。马来西亚沙巴州华侨华人祖籍深圳地区的较多，在深圳市侨办的推动下，深圳已有8所学校与沙巴州华校缔结了姐妹关系。新加坡克明小学咨询委员会主席、祖籍南海狮山的钟腾芳先生也说，因为对祖籍地情有独钟，且自己比较关注华文教育，所以从2006年开始为新加坡和南海学校"做媒"，在佛山市海外交流协会的支持下，先后促成了克明小学与南海石门实验小学、百德中学与南海石门实验中学等缔结为姐妹学校。姐妹学校每年都会交换20~30名学生进行为期10天的游学活动，双方师生都从活动中受益匪浅。① 所以，应进一步推广深圳、南海等发展姐妹学校的经验，充分利用海外广东社团以及活跃于各领域的粤籍侨胞，在乡谊乡情基础上推动省内学校与海外华校的合作交流，同时增进与海外侨胞及华社的深厚情谊，服务华侨华人发展海外华文教育的需求。

未来广东省侨办计划依托海外有影响力的中华文化中心、文博机构、粤籍重点侨团、中文学校等，推动建立一批"广东文化展示中心"，支持有条件的侨社建设广东民乐团，设立一批广东书屋。此外，广东还计划在海外组建"中餐繁荣计划基地"，助推海外粤菜繁荣。②

广东省文化厅把对外文化交流特别是对华侨华人的文化服务工作放在重要位置，注重发挥华侨华人的桥梁和纽带作用，促进文化"走出去"，努力打造和提升一批面向华侨华人的重要文化活动，加强各项涉侨业务工作，如支持华侨文物保护、华侨题材文艺作品创作、侨胞引介海外优秀文

---

① 参见吴锐成主编《侨情与侨务文集》（第2辑），广东省人民政府侨务办公室2014年版，第19页。

② 参见《华侨华人助力广东文化"走出去"》，见国际在线（http://news.cri.cn/20170606/cfef7ba3-6b99-3608-2842-9f345bc7f6c7.html）。

第五章　海外华侨华人与广东对外交流与合作

化活动和建设普宁华侨文化创意园等。2012年春节期间，广东省文化厅向海外及港澳台地区派出了38批文艺团组875人次，分别赴比利时、英国、巴基斯坦、马尔代夫、法属留尼汪、新加坡、巴拿马、马来西亚等9个国家和地区开展"欢乐春节"活动，演出了146场，海外观众20万人。文化交流活动内容丰富、形式多样，所到国家和地区政府首脑、各国使节、海外侨领等都亲自接见主要演员和观看演出，产生比较大的国际影响。[①]

广东省侨联以文化阵地建设为突破口，评选出10个"侨界文化交流基地"、10个"侨资企业文化特色之星"和10个"海外文化交流中心"，搭建了文艺演出、书画交流、摄影展览等侨界文化交流活动平台。"侨界文化交流基地"成立以后，积极开展各类交流活动，展示了广东侨乡文化魅力。各地市侨联组织也积极筹建地方"侨界文化交流基地"。以云浮为例，云浮市侨联命名云浮国际石材博览中心、罗定市博物馆、郁南县连滩镇兰寨南江文化创意基地、云安县陈璘史迹馆等为云浮市侨联首批"侨界文化交流基地"。云浮市侨联计划自2014年起，连续3年，每年立项建设5个左右云浮市侨联"侨界文化交流基地"，使这些基地建设成为具有云浮特色的禅宗六祖文化、石艺文化、南江文化宣传品牌。[②]

广东民间社团组织的涉侨文化交流与传播活动也相当活跃。2012年4月，广东侨界人文学会成立，这是中国首个侨界人文学会，由全国政协常委、广东省侨联副主席李崴任创会会长。该学会以"传承发扬人文精神，提升社会人文意识，促进世界文化交流融合"为宗旨，大力凝聚海内外华侨华人的力量和智慧，积极参与广东乃至全国的经济、社会、文化建设。成立伊始，广东侨界人文学会就得到了海外华侨华人、各级政府部门和高校科研院所的大力支持，很快凝聚了一批以侨界精英、政府官员、企业家和专家学者为主体的高层次人群，通过突出"侨界"特色，搭建"人文"平台。目前，人文学会充分发挥人才、资源、网络优势，在广东率先启动全国首批"人文社区""人文乡村"试点建设工作，策划开展

[①] 参见《省文化厅部署加强涉侨文化工作》，见广东侨网（http://zwgk.gd.gov.cn/006940212/201208/t20120803_333067.html）。

[②] 参见《广东云浮命名首批"侨界文化交流基地"》，见中国侨网（http://www.chinaqw.com/zhwh/2014/08-09/13377.shtml）。

"世界青年汇·人文中国行"等特色交流活动,并与波兰等国家合作开展大型文化交流主题活动。① "世界青年汇·人文中国行"主题活动每年举办一到两次,邀请在中国内地(大陆)学习、生活和工作的世界各国及港澳台地区的青年走进中国的城市或乡村,以"人文"的力量和方式,让他们亲身体验中国的历史文化和人文风情,通过青年的力量向世界打开一扇深度阅读与认识中国之窗。

广东各地方政府,特别是一些重点侨乡也将对外文化交流与传播作为重要工作内容。江门、汕头、梅州是广东省的三大侨乡,各地政府为增进与华侨华人的交流与联系,举办各类文化交流活动。2014年9月15日,国务院正式批复同意在汕头经济特区设立华侨经济文化合作试验区,汕头市政府针对潮汕籍新生代的特点,开展一系列海外文化宣传、组织海外华侨华人参观交流活动,以文化交流为载体,开展联谊工作,吸引潮汕籍新生代来汕头联谊交流、回乡参与华侨试验区投资建设。江门市积极申报国家级"华侨文化生态保护实验区",以挖掘和整合江门四市三区的华侨文化资源为主,重点发展华侨文化研究与交流、面向华侨华人的文化教育合作与"侨文化"产业创新合作。

多年来,广东省侨办充分利用侨胞、侨团资源,基本构建了涵盖全世界很多国家的中文传播平台,向海外侨胞传递广东的信息,并努力加以改进。近10多年来,在各地侨务部门的组织和引导下,很多华文传媒与国内媒体合作,大力支持和配合中央及各省主流媒体"走出去",联手报道和宣传中国各地改革开放取得的成就。2006年以来,广东省侨办抓住机会,先后促成广东电视台《今日广东》外宣栏目"走出去",与阿拉伯地区、澳大利亚、加拿大、泰国和美国等地的华文媒体合作,通过当地华语电视台宣传广东经济社会发展情况。2010年,《南方日报》与《星岛日报》(海外版)合作出版《南粤侨情》专版,通过《星岛日报》全球发行网络优势,宣传岭南文化等,受到华侨华人的欢迎。②

在广东省侨办的精心组织安排下,星岛报业集团、马来西亚世华媒体集团等具有影响力的海外主流华文媒体多次派记者来粤采访广州亚运会、

---

① 参见广东侨界人文学会官网"学会简介"(http://www.chag.cn/detail49.aspx)。
② 参见《南方报业携手星岛日报,强势扩张海外版》,见南方网(http://news.163.com/10/0721/10/6C42BAK000014AEE.html)。

第五章 海外华侨华人与广东对外交流与合作

广东国际旅游文化节、深圳特区成立30周年等大型活动，密集报道广东产业结构调整、文化保育、深化东盟合作情况。2010年和2011年深圳文博会期间，来自世界五大洲49个国家和地区的89家海外华文媒体的近200名记者到深圳参加市侨办举办的"海外华文媒体聚焦深圳""相约深圳·聚焦大运"等活动，为宣传深圳、宣传大运会发挥了积极作用。[①] 海外华文媒体还与广东省侨办合办《侨乡广东》专版，仅2009年至2010年就在海外华文报纸刊登《侨乡广东》等专栏超过310个。

2010年7月30日至8月10日，广东省侨办访问团对法国、西班牙、意大利进行了侨情考察和调研。上述三国的很多浙江同胞与广东有紧密的经贸往来，自称"新广东人"，对访问团的到访十分热情，不是乡亲胜似乡亲。访问团先后与法国的《欧洲时报》、西班牙的《欧华报》、意大利的《新华联合时报》和《欧华联合时报》进行了交流，就刊登《侨乡广东》专版、新闻资讯互换合作、来粤采风访问、组织当地主流媒体来粤访问等达成了合作意向。[②] 针对欧洲的侨情，广东省侨办可从以下几个方面着手，开展文宣活动。一是加强与华文媒体合作互动，扩大广东经贸等信息的传递。落实与三国有关媒体的合作意向，通过定期刊登《侨乡广东》专版、资讯互换等方式，并充分利用"广东侨网"、侨刊乡讯等平台，及时将广东商贸、投资环境等信息，特别是与三国侨胞有投资和贸易密切往来的花都、东莞等地的信息，传递给三国侨胞。二是发挥侨社积极性，加强岭南文化的弘扬传播。利用好三国侨胞现有的文化场地、设施和活动项目，把握好春节、中秋等中华民族传统节日的时间节点，加大力度支持推动三国侨社组织举办中华文化、岭南文化活动，培育一批吸引力强、影响主流的文化活动和文化项目，扩大岭南文化在海外的影响。

广东省侨办积极推进"以侨引外"，通过华文媒体人士介绍，邀请外国主流媒体来粤采风。2007年至2008年，广东省侨办先后邀请了新西兰6家主流媒体，陆续组织英语、法语、德语等8个语种共30名外国记者来粤采风，客观地宣传了广东改革开放以来经济社会所取得的成就。2014

[①] 参见《打好侨务"组合拳"服务大局谱新篇——2005年以来我市侨务工作回眸》，见凤凰网（http://news.ifeng.com/gundong/detail_2012_06/19/15400573_0.shtml）。

[②] 参见吴锐成主编《侨情与侨务文集》（第2辑），广东省人民政府侨务办公室2014年版，第7页。

年1月,在广东省政协召开的华侨华人特聘委员和列席代表座谈会上,新西兰《先驱报》社长陈蔚荣建议,由省政府牵头,推荐省里的两家大型媒体,整合广东省的各行业、各方面的信息,在新西兰、澳大利亚和南太平洋各国先行试点,开辟综合性的英语广东栏目或频道,把广东省的经济、文化、旅游、侨乡侨情等各方面立体展示。陈蔚荣表示愿意推荐有实力的海外媒体,作为广东媒体"借船出海"的船。①

广东省侨办已与加拿大的《星岛日报》建立了资讯合作关系,下一步的合作对象还可以扩大至在不同读者群中具有影响力的其他华文媒体。同时,要不断丰富与华文媒体的合作内容和形式。例如,可以与《星岛日报》联合举办"杰出华裔学生夏令营",与新时代传媒集团举办"枫叶寻根之旅",利用媒体力量扩大寻根夏令营在海外的影响;还可以发挥好华文媒体的纽带作用,通过适当形式与美加主流媒体开展合作,邀请主流媒体访问广东,通过主流媒体更大范围地宣传广东,提高广东在美加的影响力。更多地组织中医团、厨师团、岭南特色艺术团到北美表演交流,既服务于侨胞,也宣传了中国和广东文化。

美加地区华裔新生代和主流社会人群对中文懂得不多或者根本不懂,对广东缺乏了解,感情不深。广东涉侨部门一方面要增加英文外宣读物,办好英文网站,以他们可接受的方式和形式直接提供资讯,增强他们对中国和广东的感性认识;另一方面还应当采取其他丰富多彩的活动,提高他们对中华文化、岭南文化的兴趣。例如,可以精心编制外宣图片库,在工作生活节奏越来越快的新时代,图片的影响也是一个十分有效的方式,以鲜活的图片展现中国和广东的经济社会发展新貌可能比文字报道更容易为他们所接受。②

除了侨办、侨联等涉侨机构,广东省政府其他部门与涉侨单位也举办了一系列对外文化传播活动。比如,2016年8月26日至9月4日,中共广东省委宣传部和广东省文化厅联合举办的"2016感知中国·广东文化欧洲巡演"走进芬兰、瑞典和俄罗斯三国,给当地民众带去了具有浓郁

---

① 参见侨时代《侨现场——听,华人华侨在说话》,见广东侨界人文学会网(http://www.chag.cn/EraContent.aspx?id=521)。

② 参见吴锐成主编《侨情与侨务文集》(第2辑),广东省人民政府侨务办公室2014年版,第29页。

中华（岭南）特色的文化盛宴，取得了圆满成功。本次活动通过《"美丽广东"海上丝绸之路建设》图片展、非物质文化遗产传承人的现场展示和精彩纷呈的文化演出，增进了当地民众对中华（岭南）文化的了解。①

第三节　海外华侨华人与广东对外国际合作

广东与外国在经济、科技、文化、教育等领域广泛开展合作交流，许多都是由华侨华人穿针引线和大力推动而成。改革开放至2008年，广东与外国建立了78对友好省州关系，其中有不少是由华侨华人促成的。②自2005年以来，广东省侨办已连续10余年成功举办"海外杰出华人广东行"系列活动，邀请海外理事、侨领、华教高层、文化精英等数千人出席，增进了海外华侨华人对广东的认识和了解。不少华人精英人士引领住在国政要到广东考察访问，从而促进了广东对外交流与合作事业的发展。广东省侨办还推出以华裔新生代精英人士为对象的"华裔寻根计划"，每年邀请几十名华裔精英人士来粤寻根交流，增强他们对祖（籍）国和家乡的了解和感情，促进广东对外交往。其中有一项是"华裔政要寻根广东"，自实施以来，已促成几十位粤籍华裔政要回乡寻根访问。他们回国后，成为宣传和介绍广东的一支重要力量，有力地推动了广东的对外国际合作。③

一、促进广东的对外经贸合作

华商积累了大量财富和资本，据估算，目前全球华商资本约4万亿美元，相当于中国年GDP总量的一半，尤其是在东南亚许多国家，华商资本和华商经济已成为当地国民经济的重要支柱。改革开放以来，海外华商和侨领为促进中国与住在国的经贸合作立下了汗马功劳。近10年来，随

---

① 参见《广东文化欧洲巡演走进北欧　绽放岭南文化》，见中国侨网（http://www.chinaqw.com/zhwh/2016/09-06/102071.shtml）。

② 参见《华侨华人对广东发展的贡献》，载《人民日报》（海外版），2009年7月30日，第6版。

③ 参见《广东侨办主任会议：五大工程实现侨务工作新突破》，见中国侨网（http://www.chinaqw.com/zgqj/qjdt/200801/28/104524.shtml）；《广东侨务工作会议：海外"三新"人士受关注》，见中国侨网（http://www.chinanews.com/zgqj/2012/03-21/3762642.shtml）。

着网络新科技的发展，电子商务正改变着传统商业模式，海外华侨华人经商模式也开始发生变化。越来越多的华侨华人在互联网领域发展起来，拥抱电商平台，也积极加入和推动中国（广东）的跨境电商合作，促进了传统对外贸易模式的转型升级。

马来西亚造纸业巨子林源德为推动马中两国的商贸关系，曾多次或随同马来西亚前首相马哈蒂尔，或亲自率领考察团到中国多个省份访问。2001年11月，他代表马来西亚工商界联合东盟十国代表团，在朱镕基总理和印度尼西亚总统梅加瓦蒂的见证下签署东盟"10+1"计划，为东盟十国与中国铺下合作之路。同年，中国银行在马来西亚复办，林源德被委为第一届董事。2003年，林源德更受重托，率领大马中华工商联合会毅然挑起举办第七届"世界华商大会"的重担。①

祖籍广州增城的何国才先生，现任新加坡广东会馆会长。他22岁到新加坡发展，经营制衣、国际贸易及食品工业等，新加坡市场上九成的烧乳猪都是他从中国大陆进口的。2000年，新加坡广东会馆举办第一届世界广东同乡联谊大会，他担任筹委会主席，走访各国各地乡团，促成"世粤联会"成功召开，为促进广东与新加坡的交流合作做了大量工作和贡献。②

在21世纪海上丝绸之路建设中，东南亚华商可以发挥自身的优势，依靠在运输、仓储、货运代理、能源开发等领域的发展基础和经验，推动广东与东盟海洋经济开发合作，帮助中国（广东）引进先进能源技术；华商还可以发挥语言文化优势及其在东盟国家政府和企业界的影响力，在中国东盟经贸合作中促进沟通、化解矛盾。

在北美，越来越多的华人精英登上政坛，他们常常被委以推进中美经贸合作和友好关系的重任。如曾任华盛顿州长、联邦商务部长、美国驻华大使的骆家辉在任期间，一直致力于推动中美间的商贸往来。2016年8月8日，由加利福尼亚州财务长江俊辉（祖籍福建）率领的美国西部市长代表团一行到访广东省，时任广东省省长朱小丹代表省政府对代表团访

---

① 参见《林源德：马来西亚商业巨子 华商领袖》，见揭阳新闻网（http://www.szspnsh.org/NewsView.aspx?id=2272）。

② 参见《新加坡广东会馆何国才一行拜访广东省侨办》，见广东侨网（http://www.qb.gd.gov.cn/news2010/201406/t20140627_495455.htm）。

第五章 海外华侨华人与广东对外交流与合作

粤表示欢迎，希望以此次美国西部市长代表团来访为契机，推动双方交流合作迈上新台阶。朱小丹就加强两地合作提出以下建议：一是大力推动双边贸易投资合作，扩大广东制造业转型升级亟须的高端技术、高端装备、先进生产工艺、生产线等的进口，进一步优化双方进出口贸易结构和质量；二是扩大双边投资，欢迎更多美国企业在广东落户，加强在节能环保、新能源、新材料、生物医药等战略性新兴产业领域的合作；三是将双方交流合作的重点放在科技创新领域，推动双方科研机构加强高端技术联合攻关，引进优秀科研人才和科研团队到广东创业发展，使科技创新领域合作成为双方合作的新亮点；四是进一步密切人文、教育、艺术、旅游等领域的交流合作。江俊辉表示，代表团此次访问是为加强双方在各领域的交流特别是经济领域的交流而来的，完全赞成朱小丹关于加强双方合作的意见。他说，加利福尼亚州是美国重要的创新中心、科技中心和人才中心，希望不断加强双方在智能制造、智能交通、低碳发展、循环经济等领域的合作；同时，推动更多美国西部城市与广东城市之间建立友好城市关系。①

活跃在北美大陆的潮商企业家及其领导的潮团在中美、中加经济的交流与合作中扮演着越来越重要的角色。他们关心和支持祖（籍）国的建设和发展，与中国开展经贸合作，到中国投资兴业，同时也积极为中国企业到美加拓展业务牵线搭桥。西雅图潮汕工商会会长、西雅图潮汕同乡会会长、美中经济文化促进会会长辛澍杰积极支持家乡建设，并努力推进中美经济文化交流。辛澍杰祖籍广东汕头，出生于越南，20世纪70年代后期移居西雅图。他赴美创业至今已40多年，事业蒸蒸日上。作为海外潮人，他时刻不忘关心支持家乡建设和社会公益事业，在汕头创立了业务代表处，在美国侨界和潮界具有突出影响。多年来，辛澍杰努力推动中美两地经贸、旅游及教育等领域的合作。2014年，辛澍杰全力协助办好在汕头举办的"华盛顿州日——相约在汕头"活动，为两地的实质性交流与合作积极牵线搭桥，助力家乡发展建设。他希望活动可拓宽华盛顿州与汕

---

① 参见《朱小丹省长会见美国西部代表团》，见广东省人民政府外事办公室官网（http://www.gdfao.gd.gov.cn/Item.aspx？id=22012）。

头教育文化交流领域,推动互惠经济合作。①

在拉美,巴西的华侨华人社团积极为广东与巴西的经贸合作穿针引线。巴西巴中工商文化总会自2003年成立以来,先后开展建立会馆、举办中国文化周、参加大平原市嘉年华表演、举办广东与巴西大型经贸洽谈会、支持华裔参政等重要活动,为促进中巴两国经贸合作,加强两国文化交流做了许多卓有成效的工作,取得了有目共睹的成绩。2017年3月20日,巴西巴中工商文化总会会长李浓忠、巴西巴中工商文化总会永远名誉会长陈荣正一行拜访广东省侨办,省侨办副主任郑建民会见访问团一行。郑建民副主任对巴中工商文化总会一行的到来表示欢迎。他表示,巴西是"金砖五国"的重要成员,中巴经贸合作交流紧密,希望巴中工商文化总会加强与广东省侨办的互动合作,共同推动巴西与广东的经贸等领域的交流合作。一方面要多组团来广东考察,参与广东发展,寻求商机,达至互利双赢;另一方面要帮助广东有实力的企业"走出去",利用商会成员在巴西多年的经营经验,在寻找投资机会、合作项目、法律咨询等方面为广东省的企业牵线搭桥,提供服务。李浓忠会长说,随着南美经济环境的好转,巴西的经营环境也有所恢复,希望以此次拜访交流为契机,加强与广东省侨办的交流合作,推动巴西与广东的经贸发展与投资合作,并希望广东省侨办在适当的时机组团到巴西访问交流。②

巴西广州企业家协会是由旅居巴西的广州籍侨胞于2005年创建的,发起人为宋远雄、李兰、曾百阳、苏曼丞、方浩辉、胡晓婷等,首任会长为宋远雄,并连任至今。自成立以来,该会配合中巴两国政府,在中巴两国经贸文化的往来方面做了不少的贡献,同时也帮助了不少本会会员发展了事业。③ 该会成立以来,积极促进中巴两国企业家交流,率领巴西企业家代表团到珠江三角洲考察访问,先后组织安排巴西著名的SBT电视台、旗士电视台,以及著名女主播安娜·保拉到中国采访,成功报道了中国改革开放的成就和风土人情,使巴西民众对中国有了一个正确认识和更深入

---

① 参见《西雅图潮州工商会会长为家乡发展牵线搭桥》,见中国新闻网(http://www.chinanews.com/hr/2014/10-19/6693497.shtml)。

② 参见《巴西巴中工商文化总会访问团到访广东省侨办》,见广东侨网(http://www.qb.gd.gov.cn/news2010/201703/t20170322_828505.htm)。

③ 参见巴西广州企业家协会简介,见协会网站(http://aegzbra.com/page/html/company.php)。

第五章　海外华侨华人与广东对外交流与合作

的了解。特别值得一提的是，在该会搭桥牵线下，广东著名品牌摩托车厂已落户巴西。① 该会与广州市政府官员及企业的来往、互动比较频繁。

欧洲不少侨胞到广东办厂、进货，与广东经贸联系密切。浙江籍侨胞增长快、数量大、分布广，已经成为当地侨社的主体。他们虽然不是粤籍，但与广东联系密切，对广东经贸发展贡献大。做好欧洲各国的侨务工作，必须重点加强浙江籍侨胞工作。要将这些侨胞看作"新广东人"，加大"请进来"和"走出去"的力度，不断加强沟通、密切联系，壮大友好力量。可以考虑将一些以浙江籍侨胞为主，在当地侨社乃至主流社会较有影响的社团，增补进重点联系社团中，有重点地加大联系力度。同时，利用好浙江籍侨胞的人脉资源和商贸网络等优势，加大力度推动广东产品、文化等更好更快地走向欧洲。②

墨西哥、哥斯达黎加、多米尼加等拉美的华侨华人在推动广东与所在国的经贸交往及友好往来等方面发挥了重要的作用。美国迈阿密特殊的地理位置，为当地华侨华人辐射拉美创造了条件，便利了华侨华人与拉美的经贸、金融联系，方便华侨华人建立拉美各国的客户、人际与业务网络，是扩大中国（广东）在美国乃至整个拉美世界影响的有效媒介。以多米尼加来说，当地的华侨华人祖籍地多为广东，侨胞对故土感情深厚，与广东家乡往来密切频繁，是与中国和广东友好交往以及经贸往来的良好媒介。华侨华人旅居多米尼加历史悠久，产生了不少如吴玫瑰③这样的华裔参政精英。这对提高华侨华人在当地的地位，促进华侨华人事业发展以及推动多米尼加与中国和广东的友好关系都发挥了积极的作用。多米尼加与广东经济具有互补性，当地没有工业，看不到汽车组装工厂，可以推动有兴趣的侨商在当地发展。广东省涉侨部门可以进一步密切与中美华侨华人商家和商会的联系，更多地邀请中美华商到国内寻找商

---

① 参见《巴西广州企业家协会举行第三届理监事就职典礼》，见中国新闻网（http://www.chinanews.com/hr/2016/05-29/7886956.shtml）。
② 参见吴锐成主编《侨情与侨务文集》（第2辑），广东省人民政府侨务办公室2014年版，第12页。
③ 吴玫瑰1950年出生于多米尼加共和国，祖籍广东恩平，曾任该国矿业部副部长、技术部副部长、总统顾问。多米尼加和中国尚未建交时，她于2011年5月19日起任多米尼加驻中国贸易发展办事处（以下简称"多米尼加驻华贸发处"）首任代表。

机,进行经贸交流合作。①

哥斯达黎加华侨工商联合总会、墨西哥中华会馆等的会员以广东五邑地区的乡亲为主,与广东的关系非常密切,很多都与广东有生意往来。中国与哥斯达黎加于2007年建交。2011年,两国政府签订自由贸易协定,哥斯达黎加成为中国开拓中南美洲经贸关系很重要的伙伴。哥斯达黎加的侨商抓住这个难得的机遇,加深与中国的贸易往来,在促进两国企业的经贸合作方面做好工作,特别是协助广东企业到哥斯达黎加投资办厂,使在哥斯达黎加的广东企业发展壮大,同时借此实现哥斯达黎加侨胞事业的发展。

非洲市场广阔,当地无论是粤籍还是非粤籍华商均与广东联系紧密。南非是非洲重要的贸易中转港口,进入非洲大陆的商品多数是通过南非转口。广东外向型经济发达活跃,南非华商大多从广东进口商品,制衣厂从广东进口布料,建筑商从广东进口建材,电器商从广东进口家用电器,与广东的经贸往来非常密切。因此,南非华商,无论是粤籍还是非粤籍,都十分重视与广东的交流。广东制造在南非有较大的发展空间。广东企业可利用人缘优势,加强南非的产品推广、资金投入和企业的宣传,进一步开拓非洲市场。另外,应加强与海外华商的联系,与广东合作共建商品展销中心,以非洲为目标市场,形成完善的购销、物流系统,提高产品和服务的竞争力。津巴布韦华商多数是非粤籍,但是他们的生产经营与广东有千丝万缕的联系,比如他们销售的产品或生产需要的原材料多数来自广东珠三角地区,广东经济发达,工业制成品种类繁多,产业配套能力强,吸引了大批津巴布韦华商来粤进行商贸活动,他们是推动广东外向型经济发展的重要力量。②

江门五邑涉侨部门积极借助海外五邑新生代的力量,推动当地对外经贸合作。第三届世界江门青年大会于2012年6月1日至3日在马来西亚沙巴州亚庇市隆重举行。大会以"相约沙巴·共创辉煌"为主题,以经贸、旅游和文化交流活动为主线,以青年精英事业发展及未来商机为切入

---

① 参见吴锐成主编《侨情与侨务文集》(第2辑),广东省人民政府侨务办公室2014年版,第141~144页。

② 参见吴锐成主编《侨情与侨务文集》(第2辑),广东省人民政府侨务办公室2014年版,第160~163页。

第五章 海外华侨华人与广东对外交流与合作

点,吸引了来自北美、南美、欧洲、东南亚、澳大利亚及中国港澳台等38个国家和地区的近千名江门籍为主的各地青年精英参加。与前两届青年大会相比,第三届大会有以下的创新:一是首次在中国以外的地方举行;二是突破了一般联谊性活动的范围,在联谊的基础上,重点安排了商贸、旅游和文化交流活动。大会期间举办了"经济论坛"和"经贸合作与青年发展沙龙",签署了沙巴州与江门市促进旅游合作备忘录以及两地企业间的多项经贸、旅游合作协议。①

2016年9月下旬,第五届世界江门青年大会在印度尼西亚雅加达举行。大会促成贸易投资超70亿元。开幕式当天,江门市投资环境及旅游风光图片展开幕式暨项目签约仪式同时举行。现场分5批进行了12个合作项目的签约仪式,包括投资合作、贸易合作、国际经贸代表处以及旅游信息推广中心等多方面的合作项目。在世青会筹备期间,江门市企业家和海外青年企业家已陆续在世青会网站和微信平台登记注册,发布并对接企业供求信息,为商务项目对接洽谈预热。据不完全统计,至大会开幕前,世青会平台已促成投资11.94亿元,贸易60.1亿元。为推动江门企业与东南亚"一带一路"沿线国家合作交流,世青会举办期间,主办方还组织江门企业家和海外青年企业代表与印度尼西亚企业负责人重点围绕五大行业(食品、家庭用品、建材及电子光电、机电及家电、旅游及其他)进行了商务对接洽谈,促进企业合作共赢、青年创业发展。在加强经贸联系方面,江门还在英国、澳大利亚、巴西新增设江门市国际经贸代表处。在旅游推广方面,江门在印度尼西亚雅加达、美国洛杉矶和马来西亚沙巴设立旅游信息推广中心,加强江门旅游海外推广与合作交流,提升江门旅游国际知名度与美誉度。② 大力发展海洋经济是中国和印度尼西亚共同的认识,且两国的海洋经济都处于起步阶段,有许多领域可以加强合作。出席此次大会的曹云华教授建议,印度尼西亚青年华商可以与中国企业联手进军海洋产业,共同促进两国海洋经济的发展,包括造船业、海洋旅游、海洋生态环境、海洋渔业资源、海岛开发等领域。印度尼西亚旅游亲善大

---

① 参见吴锐成主编《侨情与侨务文集》(第2辑),广东省人民政府侨务办公室2014年版,第117页。
② 参见江门市外事侨务局《第五届世界江门青年大会圆满闭幕,第六届将在美国洛杉矶举行》,见中国·江门网(http://www.jiangmen.gov.cn/zwgk/zwdt/201609/t20160926_622370.html)。

使熊德龙博士提议，江门可以建设印度尼西亚工业园区，也可以在印度尼西亚设立工业园区，为两地青年开展商贸合作提供更多平台。

近两年，在习近平总书记对广东工作重要批示的指导下，广东省政府和企业大力推进贸易强省建设，其中一项就是着力于跨境电商综合试验区和海外仓建设，建立针对华侨华人的电商产业园。2017年6月"华侨华人跨境电商合作联盟"在北京成立后不久，11月东侨智谷电商产业园在广东东莞落户，为华侨华人提供技术、物流、法律、人才等方面的支持。电商平台、跨境物流服务、金融支付、大数据云计算这四大元素构成跨境电商销售体系。①海外华商希望通过跨境电商实现产业转型升级，促进中外双方积极合作，协力打造跨境电商商业链和互联网时代全球贸易新规则。

二、推动广东与外国缔结友好省市关系

改革开放以来，广东省及辖下市、县（区）与北美、欧洲、东南亚、非洲、拉美很多国家的省府、城市、区缔结友好关系，合作全面推进，这其中离不开广大华侨华人的牵线搭桥作用。据统计，截至2014年10月27日，我国有30个省区市（不含港澳台地区）、444个城市与世界各地133个国家的468个省（州、县、大区、道等）1460个城市建立了2146对友好城市（省州）关系。广东以146对的结好数位居全国第三位，佛山以8对居广东第四位，广州、深圳、珠海分列前三。②

仅就与北美的国际合作来说，截至2016年，广东省已与美国4个州建立友好省州关系，广东各市与20个美国城市结为友好城市③，成为双方加强各领域交流合作的重要平台。早在1981年，祖籍广东中山的美国著名老侨领胡顺④曾努力促成广州与洛杉矶结为友好城市，他被推选为洛杉矶—广州友好城市协会副会长。1984年，胡顺在洛杉矶中国城升起第

---

① 参见《华人推动电商"出海"》，见人民网（http://sn.people.com.cn/GB/n2/2018/0110/c190199-31124969.html）。

② 参见潘臣《佛山的海外朋友圈：与多个城市建立友好关系》，载《南方都市报》2014年11月5日第FB01版。

③ 参见《广东省已与美国4个州建立友好省州关系20个美国城市结为友好城市》，见中金在线（http://news.cnfol.com/diqucaijing/20160810/23247042.shtml）。

④ 胡顺1920年出生，2015年病逝。

一面五星红旗。美籍华人康荣华曾任洛杉矶—广州友好城市协会会长。担任会长期间，他为两市的友好交流做了大量工作。先后接待了梁灵光、朱森林、杨资元、高祀仁、黎子流等广州市领导访问洛杉矶市，促进了两市政府间的友好往来。他积极协助两市在文化、教育、环保、卫生、体育等领域进行交流，设立洛杉矶—广州友城奖学金基金会，促成广州市翻译人员赴美进修。他多次协助安排美国医生代表团到广州市各大医院做医术示范，促成国际小棒球协会捐赠30万美元在广州兴建友谊小棒球场。1989年，他积极活动，挫败了洛杉矶市议会一些人割断与广州友城关系的企图。1994年，他策划并协助广州市在洛杉矶举办经贸洽谈会，签约总额42亿美元。在广州市教育基金会百万行活动中，他发动美国实业家陈得福先生参加并捐赠人民币100多万元。①

祖籍新会的曾伦赞博士为促进中美两国人民之间的相互了解，不断组织美国友好人士访华，同时帮助安排中国的访问学者和留学生到美国交流或深造。他还为中美双方经贸界进行穿针引线。在他的引荐下，美国商人在江门、深圳和广西都洽谈过经贸项目，其中在深圳生产电脑零件的项目得以顺利开展。曾博士发挥其在主流社会的人脉优势，在中美之间搭建沟通的桥梁。20世纪80年代以来，曾博士一直关注自己的故乡江门五邑，一直积极为当地的发展特别是对外交流做出自己的贡献。除了推动当地与美国的教育交流之外，最成功的莫过于促成江门与河滨市于1996年结成友好城市，促进了两地经贸等方面的合作。②

祖籍广东开平的邓伟利先生，1993年至1996年担任美国亚利桑那州美莎市市长。在任期间，他推动该市与开平市结为友好城市。20多年来，双方拓展了文化、教育等领域的交流合作，友谊也在交往中不断得到巩固。比如在教育方面，两市每年都有交流活动：2000年5月至6月，美国美莎市成人学院15名学生到开平市广播电视大学进行学习交流，游览参观开平市市容、开平抗日历史见证物南楼和历史文物景点开元塔；2001年西方圣诞节期间，美莎社区大学人类学教师来到开平，和部分开平英语

---

① 参见广州市外侨办《荣誉市民略传》（第一批至第九批），见广州市人民政府外事办公室、广州市人民政府港澳事务办公室网（http://www.gzfao.gov.cn/Print.aspx?id=2439）。
② 参见吴淡初《曾伦赞：善当中美友好"搭桥人"》，载《五邑侨史》1998年10月总第19期，第36～38页。

老师见面，了解他们平时在英语教学中遇到的情况，并就如何提高中国中学生英语口语水平问题进行讲解；2002年5月，美莎社区大学师生一行18人到广东开平长沙师范学校、开平广播电视大学、长师附小和金山中学进行文化交流活动；2012年9月，美莎市美莎学院学生交流团一行24人到开平参观交流，参观了自力村碉楼群、立园和在园，了解开平的侨乡历史文化以及改革开放的新面貌。①

旅居美国超过50年的顺德籍侨领吴国宝身兼旧金山中国统一促进会会长、中国海外交流协会海外理事、旧金山市政府移民权益委员、北加州中国和平统一促进会常务理事、美国顺德行安堂董事等职务。他不仅经常回乡考察，更通过顺德乡亲在美国的影响力，为顺德搭建资本、技术等交流的平台。2008年5月，在吴国宝的帮助下，顺德与旧金山签署了友好合作备忘录。吴国宝表示，旧金山市市长之所以愿意与顺德签署合作备忘录，得益于旅居当地的顺德人多年积累的人脉关系。吴国宝建议，佛山政府部门除了通过联络海外乡亲宣传佛山建设成就外，还可以通过在海外举办展览等形式展示城市的经济实力，也可以直接邀请海外主流媒体到此观光，感受佛山魅力。为了提升顺德的中小学英语教师的业务素质，从2006年起，吴国宝主动牵线搭桥，每年邀请8～12位英语语言教学经验丰富的美籍教授和专家，在暑假期间义务到顺德培训当地中小学英语教师，每次培训为期两周。截至2015年，培训班已成功举办9期，共有美籍教授和专家66人次应邀参加，培训学员人数超过990人次。② 在北加州潮州会馆的促成下，潮州和旧金山在2014年结为友好城市。这为北加州的潮人在两市的合作交流中提供更多的机遇，让他们大展身手。

1945年出生于广州的余宏荣先生，毕业于加拿大温哥华BC大学法学系，职业是律师，曾任温哥华市市政议员。作为"温哥华—广州友好城市促进委员会"的发起人之一，他积极在议会和华人社团中开展友好的宣传工作，发动有影响的华人和企业签名支持两市结好。在其努力下，1985年，广州市和温哥华市结为友好城市。两市结好后，余先生继续为

---

① 参见《1993—2009年大事记》，见开平地情网（http://www.gd-info.gov.cn/shtml/kps/lanmu02/lanmu01/2011/09/19/50339.shtml）。

② 参见《侨领连续十年携外教回乡义务培训英语教师近千人》，见中国侨网（http://www.chinaqw.com/hwjy/2015/07-20/57520.shtml）。

发展两市友好合作而努力。他3次率团来访，为两市在经济、科技和文化等领域开展交流合作积极牵线搭桥。鉴于多年来为发展中加两国、温哥华和广州两市人民之间的友好关系所做的突出贡献，1987年11月，他被授予"广州市荣誉市民"称号。①

顺德籍侨领徐宪堂是加拿大阿尔伯塔省爱民顿市顺德联谊会、顺德商会会长。在徐宪堂的推动下，顺德与加拿大爱民顿市于2012年4月签署了友好合作备忘录。这次友城协议能够签署，与顺德商会在爱民顿市的影响力有很大关系。徐宪堂说："首先，经济实力让我们拥有了一定的话语权；其次，我们提出的建议都是务实的、公正的，让市长愿意接受。"2015年年初，徐宪堂又回到顺德，带来了爱民顿市生物医药产业的需求。他说："爱民顿在生物医药方面有很强的实力，我希望将顺德资本引入，共同推动这一产业的发展。"② 顺德与爱民顿市之间就经济、文化、教育等多方面进行了双向交流，在使顺德的国际影响力大幅提升的同时，也帮助顺德获得了更多急需的资源。

祖籍广东高要的旅法侨领李黄国平女士任法国广东协会常务副会长。多年来，她往返于中法之间，致力于中法友好工作，为发展广东、广州与法国的经贸合作和文化交流做出了突出贡献，曾荣获法国颁奖委员会授予的"金质奖章"和法国"干邑市荣誉市民勋章"。自1995年起，她先后为广东省和广州市领导及各专业团体访问欧洲、法国有关代表团访问广州牵线搭桥，尽心尽力安排接待，使各代表团顺利完成访问任务。1998年6月，她牵头成立了法国广东协会，促进中法文化交流。她积极促进法国干邑市与广州番禺建立友好关系，使双方达成了互结友好城市的意向。她还心系桑梓，分别在番禺、三水等地投资兴办企业，并热心资助社会公益事业。原广东省副省长刘维明曾为她题词，称赞她为"中法友好使者"。1998年她被授予"广州市荣誉市民"称号。③

祖籍广东普宁的巴黎区议员陈文雄积极推动广东与法国的合作。2011

---

① 参见广州市外侨办《荣誉市民略传》（第一批至第九批），见广州市人民政府对外事务办公室、广州市人民政府港澳事务办公室网（http://www.gzfao.gov.cn/Print.aspx?id=2439）。
② 参见《海上丝绸之路上的顺德足迹》，见南方网（http://epaper.southcn.com/nfdaily/html/2015-01/16/content_7391680.htm）。
③ 参见广州市外侨办《荣誉市民略传》（第一批至第九批），见广州市人民政府对外事务办公室、广州市人民政府港澳事务办公室网（http://www.gzfao.gov.cn/Print.aspx?id=2439）。

年8月16日,广州市天河区政府举行与巴黎第13区确定友好合作关系协议书签字仪式。随后,双方还在天河公园共同植下一株象征两区友谊开花结果的龙眼树。此次两区结好,华侨华人发挥了积极的推动作用。巴黎第13区华人副区长陈文雄、法国广东会馆永远名誉会长黄健成、天河区侨商会为两区结好牵线搭桥,尤其是陈文雄特意两度访问天河区,推动两区签订友好协议。①

捐巨资回国资助教育事业的中山籍华侨吴桂显,大力促进日中友好交流,先后多次率华侨组团回国参观考察,又率日本专家团到中国进行观光与交流,热情接待由祖国出访的乡亲团体及政府官员,多次赞助香港、广东等地的名画家到日本举行巡回画展。他还促成大阪府守口市与中山市缔结为友好城市。

祖籍增城的新西兰侨领陈蔼筠,为促成奥克兰与广州结为友好城市出力甚大。1989年2月,广州市派团赴新西兰参加两方缔结友好城市活动,他在财务上给予大力支持。②

在非洲,马达加斯加顺德籍侨领陈健江为顺德与塔马塔夫市在经贸、文化、华裔青少年夏令营等方面的交流合作牵线搭桥,为两地政府缔结友好关系打下坚实的基础。2014年12月,中国顺德—马达加斯加塔马塔夫友好合作备忘录签署仪式在塔市政府礼堂举行。塔马塔夫成为第五个与顺德缔结友好关系的国际城市。与此同时,马达加斯加顺德商会成立大会暨商贸交流会在塔马塔夫举行,首任会长由陈健江担任。③

近年来,在澳大利亚顺德联谊总会及澳大利亚慧贤会乡亲的积极牵线搭桥下,2010年2月,顺德区与高嘉华市在顺德签署了友好关系城市协议书。在协议订立一周年之际,顺德向高市赠送了李小龙铜像。铜像作为顺德文化的代表,屹立在市政广场上。

---

① 参见广州市外侨办《李明主任会见法国巴黎市第13区政府代表团并签订建立友好关系协议书》,见广州市人民政府对外事务办公室、广州市人民政府港澳事务办公室网(http://www.gzfao.gov.cn/item/5062.aspx)。

② 参见马至融、姜清波、裴艳等《海潮回流:海外华侨与广东改革开放》,暨南大学出版社2008年版,第87页。

③ 参见《顺德有了第五位国际好朋友:马达加斯加》,见顺德城市网(http://www.shundecity.com/a/szsd/2014/1203/141853.html)。

三、促进广东省的科技交流与创新

广东省不断出台大力引进海外高层次精英的重大人才工程项目，推出更加有效的创新人才政策，如"珠江人才计划""特支计划""扬帆计划"等，吸引了大批海归人才落户广州、深圳、东莞等地的高新园区，推进了广东省高新技术产业的发展。这些归国人才在自身取得事业腾飞的同时，又自愿担当起广东省招才引智的大使，为广东网罗了一批批科技创新团队，使得广东在构建推动经济高质量发展的体制机制、建设现代化经济体系方面始终走在全国的前列。据统计，2008年至2015年间，广东共引进海外高层次人才 3.1 万人，引进国外创新团队 250 个，每年来粤工作的外国专家 13.5 万人次，占全国总数的 22.6%，居全国首位。① 据广东省侨办主任李心介绍，近年来广东引进的 117 个创新创业团队中，华侨华人团队占 90%；在引进的 89 名领军人才中，华侨华人约占 80%，海外侨胞已成为广东引进外资和高层次创新型人才的主体。广东加大以侨引智引技力度。目前，"侨梦苑"已落户广州增城、江门和汕头，数量居全国之首。"侨梦苑"服务国家创新驱动发展战略，为海外侨胞来华创新创业、引进海外侨胞高端人才和项目落地提供了条件。②

华南师范大学校友范群博士（祖籍潮阳）在硅谷地区工作了十几年，拥有 20 多项发明专利。曾任硅谷科技协会的理事长、美国华美半导体协会的秘书长，拥有丰富的硅谷科技精英智力资源，他为中美的科技交流，为广东、广州的招商引资和招才引智工作，常年放弃节假日和与家人共享天伦之乐的时间，充当志愿者。他带领一批批硅谷华人科技精英——科学家、工程师、企业家和投资家等组团回国参加深圳"高交会"和广州"留交会"，最多的一次组团达到 80 人，在广东乃至全国刮起一阵阵强劲的"硅谷旋风"。2005 年 10 月中旬，广东省省长黄华华率领全省 17 个市的市长及有关部门组成的 387 人的经贸考察代表团，赴美国旧金山市推介广东。范群联合中山大学校友会接待了广东省政府代表团，并策划了一个

---

① 参见《广东实施三大人才计划 吸引海外人才居全国首位》，见新华网（http://www.xinhuanet.com/overseas/2015-12/27/c_128571237.htm）。
② 参见《专访广东省侨办主任李心：侨务大省的新时代担当》，见搜狐网（http://www.sohu.com/a/216266854_487448）。

硅谷高科技峰会,邀请了思科集团公司执行副总裁出席。同时,被邀请而来的近百位高科技公司华人高管与20来位厅级各部门主要领导,在现场进行政策咨询和项目对接,收效良好,反响热烈。2010年,范群博士带领创业团队回国,创办了广州市威格林环保科技有限公司,他任公司董事长和首席执行官,同时兼任广东工业大学校长特别顾问和"百人计划"特聘教授、国务院侨办重点华侨华人创业团队领军人、广州市"百人计划"创业领军人才、广州市政府留学人员专家顾问、深圳市"荣誉市民"。如今,身在广州创业的范群博士,依然为广州、番禺的招商引资、招才引智忙碌着,为广州带来不少硅谷的企业项目、科技资源和留学人员精英。2011年11月22日至23日,他牵线为广东工业大学和番禺区策划了一场交通规划一体化国际交流峰会,邀请了美加和英国的几名院士和多名美国专家学者前来演讲,专为番禺广州新城的交通规划和天河智慧城市规划出谋划策。① 2016年,汕头市海外人才工作·美国硅谷联络站挂牌成立,范群被选为负责人,他于2016年12月中旬带领一个由硅谷投资家、专业人才和企业家组成的考察团到汕头考察交流,寻找合作机会。②

像范群这样心系广东发展的杰出校友还有很多。如祖籍广东普宁、身兼华南师范大学和中山大学双重校友身份的李大西博士,曾协助筹备首届广州中国留学人员科技交流会(1998年),并与深圳市政府合资创办深圳留学生创业园(2000年),对吸引和帮助留学人员回国创业起了一定的作用。2013年,李大西组织国际华人科技工商协会"中国梦"代表团访问广东、江苏、广西等,在广东拜会了胡春华书记、朱小丹省长,提出了对广东创新、产业升级以及做好准备迎接第三次工业革命的建议,并且推动成立了与美国名校康奈尔大学合资的深圳广大·康奈尔中美技术转移中心,促进了中美间的创新合作。③ 中山医科大学美东费城校友张辉于2010年入选"千人计划",担任中山大学特聘教授、中山大学人类病毒学研究所所长,从事HIV的分子生物学研究和抗病毒药物的研究。2015年,中

---

① 参见《科技报国领军人——访范群博士》,见唐人街网(http://www.tangrentown.com/text/6192.html)。
② 参见王开颖《国家"千人计划"特聘专家范群博士表示——"硅谷寻才"为家乡做点事》,载《汕头特区晚报》2016年10月30日第2版。
③ 参见《李大西——为中国与世界搭桥》,见时代潮人网(http://sdcr.hqcr.com/html/26/n-1126.html)。

第五章 海外华侨华人与广东对外交流与合作

山医科大学美东校友会理事、纽约分会副会长黄国杰先生回到中山大学第一附属医院麻醉科任职;同年,校友郑希先生受聘于广东工业大学轻工化工学院,担任特聘教授、博士生导师。

祖籍广东茂名的苏战博士,本科毕业于北京大学,硕士毕业于中国科学院,从事计算机及互联网行业,是华侨华人专业人士的杰出代表,担任华为美国研究院高级顾问。他被聘为广东省海交会海外理事及青年委员、广东省侨联名誉委员、广东省侨青联海外委员,积极推动中美友好交流。2015年10月6日,在悉尼举行的第八届世界广东同乡联谊大会及第二届世界广东华人华侨青年大会中,苏战荣获"2015世界广东华侨华人十大杰出青年"称号。

广东省侨务部门通过出国考察,广泛接触华侨华人专业社团,目前已与硅谷旅美工程师协会、中国旅美科技协会、加中科学技术协会、中国旅法工程师协会、澳大利亚华人学者协会、中国留日同学总会等众多有影响的专业团体建立了固定的工作渠道,为广东的对外科技交流与创新打下了坚实的基础。

中国留日同学总会作为日本关西地区的主要华人专业社团之一,总部设在兵库县首府神户市。该团体与兵库县、神户市政府关系较为密切,也一直与广东省保持友好往来,表示希望为广东省与兵库县的友好交往贡献力量。该会负责人和会员与广东联系密切,前任会长刘秋生博士是神户大学核能专业教授,一直在专业上与广东省对接交流,协助广东省核电业的发展,被华南理工大学聘为客座教授,与中科院广州能源所联系密切。①

2011年6月至7月,陈仰豪巡视员率领广东省侨办代表团赴美国、哥斯达黎加、墨西哥访问。代表团此行参加了美国华人生物医药科技协会(CBA)第16届年会,开展了招才引智工作,加强了与华侨华人专业社团的联络,同时又结识了新一批世界500强企业高管等高层次人才。代表团与华商组织、宗乡社团、重点华商、省海交会理事座谈交流,宣传推介广东投资创业环境,扩大广东省侨办与这些地区友好交往的领域和层次。代表团通过以前认识的专业人士结识了在知名院校、政府部门中任职的华人专家学者和在世界500强等跨国公司任职的华人高管。如经CBA前任会

---

① 参见吴锐成主编《侨情与侨务文集》(第2辑),广东省人民政府侨务办公室2014年版,第125~126页。

长翟一帆博士的牵线搭桥，结识了阿斯利康制药厂中国区研发副总裁杨青博士。生物医药科技协会会长龙志峰博士表示，带领CBA团队支持广东生物医药的创新发展是其义不容辞的责任。这种"走出去"参加科技社团年会的形式是一次成功的尝试，是与2009年CBA在粤合办年会的一次完美呼应。掌握了这批高层次人才的事业发展动向，可为将来广东的引智工作打下重要基础。①

2018年当选第十三届全国人大代表的袁玉宇是广东省海归中的拔尖人才，再生医学领域科学家、创新者，国家"千人计划"专家，首届世界广府人十大杰出青年。2018年3月7日，习近平总书记在参加广东团审议时，袁玉宇做了《推进产业创新和人才发展》的精彩发言。袁玉宇出生于广州，在华南理工大学上完大学后，赴美留学深造，获得美国克莱姆森大学生物工程系博士学位。2008年年底，袁玉宇带领再生医学领域创新团队回广州开发区创业。10年间，袁玉宇的迈普公司成长壮大，已成为中国唯一一家进入全球生物3D打印领导者名单的企业。袁玉宇还担任共青团广东省委兼职副书记，日常负责协管创新创业，联系海外人才。每年毕业季，他都专门抽出数个周末，当起海归人才热线电话的"接线员"。在袁玉宇看来，当前广东正以全球的视野，加速推动聚集和发挥顶尖人才的作用。这不仅要重视智力资源的外部引进，保持当前人才引进政策的持续性和执行效率，更要注重"存量"人才培养。袁玉宇建议，对已经有一定基础且看到未来明确发展方向的创新创业带头人，要重点支持、培育，提供个性化的政策服务。②

---

① 参见吴锐成主编《侨情与侨务文集》（第2辑），广东省人民政府侨务办公室2014年版，第65页。

② 参见陈思勤：《让更多海归人才成广东创新"顶梁柱"》，载《南方日报》2018年3月7日第A11版。

第六章 海外华侨华人与广东"21世纪海上丝绸之路"建设

第一节 侨务引智引资与广东在"海丝路"沿线经济新布局中的作用

粤籍华侨华人有3000万~4000万,约占全国海外华侨华人的三分之二,分布在全球160多个国家。① 这样一种资源在中国各省区中是独一无二的,是广东省落实习近平总书记"四个走在全国前列""四个坚持、三个支撑、两个走在前列"要求的独特优势。② 粤籍华侨华人的巨大力量不仅体现在其庞大的人口数量,而且体现在广东省相关政府机构对这些资源的良好组织,如海外华侨列席广东省人大政协会议制度、广东21世纪海上丝绸之路国际博览会、广东汕头华侨经济文化合作试验区(简称"华侨试验区")等,而新创立的博览会不仅有专题展馆,而且有主题论坛,

---

① 参见《省侨办李心主任接受访谈:让更多海内外侨胞参与支持我省公益慈善事业》,见广东侨网(http://www.qb.gd.gov.cn/qwft/201712/t20171226_916364.htm)。

② 2017年4月4日,习近平总书记就广东工作做出重要批示,充分肯定党的十八大以来广东的各项工作,对广东提出了"四个坚持、三个支撑、两个走在前列"的要求。即希望广东坚持党的领导、坚持中国特色社会主义、坚持新发展理念、坚持改革开放,为全国推进供给侧结构性改革、实施创新驱动发展战略、构建开放型经济新体制提供支撑,努力在全面建成小康社会、加快建设社会主义现代化新征程上走在前列。参见《习近平总书记对广东工作作出重要批示》,见人民网广东频道(http://gd.people.com.cn/GB/n2/2017/0412/c123932-30009883.html)。

机制的创新使得华侨华人资源得到了很好的利用。华侨华人通过这些渠道献智引资,为广东经济"走出去"以及与海上丝绸之路沿线国家的合作做出了重要的贡献。

一、"一带一路"建设与中国经济开放新格局

(一)"一带一路"的提出与中国经济开放新格局

2013年9月,习近平总书记在哈萨克斯坦提出"建设丝绸之路经济带"的倡议。同年10月,习近平在印度尼西亚提出与东盟建设"21世纪海上丝绸之路"倡议。两个倡议合在一起,就是今天我们所熟知的"一带一路"倡议。由于这一倡议涉及中国的经济、政治、外交等方面的长远规划,因此在中国也被称为"一带一路"建设。

(二)"一带一路"与中国经济开放新格局

"一带一路"倡议的实施有利于构建中国国内和中国对外全新的经济开放格局。在新的经济开放格局中,西部的开放成为重点。在过去几十年中,受地理区位、资源禀赋、发展基础等因素影响,我国对外开放总体呈现东快西慢、海强陆弱格局。原商务部部长高虎城说:"'一带一路'将构筑新一轮对外开放的'一体两翼',在提升向东开放水平的同时加快向西开放步伐,助推内陆沿边地区由对外开放的边缘迈向前沿。"在新的开放格局中,西部地区是重要通道、平台、载体、能力建设的直接利益攸关区域;中部地区是重大装备制造、综合物流、人才开发的后援基地和共同"走出去"基地;东部地区既是高端人才、先进技术、优质商品、现代服务和能力建设的重要策源地,又是离岸贸易、金融、投资、货币的重要运筹地。[①]

在对外经济交往方面,"一带一路"建设强调中国的对外投资,强调资本输出,强调对"一带一路"沿线国家的投资,特别是对沿线发展中国家和新兴市场的投资,与他们分享中国改革开放和经济发展的成功经

[①] 参见中国发改委西部开发司《构建对外开放新格局 推进"一带一路"战略》,见中华人民共和国国家发展和改革委员会网(http://xbkfs.ndrc.gov.cn/ydyl/201412/t20141208_651336.html)。

第六章 海外华侨华人与广东"21世纪海上丝绸之路"建设

验,与他们共同发展,通过分享,打造人类命运共同体。

过去几十年,我国逐渐形成了以引进资本、技术和出口产品为特点的对外经济开放格局,在这种格局下,我国经济发展取得了巨大成就。经过40年的改革开放,诸多经济指标显示我国经济发展已进入全新阶段,如经济总量世界第二,进出口贸易总额世界第一,外汇储备世界第一,外商投资额世界第一,对外投资跃居世界第三,预计不久将成为资本净输出国。这要求中国必须实施新的发展战略,构建新的对外经济开放格局。依据设想,在新的战略中,中国将通过资本输出的方式,带动我国全球贸易布局、投资布局、生产布局的重新调整。国家发展改革委学术委员会秘书长张燕生说:"在'一带一路'建设中,我国将以资源型产业和劳动密集型产业为重点,在沿线国家发展能源在外、资源在外、市场在外等'三头在外'的产业,进而带动产品、设备和劳务输出。"[①]

(三)"一带一路"建设的空间布局

根据中国政府机构发布的权威版本《推动共建丝绸之路经济带和21世纪海上丝绸之路的愿景与行动》,中国"一带一路"建设的经济开放新格局主要沿两条线向外延展:一是沿着过去的陆上丝绸之路,即所谓的"一带"(丝绸之路经济带);二是沿着过去的海上丝绸之路,即所谓的"一路"(21世纪海上丝绸之路)。关于海上丝绸之路,该文件的表述是"从中国沿海港口过南海到印度洋,延伸至欧洲;从中国沿海港口过南海到南太平洋"[②]。

根据这一设想,21世纪海上丝绸之路的沿线国家至少包括如下国家:

东南亚地区:印度尼西亚、马来西亚、新加坡、泰国、菲律宾、越南、柬埔寨、缅甸、老挝、文莱。

南亚地区:印度、巴基斯坦、斯里兰卡、孟加拉国、马尔代夫。

西亚地区:沙特阿拉伯、阿联酋、阿曼、科威特、巴林、卡塔尔、土耳其、伊朗、伊拉克、也门。

---

① 中国发改委西部开发司:《构建对外开放新格局 推进"一带一路"战略》,见中华人民共和国国家发展和改革委员会网(http://xbkfs.ndrc.gov.cn/ydyl/201412/t20141208_651336.html)。

② 《〈推动共建丝绸之路经济带和21世纪海上丝绸之路的愿景与行动〉发布》,见中国商务部网(http://zhs.mofcom.gov.cn/article/xxfb/201503/20150300926644.shtml)。

非洲地区：埃及、苏丹、厄立特里亚、吉布提、索马里、马达加斯加、坦桑尼亚、莫桑比亚、肯尼亚。

南太平洋地区：澳大利亚、新西兰、巴布亚新几内亚、斐济。

二、广东参与实施"一带一路"建设的具体设想及特点

广东是我国21世纪海上丝绸之路建设构想的重要节点地区，为了更好地参与和实施我国的"一带一路"的总体建设规划，2015年12月31日，广东省改革与发展委员会发布了《广东省参与丝绸之路经济带和21世纪海上丝绸之路建设实施方案》。该方案提出了广东省参与21世纪海上丝绸之路建设实施的九大计划设想。①

（一）促进重要基础设施互联互通

充分发挥区位优势，深化港口、机场、高速公路、高速铁路和信息国际合作，打造国际航运枢纽和国际航空门户，面向沿线国家，构筑联通内外、便捷高效的海陆空综合运输大通道。加强广州港、深圳港、珠海港、湛江港、汕头港等港口建设。结合沿线国家经贸和港口合作需求，联合国内主要港口城市与沿线国家港口城市举办港口城市发展合作论坛，建立沿线港口与物流合作机制。积极参与沿线国家港口园区建设。推动与港澳深度合作，共同打造世界一流粤港澳大湾区。增加广州、深圳至东南亚地区国家的国际航线和航班，开通与沿线国家主要城市的航班。建设东莞石龙、广州大田国际铁路货运物流中心，畅通与沿线国家的陆路大通道。加强与沿线国家信息基础设施建设合作。

（二）加强对外贸易合作

进一步巩固与沿线国家的良好经贸合作基础，建设一批辐射全省乃至全国的进口商品交易中心，扩大沿线国家特色产品进口。赴沿线国家设立建材、酒店用品等广东特色商品展销中心。在沿线国家筹建经贸代表处，设立商会，开展经贸洽谈会。加强与驻外商务机构、商（协）会和经贸代表处的沟通合作。举办21世纪海上丝绸之路国际论坛暨国际博览会，

---

① 参见《广东省参与丝绸之路经济带和21世纪海上丝绸之路建设实施方案》，见广东省发展和改革委员会网（http://zwgk.gd.gov.cn/006939756/201603/t20160315_647591.html?keywords=）。

第六章 海外华侨华人与广东"21世纪海上丝绸之路"建设

利用广交会、高交会等平台推进经贸合作。建设中国（广东）自由贸易试验区，推动与沿线国家的贸易合作。

（三）加快投资领域合作

支持企业赴沿线国家投资，在现代农业、先进制造业、现代服务业和跨国经营等方面开展深度合作。努力引导走出去企业实施本地化战略，遵守当地法律法规，尊重当地风俗民情，强化企业环保、公益等社会责任意识，为当地创造更多的就业机会，促进当地经济发展，实现互利共赢。

（四）推进海洋领域合作

积极推进与沿线国家在海洋渔业、防灾减灾、生态保护等方面的合作，开展渔业技术交流与培训，建立海洋污染防治协作机制。促进我省企业到沿线国家开展海上网箱养殖、岸上设施养殖、良种繁育等方面合作。共同开展近海海洋生态系统保护研究。

（五）推动能源领域合作

利用资金和技术优势，支持电力合作及太阳能光伏发电项目，与沿线国家开展能源贸易、资源开发、节能环保合作。加强与沿线国家在气候变化方面的合作。

（六）拓展金融领域合作

鼓励有条件的省内金融法人机构走出去到沿线国家投资发展，吸引沿线国家金融机构来粤设立机构，支持双方金融机构建立沟通协调机制，开展业务合作。支持在沿线国家投资的广东企业与当地金融机构开展合作，共同发展。设立广东丝路基金，支持"一带一路"项目建设。

（七）深化旅游领域合作

积极与沿线国家签订旅游合作框架协议、旅游合作备忘录等整体性协议，深化旅游业规划和资源开放、行业监管、公共服务等领域的国际合作。促进更多的广东游客到沿线国家旅游观光，支持广东企业到沿线国家开展旅游投资合作，建设旅游酒店、旅游景区及旅游基础设施。与沿线国家华人商（协）会、大型旅行企业合作，开设广东驻海外旅游合作推广中心。在广州、深圳建设国际邮轮母港,在珠海、汕头、湛江等市启动邮轮旅游开发。筹划一批跨境丝绸之路主题旅游项目。

(八) 密切人文交流合作

加强与沿线国家在文化、科技、教育、医疗、体育等领域的交流合作,增进了解和友谊,形成互信融合、包容开放的社会基础。与沿线国家共同发掘和保护海上丝绸之路历史文化遗产。积极推动教育合作和学术科研交流,支持青少年交流活动。促进公共卫生领域的信息共享、早期预警体系建设、传染病防治、突发灾难应对等方面的合作。推动政府体育部门和民间体育社团的互访,举办体育交流活动。

(九) 健全外事交流机制

强化友城合作,完善与沿线国家交流合作机制,加强与沿线国家的民间交流往来,构建多层次沟通协商机制。通过沿线国家驻穗领馆,加强沟通联络,协调推进互利合作。建立对口部门交流联系机制,促进经济信息交流,积极组织商贸合作活动,开展教育医疗、扶贫、生态环保等公益慈善活动。①

从以上广东省参与"一带一路"建设的具体设想可以看出广东与海丝路沿线国家经济合作格局的新特点:强调与海洋相关的基础设施建设,主要是港口建设与开发,强调与海洋相关的经济资源开发,强调与华侨华人资源相关的外事制度建设。广东是海洋大省,具有众多港口,港口开发建设经验丰富,同时也具有海洋产品开发的经验;另外,广东是一个侨务资源大省,粤籍华侨华人众多,且具有良好的组织。广东参与"一带一路"建设的实施方案很好地抓住和利用了广东的特点,这有利于广东的实施方案取得很好的实施效果。

广东是21世纪海上丝绸之路上的节点地区。这一点决定了广东省参与"一带一路"建设的重点是21世纪海上丝绸之路建设,辅助国家落实对"海丝路"沿线国家的经济布局。具体来说,就是做好港口开发建设,做好海洋资源开发,利用丰富的华侨华人资源,带动广东以及全国的资本"走出去"。

---

① 参见《广东省参与丝绸之路经济带和21世纪海上丝绸之路建设实施方案》,见广东省发展和改革委员会网(http://zwgk.gd.gov.cn/006939756/201603/t20160315_647591.html?keywords =)。

第六章　海外华侨华人与广东"21世纪海上丝绸之路"建设

三、借"桥"引智：海外华侨通过列席广东省人大与政协会议献计献策

广东省具有丰富的海外华侨华人资源，他们不仅可以以自己的经济资本和专业技能直接服务于广东省的经济发展，而且还可以凭借他们长年在海外生活与工作的经验，为广东改革开放的制度构建和相关决策贡献自己的聪明才智。正是意识到海外华侨华人资源的这一特点，广东省政协和广东省人大分别在2008年和2014年设立了海外华侨华人列席会议制度。

为广泛团结联系海外华侨华人，充分发挥其参政议政的独特优势和人才资源的宝贵作用，为广东省经济建设和社会发展服务，2008年起，广东省政协率先在全国省级政协中探索邀请海外华侨华人列席省政协会议制度。截止到2017年年底，广东省政协共邀请了来自59个国家和地区的215位海外侨胞列席会议。他们中既有德高望重的侨领，又有新一代华侨华人的优秀杰出代表；既有活跃在当地主流社会的政界名流、商界翘楚，也有在各学术领域中出类拔萃的专家学者，有着广泛的代表性、较强的影响力和较高的知名度。列席省政协全体会议和参加政协活动的海外侨胞可以直接了解中国的政治生活，亲身感受中国经济社会的发展进步，这一制度为侨胞建言献策提供了重要渠道。① 2014年1月，广东省十二届人大二次会议第一次邀请10名华侨列席。为了发挥华侨列席会议的作用，省人大常委会相关部门专门成立了华侨列席省人代会服务保障小组，会前举行座谈会，向受邀的华侨介绍人民代表大会制度及省人代会的情况。在省人代会召开期间，列席省人代会的华侨将统一编入相应的代表团，参加审议和发表意见。此外，大会还安排了专题座谈会，听取华侨的意见和建议，为他们了解广东省省情和发表意见搭建专门平台。对于人大会议上华侨们提出来的意见和建议，除了按照列席人员所提建议的程序去处理以外，还会专门整理出来并开设专门交办的途径，体现他们的意见是如何处理的。时任广东省人大常委会副主任雷于蓝说："我们开创性地邀请华侨列席省人代会，既是深入贯彻党的十

---

① 参见《侨胞列席广东政协会议10周年座谈会　情系桑梓献箴言》，见中国政协网（http://www.china.com.cn/cppcc/2017-09/26/content_41647736.htm）。

八届三中全会精神的重大举措,也是广东省情和侨情的必然要求。"①从 2014 年到 2017 年,共有 68 人次列席广东省人大会议(2014 年 10 名,2015 年 17 名,2016 年 17 名,2017 年 14 名,2018 年 10 名)。②

邀请海外华侨华人列席广东省人大和政协会议制度,主要是为了让这些华侨华人通过实地会议场景了解广东省的民主制度,当面聆听他们对广东省如何"走出去"、实施"一带一路"提出的好建议。从相关报道可以看出,这些制度确实收到了很好的效果,如柬埔寨华侨蔡坚毅先生的提议。

蔡坚毅,柬埔寨广东商会会长,曾经 4 次列席广东省人大会议并参加华侨座谈会,他提出的"广东在柬埔寨开设经贸代表处"的建议已经得到落实,代表处每天向广东省贸易促进委员会反馈柬埔寨经贸信息,为广东省委、省政府的经贸决策提供参考,取得了良好的效果。③

四、造"桥"引资:借助海丝博览会,让华侨带领广东资金和产品走向"海丝路"

为了让世界更好地了解广东的历史和今天,了解广东的商品和文化,特别是与"海丝路"相关的历史和文化,广东特地成立了一个专门的博览会——广东 21 世纪海上丝绸之路国际博览会(简称"海丝博览会")。这是一个以全面深化中国特别是广东与 21 世纪海上丝绸之路沿线国家关系为目的的大型博览会,一个为贯彻落实国家"一带一路"倡议,搭建广东与海上丝绸之路沿线国家(地区)全方位合作的新平台。

海丝博览会由广东省贸易促进委员会主办,第一次海丝博览会于 2014 年 10 月 31 日至 11 月 2 日在东莞市广东现代国际展览中心成功举办,到 2017 年 12 月已成功举办了 4 次。海丝博览会的一些相关数据见表 6 - 1。

---

① 《十名华侨将列席广东省十二届人大二次会议》,见人民网(http://gd.people.com.cn/n/2014/0107/c123932 - 20327920.html)。

② 列席历次广东省人大会议的华侨人数由笔者根据相关报道整理。

③ 参见《省十二届人大五次会议举行列席华侨座谈会 侨胞热议"一带一路"》,见广东人大网(http://www.rd.gd.cn/rdzt/rdh5/xwbd/tt/201701/t20170121_155441.html)。

表6-1 2014—2017年广东21世纪海上丝绸之路博览会数据①

举办时间与届次	与会国家与地区	主要活动安排	参展企业数量	取得主要成果	媒体关注度
2014年第一届	42个国家和地区代表参展。其中包括海上丝绸之路沿线国家25个	展示、交易、推介、论坛展示	参展企业1015家,展位2040个,其中,境外展位1193个	博览会期间共达成签约项目451个,涉及签约资金1747亿元(超亿元项目179个)。其中,投资项目92个,金额475亿元;"走出去"项目46个,金额258亿元;出口贸易项目216个,金额645亿元;进口贸易项目73个,金额271亿元;意向合作项目24个,金额98亿元	共吸引境内外104家媒体、近300名记者到会争相报道,据不完全统计,截至展览会结束的第二天上午10时,各新闻媒体刊播稿件1100多篇(原创性新闻报道)。其中,中央媒体100多篇,省内媒体500多篇,境外及外宣媒体近300篇,原创微博、微信2万余条,主要新闻网站转载相关报道6000多次。在百度网页搜索"广东21世纪海上丝绸之路国际博览会",有相关结果93万个。在百度网页搜索"东莞海丝博览会",有相关结果123万个

---

① 表6-1资料来源于第一、第二和第三届展会的数据。引自海丝博览会官方网站(http://www.msr-expo.com/?lang=ch)。

(续表6-1)

举办时间与届次	与会国家与地区	主要活动安排	参展企业数量	取得主要成果	媒体关注度
2015年第二届	50个境外国家和地区的代表和企业参会	海丝博览会在东莞广东现代国际展览中心举行，主题论坛在广州白云国际会议中心举行。6个专业展包括海上丝绸之路旅游文化展、海上丝绸之路特色食品及农产品展、国际丝绸文化精品展、国际茶文化精品展、国际陶瓷文化精品展、国际建筑装饰材料及工程机械展	境内外参展企业1394家，境外国家和地区的参展企业978家，占全部参展企业超过70%	共达成签约项目680个，涉及签约资金2018亿元，比上届增长15.5%。其中，投资项目177个，金额530亿元，增长11.6%；"走出去"项目58个，金额308亿元，增长19.4%；贸易项目445个，金额1180亿元，增长16.4%	采访团涵盖海上丝绸之路沿线国家主流媒体、香港媒体，以及中央及省市媒体共23家①

---

① 参见《国内外媒体聚焦"海博会"》，见东莞阳光网（http://news.sun0769.com/dg/headnews/201510/t20151028_5946330.shtml）。

(续表6-1)

举办时间与届次	与会国家与地区	主要活动安排	参展企业数量	取得主要成果	媒体关注度
2016年第三届	73个"海丝路"沿线国家和地区的代表和企业参会	海上丝绸之路博览会在东莞广东现代国际展览中心举行，主题论坛在广州白云国际会议中心举行。展馆由1个主题馆和6个专业馆组成。主题馆围绕"海丝"战略、"海丝"文化组展和布展，重点突出商机展示交流。6个专业馆包括丝绸、茶叶、陶瓷、旅游、食品及农产品、建筑装饰材料及工程机械	参展企业1526家，其中境外（含港澳）1098家，占比72%	共达成各类签约项目700个，涉及签约资金2068亿元，比上届增长2.5%。其中，投资项目187个，涉及资金541亿元；"走出去"项目63个，涉及资金335亿元；贸易项目450个，涉及资金1192亿元	境内外100多家媒体、近300位记者参与采访报道，中央、省市及境外媒体共刊发了1000多篇原创性新闻报道，各主要新闻门户网站转载相关报道超1.5万次，微信搜索"2016广东21世纪海上丝绸之路国际博览会""2016海丝博览会"，有5500多篇文章

(续表 6-1)

举办时间与届次	与会国家与地区	主要活动安排	参展企业数量	取得主要成果	媒体关注度
2017年第四届	79个国家和地区的代表和企业参会	主题展和专业展在东莞广东现代国际展览中心举行，主题论坛在广东迎宾馆举行。展览分1个主题展加6个专业展。其中，主题展包括商机交流与合作区、信息技术产品展区、跨境电商物流展区；6个专业展分别为海上丝绸之路旅游文化展、海上丝绸之路特色食品及农产品展、国际建筑装饰材料及工程机械展、国际茶文化精品展、国际陶瓷文化精品展、国际丝绸文化精品展①	境内外参展企业共计1682家，其中境外企业1134家，约占67%；境内企业548家。本届展会共安排3556个展位，其中境外企业展位1989个，约占56%；境内企业展位1567个②	大会共达成签约项目758个，涉及签约资金2190亿元，同比增长5.9%。其中，投资项目195个，金额589亿元；"走出去"项目81个，金额375亿元；贸易项目482个，金额1226亿元	境内外80多家媒体近200名记者采访报道。截至9月28日，各新闻媒体刊播海丝博览会原创报道近800篇，主要网站转载7000余篇次，微信相关文章逾千篇。百度网页搜索"海丝博览会"关键词，有近160万条结果成热搜词。其中，20多个国家和地区媒体报道了2017海丝博览会③

① 参见《2017海丝博览会本月21日开幕 展览规模达历届之最》，见网易新闻（http://news.163.com/17/0915/00/CUB7JVB600014AEE.html）。

② 参见《2017海丝博览会本月21日开幕 展览规模达历届之最》，见网易新闻（http://news.163.com/17/0915/00/CUB7JVB600014AEE.html）。

③ 参见《2017海丝博览会吸引境内外媒体高度关注》，见东莞阳光网（http://news.sun0769.com/dg/video/201709/t20170929_7585929.shtml）。

第六章 海外华侨华人与广东"21世纪海上丝绸之路"建设

从以上的相关数据和媒体的相关报道可以看出,海丝博览会与以往的展览有一些机制上的不同,其中最主要的就是在召开展览会的同时召开大型的由政要参加的主题论坛会议。这一机制创新使展览的资源得到了充分的利用,大大提高了资源的利用效率。另一个重要的不同之处是在专业产品设备展的同时举办主题文化展,让参加展会的人不仅可以购买到自己需要的产品设备,而且还可以领略与产品设备相关的文化意涵。这些都十分有利于广东的产品和资本"走出去"。从媒体的报道数量和公众的关注度也可以看出,海丝博览会对广东和中国的产品和文化起到了很好的宣传作用。

五、建华侨试验区,打造21世纪海上丝绸之路重要门户港口

(一)发挥地理和历史优势,提出华侨试验区设想

汕头是广东的3个经济特区之一,也是广东省著名侨乡,广东潮汕籍的华侨华人约1000万,其中,75%聚居在21世纪海上丝绸之路沿线国家和地区[①],同时,汕头也是古代海上丝绸之路的重要门户港口。清朝康熙年间(1662—1722),汕头澄海的樟林古港就已经是著名的港口,有很多的船只和大量华人漂洋过海从这里去往东南亚。1860年开埠后,汕头更成为近代中国最早开放的港口之一。为了带动汕头经济的发展,同时为了更好地参与21世纪海上丝绸之路建设,2014年12月8日,广东省汕头市挂牌成立了华侨经济文化合作试验区(以下简称"华侨试验区"),华侨试验区的成立既是为了吸引侨资,同时也是潮汕籍海外华人积极奔走和呼吁的结果。

(二)著名侨领奔走呼吁,促成华侨试验区设想

华侨试验区的设想最初酝酿于2012年11月。2012年11月,广东省人民政府办公厅印发了《汕头海湾新区建设工作方案》,提出由广东省发改委牵头,会同汕头市政府及广东省有关部门抓紧编制汕头海湾新区发展

---

① 参见《国内唯一华侨合作试验区落户汕头》,见人民网(http://gd.people.com.cn/n/2014/1208/c123932-23144240.html)。

规划，包括总体规划和专项规划。

2013年10月，中共中央、国务院明确提出，建设面向21世纪的海上丝绸之路。汕头市政府以此为契机，结合汕头实际，在省政府批准建设海湾新区的基础上谋划创办国家级改革创新平台——华侨试验区。

2013年11月，广东省政府常务会议审议并原则通过了《广东汕头海湾新区发展总体规划（2013—2030年）》。依据该规划，汕头海湾新区位于汕头市东部，规划面积约480平方千米，包括核心区和拓展区。其中，核心区36平方千米，包括东海岸新城、珠港新城、濠江滨海新城南滨片区，是构建中国华侨经济文化合作试验区的核心载体。东海岸新城是华侨试验区的核心区和起步区，功能定位为华侨经济文化交流合作新平台、现代产业发展集聚地、生态型滨海新区。

2013年12月20日，《广东省人民政府关于支持汕头经济特区创办华侨经济文化合作试验区的请示》（粤府〔2013〕122号）上报国务院。

2014年年初，知名侨领谢国民、陈有汉、陈伟南、林建岳、刘艺良、陈经纬等先生联名致信习近平总书记、李克强总理、俞正声政协主席，建议国家批准在汕头设置华侨试验区。

2014年1月26日，国家发改委办公厅发函征求外交部、商务部、工信部、侨办等20多个国家部委的意见，国务院20多个部门都对创办华侨试验区表示支持。

2014年9月15日，国务院正式批复同意在汕头经济特区设立华侨经济文化合作试验区。

（三）聚集外侨智慧，把脉华侨试验区规划

为了高起点、高标准地规划华侨试验区，广东省和汕头市的相关领导召开了一系列的华侨座谈会，请华侨中的著名侨领和其他知名人士就华侨试验区的规划献计献策。

2014年10月20日，汕头市委、市政府联合中央政研室经济局在北京举行"推进华侨试验区建设专家座谈会"，请国家各相关部委的领导专家为华侨试验区建设把脉支招。

2014年11月28日，朱小丹省长在广州主持召开座谈会，邀请戴德丰、陈有庆、陈经纬、周泽荣、林建岳、刘艺良等36位知名侨领侨商为华侨试验区建言献策。

第六章 海外华侨华人与广东"21世纪海上丝绸之路"建设

2014年12月5日，由中新社与广东省政府新闻办共同组织的"中央外宣媒体高层考察团"赴汕头专题考察采访，并举行高峰对话活动，为华侨试验区建设提供了非常独到的支持和帮助。

（四）瞄准侨资，向华侨积极推介华侨试验区

为了更好地吸引侨资，华侨试验区的相关负责人通过召开各种推介会，向华侨介绍和推广华侨试验区，以加快华侨试验区的招商引资工作。

2015年1月30日，以"同享海上丝路新商机，共建汕头华侨试验区"为主题的中国（汕头）华侨经济文化合作试验区推介会在香港举行，这次推介会得到了众多侨团的鼎力支持，共有500多人参与了推介会。此次推介会取得了积极的成果，签约项目64个，累计投资总额1588.55亿元人民币，其中，上台签约项目32个，投资总额达1116.62亿元人民币。①

2015年6月25日下午，华侨试验区推介会在汕头大学图书馆举行。中共汕头市委书记陈茂辉向汕头大学校董会名誉主席、李嘉诚基金会主席李嘉诚先生介绍了华侨试验区规划建设情况，并与参加汕大毕业典礼的汕大校董、嘉宾及师生代表一同探讨如何更好地对接服务国家"一带一路"倡议，加快华侨试验区建设。

2015年7月7日，首届世界华侨华人工商大会在北京召开期间，华侨试验区管委会副主任黄育斌代表试验区参会，向参会华商积极推介试验区，重点介绍了试验区的政策优势、产业定位、规划建设情况及下一阶段发展愿景等，深入分析了试验区"走出去""引进来"双轨发展对外交流合作的强烈意愿与广阔的投资空间。10个国家的近50名与会代表计划到汕头实地考察，共商发展大计。

2015年8月13日，首届中国（深圳）华人华侨产业交易会在深圳会展中心开幕。华侨试验区在会展中心设立450平方米的展区，向全球28个国家和地区的企业家展示试验区的风采。

2015年8月26日，邀请51家华文媒体参加"2015年世界华文传媒汕头行"采访活动，请这些媒体代表到华侨试验区东海岸新城建设现场

---

① 参见《中国（汕头）华侨经济文化合作试验区推介会在香港会展中心举办》，见汕头政府网（http://www.shantou.gov.cn/cnst/0305/201501/212ff82972244b69879238a6d1fe3c2c.shtml）。

277

考察。

2015年9月7日,邀请新加坡《联合早报》、日本《朝日新闻》、日本共同社记者组成的采访团到华侨试验区采访报道。

2015年9月11日,邀请"2015海外华商广东行"考察团莅汕参观东海岸新城建设现场、华侨试验区及参加汕头旅游经济发展情况推介座谈会,该考察团由菲律宾菲华联谊总会、柬埔寨(中国)广东商会、澳大利亚澳中工商联合会的43名代表组成。

2015年10月29日,利用海丝博览会推介华侨试验区,华侨试验区作为参展单位在"商机展示区"进行展示,吸引了"海丝路"沿线国家和国内诸多企业和投资商驻足、询问商机。①

(五)园区项目建设突出"侨"之特色

华侨试验区是目前中国唯一一个以"华侨"为核心概念的国家级创新型战略发展平台。为了更好地凝聚侨心,汇聚侨资和侨智,华侨试验区在项目设计和招商引资中十分注意突出"侨"之特色。

"侨梦苑"打造试验区华侨创新创业基地。2017年12月14日,由国务院侨务办公室主办的2017侨商汕头行暨"侨梦苑"揭牌仪式在华侨试验区举行,这标志着全国第17个"侨梦苑"项目正式落地汕头市华侨试验区。"侨梦苑"是国务院侨务办公室推出的侨商产业聚集区和华侨华人创新创业聚集区示范品牌。为服务国家创新发展、调动侨胞参与民族复兴大业,国务院侨办倡导并推动"万侨创新行动",其中的一个重要措施就是在重要侨乡,与地方政府合作设立"侨梦苑"——侨商产业集聚区和华侨华人创新创业基地。"侨梦苑"落户华侨试验区既是对华侨试验区的鼓励,也是对华侨试验区建设的一种肯定。据了解,汕头市华侨试验区的"侨梦苑"是目前全国面积最大的,② 根据初步的规划,"侨梦苑"将建有一个华侨创新创业服务中心和华侨未来城等一系列建设项目。华侨创新创业服务中心将提供50多个共享办公位,为创业者提供最高18个月免费

---

① 关于华侨试验区召开和参加一系列推介会的相关资料摘引自《华侨试验区大事记》,见南方网(http://st.southcn.com/content/2015-12/08/content_138505367.htm)。

② 参见《全国第17个"侨梦苑"落户汕头 打造中国南部新侨城》,见新浪广东网(http://gd.sina.com.cn/news/shantou/2017-12-15/detail-ifyptkyk4663243.shtml?from=gd_cnxh)。

第六章　海外华侨华人与广东"21世纪海上丝绸之路"建设

的创业空间；华侨未来城将重点打造体育中心、会展会议中心、大剧院、文旅中心四大地标建筑，并配套建设文旅小镇、科创园区、高端住宅区和人才公寓，将成为联结海内外华侨华人展示和文化交流的载体。①

省地共建世界华侨文化中心。2015年，广东省文化厅和汕头市人民政府《共建华侨经济文化合作试验区、加快文化强市建设合作协议》于3月12日在汕头签订。根据协议，广东省文化厅和汕头市政府将联手打造面向世界海外华侨华人的文化研究展示中心、文化交流传播中心和文化产业中心。

根据设想，海外华侨华人文化研究展示中心，将集中展示侨批档案等华侨历史文化遗产，全景式展现华侨精神、华侨对祖国经济社会发展做出的贡献以及新时期海外华侨华人社群的工作生活风貌；华侨华人文化交流传播中心，则以华侨历史文化传承为主线，打造潮人华侨主题文化体验基地，并依托海外潮人社团创建中华文化的海外传播基地；海外华侨华人文化产业中心，将重点建设动漫玩具、包装印刷、文具三大聚集度高的文化产业集群，依托传统特色产业，重点发展工艺美术、动漫游戏、影视演艺、创意设计、产品设计、外观设计、时尚设计等文化创意和设计产业，形成文化创意产业集群。

为了落实上述设想，双方将共同推动以下项目建设：一是场馆建设、布置和运营，包括历史文化博览中心、汕头市非物质文化遗产展示馆等；二是会议平台建设，包括中国侨商大会、中国华侨博览会等。②

"华侨板"助力华侨试验区企业融资。"华侨板"是指广东金融高新区股权交易中心（区域性的股权交易市场）中的华侨试验区板块，其主要面向的是广东省内的中小微企业，特别是具有侨资背景的外商投资企业、拟股改企业和科技创新型企业。该板块为相关企业提供宣传、信息推广和产权交易等服务。该板块虽然附属于广东金融高新区股权交易中心，但负责该板块企业股权交易事宜的运营中心却设在华侨试验区。"华侨板"采用分层运营模式，内设展示孵化层（D层）、交易融资层（E层）。

---

① 参见《全国第17个"侨梦苑"落户汕头　打造中国南部新侨城》，见新浪广东网（http://gd.sina.com.cn/news/shantou/2017-12-15/detail-ifyptkyk4663243.shtml?from=gd_cnxh）。

② 参见《汕头华侨试验区打造面向海外华侨华人三大文化中心》，见中国新闻网（http://www.chinanews.com/hr/2015/03-12/7125156.shtml）。

展示孵化层主要为挂牌企业提供宣传推广、路演展示、投融资对接、培训咨询等服务；交易融资层为挂牌企业提供股权交易、转让、私募证券发行，跨境金融等全方位融资服务。①

2015年9月15日，广东金融高新区股权交易中心举办了"华侨板"开板仪式，首批218家企业挂牌入驻。② 为了促进"华侨板"健康、持续发展，广泛联系海外华侨华人、港澳台同胞及其社团，促进海内外经贸、科技、金融等方面的交流与合作，2015年12月8日，汕头市政府、广东高新技术服务区发展促进局和广东省侨办等机构联合开会，通过了《"华侨板"理事会工作规则》，成立了"华侨板"首届理事会。首届理事会成员包括20名来自美国、加拿大、泰国、新加坡及中国香港等地的知名华侨潮商，以及6名在国内外金融界具有影响力的知名人士、7名潮籍杰出企业家代表。③

华侨试验区挂牌几年以来，在招商引资方面取得了巨大进步，到2017年8月，华侨试验区存量登记注册企业3085家，总注册资本291.8亿元，基础设施建设累计投资140亿元，已投资落地建设产业项目18个，总投资额360亿元。④ 不仅如此，还有一批知名企业，如广东航宇卫星科技发展有限公司、中交（汕头）东海岸新城投资建设公司、泰盛集团、明园集团、雅士利集团有限公司、太安堂集团有限公司、联泰集团有限公司、潮商中心大厦和金东海研究院等选择将总部企业项目设在华侨试验区。

---

① 参见《解读"华侨板"》，见搜狐网（http://www.sohu.com/a/32140527_148707）。
② 参见《汕头华侨试验区"华侨板"敲钟 218家企业挂牌》，见中国新闻网（http://www.chinanews.com/cj/2015/09-15/7524548.shtml）。
③ 参见《"华侨板"理事会成立：向着全国性华侨股权交易中心迈进》，见新浪网（http://blog.sina.com.cn/s/blog_cabee5e40102w91b.html）。
④ 参见《华侨试验区出台促进产业发展新政策》，见搜狐网（http://www.sohu.com/a/164048302_672852）。

第二节　海外华侨华人及港澳同胞与粤港澳大湾区建设

在粤港澳大湾区建设设想中，粤港澳三地政府和企业通过基础建设，使三地更紧密地联系在一起，港澳不仅仅是一种地理空间概念，而且意味着一种经济社会空间，两地不同的市场理念、消费和服务模式、人的行为模式、社会的制度形态，通过与广东的密切互动，在大湾区构建出一种新的经济和社会空间。在大湾区的建设发展过程中，华侨华人及港澳同胞作用明显。对粤港澳大湾区建设至关重要的CEPA（Closer Economic Partnership Arrangement，即《关于建立更紧密经贸关系的安排》）就源于香港同胞的倡议，粤澳合作框架协议也是在澳门特首的积极奔走下达成的。

一、粤港澳大湾区设想的发展过程：从地方设想到国家战略

（一）湾区概念

与地区相比，湾区（Greater Bay Area；Grand Bay）是一个具有强烈海洋色彩的地理概念。与陆地上的地区相比，从地理的角度分析，湾区不会受到不同地表的阻隔，具有天然的一体性特点。从行政管理的角度分析，湾区较少受到行政条块分割的影响，具有强烈的融合性特点。相应地，湾区经济则靠港而生、依湾而兴，具有天然的开放属性，其兴衰高度依赖国际贸易体系，也深刻影响国际贸易体系。

（二）粤港澳大湾区设想的发展过程

粤港澳大湾区是指由广州、佛山、肇庆、深圳、东莞、惠州、珠海、中山、江门9市和香港、澳门两个特别行政区形成的城市群。粤港澳大湾区概念的提出首先是来自广州、深圳、珠海政府提出的小型的湾区发展设想。

广州率先提出湾区发展设想。21世纪初，广州率先提出了对标日本东京湾区，希望在以南沙港为依托的海湾地带发展临海工业，形成一个可媲美东京湾的港口工业带。深圳最近几年则积极对标旧金山湾区，希望以深圳湾、前海湾等地区为依托发展高新技术产业，形成一个对标硅谷的全

球科创中心。差不多在同一时间，珠海也提出了对标加州第三大都会区圣迭戈湾区发展的设想。圣迭戈是加州最南端靠近墨西哥的一个海湾都会区，在加州的排名仅次于洛杉矶都会区与旧金山湾都会区。

粤港澳大湾区概念成型于2010年的《粤港合作框架协议》。该框架协议在第九章"区域合作规划"中明确提出"环珠江口宜居湾区建设重点行动计划"，具体设想是"打造区域产业核心、生态核心、交通枢纽和多元文化融合区，通过明确的行动计划，在功能布局、海域开发、土地利用等各方面进行引导和协调，建设宜居湾区"①。

粤港澳大湾区概念首次在国家文件中出现是在2015年。2015年中国政府发布的"'一带一路'愿景与行动"明确提出："充分发挥深圳前海、广州南沙、珠海横琴、福建平潭等开放合作区作用，深化与港澳台合作，打造粤港澳大湾区。"②

粤港澳大湾区设想在2017年成为国家议题。2017年，粤港澳大湾区设想首次在政府工作报告中成为国家议题。李克强总理在2017年的政府工作报告中明确提出："要推动内地与港澳深化合作，研究制定粤港澳大湾区城市群发展规划，发挥港澳独特优势，提升在国家经济发展和对外开放中的地位与功能。我们对香港、澳门保持长期繁荣稳定始终充满信心。"③

粤港澳大湾区设想作为支持港澳发展的一个重要举措。2017年7月1日，国家发展和改革委员会、广东省人民政府、香港特别行政区政府、澳门特别行政区政府在香港共同签署了《深化粤港澳合作 推进大湾区建设框架协议》。依据框架协议，粤港澳三地将在中央有关部门支持下，"努力将粤港澳大湾区建设成为更具活力的经济区、宜居宜业宜游的优质生活圈和内地与港澳深度合作的示范区"④。

---

① 《粤港合作框架协议》，见广州市人民政府外事办公室网站（http://www.gzfao.gov.cn/Item/5674.aspx）。

② 《推动共建丝绸之路经济带和21世纪海上丝绸之路的愿景与行动》，见中国新华网（http://news.xinhuanet.com/gangao/2015-06/08/c_127890670.htm）。

③ 李克强：《政府工作报告——2017年3月5日在第十二届全国人民代表大会第五次会议上》，见中华人民共和国中央人民政府网（http://www.gov.cn/premier/2017-03/16/content_5177940.htm）。

④ 《深化粤港澳合作 推进大湾区建设框架协议》，见泛珠三角经济合作网（http://www.pprd.org.cn/fzgk/hzgh/201707/t20170704_460601.htm）。

粤港澳大湾区成为国家扩大开放战略的一部分。2018年3月5日，李克强总理在政府工作报告中明确提出："出台实施粤港澳大湾区发展规划，全面推进内地同香港、澳门互利合作。"①相较于2017年的政府工作报告，2018年的政府工作报告对"粤港澳大湾区"的表述有两个变化：一是"粤港澳大湾区城市群发展规划"变为"粤港澳大湾区发展规划"，"研究制定"变为"出台实施"；二是首次被放在区域战略部分表述，把粤港澳大湾区发展规划与"京津冀区域一体化"和"长江经济带"并列。这意味着粤港澳大湾区建设的重要性得到进一步提升，已经成为国家从全球坐标出发，扩大对外开放、提升国际竞争水平的一个战略举措。

从以上的叙述可以看出，粤港澳大湾区设想在今天已经成为中国改革开放战略的一个重要组成部分，国家的战略支持是粤港澳大湾区能够顺利发展的制度保证。

二、粤港澳大湾区发展的规划设想：建设宜居宜业的经济圈

根据2017年7月1日由国家发展和改革委员会、广东省人民政府、香港特别行政区政府和澳门特别行政区政府在香港签署的《深化粤港澳合作 推进大湾区建设框架协议》，目前粤港澳大湾区发展的具体设想主要有7个方面。

（1）推进基础设施互联互通。强化内地与港澳交通联系，构建高效便捷的现代综合交通运输体系，打造便捷区域内交通圈。建设稳定安全的能源和水供应体系，进一步提升信息通信网络基础设施水平、扩大网络容量。

（2）进一步提升市场一体化水平。落实内地与香港、澳门《关于建立更紧密经贸关系的安排》（CEPA）及其系列协议，促进要素便捷流动，提高通关便利化水平，促进人员、货物往来便利化，打造具有全球竞争力的营商环境。

（3）打造国际科技创新中心。依托内地的强大市场和大湾区强大的技术加工和产品转换能力，吸引世界上的高新技术人才和实验室落户大湾

---

① 李克强：《政府工作报告——2018年3月5日在第十三届全国人民代表大会第一次会议上》，见中华人民共和国中央人民政府网（http://www.gov.cn/guowuyuan/2018-03/22/content_5276608.htm）。

区，打造产学研一体的国际科技创新中心。

（4）构建协同发展现代产业体系。充分发挥大湾区不同城市产业优势，推进产业协同发展，完善产业发展格局，加快向全球价值链高端迈进。

（5）共建宜居宜业宜游的优质生活圈。以改善民生为重点，提高社会管理与公共服务能力和水平，增加优质公共服务和生产生活产品供给，打造国际化教育高地，完善就业创业服务体系，加强人文交流、促进文化繁荣发展，推进区域旅游发展，支持澳门打造旅游教育培训基地，共建健康湾区，完善生态建设和环境保护合作机制，建设绿色低碳湾区。

（6）培育国际合作新优势。支持粤港澳共同开展国际产能合作和联手"走出去"，进一步完善对外开放平台，更好发挥归侨侨眷纽带作用，推动大湾区在国家高水平参与国际合作中发挥示范带头作用。

（7）支持重大合作平台建设。推进深圳前海、广州南沙、珠海横琴等重大粤港澳合作平台开发建设，充分发挥其在进一步深化改革、扩大开放、促进合作中的试验示范和引领带动作用，并复制推广成功经验。推进港澳青年创业就业基地建设。支持港深创新及科技园、江门大广海湾经济区、中山粤澳全面合作示范区等合作平台建设。发挥合作平台示范作用，拓展港澳中小微企业发展空间。[①]

从以上政府文件对大湾区建设的相关规划设想可以看出，大湾区建设的目的就是要建立一个宜居宜业的经济圈。在这个圈内，空气清新，饮食安全，交通和通信便捷，平台（包括国内和国外的）多，创业容易，发展和就业机会多，生活方式选择多。

三、海外华侨华人及港澳同胞参与建设粤港澳大湾区

海外的6000万华侨华人中，在港澳定居的归侨侨眷数量众多。庞大的海外华人群体不仅意味着巨大的市场消费力量和资本、技术等生产力量，也意味着巨大的制度变革力量。广东的产品和服务要出售给海外的华侨华人，或者通过港澳地区的华侨华人和港澳同胞销售到其他国家和地区，必须在设计理念、服务模式适应海外的社会制度，要吸引海外的公司

---

① 参见《〈深化粤港澳合作 推进大湾区建设框架协议〉全文》，见泛珠三角合作信息网（http://www.pprd.org.cn/fzgk/hzgh/201707/t20170704_460601.htm）。

第六章 海外华侨华人与广东"21世纪海上丝绸之路"建设

和技术人才到广东,也需要在一些理念、制度和行为模式方面做必要的变通。在过去的几十年改革开放实践中,华侨华人和港澳同胞为了粤港澳之间的人员、货物、资本和服务往来的便利化和市场一体化,做了大量的工作,也取得了很好的效果。

(一)响应特首提议,建立粤港合作联席会议

粤港合作联席会议创设于1998年3月,是中国首个经中央政府批准由地方政府与香港特别行政区政府建立的合作机制,其概念来自董建华的首份施政报告。香港特首董建华在1997年10月8日发表的施政报告中指出:"随着香港回归祖国,过去两地主要局限于民间方式的交往,应该可以更加有条件,在政府的鼓励和支持下,在经济、金融、贸易、运输、文化、教育、科技、旅游、体育等等领域,全面积极地发展。"①

董建华认为,加强香港与内地的联系与合作,"尤其是加强与邻近省市的经济合作关系,对香港未来的发展极其重要。最近,特区政府与内地有关部门就香港与广东省两地的跨界建设项目,在过去的基础上,重新设立了'香港与内地大型基建协调委员会',具体就西部通道、珠海伶仃洋大桥、铜鼓航道、新机场与珠江三角洲空中管制协调,以及落马洲、皇岗旅客过境信道等项目,做深入研究。此外,为了加快香港与广东省的区域性全面合作,特区政府,将会联同中央有关部门,与广东省政府成立较高层次的组织,就涉及港粤两地的交通基建、环境治理、副食品供应、城市用水、社会福利、企业投资,包括边境人、车、货如何更加快捷过关等重大项目,进行研究和协调,推动香港与内地邻近地区的合作走上一个新的境界"②。

董建华的提议得到了国务院的批准。1998年3月30日上午,粤港合作联席会议在广州鸣泉居酒店举行了成立仪式,仪式由时任国务院港澳办副主任陈佐洱主持,港澳办主任廖晖、香港特首董建华和广东省省长卢瑞华分别致辞。下午,时任广东省副省长王岐山和香港特区政务司司长陈方

---

① 董建华:《施政报告》,见深圳大学港澳基本法研究中心专题库(http://basiclaw.szu.edu.cn/handle/510500.239/3427)。
② 董建华:《施政报告》,见深圳大学港澳基本法研究中心专题库(http://basiclaw.szu.edu.cn/handle/510500.239/3427)。

安生分别率团出席第一次会议,标志着粤港合作联席会议正式运作。按照最初设想,会议每半年举行一次,在广东和香港轮流举行。1998年9月24日,第二次会议在香港举行。之后根据实际的运行情况,调整为每年举行一次。第三次会议于2000年9月在深圳召开。2001年7月,根据国务院港澳办要求,粤港合作联席会议确立为双首长制,把深港联系机制纳入粤港合作联席会议内容,广东一方由广东省常务副省长和深圳市市长率队,香港一方由政务司司长和财政司司长带团。

从1998年至2002年,联席会议重点推动的合作领域是政府信息互联网、口岸通关、旅游、环保、金融和中小学语言教育交流培训等。合作取得了积极成果。2003年3月,在董建华的提议下,粤港双方一致同意提升粤港合作机制,由双方行政首脑共同主持。该提议也得到了中央的同意,2003年的粤港合作联席会议正式升格为双方行政首长主持。这次会议在香港举行。

这次会议提出,通过10到20年的时间,将包括广东、香港在内的大珠三角建设成为世界上最具活力的经济中心之一,广东要成为世界上最重要的制造业基地之一,香港要成为世界上最重要的以现代物流业和金融业为主的服务业中心之一。为此会议提出了加强服务业合作、口岸合作、旅游合作、高新技术合作、教育合作、知识产权保护合作,协调跨界大型基建项目,联合推介大珠三角,召开粤港经贸合作研讨会等具体12个合作领域。

这次会议之后,联席会议进一步完善了合作机制。一是完善了会议记录机制。每次会议由会议举办地一方负责将会议要点整理,以会议纪要形式备存。双方据此贯彻落实确定的合作项目。二是建立了工作会议机制。工作会议由广东省主管港澳事务的副省长和香港特区政务司司长共同主持,工作会议原则上每年举行一次。工作会议的主要任务和职责是提出粤港合作联席会议研究的重大问题和建议,做好联席会议的筹备工作,执行联席会议决定和交办事项,研究提出推进合作的具体措施,跟进并协调落实重大项目的进展情况。三是建立了工作小组制度。双方根据项目需要,成立了若干专责工作小组,工作小组由各方的对口厅局牵头,负责有关项目的研究、跟进、协调和落实。双方根据工作需要和人员岗位变动情况及时调整专责(项目)小组,并相互通报。

粤港合作联席会议取得的一个标志性成果,就是2010年4月7日双

第六章　海外华侨华人与广东"21世纪海上丝绸之路"建设

方签署的《粤港合作框架协议》。该框架协议由时任广东省省长黄华华和香港特首曾荫权在北京人民大会堂签署。框架协议的签署使得粤港合作进入一个新的阶段和高度。

（二）应香港要求，签署 CEPA，正式开启粤港澳一体化建设

1. CEPA 的产生过程

CEPA 即《关于建立更紧密经贸关系的安排》的英文简称，包括中央政府与香港特区政府签署的《内地与香港关于建立更紧密经贸关系的安排》、中央政府与澳门特区政府签署的《内地与澳门关于建立更紧密经贸关系的安排》。

CEPA 缘起于香港人的提议。2001 年 11 月，香港商界有关人士向香港特首董建华提议，香港与祖国内地模仿美国、加拿大和墨西哥建立自由贸易区，希望中央政府与香港特区政府进行研究与磋商。[①] 当月（11月），董建华先生就致信中央，提出两地建立自由贸易区的建议。中央政府对此非常重视和支持。[②] 2001 年 12 月 19 日，董建华在进京述职时正式向中央政府提出了建立自由贸易区的建议。该建议得到中央政府的高度重视与积极回应，考虑到内地与香港是在一个国家之内国家主体同其单独关税区之间建立自由贸易安排，经国务院批准并通过与特区政府协商，两地同意使用"内地与香港更紧密经贸关系的安排"作为两地合作安排的名称。

2002 年 1 月 25 日，《内地与香港关于建立更紧密经贸关系的安排》（以下简称《安排》）的磋商在北京启动。外经贸部副部长安民与香港财政司司长梁锦松作为磋商代表，共同主持召开了《安排》磋商的第一次高层会议。2002 年 3 月人代会期间，董建华在京拜会中央政府的领导和有关部委时提出，希望两地《安排》的磋商速度越快越好，内容成熟一项即实施一项，以增强港人信心，促进香港经济的早日复苏。2003 年 5

[①] 参见林诗庆《CEPA 与粤港澳经济合作研究》（硕士学位论文），华侨大学 2004 年，第 22 页。

[②] 参见《CEPA 概况》，见中国商务部网（http://tga.mofcom.gov.cn/article/zt_cepa/subjectii/）。

月,《安排》的磋商开始全面提速,双方有关人员克服了"非典"的影响,全力以赴,在较短的时间里完成了《安排》货物贸易、服务贸易主要内容的磋商。经过 5 次高层会议、20 轮高官级磋商,在国务院总理温家宝出席香港回归 6 周年庆典活动期间,2003 年 6 月 29 日,商务部副部长安民与香港财政司司长梁锦松在香港共同签署了《内地与香港关于建立更紧密经贸关系的安排》及其附件《磋商纪要》。国务院总理温家宝出席了签署仪式。9 月 29 日,商务部副部长安民又与香港财政司司长唐英年在香港共同签署《安排》的 6 个附件。至此,中央政府与香港特区政府完成了《安排》的全部磋商工作。

在与香港的《安排》签署之前,2003 年 6 月 20 日,《内地与澳门关于建立更紧密经贸关系的安排》的磋商在北京启动。双方磋商代表时任商务部副部长安民与澳门经济财政司司长谭伯源共同主持召开了第一次高层会议。双方同意《内地与澳门关于建立更紧密经贸关系的安排》的基本原则、内容框架和开放内容基本参照与香港的《安排》,同时要充分考虑澳门的实际情况,体现澳门经济的特点。在短短 4 个月的时间内,双方举行了 5 次高官磋商和两次高层会议,就协议的全部内容达成了一致。10 月 17 日,双方磋商代表在澳门正式签署《内地与澳门关于建立更紧密经贸关系的安排》及其 6 个附件。国家副主席曾庆红出席了签署仪式。《内地与澳门关于建立更紧密经贸关系的安排》于 2004 年 1 月 1 日与香港《安排》同步实施。

2. CEPA 对广东开放和粤港澳一体化的作用和影响

内地与香港和澳门签署的 CEPA 具有开放的性质,可以根据三地经贸发展的趋势,不断补充和完善新的内容。据此,内地政府于 2004 年 10 月 27 日和 2005 年 10 月 18 日先后签署了《〈内地与香港关于建立更紧密经贸关系的安排〉补充协议》及《〈内地与香港关于建立更紧密经贸关系的安排〉补充协议二》,进一步扩大对香港的开放。2004 年 10 月 29 日和 2005 年 10 月 21 日,内地与澳门签署了《〈内地与澳门关于建立更紧密经贸关系的安排〉补充协议》和《〈内地与澳门关于建立更紧密经贸关系的安排〉补充协议二》,进一步扩大对澳门的开放。广东毗邻港澳,CEPA 的签署,广东的受益最直接。

个人港澳游率先对广东开放。"允许部分内地城市居民以个人身份赴港澳旅游"是 CEPA 的一项重要内容。2003 年 7 月 28 日,广东省先后开

第六章　海外华侨华人与广东"21世纪海上丝绸之路"建设

办了佛山、东莞、中山、江门、广州、深圳、珠海、惠州八市居民个人赴港澳旅游。通过"自由行"政策，内地赴港澳旅游不再需要参加由旅行社组织的港澳游旅行团，手续变得十分简单和便捷，去港澳旅游、休闲、购物变得十分轻松和方便。这一政策极大地刺激了广东城市居民的港澳游。截至12月26日，广州等八市共受理居民个人赴港澳旅游申请145万人次，占各类出入境申请总量的64%，发出个人港澳游证件（签注）134万本（个）。① 港澳自由行试水的成功，让广东省政府做出决定，新增汕头、潮州、梅州、肇庆、清远、云浮6市于2004年1月1日开办个人赴港澳旅游。从2004年5月1日起，在广东省全省全面开办居民个人赴港澳旅游。② 截至2004年7月15日止，广东省总计办理了个人港澳游签注540万个，其中赴香港签注290万个，赴澳门签注250万个。大量的个人港澳游极大地刺激了香港和澳门的旅游业，也大大加深了粤港澳的一体化程度。③ 为了进一步方便深圳市民往来香港，从2009年4月1日起，深圳户籍居民可以申请"一签多行"签注，即在有效期内，可以无限次往返香港，每次逗留时间不超过7天。④

先行先试服务业准入。2008年，时任国家副主席的习近平同志指示，广东可以在服务业准入问题上先行先试。这拉开了广东对港澳服务业开放先行先试的序幕。2008年5月，由时任中共广东省委书记汪洋、省长黄华华带队，带领着由5位副省长、12个省直部门主要负责人和相关人员组成的专业队伍去到北京，逐个拜访国家发改委、工业和信息化部、商务部等26个部委，寻求他们对广东深化粤港澳合作服务业先行先试政策措施的支持。这次广东省政府带去了17项48条政策措施建议。这些政策措施建议曾两次征求香港特区政府的意见，并在深圳面对面与香港方面进行了探讨，香港政府也提出了建议。对广东省政府拟制的政策措施建议，国

---

① 参见《广东个人游港澳明日新增六市　明年5月1日起办理》，见网易新闻网（http://news.163.com/2003w12/12417/2003w12_1072839901529.html）。

② 参见《广东个人游港澳明日新增六市　明年5月1日起办理》，见网易新闻网（http://news.163.com/2003w12/12417/2003w12_1072839901529.html）。

③ 参见《港澳游受广东人热捧　每分钟五个内地客进香港》，见新浪网（http://news.sina.com.cn/c/2004-07-28/13183225334s.shtml）。

④ 参见中国人民政治协商会议广东省委员编《敢为人先——改革开放广东一千个率先：社会·港澳台侨卷（下）》，人民出版社2015年版，第679页。

家各部委进行了认真研究，给予了大力支持。"最终国家有关部门当场同意政策措施建议10项22条，原则同意但需进一步研究的政策措施建议13条。"①

2008年7月29日和30日，商务部代表分别和香港特区、澳门特区政府代表签署了CEPA关于内地进一步向港澳开放服务贸易的补充协议五。在协议规定的34项具体开放措施中，在广东先行先试的达17项。在CEPA之外，还有8条港澳服务业在广东先行先试的政策措施，也在香港的签署仪式上一并对外公布。广东以2008年争取先行先试政策为起点，不断加强政策研究，积极争取中央支持更多服务业开放的政策措施在广东先行先试。到2013年，在广东先行先试的政策措施已达82项。② 涵盖金融、教育、医疗、交通服务、社会服务、电子商务等多个领域。

广东省利用CEPA及服务业先行先试的特殊政策安排，创造了多项全国第一，不仅为广东省服务业带来了新理念，而且给内地其他省份的服务业开放和发展起到了示范作用。

第一家合资开办的高水平大学——香港中文大学（深圳）。2011年3月，深圳市政府与香港中文大学正式签署《深圳市政府香港中文大学在深圳办学的框架协议》；2014年3月，教育部正式批准设立香港中文大学；2014年面向全国17个省市招收学生。

第一条特许经营的地铁。2011年6月，深圳地铁4号线正式开通运营，这是国内第一条采用BOT（建设—经营—转让）模式、并以特许经营的方式引入香港地铁公司先进管理模式的轨道交通项目。

第一家合资投资咨询公司。2012年8月，广州广证恒生证券投资咨询有限公司在广州成立。这是中国第一家合资投资咨询公司。

第一家境外游合资旅游公司。2013年3月，国家旅游局批准粤港合资旅行社——康泰国际旅行社获得经营内地居民出境旅游业务资格，成为第一家获准经营内地居民出境旅游业务资格的合资旅行社。

第一家境外独资医院。2013年3月21日，深圳希玛林顺潮眼科医院

---

① 中国人民政治协商会议广东省委员会编：《敢为人先——改革开放广东一千个率先：社会·港澳台侨卷（下）》，人民出版社2015年版，第682页。

② 参见中国人民政治协商会议广东省委员会编《敢为人先——改革开放广东一千个率先：社会·港澳台侨卷（下）》，人民出版社2015年版，第683页。

开业。这是中国第一家境外资本独资的医院。

其他成就见表6-2①。

表6-2　广东省服务业其他成就

服务贸易领域	相关数据
金融服务	6家港资银行在广东设立61家支行
商贸物流	百佳超市、万宁连锁店、屈臣氏、OK便利店、眼镜88遍布广东主要城市
医疗服务	独资设置并已领取《设置医疗机构批准书》诊所、门诊部21家
法律服务	设立香港律师事务所代表机构22家，合资经营律师事务所1家，69位香港律师在广东成为执业律师
旅游服务	注册港资旅行社17家
认证服务	31名香港建筑师、76名造价工程师获准在广东注册执业

CEPA及服务贸易领域的先行先试政策，大大提升了粤港澳三地之间的服务贸易水平。2013年，广东与港澳实现服务贸易进出口额789.36亿美元。其中，与香港的服务贸易额为777.67亿美元，同比增长40.23%，远远高于全国服务贸易14.7%的增长率。广东省也因此成为名副其实的服务贸易大省，其服务贸易量占全国的四分之一。② 粤港澳三地服务贸易的发展有力推动了三地在其他领域的合作，提升了粤港澳合作的水平，大大加深了三地的一体化程度。

（三）接受澳门特首提议，签署粤澳合作框架协议

2011年3月6日，广东省省长黄华华与澳门特别行政区行政长官崔世安分别代表粤澳两地政府在北京人民大会堂签署《粤澳合作框架协议》。这是全国首个地方政府与澳门特区政府签订的合作协议。按照记者

---

① 表6-2是笔者根据相关资料整理而成。具体可参见中国人民政治协商会议广东省委员会编《敢为人先——改革开放广东一千个率先：社会·港澳台侨卷（下）》，人民出版社2015年版，第684页。

② 参见中国人民政治协商会议广东省委员会编《敢为人先——改革开放广东一千个率先：社会·港澳台侨卷（下）》，人民出版社2015年版，第684页。

的叙述，这一协议是澳门特首崔世安"跑"出来的。

2010年澳门特首崔世安首次到北京列席全国人代会和政协会，"当时广东正和香港谈框架合作协议，他听说后就提出，为啥不在粤澳也搞个协议。为这，粤澳高层一年碰了四回头，可两地合作还只是个念头"。崔世安先生不仅与广东的领导人积极接触，努力促成合作协议，而且还到国家十几个部委去咨询和征求意见，到了2010年11月，还有6个部委没点头。

为了尽快达成合作协议，崔世安先生开始"跑部前进"。"2010年12月去北京述职时，他跟时任质检总局局长支树平、国务院港澳办主任王光亚、公安部部长孟建柱、商务部部长陈德铭、海关总署署长盛光祖等部委负责人先后闭门会面。过了元旦，2011年1月他又跑到广州，跟广东官员会晤"，经过近一年的努力，粤澳双方终于"就加快推进粤澳合作达成一致共识"。① 正是在崔世安先生的积极"奔跑"下，才有了2011年3月签署的《粤澳合作框架协议》。

《粤澳合作框架协议》由粤澳两地政府共同研究制定，并经国务院审定同意（框架协议草案曾经在2010年6月和10月两次呈报国务院审批），是第一份指导粤澳两地合作的综合性和纲领性的文件。该协议涵盖了两地经济、社会、文化等合作领域，提出了一系列具体的合作措施，"创造性地提出了'合作开发横琴''共建粤澳合作产业园区"等新合作模式"②，为大湾区建设打下了坚实的制度基础。

第三节　侨务公共外交：助力广东与"21世纪海上丝绸之路"沿线国家间的友好交往

把侨务工作作为中国民间外交的一部分——向国外民众介绍中国，构建和传播正面的中国形象，是侨务公共外交的应有之义。通过多年细致的

---

① 《崔世安这五年：曾被称为"离岸特首""疯狂"促成粤澳合作》，见网易新闻网（http://news.163.com/14/0923/05/A6Q7P0AN00014SEH.html）。

② 中国人民政治协商会议广东省委员会编：《敢为人先——改革开放广东一千个率先：社会·港澳台侨卷（下）》，人民出版社2015年版，第708页。

第六章 海外华侨华人与广东"21世纪海上丝绸之路"建设

工作,广东省侨务部门掌握了大量的侨务资源,支持建立了众多的侨团组织,在海外华侨华人的帮助下,建立了众多的友好城市,这些为广东省开展与"海丝路"沿线国家间的友好往来打下了坚实的基础。广东省一些部门主办华文媒体研修班和专业会展取得了良好的效果,广东省通过这些形式让外国政要和普通民众越来越关注广东,了解广东,也密切了广东与"海丝路"沿线国家的友好往来。

一、侨务公共外交概念的提出与内涵

2011年9月,国务院正式印发《国家侨务工作发展纲要(2011—2015年)》,对"十二五"期间的侨务工作做出全面规划和部署。该纲要首次把"拓展侨务公共外交"列为我国侨务工作未来5年的重要任务之一。2011年10月在北京召开的全国侨务工作会议上,国务委员戴秉国和国务院侨办主任李海峰又先后强调,侨务工作部门今后要重视"拓展侨务公共外交"。① 从此以后,侨务公共外交成为侨务部门和相关学者使用和讨论的一个热门话语。

综合相关领导人的讲话和学者的相关研究,笔者认为可以把侨务公共外交理解为从外交的高度看待侨务工作,把侨办及涉侨部门的侨务工作看作中国政府向外界推介中国、构建中国正面形象、引导世界正确认识中国的政府大外交的一部分。更准确地说,要重视侨胞在公共外交中的作用。

之所以要强调侨胞在公共外交中的作用,从一般的情况分析,是因为中国政府以外国公众为受众的公共外交难以做到经常化,通常只能通过不多的场合,以向外国的高校师生、研究机构或商业社团发表演讲的形式予以实施。这种外交形式虽然主体权威,但由于时间、场合和受众人数的限制,其效果往往也受到限制。而广大的华侨及与此密切相关的华人由于长期在住在国生活和工作,与当地社会联系较为密切,他们的一言一行往往会对当地民众的认知产生更大、更深远的影响。

从中国面临的国际形势分析,是因为中国面临的环境越来越复杂。"在此种情况下,要鼓励海外侨胞以多种方式向住在国政府及主流社会介绍中国的基本国情、发展道路和内外政策,帮助他们客观看待和认识中国

---

① 参见《全国侨务工作会议首提"侨务公共外交"》,见中国新闻网(http://www.chinanews.com/zgqj/2011/10-21/3406592.shtml)。

的发展进步。要使海外侨胞成为促进中国与住在国各领域合作交流的友好使者。"①

从华侨华人本身情况分析,是因为华侨华人在居住国的地位和影响越来越强大。"经济上,目前华人的贸易中心遍及世界各地,华商经济已经成为世界经济发展的一支重要力量;科技上,西方发达国家集聚着数百万海外侨胞专业人才,所从事的研究涵盖当今世界大多数高新科技领域;政治上,海外华人已逐渐摆脱'只重事业发展,不问政治国事'的传统,参政意识不断增强。随着华人经济、文化等方方面面的发展,特别是新华人和华裔新生代逐渐成为华侨华人社会的主体力量,海外侨胞逐渐为主流社会所关注,并日趋融入主流,进而影响主流。"②

侨务公共外交如何开展?时任国务院侨务办公室主任李海峰在大会发言中对这一问题做了具体的阐述,即侨务部门"针对外界关注的热点问题,组织海外侨胞实地参访和交流,鼓励他们通过所见所闻,向当地主流社会全面、真实地介绍中国"。这其中最重要的,是要做好华文媒体的工作,具体设想是"邀请华文媒体负责人和编辑记者参加'海外华文媒体高级研修班',并邀请海外华文媒体来华采访,引导他们正确认识中国的国情、社情和民情"③。

从以上涉侨部门领导人的讲话可以看出,侨务公共外交的实质就是要重视侨务工作在政府公共外交中的作用,把侨务工作作为中国政府公共外交的一部分。之所以如此,一是因为中国复杂外交环境的需要,二是海外华侨华人的特点和地位上升使这一点成为可能。

二、涵养侨务资源,助力广东与"21世纪海上丝绸之路"沿线国家的友好交往

目前,侨务公共外交工作的重点是涵养侨务资源。这包括4点:一是调查侨务资源;二是利用既有的华侨社团,紧扣国家形势焦点问题,大造

---

① 《全国侨务工作会议首提"侨务公共外交"》,见中国新闻网(http://www.chinanews.com/zgqj/2011/10-21/3406592.shtml)。
② 《全国侨务工作会议首提"侨务公共外交"》,见中国新闻网(http://www.chinanews.com/zgqj/2011/10-21/3406592.shtml)。
③ 《全国侨务工作会议首提"侨务公共外交"》,见中国新闻网(http://www.chinanews.com/zgqj/2011/10-21/3406592.shtml)。

第六章 海外华侨华人与广东"21世纪海上丝绸之路"建设

声势,让国外的社会关注中国、了解中国;三是借力华侨华人与相关国家和地区结成友好城市;四是邀请华文媒体访问,举办华文媒体高级研修班,通过华文媒体直接地构建和传播中国的正面形象。下面结合相关案例和数据,介绍广东开展侨务公共外交的一些做法。

(一)资助专题研究,整理侨务资源,为助力广东与"海丝路"沿线国家的交往蓄力

2017年3月,暨南大学华侨华人研究院课题组对粤籍华侨华人资源进行了初步整理。课题组进行了细致的调查研究,整理出丰富的粤籍华侨华人资源。根据作者对侨务公共外交的理解和掌握的课题成果信息,与侨务公共外交相关的资源主要有两个方面。

粤籍华侨华人创办和参与的华文媒体。华文媒体是十分重要的侨务公共外交资源,在向外国民众介绍中国,构建和传播中国形象方面起着直接作用。摸清粤籍华侨华人创办和参与的华文媒体是广东省政府部门搞好侨务公共外交的一个重要基础。

粤籍华人参与的社团。粤籍华人社团是广东省侨务公共外交的重要资源。侨团首领多是当地有名望的社会贤达人士,他们对中国的认知,不论对当地华侨华人,还是对住在国的他族民众都有一定的影响。粤籍华人参与的各种社团是广东省开展侨务公共外交的重要渠道。

(二)创办和参与侨团组织,涵养侨务资源

作为具有众多海外资源的侨乡,广东很早就意识到海外华侨华人资源对广东经济建设的重要作用,建立了一系列的制度和机构,动员华侨华人资源参与广东的改革开放。广东省在参与"一带一路"倡议实施方案中之所以强调华侨华人,是因为广东在改革开放的40年中,从广东省华侨华人资源丰富这一特点出发,逐渐建立健全了一系列机构,动员粤籍华侨华人参与广东的经济改革与开放。经过多年的发展,这些机构和制度已经日臻完善,只需通过每次大会议题的调整,就可以动员起广大的海外华侨华人资源,参与具体的倡议实施。下面介绍一些具体的制度平台及他们参与中国"一带一路"倡议和广东省实施方案的具体做法。

1. 创办广东省潮人海外联谊会(广东省潮联会)

广东省潮联会成立于1988年11月14日。按照当事人许昌敏先生的

回忆，这是在中国内地成立的第一个潮人社会团体，也是中国改革开放后全国最早成立的社会民间组织之一。① 该组织最初的名字是"广州潮人海外联谊会"。潮人即潮汕人，传统上也称为潮州人，是聚居在广东省东南部，操闽南方言的一个汉族民系。在历史上，曾经有众多的潮人移居东南亚和世界其他地区，他们为住在国和祖（籍）国都做出了重要的贡献。聚集海外潮人的力量，为广东省的改革开放做贡献是这一组织成立的一个重要目的。

根据许昌敏先生的回忆，催生广东省潮联会有3个重要的因素。

一是广东改革开放的需要。"广州在历史上就是中国对外开放的窗口，作为省会，广州聚集了不少潮汕精英，他们在发展自身事业的同时，还以极大的热忱关心和支持着家乡建设。"作为广东三大民系之一的潮汕人，向来具有敢为人先的文化传统和较强的商品意识。20世纪80年代初的改革开放极大地激发了海内外潮人的爱国热情和投资热潮，"海外潮籍华侨华人纷纷返回家乡投资建设，热心开展助学、扶贫等慈善活动。家乡也期盼通过向海外潮籍华侨华人招商引资，尽快改变落后面貌。海内外都迫切要求在内地建立一个可以牵线搭桥的联谊平台"②。

二是创会会长蚁美厚先生的积极倡议和奔走。蚁美厚是中国著名的爱国侨领，从20世纪30年代起任泰国多个潮人社团要职，他的积极倡议和奔走是广东潮联会得以成立的重要因素。他在20世纪80年代初就率先提出成立"广州潮人联谊会"的倡议，并得到了当时广州各界潮籍人士的赞同和支持，但由于当时国内尚未有过这样的社会民间组织，在向广东省民政厅呈报登记注册时，未得到许可。③

三是中央和省市领导的重视。在申请注册受阻以后，蚁美厚先生利用到北京开会的机会，向时任国家副主席杨尚昆汇报了事情的经过。杨尚昆曾在广州工作，与蚁美厚先生比较熟悉。在听取了蚁美厚先生的汇报后，杨尚昆建议在联谊会前面加上"海外"两字，明确联谊会的定位和宗旨。

---

① 参见中国人民政治协商会议广东省委员会编《敢为人先——改革开放广东一千个率先：社会·港澳台侨卷（下）》，人民出版社2015年版，第746页。

② 参见中国人民政治协商会议广东省委员会编《敢为人先——改革开放广东一千个率先：社会·港澳台侨卷（下）》，人民出版社2015年版，第747页。

③ 中国人民政治协商会议广东省委员会编：《敢为人先——改革开放广东一千个率先：社会·港澳台侨卷（下）》，人民出版社2015年版，第747页。

第六章 海外华侨华人与广东"21世纪海上丝绸之路"建设

蚁美厚先生按照建议,回到广州后,重新向广东省民政厅申请注册许可,这一次获得了批准。①

2000年广州潮人海外联谊会更名为"广东潮人海外联谊会",2011年再次更名为"广东省潮人海外联谊会"。广东省潮人海外联谊会实行理事会负责制。每届理事会任期4年。广东省潮联会首届理事会会长是蚁美厚。从1988年至今,广东省潮联会历任会长有蚁美厚、罗天、郭荣昌、蔡东士等。现任理事会是广东省潮联会第七届理事会(2016年10月),会长是蔡东士。

为了顺应形势的发展,广东省潮联会下设了青年委员会、经济委员会、法律委员会、文教委员会等10多个内部委员会,设有广东潮人海外联谊会潮商会(2006年6月28日经广东省民政厅批准成立)、广东潮人海外联谊会潮菜文化研究分会等二级机构。

广东省潮联会不仅多次参加国际潮团联谊年会②,而且于2009年11月在广州举办了国际潮团第十五届联谊年会。联谊年会在广州中山纪念堂举行,来自五大洲27个国家和地区112个社团的3500多名代表参加了该次盛会。③ 20多年来,广东省潮联会不仅以其广泛的人脉资源,而且以其会员具体的经济和技术资本,促进了广东的对外开放和经济发展。

在新的时期,广东省潮联会和国际潮团联谊会以会议主题的形式突显为祖(籍)国的"一带一路"倡议服务的理念。顺应时代主题,利用组织平台为祖(籍)国的"一带一路"倡议和广东省的对外开放服务是该组织助力广东省在"海丝路"沿线国家经济布局的主要形式。这方面的一个典型例子就是国际潮联会第十九届年会的主题。

第十九届国际潮团联谊年会于2017年10月7日在印度尼西亚雅加达印度尼西亚会展中心开幕,来自全球各地的2000多名潮团代表汇聚

---

① 参见中国人民政治协商会议广东省委员会编《敢为人先——改革开放广东一千个率先:社会·港澳台侨卷(下)》,人民出版社2015年版,第747~748页。

② 国际潮团联谊年会于1980年成立,由马来西亚潮州公会联合会首先倡议。1981年11月19日在香港九龙举办首届年会,其后每两年举行一次大会,现已经举办了19届。第二十届年会将于2019年在新西兰奥克兰市举行。

③ 参见《第十五届国际潮团联谊年会在广州隆重开幕》,见时代潮人网(http://sdcr.hqcr.com/html/88/n-188.html)。

一堂，会议开幕式上最醒目的就是以汉字书写的大会主题——"共聚海丝路，再创新辉煌"。①

2. 支持世界广东同乡联谊大会

为了促进世界各地广东乡亲的相互联系，增强广东乡亲的团结和凝聚力，1999年，新加坡广东会馆和马来西亚广东会馆联合会共同向世界各地的广东社团发出举办世界广东同乡联谊大会的倡议，得到了世界各地粤籍乡亲社团响应和广东省侨办的支持。2000年10月19日至20日，由新加坡广东会馆主办的第一届"世粤联会"在新加坡举行。来自13个国家和地区的800多位代表参加了该大会。根据该成立大会通过的《世粤联会简章》，"世粤联会"的宗旨为：联络世界各地同乡、敦睦乡谊、促进商机、服务社会、加强团结、互惠互利。

2002年12月2日至4日，第二届"世粤联会"在广东举行。大会由广东省海外交流协会、广东省海外联谊会、广东省归国华侨联合会共同主办。大会的主题是"联谊、合作、发展"，共有来自近70个国家和地区的2800多位粤籍乡亲出席了大会。时任中国国务院副总理钱其琛、中共广东省委书记张德江、省长卢瑞华出席大会；国务院侨办主任郭东坡出席大会并讲话，中共中央政治局常委李长春发电致贺。该次大会安排联谊大会、华侨华人图片展、经贸洽谈会、侨情交流会、侨乡考察等一系列活动。2013年11月10日至12日，第七届"世粤联会"在中国澳门举行，与以往不同的是，这届"世粤联会"还增加了一个新的组织，即"世粤侨青大会"。从此以后，新的"世粤侨青大会"与"世粤联会"同时召开。该次大会的主题是"传承中华文化，构建和谐侨社"，来自41个国家和地区100多个社团的3500位广东乡亲参加了这次大会。他们共叙乡情、共谋合作。大会每两年举行一次，到现在为止一共举行了8届。2015年第八届"世粤联会"和第二届"世粤侨青大会"在澳大利亚悉尼歌剧院举行。这次大会的主题是"百载粤侨路，心系中国梦"。第九届大会在加拿大温哥华举行。

广东省潮联会、世界潮团联谊会、世粤同乡联谊大会这些机构通过举办各种会议和会议的造势，让世界更多地关注中国的"一带一路"倡议，

---

① 参见《第十九届国际潮团联谊年会在印尼隆重开幕》，见国际潮团联谊会网（http://www.chaoren.com/news/chaoxun/globle/2017-10-08/105241.html）。

第六章 海外华侨华人与广东"21世纪海上丝绸之路"建设

了解广东参与"海丝路"建设的具体设想,这对广东走出去,参与与"海丝路"沿线国家的经济合作具有积极的作用。

(三)借力华侨华人,缔结广东友好城市

广东与其他国家的交往的一个主要渠道是广东省(包括广东省的一些主要城市)与国外省市结成的友好城市①。截止到2017年12月26日,全省目前正式缔结友城关系190对。其中,省级47对,地级市130对,县级市(区)13对。② 在很多广东友好城市的结对过程中,华侨华人起到积极的推动作用。③ 在广东省缔结的190对友好城市中,与"海丝路"沿线国家结成的友好城市43对。(见表6-3)这些友好城市既是广东省与21世纪海上丝绸之路沿线国家开展友好交往的具体见证,也是坚实的保证。

表6-3 广东省与21世纪"海丝路"沿线国家友好城市一览④

友好省(州/县/区/)、市(外文、简称)	国别	缔结友好省(州/县/区/)、市协议书签字人	签字时间、地点(备注)
广东省11对			
1. 新南威尔士州 New South Wales	澳大利亚 Australia	广东省省长 习仲勋 新南威尔士州州长 兰恩	1979-09-01 信件方式

---

① 友好城市在世界上又被称为姐妹城市(Twin Cities),主要兴起于"二战"之后的欧洲。它指一国的城市(或省州、郡县)与另一国相对应的城市(或省州、郡县),以维护世界和平、增进相互友谊、促进共同发展为目的,在签署正式友好城市协议书后,双方城市积极开展在政治、经济、科技、教育、文化、卫生、体育、环境保护和青少年交流等各个领域的交流合作。我们称这种正式、综合、长期的友好关系或制度安排为友好城市关系。
② 参见广东省人民政府外事办公室《广东省全省友城一览表》,见广东省人民政府网(http://www.gdfao.gd.gov.cn/Item.aspx?id=17101)。
③ 参见《华人华侨当"红娘" 广东结亲全球78城》,见南方日报网(http://epaper.southcn.com/nfdaily/html/2008-11/18/content_6702949.htm)。
④ 表6-3来源于广东省人民政府外事办公室《广东省全省友城一览表》,见广东省人民政府网(http://www.gdfao.gd.gov.cn/Item.aspx?id=17101)。

(续表6-3)

友好省 （州/县/区/）、市 （外文、简称）	国别	缔结友好省（州/县/区/）、市 协议书签字人	签字时间、 地点 （备注）
2. 伊斯坦布尔省 Istanbul	土耳其 Turkey	广东省省长　卢瑞华 伊斯坦布尔省省长　卡祁亚	2001-06-18 伊斯坦布尔市
3. 北苏门答腊省 North Sumatra	印度尼西亚 Indonesia	广东省副省长　钟启权 北苏门答腊省省长　李察·努汀	2002-03-11 棉兰
4. 昆士兰州 Queensland	澳大利亚 Australia	广东省人大常委会主任　欧广源 昆士兰州州长　布莱	2008-08-21 布里斯班
5. 宿务省 The Cebu Province	菲律宾 Philippines	广东省省长　黄华华 宿务省省长　奎德琳·加西亚	2009-10-23 宿务
6. 胡志明市 Ho Chi Minh City	越南 Vietnam	广东省省长　黄华华 胡志明市人民委员会主席　黎黄君	2009-11-12 广州
7. 亚历山大省 Alexandria	埃及 Egypt	广东省省长　黄华华 亚历山大省省长　阿迪勒·拉比卜	2010-10-21 亚历山大省
8. 苏瓦市 Suva City	斐济 Fiji	广东省代省长　朱小丹 苏瓦市特别行政官　乌玛瑞尔	2011-11-06 广州市
9. 古吉拉特邦 Gujarat	印度 India	广东省常务副省长　徐少华 古吉拉特邦首席秘书　辛哈	2014-09-17 古吉拉特邦
10. 万象市 Vientiane	老挝 Lao People's Democratic Republic	广东省省长　朱小丹 万象市市长　辛拉冯	2015-04-28 广州

第六章 海外华侨华人与广东"21世纪海上丝绸之路"建设

（续表6-3）

友好省（州/县/区/）、市（外文、简称）	国别	缔结友好省（州/县/区/）、市协议书签字人	签字时间、地点（备注）
11. 马六甲州 Malacca	马来西亚 Malaysia	广东省省长　朱小丹 马六甲州首席部长　依德利斯	2015-09-21 吉隆坡
广州市12对			
1. 马尼拉市 Manila	菲律宾 Philippines	广州市市长　梁灵光 马尼拉市市长　巴格辛 大马尼拉市总督　马科斯夫人	1982-11-05 马尼拉
2. 悉尼市 Sydney	澳大利亚 Australia	广州市市长　朱森林 悉尼市市长　道格拉斯·苏瑟兰	1986-05-12 悉尼
3. 奥克兰市 Auckland	新西兰 New Zealand	广州市市长　杨资元 奥克兰市市长　凯瑟琳·蒂泽德	1989-02-17 奥克兰
4. 泗水市 Surabaya	印度尼西亚 Indonesia	广州市市长　张广宁 泗水市市长　班邦·哈多诺	2005-12-21 广州
5. 汉班托塔区 Hambantota	斯里兰卡 Sri Lanka	中国外交部部长助理　崔天凯 斯里兰卡外交部常秘	2007-02-27 北京
6. 曼谷市 Bangkok	泰国 Thailand	广州市市长　张广宁 曼谷市市长　素坤潘	2009-11-13 广州市
7. 迪拜市 Dubai	阿联酋 U. A. E.	广州市市长　陈建华 迪拜市市长　侯赛因·纳赛尔·卢赫塔	2012-04-18 迪拜市
9. 科威特城 Kuwait City	科威特国 State of Kuwait	广州市市长　陈建华 科威特城省长　阿里·贾比尔·艾哈迈德·萨巴赫	2012-04-25 广州市

（续表6-3）

友好省 （州/县/区/）、市 （外文、简称）	国别	缔结友好省（州/县/区/）、市协议书签字人	签字时间、地点 （备注）
10. 伊斯坦布尔市 Istanbul	土耳其 Turkey	广州市常务副市长　陈如桂 伊斯坦布尔市秘书长　阿丹·巴斯特克	2012-07-18 伊斯坦布尔市
11. 艾哈迈达巴德市 Ahmedabad	印度 India	广州市市长　陈建华 艾哈迈达巴德市首席政官　唐纳拉桑	2014-09-18 艾哈迈达巴德市
12. 博克拉市 Pokhara	尼泊尔 Nepal	广州市市长　陈建华 博克拉市市长　马赫什·巴拉尔	2014-11-29 广州
深圳市 3 对			
1. 布里斯班市 Brisbane	澳大利亚 Australia	深圳市市长　郑良玉 布里斯班市市长　吉姆·苏尔利	1992-06-22 布里斯班
2. 卢克索市 Luxor	埃及 Egypt	深圳市市长　许×× 卢克索市市长　萨米尔	2007-09-06 卢克索
3. 金边 Phnom Penh	柬埔寨 Cambodia	深圳市市长　陈如桂 金边市市长　坤盛	2017-12-11 深圳
珠海市 2 对			
1. 黄金海岸市 Gold Coast	澳大利亚 Australia	珠海市市长　何宁卡 黄金海岸市市长　汤姆·泰特	2012-11-16 珠海市
2. 瓜达尔地区 Gwadar	巴基斯坦 Pakistan	珠海市副市长　王庆利 瓜达尔地区政府主席（市长）　巴卜·古拉卜	2015-04-20 巴基斯坦伊斯兰堡市

第六章 海外华侨华人与广东"21世纪海上丝绸之路"建设

（续表6-3）

友好省（州/县/区/）、市（外文、简称）	国别	缔结友好省（州/县/区/）、市协议书签字人	签字时间、地点（备注）
汕头市 1 对			
1. 芹苴市 Can Tho	越南 Vietnam	汕头市市长 黄×× 芹苴市委副书记 武清松	2005-08-01 汕头市
佛山市 2 对			
1. 汤斯维尔市 Townsville	澳大利亚 Australia	佛山市市长 梁绍棠 汤斯维尔市市长 托尼·莫尼	2006-07-28 汤斯维尔市
2. 高嘉华市 Kogarah	澳大利亚 Australia	顺德区区长 黄喜忠 高嘉华市市长 尼古拉斯·瓦维利斯	2012-12-11 高嘉华市
韶关市 2 对			
1. 宝活市 Burwood	澳大利亚 Australia	韶关市市长 郑振涛 宝活市市长 莱斯利·菲尔诺·库克	2008-11-12 韶关
2. 高嘉华市 Kogarah	澳大利亚 Australia	南雄市人大常委会主任 许志新 高嘉华市市长 尼古拉斯·瓦维利斯	2013-07-29 高嘉华市
汕尾市 1 对			
1. 日里昔利冷县 Deli Serdang	印度尼西亚 Indonesia	汕尾市副市长 刘小静 日里昔利冷县副县长 蔡努汀·玛斯	2009-11-12 广州
江门市 1 对			
1. 亚拉腊市 Ararat	澳大利亚 Australia	台山市市长 陈卓俊 亚拉腊市市长 帕·麦克艾伦	1994-09-20 台山市

303

(续表6-3)

友好省 （州/县/区/）、市 （外文、简称）	国别	缔结友好省（州/县/区/）、市 协议书签字人	签字时间、 地点 （备注）
阳江市 1 对			
1. 纳尔逊市 Nelson	新西兰 New Zealand	阳江市常务副市长　周×× 纳尔逊市市长　Rachel Reese	2014-07-25 纳尔逊市
湛江市 2 对			
1. 凯恩斯市 Kairns	澳大利亚 Australia	湛江市市长　徐少华 凯恩斯市市长　凯文·伯恩	2004-08-25 湛江市
2. 杰尔顿市 City of Greater Geraldton	澳大利亚 Australia	湛江市副市长　梁志鹏 杰尔顿市市长　伊恩·卡彭特	2013-03-29 湛江市
茂名市 1 对			
1. 威洛比市 Willoughby	澳大利亚 Australia	茂名市市长　梁×× 威洛比市市长　铂特赖利	2011-06-01 信件方式
肇庆市 1 对			
1. 诗巫市 Sibu City	马来西亚 Malaysia	广宁县县长　袁海平 诗巫市市长　张泰卿	2013-06-28 诗巫市
清远市 1 对			
1. 达尼丁市 Dunedin	新西兰 New Zealand	清远市市长　郭锋 达尼丁市市长　戴夫·卡尔	2017-05-03 清远市
潮州市 1 对			
1. 曼谷市 Bangkok	泰国 Thailand	潮州市代市长　汤×× 曼谷市市长　阿披叻·戈沙唷汀	2005-11-23 曼谷

第六章 海外华侨华人与广东"21世纪海上丝绸之路"建设

（续表6-3）

友好省 （州/县/区/）、市 （外文、简称）	国别	缔结友好省（州/县/区/）、市协议书签字人	签字时间、地点 （备注）
揭阳市 1 对			
1. 南邦市 Lampang	泰国 Thailand	揭阳市市长　陈×× 南邦市市长　周文耀	2006-08-14 南邦

（四）邀请海外华文媒体访问广东，传播广东政声民情

为了让世界更好地了解广东，从2011年起，广东省侨办就开始举办"海外华媒看广东"活动，邀请海外的华文媒体到广东进行采风。为了更好地让世界，特别是海外华人了解中国的形势和政策变化，了解广东不同地方的风土人情，每次活动都会确定一个鲜明的主题。截至目前，这一活动已经举办了7次，现根据广东侨网和相关新闻媒体的报道将其中6次的举办时间和主题等资料进行整理，见表6-4。

表6-4　2011年至2017年"海外华媒看广东"活动①

时间	年度主题	与会人员及其来源地
2011年9月20日至24日	纪念辛亥百年、感受幸福广东	23个国家和地区的58家华文媒体的83名高层和记者②
2013年11月6日至12日	东盟港澳华文媒体广东行	12个国家的17家华文媒体的高层和记者共20多名③
2014年8月24日至29日	海上丝绸之路广东历史文化行	13个国家和地区的17家海外华文媒体近20名社长、总编、记者

---

① 表6-4的数据为笔者根据广东侨网专题活动数据编辑制成。
② 参见《广东侨办组织"海外华媒看广东"大型采风活动》，见中国新闻网（http://www.chinanews.com/zgqj/2011/09-21/3342293.shtml）。
③ 参见《广东侨办组织"海外华媒看广东"大型采风活动》，见中国新闻网（http://www.chinanews.com/zgqj/2011/09-21/3342293.shtml）。

(续表6-4)

时间	年度主题	与会人员及其来源地
2015年10月25日至31日	潮汕侨乡历史文化行	16个国家和地区的22家华文媒体的24名社长、总编、记者
2016年7月	创新驱动采风行	22个国家和地区的33家华文媒体的38名社长、总编、记者
2017年6月11日至17日	海丝·广府文化行	28个国家和地区的43家华文媒体50名社长、总编

"海外华媒看广东"系列活动让海外的华文媒体更好地了解了广东，也更好地宣传了广东，通过与海外50多个国家和地区的40家华文报纸合作的每月两期的《侨乡广东》专版，自"2012年以来累计（截止到2017年6月，笔者注）编发专版130多期3900多个版面"①，不仅如此，这一系列活动也为广东开展侨务公共外交积累了深厚的人脉资源。

（五）举办海外华文媒体研修班，推介和宣传广东

广东是中国改革开放的前沿，是21世纪海上丝绸之路经济带建设的重要节点地区，为了让华侨华人更好地了解广东，2017年5月15日，暨南大学新闻与传播学院与国务院侨务办公室在广州联合举办了"第十六期海外华文媒体高级研修班"。国务院侨办宣传司司长许玉明、暨南大学党委书记林如鹏、暨南大学新闻与传播学院院长范以锦和副院长张晋升等人出席了开班仪式。共有来自五大洲33个国家和地区的80多家海外华文媒体负责人、代表和编辑记者参加本次研修班。② 他们共议"一带一路"背景下中国经济发展的现状和走势，共商海外华文媒体为中国经济文化走出去造势助力，共同谋划凝聚侨心侨情，共建共享中华民族伟大复兴的中国梦。5月16日，海外华文媒体高级研修班学员一行80多人来到广东华

---

① 《精心涵养资源　精准服务大局　广东侨务工作再上新台阶》，见广东省人民政府网（http://www.gd.gov.cn/gzhd/zbft/2017zbft/20170621/）。

② 参见《第十六期海外华文媒体高级研修班广州开班》，见中国新闻网（http://www.chinanews.com/hr/2017/05-16/8225055.shtml）。

第六章 海外华侨华人与广东"21世纪海上丝绸之路"建设

侨博物馆参观考察。"参观结束后,学员们纷纷表示,这次参观很有意义,了解了广东华侨的移民史、创业史和贡献史;粤籍先侨在海外艰苦创业的奋斗精神和彰显的华侨精神,让大家深受感动和启发。"① 通过研修和考察,他们对广东和中国的了解更深入,也更全面。这有利于他们回到住在国向当地人民介绍广东和中国。海外华文媒体高级研修班于2006年开办,2009年12月,暨南大学和国务院侨办相关司局曾在广州联合举办第五期研修班。

为了让海外华侨华人和海外华文媒体更好地了解广州和深圳,深圳市还从2015年开始组织了海外华文媒体培训班。2015年5月13日,深圳市侨办、市侨联、深圳侨商智库研究院合办的"首期深圳海外华媒高级研修班"在深圳开班。21个国家和地区的38家华文传媒的40多名社长、总编辑等高管参加研修。② 据深圳市侨办负责人介绍,"举办此次研修班,旨在让华文传媒了解中国的文创产业发展状况,了解深圳大力发展湾区经济,建设21世纪海上丝绸之路桥头堡的战略规划,以及首届侨交会的准备情况,更好地传递深圳好声音,讲好深圳故事"③。据深圳市侨办侨务处副处长江红介绍,参加此次首期深圳海外华媒高级研修班的学员们将在一周时间内,实地了解深圳创客、深圳战略新兴产业发展情况,参观华为、天安云谷、坂田集团等企业;了解深圳对"一带一路"倡议的解读,并到深圳市隆盛博物馆、深圳皆一堂文化有限公司、中国华侨国际文化交流基地等文化企业和机构交流,与当地媒体探讨"互联时代如何更有效地传播声音""加强媒体互动交流,更好地宣传推介深圳"等。④ 在研修期间,海外华文媒体代表们先后走进文博会、深圳市侨商智库研究院、龙岗区、深圳特区报社及深圳创新创业基地中芬设计园等地参观和考察,对深圳发展文化产业、支持创业创新发展力度、大力举办侨交会及深圳国际

---

① 参见《海外华文媒体高级研修班学员参观广东华侨博物馆》,见中国侨网(http://www.qb.gd.gov.cn/news2010/201705/t20170517_840702.htm)。
② 参见《首期深圳海外华媒高级研修班开班》,见中国新闻网(http://www.chinanews.com/hr/2015/05-13/7274246.shtml)。
③ 《首期深圳海外华媒高级研修班开班》,见中国新闻网(http://www.chinanews.com/hr/2015/05-13/7274246.shtml)。
④ 参见《首期深圳海外华媒高级研修班开班》,见中国新闻网(http://www.chinanews.com/hr/2015/05-13/7274246.shtml)。

化发展环境等都予以高度关注,并进行了报道。据不完全统计,此次研修期间,以海外华人为主要受众的海外华文媒体针对深圳的报道有近百篇,遍布澳大利亚、葡萄牙、日本、南非、韩国、马来西亚等多个国家和地区,涉及报纸、电视、广播、网络等各类媒体形态。这些宣传和报道有效地扩大了深圳国际影响力和知名度。①

首期深圳海外华媒高级研修班取得良好反响之后,2016年5月第十二届文博会期间,深圳市侨办、市侨联再次举办海外华媒高级研修班,邀请16个国家和地区的27名华文媒体高层参加。研修期间,学员们通过实地参观和采访,慢慢地对深圳有了一个深入的认识。"参观文博会,感受深圳文化产业的蓬勃发展;出席第二届华侨华人产业交易会的新闻发布会,了解侨界'第一展'的最新动向;实地考察深圳高新技术企业,亲身感受深圳创新创业氛围;聆听深圳的改革和创新发展讲座,了解深圳历史……通过研修班的学习,一个活力迸发的深圳在学员们心中慢慢呈现。"②

研修班取得了良好的效果,一些学员的反馈也说明了这一点:"要不是参加研修班,我们都不知道文博会在深圳已举办了第十二届,侨交会今年是第二次举办。"来自马达加斯加的中非日报社社长许自树这样说。他认为,研修班的举办让他认识了一个文化产业蓬勃发展、创新创业氛围浓厚和商机无限的深圳,他要把深圳举办文博会和侨交会的资讯带回马达加斯加,与当地华侨华人共享商机。③

通过研修班,一些海外华文媒体对深圳产生了浓厚的兴趣,他们希望在自己的媒体上,专辟板块向自己的受众介绍深圳的信息。例如,在2017年5月举行的深圳第十三届文博会期间,《深圳侨报》与法国《欧洲时报》举行合作签约仪式,合作出版《欧洲时报·深圳版》。④ 由上可见,海外华文媒体在宣传广东、宣传特区方面发挥了积极的作用。

---

① 参见李恩《在深圳与海外架起信息桥梁》,载《深圳市侨报》2015年5月23日。
② 《深圳海外华媒高级研修班侧记:聚力讲好深圳故事》,见中国侨网(http://www.chinaqw.com/gqqj/2016/05-23/89369.shtml)。
③ 参见《深圳海外华媒高级研修班侧记:聚力讲好深圳故事》,见中国侨网(http://www.qb.gd.gov.cn/hmsd/201605/t20160523_771468.htm)。
④ 参见《逾百名侨领侨商、华文媒体代表齐聚深圳文博会:发挥侨务资源优势 助推深圳文化产业走向世界》,见中共深圳市委统战部网(http://www.tzb.sz.gov.cn/xwzx/gzdt/tzsx/qbgz/gwqw/201705/t20170514_6694726.htm)。

后　记

2018年是中国改革开放40周年。在40年波澜壮阔的发展历程中，广东作为全国改革开放的前沿大省和最大侨乡，始终立足于自身省情特点，充分发挥海外侨务资源优势，不断推进侨务工作创新，形成"侨力助粤，粤力助侨"的相互支持格局，打开了华南对外开放的新局面，为广东探索和开展体制机制改革、促进经济高速发展、推动中外合作与交流、加强社会文明建设等提供了有力支持。同时，40年来广东的发展经验为不断深化对中国特色社会主义理论内涵的认识提供了宝贵素材，为广东各行业各领域在新时代进一步深化改革开放奠定了扎实基础。值此改革开放40周年之际，中共广东省委宣传部策划并推出了"广东改革开放40年研究丛书"。其中，为回顾40年来海外华侨华人在广东改革开放事业中所做出的卓越贡献以及40年来广东侨务工作不平凡的发展历程，特将《海外华侨华人与广东改革开放40年》列入丛书编写计划。教育部人文社科重点研究基地暨南大学华侨华人研究院的专家学者和研究人员以及部分研究生承担了《海外华侨华人与广东改革开放40年》一书的资料收集和编写任务。

全书由暨南大学华侨华人研究院研究员张小欣担任主编，暨南大学华侨华人研究院教授王子昌和暨南大学华侨华人研究院副研究员李爱慧担任副主编。全书各章节编写分工情况如下：总论，张小欣、王悦；第一章第一节，张小欣、王悦、尹业丽；第一章第二节，尹业丽、王悦；第二章第一节、第二节，聂励；第二章第三节，王悦、张小欣；第三章，李安娜、王悦；第四章，聂励；第五章，李爱慧；第六章，王子昌。全书框架和体例主要由张小欣、王子昌、李爱慧负责拟定。张小欣负责全书的统稿工作。

本书编写工作时间短，任务重，感谢广东省委宣传部、暨南大学在编写过程中给予的支持和帮助。感谢中山大学出版社编辑人员为本书出版所付出的辛苦和努力！

编者

2018 年 11 月 16 日